文の
姿勢の
研究

林四郎

ひつじ書房

『文の姿勢の研究』復刊の辞

前著『基本文型の研究』で、一文単位についてはある程度の「型」という形で示すことができたとして、本書では単語論から離れて文から文章に発展していく過程を扱っています。

文の姿勢とは、例えば手紙を書くとき、短いものでも文章を書くというのは、いくつもの文をつなげている訳です。文を繋げることによって自分の思想、考え方を導いていく。いつのまにかセンテンスをつくって、それが流れていく。それは、文から文へ、文から文へと続いていく。その連なりはいくら長くても、文章は切ってみると文となっている。そうなると、その流れ方を考えていかなければいけないことになります。

文章は、言い始めがあり、ここまで言ったから次はこう言う、そろそろ終わらないといけない、というように舵をとりながら文は流れていきます。その舵取りというところに、文を並べる姿勢が現れるわけです。どういう風にして文が並んでいくのか。それを文の姿勢として捉えて、そこに法則性を見出していくのです。

大きく始まって大きく終わったり、小さく始まって小さく終わったり、流れは一様ではなくて波をうちながら進んでいく。そこには先立ちやすい文とか、終わりっぽい文とかがある。姿勢をたえずとりながら、文の流れは続いていくわけです。『基本文型の研究』で記述した型に当てはめながら、本書では文と文の連なり方、その文の姿勢を記述しています。それは決して無限ではなく、類型である。それで類型として記述していくのです。

この研究が本の形にまとまったのは、『計量国語学』という雑誌ができたおかげでした。計量国語学は、国立国語研究所の水谷静夫さんが数学の得意なかたで、言語を数量的に考えていく、そういう世界があるということで、日本における計量国語学という概念を打ち立てました。それで計量国語学会で雑誌を作り、幸いにも関西にも数学好きの人がおられて、東西で交流をしていました。

学会の草創期、国立国語研究所の中で、編集会議を（むろん仕事の時間外で）、月に何度かやったりして、計量国語学会を、みんなで支えていました。それでちょうど私が『基本文型の研究』を出したので、この文型の考え方で、調べたものを連載していました。連載物があるというのは、私にとっては発表の場があってよかったし、何年か続く部分が出来たということで編者の水谷さんにとってもよかった。雑誌のためにも悪いことではなかった。そのような意味でも学会の存続発展にある程度貢献できたということは言えると思います。

本書の分析には、その時私が東京書籍という社の、国語教科書の編集委員をしていた関係で、その小学校二年生の教科書の文章を使用しています。多孔式カードを使い、センテンスごとに一枚のカードを作り、そのカードをとっかえひっかえ分類して、『基本文型の研究』に合わせて、このセンテンスはこの孔の開け方でということで分類して、数を数え、『計量国語学』にその結果を載せていました。そのカードは今でも残っています。もちろん、小学校の二年生の文章ですから、難しい文章は入っておりません。ですから、大人の読み物でつくったらまた違う結果が出るわけです。しかし、ひとつ、一定のデータベースを作ってその分析結果を記述しきる、ということができたわけです。無限だと叙述しきれないわけです。『基本文型の研究』の型に従って、分類したら幸いにもすべて型に入り、文型によって、文章の文の並びの姿を記述することができた。そこに解説を加えたのが本書であるのです。

新しいソースによって文の姿勢を記述したら、もっと複雑な物ができるとは思うけど、案外そんなに変わったものではないだろうとも思いますので、日本語を見る眼鏡として、これでずいぶん役には立つだろうなと思っています。日本語の文章を見る眼鏡として、「基本文型」をみてください。その文型で出来上がってくる文が、姿勢をとって文章になるわけだから、その文章の姿勢をまた記述できる。欲をかかないで、かなり見通しのきく世界の中で、閉じた体系にして書いてみた、それが『文の姿勢の研究』です。

2013 年 9 月　著者

まえがき

わたくしは、昭和35年に小著『基本文型の研究』を公にし、国語の「文」をどういう形でとらえたらよいかについて、考えを述べた。この書は、幸いにして、なにがしかの人の目にとまり、ぽつりぽつり賛意を表してくださるかたもあるところを見ると、わたくしの考えも、あながち見当ちがいばかりでもないらしい。

中でも、長野県下伊那郡の何人かの先生は、勇敢に、わたくしの考えを多く取り入れたうえで、独自の文型論とそれによる指導法をうち立てて実践し始めた。その数年の実践結果は、先年『基本文型による国語教育の改造』として発表された。さらに続いて、その中心人物である菅井建吉氏の『基本文型による書くことの指導』もまとまった。

わたくしの前著には、まちがった記述もあり、未熟な点に至っては枚挙にいとまがない。どうしても、もっと事実を調べ、もっと考えを深めなければならないと思っているうちに、もう十年の余を経てしまった。気にかかることは限りなくあるのだけれども、できたことは、ほんのわずかしかない。そのわずかなことをここに発表して、以後の研究の一つの踏み台にしておきたい。

前著で、わたくしは文型というものを、「起こし文型」「運び文型」「結び文型」の三面からとらえることにし、「運び文型」と「結び文型」の説明に主力を注いだ。「起こし文型」については、基本的考え方を述べたにとどまり、肉づけするまでにはいかなかった。わたくしは、元来、文論よりも文章論の方に興味をもつので、その後の関心は、1文内での「運び」や「結び」の型について考えをくわしくすることよりも、文章の中での文の呼応を問題にする「起こし文型」の探索に向かった。

昭和36年に、文部省科学研究費の交付を受けて、「標準語形確定のための文型の実態調査」という名の各個研究を行なった。この研究に着手した当初、研究の主眼点は、むしろ「運び」と「結び」の語形の整理にあったが、途中から興味が「起こし」の方に移り、結果の整理は、まず、小学校国語教科書の中の約千箇の文の起こし文型について施すことがさきになった。この結果を、計量国語学会の機関誌『計量国語学』に、昭和42年から43年にかけ、5回に分けて発表した。この調査では、起こし文型を「始発型」「承前型」「転換型」に分けたほか、とらえどころがなくてどの型にも入れにくいものを「自由型」とした。自由型に属するものは、千文のうち239文に達した。

その後、文の承前性について考えているうちに、それまで見落としていた承前性の要素が、しきりに見えるようになってきた。そこで、初回に、とらえどころがないとして自由型に入れたものに要素の見落としがあるのではないかと思って調べなおしたところ、案の定、その大部分に承前要素を見出した。始発性、転換性の見出されたものもあり、自由型に遺さなければならないものは37文に過ぎなかった。前の発表に訂正を加えなければならなくなった。それに、前の発表は学会の機関誌上でしたものだから、なるべくドライに骨だけを書いた。かつ、計量国語学会はきわめて専門的な学会で会員数も少ないから、発表したとはいっても、ほとんど世の人の目には触れていない。そこで、扱う資料は前のものと基本的に同じだけれども、訂正の結果を入れ、解説の態度も変えて、すっかり書きなおすことにした。

書きなおすについては、文章の読みということを大きな着眼点としたので、本書は全体に読解過程の研究でもある。その意味で、これは国語教育の基礎づけを目ざす議論のひとつだと考えている。国語教育の中で読み方の教育が重要な部分を占めることは、いつの時代でも変わりがないであろうから、文章を読んで理解するということが、どういう頭の働きによるものなのかを明らかにすることが、国語教育の内容や方法を考えるために、どうしても必要だと考えられる。

また、文が相接して文章に発展していく過程を研究することは、本来は、読みの研究であるよりも、発想法や思考法の研究である。本書の記述は到底そこまでいっていないけれども、今後、研究をそちらの方向へ伸ばしていくことが望ましいと思っている。そこまで発展していけば、国語教育の基礎論としてたのもしいものになるだろう。

昭和46年8月27日

目　次

第１編　起こし文型の記述

第 1 章
文章の流れ

1.1 思考と文章

文章は人間の思考から生まれる。思考の種類は種々雑多であり、ちらっと心にひらめいた断片的なものから、「思想」と呼ばれる、深い内容のある完結体まで、量から言っても質から言っても、思考には無限のバラエティーがある。思考そのものは、目にも見えず、耳にも聞こえないから、それがどんなものだか、実体はだれにもわからない。わからないままでは、考えている本人にも不満足なので、これを外に表わして、わかるようにしたいと思う。絵も、歌も、踊りも、表情も、みな、思考を外に表わしたものである。そして、文章は、なかんずく忠実に、思考を外に表わしたものである。

絵は色と形をもって空間に存在するひろがりであり、見るときには、ひと目でぱっと全体を見るものだ。どんなに時間をかけて描いた絵でも、見るときは一瞬に見られる。何時間見ていても飽きない絵というものはあるが、一枚の絵を見るのに一定の時間がかかるとか、一定の順序があるとかいうことはあるまい。絵にも、静の絵と動の絵とがあり、動の絵は見る者の心に動きを催す。しかし、この動きは、見る人の心によってそれぞれにちがうものであり、一つの絵が多くの人の心に同じ順序の動きを起こさせるということはない。絵に表わされる思考は順序性のものではない。

音楽の思考は順序性のものだ。音楽は音の変化によって聞く者の心に動きを起こす。その動きが感情を刺戟したり、連想を引き起こしたりする段になると、おおいに個人差が出てくるが、音の高下強弱を受け取ることによって起こる第１次の心の動きは、だいたい、万人に共通なものだろう。だからこそ、音楽は世界のことばだと言われる。リズムとかメロディーとかハーモニーとかいうのは、音の側に具わった条件を呼ぶよりも、音によって起こる心の動きを呼ぶ名だと考えたい。

音楽に表わされる思考は順序性のものだが、音は次から次と否応なしに続いて来るので、単位になるひとかたまりを作っていかない。音楽の音は、楽譜にかけば一つ一つのお玉じゃくしに分かれるけれども、聞いている印象では、音は切れない連続である。音楽の印象は、ゆれながら続いていく一本の線であって、曲が終わるまでは、その線はえんえんと続く。切れたり続いたりすることを特色とする線ではない。切れたり続いたりする線はかたまりを作り出すから、それによって大きなかたまりや小さなかたまりができて、かたまりとかたまりとが関係を生み出すことになるのだが、音楽の線はそういう線ではないから、関係を作り出さない。

言語の音は、個々の半音に分けることができ、単音の集まりは音節と認知される。音節の集まりが「語」という思考の単位を作り、語の組み合わせを「文」にして思考の活動を作り出す。その文をいくつでもつなげていけば、まずたいていのことは言い表わすことができる。

言語は、このような生成過程からもわかるように、音の切れ続きを利用して、大小さまざまなかたまりを作り出し、各かたまりの間の関係を描き出していくところに、その働きがある。この、かたまりと関係という二大特徴は、言語の形成上の特色であるばかりでなく、言語で展開される思考活動の特色でもある。「花が咲いた。」という文が「花が」と「咲いた」とで主語、述語に分かれるということは、絵にかけば、「花」の部分と「咲いた」の部分とに分けることができない一体のものを、頭の中で、一度二つに分けて考え、分けたものをまた、つなげて表わした、ということを意味する。つなげられる二つのものの間には、必ず相互の関係が生ずる。その関係を純粋に言語の形式だけで言い表わせば、「かかり受け」とか「張り合い」とかいうことになり、すこし概念の内容に立ち入って言うときに、「修飾・被修飾」のような関係認識が生まれ、(「花が 咲いた。」は修飾・被修飾の関係ではない――念のため) もっと概念内容に即して言う段階で、「主語と述語」のような関係認識を生ずる。さらに、「花が咲いたので、蝶が飛んで来た。」のように言うときは、「花が咲いた」と「蝶が飛んで来た」という二つの認識のかたまりを、原因と結果の関係で結んでいる。原因結果の関係なども概念内容上のもので、形式だけでいえば、これもかかり受けの関係であり、張り合いの関係である。

文章で表わされる思考とは、このように、さまざまな認識のかたまりをいろいろに関係づけ、関係づけたかたまりを一つにして新たなかたまりを作り、これを、また、他のかたまりと関係づけるというようにして、関係の網の目をどこまでも拡げていく活動である。

ところで、文章を書くのは決して楽なことではない。おおいに気苦労な仕事である。なぜ気苦労なのかというと、かたまりを作っては関係づけ関係づけして、網の目を伸ばしていくとき、伸びていく先に不案内なことが多いからである。案内の知れた所へばかり伸びていくのなら苦労はないが、それだったら、わかりきったことばかり言うことになって、わざわざ言ったり書いたりするねうちがない。すこしでもねうちのあることを言い表わそうとすれば、どうしても、不案内な所への侵入をしなければならない。そこに苦労があるわけである。

わたくしたちは、文章を伸ばして思考の網をひろげていくとき、案内知った道を歩く安心感と、不案内な道へ足を踏み入れる冒険感とが入り交じる複雑な感情を経験する。だからこそ、作文は苦しみでもあり、楽しみでもある。作文では、とかく、楽しみよりも苦しみの方が勝ってしまうが、ひとの書いた文章を読む段になれば、その苦しみが楽しみに変わる。むずかしい文章や興味のない文章を読むのは、もちろん、楽なことではないが、その時の苦労は、ここで言っている冒険感がもたらすものではなく、まったく別の問題である。案内知った道から不案内な道へ足を踏み入れる時の冒険感がもたらす楽しみは、推理小説を読むことを考えれば、すぐにわかることである。

1.2　流れと構え

文章が、次々と関係を作って伸びていく、この姿を、わたくしたちの言語的思考の投影だと見て、この思考活動を推し進めていく力に、わたしは、基本的に2種類の相反する力を見出す。それは、つながろうとする力と、離れようとする力である。わたくしたちの思考場面に、一つの情報が送りこまれると、それ以後は、その情報が呼び起こす近接情報へ移ろうとする力が主に働いて、あることばから次のことばが選ばれるが、わたくしたちがものを考えるということは、多くの場合、何か外からの刺激を受けて、余儀なく次へ移っていくのであって、ただ無抵抗に意識表面をすべっていくのとはちがう。そこで、なるべく近接した情報へ安易に移行しようとする力を制して、随時、必要がもたらす新情報が飛びこんで来る。近接情報へ移行しようとする力は、つながろうとする力であり、新情報を迎えようとする力は、離れようとする力である。

　　雨が降る。

という文は、わたしたちの頭に、いかにして生まれるだろう。眼前に雨降りの事実に接したり、「雨」という情報を外から与えられたりしたとき、わたしたちは、まず、「雨」ということばを意識表面に据える。すると、これまでの経験から、ほとんど無意識に「降る」ということばが呼び出される。事実が「雨が降る。」に満足させないで、もうすこしそれから離れさせようとすると、「雨が降っている。」「雨が降ってきた。」「雨が落ちてきた。」などの文を生む。「雨が降る。」でおさまれば、そこにはほとんど表現の苦労はない。このような安易な移行をうながすことを「流れ」ということができよう。

　　雨が降って、地盤がゆるんだ。

という文が作られたとする。「雨が」が「降る」を呼ぶのが流れであるように「地盤」が「ゆるむ」を呼ぶのも、流れである。しかし、「雨が降る」のあとに「地盤がゆるむ」という情報を呼び入れたのは、自然の流れでそうなったのではなく、事実がそれを要求したから、やむなく、「雨」から「地盤」へ飛んだのである。そこには離れようとする力が働いている。この力がなければ、思考は有意味に進まない。しかし、離れっぱなしではなく、すぐそれをつなげようとして、「雨が降って」という語形が生まれる。このように、離れるといっても、まったく縁もゆかりもない所へ飛び離れて、糸の切れた凧のようにどこかへ行ってしまうのではない。もし、そんな離れ方をしたら、だれにも理解できない、気違いのねごとのような文ができて、文の名に価しないものとなる。一応離れるが、やがてつながるべく意図されて離れるのが、言語表現における離れ方の特徴である。近接情報への無抵抗な移行を「流れ」と称したのに対して、このように意図的に離れることは「構え」と呼びたい。むやみに離れるのでなく、構えて離れるからである。だから、上の文を、流れと構えで説明すれば、

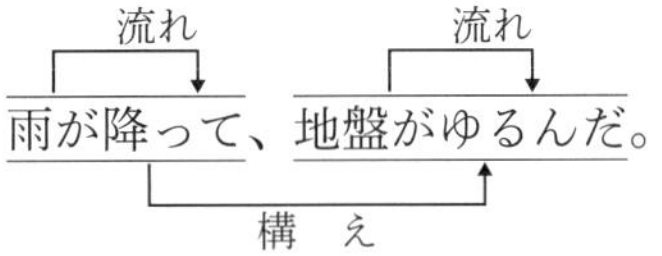

となる。

これは、一つの文を作りだす心理を無理に細かく分析して流れと構えとに分けたのであって、実際には、こんな短い文を作り出す過程の中で、流れと構えの差が意識されるわけではない。これから先、本書の記述を進めるに際して、少なくとも第1編の中では、1センテンス内での構えは問題にせず、文を重ねて文章を作り出していく、もっと長い過程の中で、流れと構えのちがいを問題にしていきたい。

「流れ」「構え」は、概念として分けたのであって、実際にA情報に続くB情報が、流れだけによって引き出されたとか、構えだけから導き出されたとか言えるものではない。AからBへ着想が移る時に働く力は、実際は、流れと構えの合力であり、流れ何分に構え何分ということになる。どちらが優勢かによって、流れ的発想か構え的発想かに分けられることになる。

夏目漱石の『倫敦塔』の冒頭段落は次のように記されている。

> 二年の留学中只一度倫敦塔を見物した事がある。其後再び行かうと思つた日もあるが止めにした。人から誘はれた事もあるが断つた。一度で得た記憶を二返目に打壊はすのは惜い、三たび目に拭ひ去るのは尤も残念だ。「塔」の見物は一度に限ると思ふ。

この第1文から第2文が呼び起こされたのは、流れによるだろうか、構えによるだろうか。筆者漱石の心の中がどうだったか、だれにもわからないことだけれども、勝手に臆測すれば、これは流れによると言えるだろう。「ただ一度」から「その後、また行こうと思った」は、1から2へ発展することで、きわめて自然に発想される。第2文

から第3文が呼び出されるときは、どうだろう。「自分で行こうと思う」ことと、「人から誘われて行く」こととは、明らかにちがうことで、ちょっと観点を変えないと、この文は出て来ない。だから、これは構えによって発想されたと思う。しかし、「自分」から「他人」への飛び移りは、そう離れた飛躍ではない。むしろ、こういう対の関係による飛び移りは連想の一つの型としてわれわれに具わったものである。特に漢詩文では対句が常識になっているから、漢詩文に深く親しんだ漱石においては、ほとんど自然にたどられる発展であったろう。しかし、それにもかかわらず、「自」から「他」への発展は「1」から「2」へのつながりとは印象がちがうので、やはりそこに「離れ」を意識する。離れるからこそ対句はおもしろいのだ。つながるか離れるかは、必ずしも着想の労力の度とは関係しない。つながる着想よりも離れる着想の方が楽だということは、いくらでもある。第4文は二度三度と見物することの価値を否定しているので、2文・3文で言ったことを価値の面から見直した叙述である。ことがらとしては、新事実がつけ加えられてはいないから、いかにも前文からつながっているようだが、文を叙述する態度にちがいがある。2文・3文は事実を外面的に述べたのに対して、4文では、その事実を支持する内面の事情を述べている。外面から内面への飛び移りがあるので、やはり構えによる発想と見たい。しかし、2文・3文に「止めにした」「断つた」という強い表現があるので、「それには、それだけの理由があるだろう。」という期待が読み手に起こり、その理由の説明として、きわめて落ち着きがいいから、読過の印象は、ほとんど流れである。この文の切れ目があり、「惜しい」で句点を打ってもいいところなのに、読点でつながっているのがおもしろい。「一度」→「二返目」→「三たび目」の発展がまったく流れであることを物語っていよう。5文で「一度」の価値を強調している。文意としては4文と同義だから、内容の点では、同語反復のようなものだが、形の上で、第1文の「只一度」に帰り、ここに落ち着く意図が強く感じられるので、単なる4文からの流れではなく、第1文に呼応してこの段落を引き締める構えの所産と見られる。

以上のように、この5文一段落の文章を、文から文へ、一つの

「流れ」、三つの「構え」で説明したのだが、読者としてこれを読み下した印象では、どこもつながりがよくて、格別飛び離れは感じない。全体として、流れのいい文章である。上の説明では、あえて作者の発想に戻ってみようとしたために、流れよりも構えの方を多く見出したのだが、以下の考察では、文章を、作る立場ではなく、読む立場で見ていくから、さらに網の目を粗くし、この程度の構えも無視して、流れの方へ入れてしまう。

そうしてみた結果から、文章を推し進めていく基本の力は「構え」よりも、むしろ「流れ」であると言いたい。構えては流れ、構えては流れして、全体として大きな流れを作って進んでいくのが、文章の基本的性質で、その流れに、滔々たる大河の圧力をこめている文章が、力のある文章ということになるのだろう。

1.3 文章の流れと文の起こし

文章の中の各文は、文章の流れを作るために働いている。そして、ところどころに、作者の構えを強くのぞかせる文が配置されて、読者の頭の中の流れに、変化を与えたり、新しい力を加えたりする。こういう、流れの曲折作りに効果ある方法として見出されて来たのが、古来言われる「序・破・急」とか「起承転結」とかの配置法である。『倫敦塔』の冒頭段落も、その目で見ると、次のように、みごとな起承転結構成になっている。

（起） 二年の留学中只一度倫敦塔を見物した事がある。
（承） 其後再び行かうと思つた日もあるが止めにした。
人から誘はれた事もあるが断つた。
（転） 一度で得た記憶を二返目に打壊はすのは惜い、三たび目に拭ひ去るのは尤も残念だ。
（結） 「塔」の見物は一度に限ると思ふ。

文章の中の各文を、文章の流れに参与する姿勢の点で見ていき、そこに何かの型を見つけていこう。

文章の流れは、作らなければできて来ない。流れを作る最初の起動力を蔵し、その姿勢を外に表わしている文を、始発型の文とする。一度び起こされた流れを受けつぐ姿勢をもった文を承前型の文とする。文章中の文の大部分は承前型に属する。流れにちょっとストップをかけて、新たな構えを示す文を転換型の文とする。すべての文を以上の三型で説明したいが、流れにしても、構えにしても、姿勢がどこにも表われていないとか、流れを作っているとも構えを作っているとも言いようがないとか、とにかく、すっきりしない文を自由型の文とする。

わたくしは、前に『基本文型の研究』において、文章中の文の相対位置の、各文への表われを文型の一種としてとらえ、これを「起こし文型」と称した。この「起こし」は、文章の起こしの意味ではなくて文の起こしの意味である。1文（センテンス）を言い起こすときに、文の相対位置を受けとめる姿勢がどう作られるかを問題にするので、こう称した。わたくしは、初め、そういう姿は多く文頭に表われるだろうと思った。接続詞で文をつなげる場合、接続詞は、必ずといってよいほど、文頭に来るから。しかし、承前要素などをだんだんさぐっていくうちに、そういう姿勢は文中のどこにでも表われるものであり、文末部で承前性を表わすことも決してめずらしくないことがわかった。「起こし文型」という名称は、文章の起こしとも誤解されやすいし、また、文の言い起こし部分だけを問題にしているようにもとれるので、本当は、これはいい名ではない。英語で言うときには positional type と言うつもりである。「位置づけの型」とでも言えばいいかもしれないが、落ちつきがわるい。いい代案もないから、やはり「起こし文型」にしておこう。

前著では、起こし文型の分類を、始発型と承前型とだけにし、転換性のものはどうしようかという疑問だけを出しておいた。本書では、上に述べたように、転換型を設け、また、実際の処置として、自由型を加えた。

1.4　起こし文型の調査

まえがきに述べたように、昭和36年から昭和41年までの間に、起こし文型の実態調査をした。そして、42年から43年にかけて、雑誌『計量国語学』に結果を発表した。その時とそれ以後の自由型の扱いについても、まえがきに述べたとおりである。

調査対象に選んだのは、下記のとおり、今は使われていない、小学校国語教科書の2年生の文章である。

『あたらしいこくご』(2冊)
柳田国男・岩淵悦太郎編
東京書籍株式会社発行
(昭和36～39年の間使用されたもの)

この教科書の編集には、わたくし自身も参加していたから、そこに盛られている文章の表現内容について、わたくしは、かなり深く理解しているつもりである。文の数は1025箇である。各文章の標題とジャンル、所属文数は次のとおりである。

〔上　　巻〕

1　かわいいどうぶつ		
(1)　子犬	生活文	18
(2)　ひよこ	児童詩	6
(3)　カナリヤ	生活文	24
2　はれたそら		
(1)　ひこうじょう	児童作文	26
(2)　しおひがり	児童作文	21
3　町		
(1)　にぎやかなとおり	生活文	48
(2)　みちあんない	生活文	22
4　田うえ		
(1)　たねまき	説明文	3
(2)　しろかき	説明文	6
(3)　田うえ	児童作文	22
(4)　草とり	説明文	4
5　たのしい本		
(1)　さわよむどんのうなぎつり	物語文	32
(2)　三びきの子ぶた	物語文	70

6　夏やすみ		
（1）先生へのてがみ	児童手紙	14
（2）にっき	児童日記	32
7　おはなし会		
（1）夏休みにしたこと	口頭作文	34
（2）ながいはなし	小品童話	16
（3）ねこと小ねずみ	小品童話	10
8　いろいろな音		
（1）朝の音	生活詩	14
（2）汽車の音	生活詩	14
（3）虫のなき声	生活詩	12

〔下　　巻〕

1　のりもの		
（1）空から下を見ると	生活文	10
（2）れっ車にのって	生活文	38
（3）トラック	生活文	33
2　てつだい		
（1）せんたく	児童作文	33
（2）るすばん	児童作文	13
3　ゆうびん		
（1）たんじょう日のおくりもの	生活文	20
（2）はるおさんのてがみのとどくまで	説明文	11
（3）おじさんにとどいたてがみ	生活文	14
4　どうわ		
（1）もうくろの話	物語文	44
（2）月夜のバス	物語文	70
5　こうないほうそう	放送文	59
6　冬の子ども		
（1）麦ふみ	児童詩	5
（2）ふぶき	児童詩	4
（3）おしくらまんじゅう	劇	140
7　あさ子さんのうちのひなまつり	生活文	47

8　みんなの作文

前がき	記録文	3
(1) 雲	児童作文	7
(2) かんのげた	児童作文	16
(3) たけのこ	児童作文	22

この一覧表でわかるように、調査された文は、大部分が生活文、物語文で、説明文が非常に少ない。そのわずかな説明文も、至って幼稚なもので、一般の説明文とは、だいぶ趣きがちがう。だから、この調査の結果は、説明文に対して、ほとんど発言権をもっていない。だいたい、小学校の国語教科書は、説明文や論説文には非常に手薄で、高学年の本になっても、はかばかしいものは載っていない。この傾向は、実は、中学・高校の教科書でも、そうは変わらず、結局、説明文らしい説明文は、教科書でいえば、国語科以外の教科のものにしかないというのが正直なところである。が、まあ、それはどうでもよい。とにかく、本書での考察は、説明文の文章展開には、ほとんど向けられていないのが事実なので、説明文の文章展開については、後日、改めて、そこに重点を置いた研究をしたいと思っている。

説明文・論説文には、確かに手薄だが、叙事文・物語文の方には、そうとう厚い。この面では、小学校2年生用の文章だからといって、決してばかにならない。それどころか、大人向けの文章を分析する武器も、この調査の結果で、ほぼ落ちなく揃ったといえるようだ。第2編で英文の短編小説を分析するが、これをしてみて、起こし文型の記述体系がそのまま役立つことを知り、わたくしはまったく安心した。

始発、承前、転換の各型は何らかの因子によって形作られるが、その因子を、形式によって、「記号」(symbol) と「要素」(agent) とに分ける。ある語がある因子を固定して負っている場合、その語をその因子の記号と認めた。たとえば、「そして」という接続詞は、承前因子を負うことを専門とする語だから、これは承前記号である。因子が、記号のようなあからさまな形式にでなく、もうすこし内にかくれた条件に宿っている場合、その条件を要素と称することにした。

　夕方、雨が降り出した。雨は夜に入っていよいよ激しくなった。

という2文連続があるとする。第2文は前文に対して承前性をもっているが、その承前因子は、前文「雨が」の「雨」が「雨は」の形で反復されるところにある。この「雨」は、こういう文脈の中にあるからこそ承前因子を負わされているので、文脈から離してみれば、承前性とは何の関係もないことばである。だから、この場合の「雨は」は、承前記号でなくて、承前要素である。

どの型も、記号によるものと要素によるものとから成るわけだが、他の二型より圧倒的に数の多い承前型には、記号もなく、要素もないけれども、前文との相対位置によって承前性が保障されている一群の文があった。これらの文の承前因子には「承前位置」の名をつけた。その結果、被調査千余文の各型への分布は次ページの表のようになっていた。

この調査では、一つの文の型はただ一つに限って認めた。実際には、一つの文が何箇所にも因子をもつことがある。上の2文連続の例でも、「雨は」だけが承前要素なのではない。「夜」という語が、意味のつながりによって前文の「夕方」に対する承前要素をなしているし、「いよいよ」という語も、ある事態の存在を前提とする意味をもつ点で承前性を発揮しているように思われる。このように、1文内にいくつもの因子が共存することが、むしろ普通であり、承前因子と転換因子のように、性質のちがう因子が共存することも決してめずらしくない。しかし、調査では、それらの因子を全部かぞえると、集計のしかたがむずかしくなるし、全体の傾向がつかみにくくなるので、複数因子が共存する場合には、最もとらえやすい因子だけを採用して、他は棄てた。「とらえやすい」とは、因子が外にあらわに表われているほど、それを優先して認めたということで、要素と記号とが共存すれば、記号の方を採ったし、要素が二つ以上あれば、形がはっきりしている要素の方を採ったわけである。

以下、章を改めて、各型の文を実例によって説明しよう。説明に際しては、調査対象になった文とは別に、漱石その他、何人かの作家のいろいろな作品から随時例を引くが、これは、説明につごうのよい文を勝手に引いて来るのだから、数量とは関係がない。被調査文では、その類に属するものがいくつあったかが常に問題であるから、必ず数量の情報をつけた。被調査文を、必要によっては「資料」と呼び、説明のための引例文と区別する。資料文の型による文型を大観すると、次のようになっている。

本当は、資料の文章を全部記載するのが読者への親切というものだが、それは教科書2冊分の文章を全部転載することであり、あまりにも場所ふさげな話だから、さしひかえる。

表1　起こし文型の各型と所属文数一覧

被調査文 1025	始発型 98	記号による 58
		要素による 40
	承前型 786	記号による 131
		要素による 501
		位置による 154
	転換型 104	記号による 10
		要素による 94
	自由型 37	

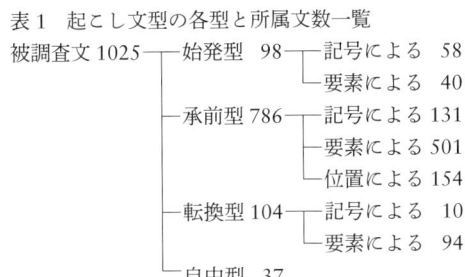

第2章

始発型の文

2.1　文章の冒頭と始発型の文

旧約聖書、創世記の文章は、「初《はじ》めに、神《かみ》が天《てん》と地《ち》を創造《そうぞう》した。」（新改訳聖書、日本聖書刊行会）という文で始まっている。以前の文語訳では、ここは「元始《はじめ》に神天地《かみてんち》を創造《つくり》たまへり」となっていた。文語訳で、「はじめ」に「元始」といういかめしい漢字を当てた気持は推測できる。おそらく、単に手順としての「第一番目」というような軽い意味でなく、「無から有が生ずる、一切の出発点」「時間と空間がここから始まる根源の処」という厳粛な意味をもたせたかったからであろう。この「はじめ」の構文上の位置づけには、これらの訳に異論もあるようで、「世界の名著」（中央公論社）の『聖書』（前田護郎編）には、中沢洽樹氏の「神が天地を創造した初めに」という訳が提出されている。ヘブル語のことは、わたくしにわからないので、どちらの構文解釈が正しいかは判定できないが、ヘブルの原文でも、「はじめに」という句が文頭に位置していることは確かである。この「はじめ」が創世記の叙事内容である事実の「はじめ」を語っていることはもちろんだが、効果としては、それだけでなく、創世記という書きものの、ひいては旧約聖書全体の、さらにいえば、旧新約聖書総体の語りはじめのことばとして、この語は働いて来たと言える。

新約聖書でも、「ヨハネ伝」の書き出しは、有名な「太初《はじめ》に言《ことば》あり」(文語訳)「初めに、ことばがあった。」（新改訳）*’Εν ἀρχῆ ἦν ὁ λόγος*, (ギリシャ語原文）であるし、「マルコ伝」の冒頭文は

〔文語訳〕神《かみ》の子《こ》イエス・キリストの福音《ふくいん》の始《はじめ》

〔新改訳〕神の子《こ》イエス・キリストの福音《ふくいん》のはじめ。

〔前田訳〕イエス・キリストの福音のはじめはこうである。

〔原文〕*’Αρχή*《（はじめ）》 *τοῦ*《（冠詞）》 *εὐαγγελίου*《（福音の）》 *’Ιησοῦ Χριτοῦ*《（イエス・キリストの）》.

となっている。ここでおもしろいのは、ギリシャ語原文で「はじめ」αρχὴ《アルヘー》が文頭にあることだ。言語構造のちがいから、日本語に訳せば、どうしてもうしろに来てしまうが、ここで「はじめ」が文頭にあるのは、一大事を語り始める文章の皮切りのことばとして、大変すわりがよい。

聖書という書物は、どうしても知らせなければならない事実を後世に伝えるために、事の次第を逐一記しとめておこうとして書かれたものだから、その叙述は、起こった順序に事実を描くという態度で貫かれている。だから、その最も大事な語り始めに、「はじめ」という語が用いられるのは、決して偶然ではないだろう。日本の古い典籍でも、古事記の冒頭文は

天地初発之時、於高天原成神名、天之御中主神。

(天地《あめつち》の初発《はじめ》の時《とき》、高天原《たかまのはら》に成《な》りませる神《かみ》の名《みな》は、天《あめ》之《の》御《み》中《なか》主《ぬし》神《のかみ》。)

であって、その第一句に「初発」とあり、宣長以下の学者はこれを「はじめ」と読んできた。重大な事実の由緒来歴を語るには、まず、事のはじめを明らかにしなければならないとあって、それを「はじめ」という語で始めるというのは、実に正直なことである。文章がどんなに人間精神を忠実に反映したものものであるか、感心せずにはいられない。

わたくしたちがほんのちょっとした文章を書く時でも、書き出しには苦労するものである。まして、途中に幾多の難関が予想される、内容の重い文章の起筆に当たっては、筆者の心の緊張、実に容易ならぬものがあるだろうと察せられる。そういう緊張の結果が、文章の切り出しにおけることばの選び方に、ある種の類型を作るようになってきたのだろうか、文章のジャンルに従って、起筆の文のタイプや用語に、ある傾向がたどれるように思う。政談演説を始める壮士が、まず「満場の諸君！」と言って力みかえるとか、議論文を書く時は、まず第一文で言いたいことをずばりと言うとか、こういう技巧には、いかにも、それを生んだ精神の緊張が感じられる。また、そんなに緊張した場面でなくても、炉端で昔話を聞かせる老人は、「むかし、むかし」で話を切り出すなど、いかにも内容にふさわしい、話の始め方が、長い間に自然と形作られてきた。

　このように、話しことば・書きことばを通じて、文章の語り出しのことばや、語り出す最初の文の内容なり形式なりに、ある共通した特徴が見出せるとすれば、その特徴を、文の始発性の表われと目してよいであろう。そして、そのような始発性を具えた文を始発型の文と呼ぶことにする。

　始発型という型を、概念として設けることは、実は甚だ簡単なことであり、だれでも容易に思いつくことである。しかし、現実の文にどこまでその型が押し当てられるか、実際に試してみると、むずかしいことがたくさんある。冒頭文だからといって始発型をしているとは限らない。むしろ、最近の文章には、おあつらえ向きの始発型を具えた冒頭文が少ないとさえいえる。そういう、始発型に入れられない形の文でも、現に冒頭の位置にあると、やはり、それなりに始発性を発揮しているということが、いくらでもある。近代の小説になると、お定まりのことばでゆっくりと幕開けをするようなものはほとんどなく、あれば、かえって、わざと茶化しているように思われるくらいだ。冒頭文が尋常の始発型でなくなったのは、すでに明治からのことである。たとえば、明治39年に発表された、島崎藤村の『破戒』は

　蓮華寺では下宿を兼ねてゐた。

という文で始まるし、明治41年発表、田山花袋の『田舎教師』は

　四里の道は長かつた。

と書き出されている。それどころか、明治初期政治小説の第一号にかぞえられる矢野竜渓の『経国美談』（明治17年刊）ですら、その標題の

　第一回　賢王賢士済民の功業を立つ
　　　　　一群の童子等史談に感激す

という、馬琴の読本《よみほん》そのままの古々しさにもかかわらず、冒頭の文は

　斜陽西嶺に傾き、今日《けふ》の課程も終りにしや、衆多の児童は皆々帰り去りける跡に、尚ほ残り留りしは、年の頃十六歳を首らとして十四歳までなる七八名の児童なり、（傍点原文）

とあって、すでに、決してお定まりの皮切り文句で始まってはいない。

　こういうわけで、現代文章の文の中に始発型を見つけ出していくのは、そう容易なことではないけれども、また、一見いかにも型を破っ

たように見える冒頭文の中に、またまた一種の型ができているということもあるので、必ずしも絶望の作業でもない。以下、特定の語句に、はっきり始発性が托されているものを始発記号をもつ文とし、特定の語句は無いが、文そのものに始発性が見て取れるものを始発要素をもつ文として、それらの類型を記述する。さらにそのあとで、始発型と認めるきめ手がないために、やむを得ず自由型とした冒頭文のいくつかについて考察を加えてみよう。

2.2 始発記号による始発型

資料 1025 文のうち、始発型に属すると認定した文は、1 割弱に当たる 98 文であり、そのうち 58 文は始発記号と見るべきものをもっていた。ところで、もし、資料千余文がみなで一つの文章を構成するものであったら、始発型の文は、ただ一つの冒頭文だけに終わるか、そうでなくても、ほんのわずかな数しか得られなかったであろう。それが 98 も得られたのは、資料がいくつもの文章の寄せ集めだからである。さきに示した内容一覧表を数えればわかるが、文章の数は全部で 40 あった。始発型の文が文章の数の倍以上求められたところを見ると、冒頭文以外にも、始発型の文がいくつもあったわけである。こうなったのは、文章の中に会話の文がたくさんあったのが主な原因である。

一般に言語の調査をするとき、話しことばは実に扱いにくいものである。談話を録音した資料であれば、まず、文の形がめちゃめちゃだから、分析のものさしが当てにくい。今ここの資料では、会話の文といっても、本当の会話ではなく、書いて作られたものであり、しかも、教科書に載っているものだから、形がきちんとしていて、構文分析に困るようなことはない。しかし、対話などになると、話の区切りに基準がないので、どこからどこまでをひとまとまりの発話としていいかわからないという点では、この資料も、録音資料と同じであり、やはり扱いにくかった。

物語に含まれている会話文はたいてい短いものである。ひとりの話が長く続くことは滅多になく、多くは、短文のやりとりになっている。

いくつものやりとりをこめて一つの文章とすることは、どうしてもできないので、やりとりの会話など、いくら一回の発話が短くても、その一回の発話を一つの文章として扱った。仮りに

「やあ。」

「やあ。」

というやりとりがあれば、前の「やあ。」も、後の「やあ。」も、それぞれ独立した一文章として扱う。しかし、この一文章は、物語全体での一文章とは性質がちがうから、以下の叙述において、会話文における一文章の冒頭は、「冒頭」とは呼ばず、「話頭」と呼ぶことにする。そして、話頭の位置にある文のことを話頭の文または話頭文と呼ぶ。

また、同じく話頭でも、問いのことばの話頭と、答えのことばの話頭とでは、おおいに意味がちがう。答えは原則として、問いに続くものであり、答えの話頭は、答える人の発話の中では皮切りであっても、その発話自体が従属的なものであるから、答えの話頭は、話頭と呼ばず、「答頭」と呼ぶことにする。

また、物語では、時々、発話と同じ表記形式で、声には出ない心内語が写される。心内語の文章の冒頭には、「心頭」という名称を与えて、話頭・答頭と区別する。

始発記号には、3 種類の類型を見出した。それぞれを、始発記号 A、B、C とする。A と B は会話文に属するもので、C は物語文あるいは独話文に属する。独話とは、相手とのやりとりでない、一方的な話しのことである。始発記号をもつ 58 の文のうち、始発記号 A、B、C をもつ文の数は、それぞれ 28、24、6 で、A、B はどちらも圧倒的に C より多かった。始発記号 A は相手に呼びかけることば、始発記号 B は自己に向かって発することばであり、始発記号 C は、物語的な文章の語りはじめのことばである。

なお、「始発記号」を略して ss と記す。starting symbol の略である。したがって、「始発記号 A」は ssA とし、同じく B、C を ssB、ssC と記す。

2.2.1　始発記号 A（ssA）呼びかけの語　30 文

だれかにむかって話そうとする時は、まず、相手の名なり、それに

代わる何かのことばで呼びかけて、発話の皮切りとするのが自然であろう。そういう場合、最初の呼びかけの語は始発記号として働いているわけで、この種のことばを始発記号A（ssA）とする。

始発記号Aの中に、四つの類型を認めた。第1類は特定の相手を指定して呼ぶことば、第2類は不特定多数の集団に呼びかけることば、第3類は、相手の限定なしに、方向性だけを示して呼びかけることばであり、第4類はきまった形のあいさつことばである。それぞれを、始発記号A1（ssA1）、同A2（ssA2）、同A3（ssA3）、同A4（ssA4）とする。

●ssA1　名呼び　17文

個人名を以て呼びかけるのが、この典型的な形であるが、これに準ずる形に、地位名や相対関係呼称等によって呼びかけるものがある。資料の中に、これらの類の語で始まる発話文が17あった。以下、文例を示す。

まず、固有名詞を用いて、名指しするものが7例ある。

(1)「てるおくん、つぎを読んで。」（話頭）（もうくろの話）

物語文の中で、授業中の先生が生徒に言うことばである。この発話はこれだけで終わり、すぐまた地の文になるので、その文が長い発話文章を起こしているわけではないが、後続の有無は、文の始発性に影響を与えない。発話がそれ一文で終わっても、そこに始発性があることは同じである。

（注）ここで、資料の扱いについて、断っておくことがある。この文は、教科書の原文では、「てるおくん。つぎを読んで。」となっており、「てるおくん」のあとが句点になっている。この句点を尊重すれば、「てるおくん。」で1文となる。それは一語文で、いっこうさしつかえないが、そうすると、「つぎを読んで。」という後続文の承前性を問題にすることになる。その答えは、承前型の最後に説く「位置による承前」の中に一類を設けることによって得られるが、わたくしは、はじめ、「位置による承前」というあいまいな項目をなるべくふやしたくなかった。それで、この教科書の表記法を決定するときに、呼びかけの語のあとを句点にするか、読点とするかを問題にして「どちらにも理由はあるが、句点にしたほうが、はっきりしてよい」ということで

句点にした事情を思い出し、どちらでもよいものなら、この際は、扱いやすいようにした方がよいと考えて、読点を句点に変え、2 文を 1 文に扱った。これによって、呼びかけ語のあとの文の承前性を問題にすることはさけられた。「位置による承前」の中の項目は、将来、どうせふやさなければなるまいと思うので、執筆している現在では、原文の表記を変えてまで、項目を少なく保つ必要はなかったと思っているが、今処置を改めると、また数に出入を生じて面倒なので、そのままにしておく。ここで扱う、呼びかけ語のあとの読点は、いずれも、教科書原文では句点であったことを断っておく。このように原文に手を加える処置は、これ以外では、一箇所もしていない。

(2)「けんちゃん、きみかいてよ。」(話頭)(劇)

劇は、対話の連続だから、問いともつかず、答えともつかない発話がたくさんある。この 1 文は、汽車ごっこをしている子どもたちのひとりが「だれかえきをかいてくれないかなあ。」と言ったのを受けているので、ある意味では承前性のある文だけれども、この発言は、「けんちゃん」なる子に絵をかいてもらおうという最初の提案で、このあと、「そうだ、そうだ。」ということになって類似発言が続くという情勢から考えると、一つの流れを起こす勢いが強いと見た。

(3)「まさおちゃん、おひなさま、きれいでしょう。……」(話頭)(あさ子さんのうちのひなまつり)

(注)「……」は、引用の省略を示す。ここには、原則として 1 文だけを引用するのだから、他文の省略をいちいち示す必要はないのだが、会話文を引用する場合、省略を示さないと、そこで会話のことばが終わるように誤解されるので、このように示した。

(4) はるおくん、きみのたんじょう日は十二日でしたね。(手紙の冒頭)(たんじょう日のおくりもの)

この例は、上記 3 例とちがって、手紙の文である。手紙は、コミュニケーションの意図とコミュニケーション当事者の相互関係が話しことばによる対話とよく似ており、しかも、話しことばとちがって、文章のひとかたまりがはっきりしているから、冒頭文の始発性が極めて明瞭に認められる。

(5)「ぶんちゃん。」(話頭)(劇)

これは、文字通り一語文で、後続文もない一人武者だが、やはり、始発の文にちがいない。

以上5例は、いずれも、一発話の冒頭位置にあるものだが、次の2例はちがう。

(6)〔「こんばんは。〕いっちゃん、外へ出て、わたしとあそびませんか。」(三びきの子ぶた)

(注) 例文の先行文脈を〔　〕の中に示す。以下同じ。

これは、おおかみが、子ぶた「いっちゃん」の家に来て、外から呼ぶことばである。ここでは「こんばんは」というあいさつ語を始発記号と認め、別項(ssA4)に示してあるが、発話中の第2文であるこの文にも、前文の「こんばんは。」と同様の始発性があると思われる。

(7)〔「たいへんだ、たいへんだ。おおかみがきたぞ。〕じろちゃん、たすけてくれ。」(三びきの子ぶた)

この文に至っては、前の例以上に長い先行文脈があるのだが、それでも、「じろちゃん、たすけてくれ。」は、前を受けているというよりも、新たな事態を呼び起こす力が強いと見られる。

以上が、個人名を呼んで、発話を起こす例であった。以下は、親族呼称、職業名、その他の呼び名で呼びかけ、発話を起こす例である。10例ある。

(8)「おかあさん、カナリヤの子どもがとんだわ。」(話頭)(カナリヤ)

とりかごをのぞいていた女の子が、かごの中にうれしい異変を発見し、母に報じていることばである。

(9)「にいさん、もうきんぎょがでているよ。」(話頭)(にぎやかなとおり)

(10)「にいさん、ぼくはいつもこのとこやにくるんだよ。」(話頭)(同上)

(11)「にいさん、ありがとう。……」(話頭)(同上)

以上3例、同じ文章の中で、町を歩いて行く兄弟の対話を叙している。いずれも、弟から兄への呼びかけである。

(12) おじさん、どうわの本をおくってくださって、ありがとうございました。(手紙の冒頭)(おじさんにとどいたてがみ)

以上が親族呼称。以下は、他人に対する呼びかけ。

(13)「おじょうさん、ちょっとおたずねしますが、中町へ行くのには、どう行ったらいいでしょうか。」(話頭)(みちあんない)

おばあさんが、道で会った女の子に道をたずねることばである。

(14)「おまわりさん、中町百五ばんちの田中さんは、どのあたりですか。」(話頭)(同上)

同じ文章で、その女の子が、おばあさんに代わって、警官に道をたずねることば。

(15)「ねこさん、ねこさん、あなたは、あんまりりこうなねこではありませんね。」(話頭)(ねこと小ねずみ)

これは、呼びかけの語を二つ重ねて、始発性を強めている例。わたくしたちの日常生活でも、「君」のような短いことばは、むしろ「君、君。」と重ねて用いる方が多いかもしれない。

(16)先生、お元気ですか。(手紙の冒頭)(先生へのてがみ)

(17)先生、わたしはまっくろなかおになりました。(手紙の冒頭)(同上)

以上17例、個人名またはそれに準ずる呼び名による呼びかけが、文に始発性を与えている例である。会話における話頭の文が12例、1ないし2文を先行させるが話頭に準ずる位置にある文が2例、手紙の冒頭文が3例であった。

資料内に見出されたことばのほか、この種の呼びかけことばで始発記号に用いられやすいものはいくらもあるだろうが、そのことばは、話し手と聞き手の相互関係や用いられる場面に制約されることが多い。「あなた」と呼びかけるのは、たいてい、夫婦の間柄で、妻から夫への方向に限られる。職場で、部下が上司に話しかける時は、「課長」「部長」「社長」などの役職名が始発記号になる。上司が部下に話しかける時は、「中村君」「中村さん」など、個人名による呼びかけがなされることが多い。デパートなどで、店員が客に話しかける時は、呼びかけなしで「どんなところをおさがしでしょうか。」のように言うことが多いが、呼びかけの名詞を用いる時は「お客様」、すこし慣れて来ると「お客さん」と言っているようだ。

● ssA2　一般的呼びかけ　2文

前項は、特定個人を指定した呼びかけの語が始発記号となる例であった。これに対して、相手が目の前にひろがっている集団であって、だれかれと指定できない場合でも、呼びかけの名詞で文を起こすことが普通である。マイクロホンの前で、見えない大衆にものを言う場合などには、いっそう、はじめをはっきりさせる必要があるので、この種の始発記号がよく用いられる。この類で、いちばん一般的なのは「みなさん」である。

(1) みなさん、これから、おはなし会をしましょう。(話頭)(夏休みにしたこと)

これは、教室で、先生が児童に話しかけていることばで、一連の指示の文章の始まりである。

(2)「みんな、しずかに。……」(話頭)(もうくろの話)

物語の中の会話ことばで、ざわざわしてきた教室内の児童を、先生が制することばである。

資料には、この2例しかなかったが、一般の場合を考えてみると、この始発記号はなかなか用途が広い。「みなさん」の前に特定の類の人をさす語をつけて「国民のみなさん」「学生のみなさん」などのように言うことができる。また、相手の類を指定するのでなく、相手の所在や状態を限定する語をつけて「会場のみなさん」「お仕事中のみなさん」などのように言うと、いっそう始発記号らしくなる。「みなさん」が「みな様」になると、もっと低姿勢になって、さらに呼びかけやすくなり、選挙などで、立候補者は、このことばを使わなければ、街頭での話が切り出せないのかと思われるくらいだ。また、近ごろは、ちり紙交換車なるものの「ご町内のみな様」が、ずいぶんわたくしたちの生活を「毎度おさわがせ」しているようだ。

以前は、演説の開始用語として「諸君」が愛好されたようだが、戦後の民主主義社会では、「諸君」で始まる話は聞かれなくなった。しかし「諸君」という名の雑誌もある。どこかの勇ましい会社の中では、「社員諸君」が、特訓用語に、しきりに使われているのかもしれない。

テレビ時代には、日常生活では使わないことばも、ドラマの中で使われて、親しい用語のように感じられることがある。「野郎ども」などということばは、実生活ではほとんど縁がないが、「野郎ども、ぬかるなよ。」などは調子のよい始発文に感じられる。「貴様ら」「てめえたち」なども同様である。

いいことばにしろ、悪いことばにしろ、名詞で呼びかけるのは、純粋な始発記号だが、次のようなのは、どうだろう。

■みなさんは、魔法使いのおばあさんのことを、お聞きになったことがあるでしょう。（大井三重子『ありとあらゆるもののびんづめ』の冒頭文）

この「みなさん」は主語で、呼びかけの独立語ではないから、「みなさん、あなたがたは……」と語り出した場合に比べて、始発因子としての力は弱いが、やはり、始発性をもった用語法であるにはちがいない。

● ssA3　感動詞による呼びかけ　9文

「もしもし」「ねえ」「おい」などの感動詞は、沈黙を破って会話の橋をかけるためのことばだから、始発記号として、至って理解しやすい。資料の中からは、「こら」「ほら」「そうら」「さあ」「ちょっと」「おうい」の6語による7例が拾われた。

(1)「こら、よくもにげたな。……」（話頭）（三びきの子ぶた）

一ぴきめの子ぶたを追っかけて来たおおかみが、二ひきめの子ぶたの家に逃げこんだ子ぶたをおどして言っていることばである。

(2)「ほら、だいじょうぶ。……」（話頭）（月夜のバス）

バスにひかれそうになったうさぎをだいて、車内に戻って来た運転手が、心配している少年にむかって言うことばである。

(3)「ほら、生きかえったでしょう。」（話頭）（同上）

同じ文脈の中で、じっとしていたうさぎが目をさましたのを見て、運転手が少年に言ったことば。

(4)「そうら、汽車だよ。……」（話頭）（劇）

劇で、おしくらまんじゅうをしていた子どもたちの中で指導者格の子どもが、状況が悪くなってきたので、おしくらまんじゅうから汽車ごっこに転じようとして提案することば。

(5)「さあ。」（話頭）（同上）

一語文。ぐずぐずしていて、なかなか行動に移らない友だちに、行動をうながしている。

(6)「さあ、やろう。」(話頭)(同上)

汽車ごっこ用の絵が地面に描けて準備ができたから、さあ始めようと、みんなにさそいかけている。

(7)〔「にいさん、ありがとう。〕さあ、はやくかえろうよ。」(にぎやかなとおり)

夕方の街で、兄に本を買ってもらった弟が、うれしくて、早く帰って本を読もうと、兄に帰りをうながすことば。先行文があるので、話頭文ではないが、話しの方向が変わり、始発性充分である。

「さあ」が3例であったが、このことばは、始発記号Bにも入れてあるので、そちらと対照されたい。

(8)「ちょっと、あの人、なんという名まえだった。」(話頭)(同上)

遊んでいる中のひとりの子どもが、仲間に入らないで、ぼんやり見ている子どもの方に注意を向けて言ったことば。「ちょっと」は、「ほら」や「そら」とは性質のちがうことばで、副詞の応用的用法だが、人の注意をうながすのに、実際はよく使われることばである。

(9)〔「うん。〕おうい、きみ、名まえなんというの。」(同上)

この文には「うん。」という先行文があって、見たところ、形の上では話頭の位置にないが、「うん」は前の話者への答えであり、「おうい」から別の相手への語りかけが始まっているのだから、実質は話頭文である。

資料は、以上のとおり。

物語の冒頭文でも、この類の語が、

■やあ、みんな、やってきたな。(大井三重子『ふしぎなひしゃくの話』の冒頭文)

のように、語り口調の中で始発記号に使われることがある。

●ssA4　あいさつことば　2文

始発記号Aの第4類に、あいさつの慣用句がある。朝、人に会った時の最初のことばは、ふつう、「おはよう」で、話はそれから始まる。そのように、あいさつことばが始発記号になることは容易に理解されよう。

資料中には次の2例しかなかった。

(1)「こんばんは。……」(話頭)(三びきの子ぶた)

この「こんばんは」はssA1の(6)に先行文脈として示したもので、この発話における正真正銘の始発記号である。

(2)「ただいま。」(話頭)(たんじょう日のおくりもの)

後続文なしの一語文で、生活的物語文の中の会話断片。

呼びかけを共通性とする始発記号A(ssA)の4類の、資料内での出現頻度をまとめると、

ssA30	ssA1	名呼び	17
	ssA2	一般的呼びかけ	2
	ssA3	感動詞による	9
	ssA4	あいさつことば	2

となっており、名を呼んで語りかけるのが、最も自然な会話への入りかたであることが察せられる。その次が感動詞で、一般的呼びかけとあいさつことばは少ない。この数の大小は何を語っているだろうか。思うに、始発性の高低ではなく、会話全体を通じての用いられやすさを語っている。だから、ある意味では、始発性の高低を逆順に語っているとも言える。

「おはよう」とか「こんにちは」とかいうあいさつことばは、人に会った時、その瞬間にしか言わないもので、一日のうちに、同じ人に「おはよう」を二度言うことは、原則として、ない。だから、本当に始発性をもったことばだといえる。これに反し、相手の名を呼ぶことは、一日に何回もある。一つの会話の連続の中でも、何度も使われてふしぎはない。呼び名や感動詞は、あいさつ語に比べて、使用サイクルの短いことばである。会話のちょっとした休止があって、すぐまた始めるような時には、随時使うのに適した始発記号なのであろう。

一般的呼びかけも、あいさつ語同様に数が少なかったが、これは、始発性の性格による結果ではなくて、語りかける相手の性格に左右された結果である。特殊な職業の人は別として、わたくしたちは、日常ふつうには、個人を相手に会話するので、大勢の人を相手に「みなさん」と呼びかけることは、めったにないのである。

これら、始発記号のバラエティーは、英語でも同じようにありそう

だ。会話の始めに、“Mr. Hayashi!” とか “Shiro!” とか、名前を呼びかけることは日本人よりはげしいようだし、演説の開始用語には、“Ladies and gentlemen!” というきわめて古典的なことばがある。呼びかけの感動詞の王様は halloo（ハロー）と hey（ヘイ）だろう。それから、字に書くとどう綴るのか知らないが、「ハーイ」ということを、アメリカ人はよく言う。日本語の「はい」とはもちろんちがうが、返事の性格も確かにあるようで、始発記号の度は薄いかもしれない。“I say.”（または単に “Say.”）のようなセンテンスが、始発記号感動詞の役割をしているのだろう。あいさつことばの good morning は実によく使うが、「こんにちは」に当たることばは、あまり聞かない。そして、“Good morning Mr. Hayashi!” “Good evening Mary!” のように、あいさつことばに名前を重ねるのがふつうである。

わたくしたちの場合でも、始発記号を重ね用いることは、よくある。ssA1（6）の例（「こんばんは。いっちゃん、外へ出て、わたしとあそびませんか。」）がそれに当たる。しかし、この例で、「いっちゃん」のあとの読点は原文では句点であるものの、ことばのつづきは、「こんばんは、いっちゃん。」でひとかたまりとは思えない。“Good evening Mary.” のまとまりとはちがう。あいさつ語と名呼びとを重ねる時、日本語なら、反対に「いっちゃん、こんばんは。」と言う方がふつうだろう。NHK の朝の番組に「こんにちは奥さん」というのがあるが、この番組名の語順をふしぎがっている人がいた。

こういう語順は、言語の構造だけではなく、場面によってもおおいに支配される。「こんばんは。いっちゃん。……」というのは、おおかみが家の外から、まだ、中にいる「いっちゃん」の顔を見ないうちに言っているから、こうなるわけだ。この場合の「こんばんは」は「ごめんください」に当たっており、在不在すらわからぬまったく未知の相手に使えることばとして使われている。名を知っている相手の顔を見たあとで言えば、「いっちゃん、こんばんは。」になるのだろう。

ところで、日本語の「おはようございます」「こんにちは」「こんばんは」、特に、後二者には、「ごめんください」と同じ「おとない」の性格がある。家の門口に立って、戸でもたたきながら呼ばわるのに使えることばである。英語の good morning や good evening は、そういうふうには使えそうもない。各国の言語の間には、思わぬ大きな共通性もあると同時に、また極みなく微妙な相違がある。どういう共通性をつかませ、どこまで相違性を教えるかというところに、外国語教育の問題があるのだろう。good morning を「おはよう」と訳し、「おはよう」を good morning と訳せばすむというものでないことだけはわかるが、それから先は、むずかしい問題だ。

始発記号の教育についても、もうひとつ、感じることがある。会議において、発言希望者は、挙手とともに「はい」または「議長」と言って議長に発言許可を求めることが、戦後教育で行なわれてきた。これは大変大事なことで、始発記号のありがたさを、これほど知らせてくれる事例はない。この鉄則が守られないと、会議は、はじめに始発記号を使った二三人の発言で流れができてしまい、あとから別の人が新しい流れを起こしにくくなるのである。この点が、年輩の人には、よくわかっていないのではないかと思われることがある。会議における諸規則を、ただのうるさい形式だと思うあまりに、「はい」と「議長」までうるさがって、勝手にしゃべり出す人がどこにもいるが、あれは本当に困ったことだ。

余談に及んだが、これで、始発記号 A の記述を終わる。

2.2.2　始発記号 B（ssB）自己内感動詞　22 文

始発記号 B とは、「よし」とか「さあ」とかいうかけ声が発話を導く場合の、そのかけ声をいう。始発記号の A が相手に向かって呼びかけることばであるのに対して、B は、自己に向かって発せられる叫び声である。「自己に向かって」というのは、「内にこもる」の意味ではなく、中からあふれ出るものが、相手意識なしに、外に向かって発せられることをいう。

そういう叫びには、それぞれ、何らかの心理的意味があるから、意味の類型によって分類することもできようが、すっきりした分類も、なかなか見出しがたいので、今は区分せず、22 例をべったり並べる。拾われた感動詞は、「あ」「あっ」「ああ」「さあ」「わあい」「うう」「ちえっ」「ようし」「しめた」「そうだ」「そう」「なんだ」「なんだあ」「おや」「そら」「やれやれ」「よいしょ」の 17 種類であった。

● ssB　自己感動詞　22 文

（1）「あ、牛がのっている。」（話頭）（れっ車にのって）

（2）「あ、バスだ。」（話頭）（同上）

この 2 文は、同じ文章の中で、この順序で隣り合って存在するもの。父につれられて列車に乗った、姉と弟が、発車前、向かいの線路に貨物列車が入って来たのを見て、姉がまず牛を発見し、弟が続いてバスを発見したところである。弟のことばは、姉のことばにつられて発せられたものだから、位置としては受けの位置にあるが、内容は受け答えではない。弟自身のはじめての発見によるはじめての発話だから、「答頭」ではなく「話頭」に扱った。

（3）「あ、あぶない。」（話頭）（月夜のバス）

山路でバスの前を走って行く野うさぎが、バスに追いつかれて、ひかれそうになった時、バスの中から見ている少年が発したことば。

「あ」の 3 例、前二つは、発見の喜びから発せられ、あと一つは、はっとした驚きから発せられている。

（4）「あっ、いいものが　ある。……」（話頭）（三びきの子ぶた）

最初の子ぶたが、自分の家の建築材料として、わらを発見してよろこび、これで家を作ろうと叫ぶところ。

（5）「あっ。」（話頭）（同上）

えんとつから入ろうとしたおおかみが、下からの熱気に当たって驚くところで、一語文の独立的発話である。

（6）「あっ、たいへんよ。」（話頭）（劇）

劇で、ころんで泣き出した友だちを見ての発話。

（7）「あっ、かねだよ。」（話頭）（劇）

汽車ごっこをしていた子どもたちが、始業のベルを聞いて言うことば。

「あっ」の 4 例。2 例は、一つはいいもの、一つはよくないものを発見した驚き、1 例は、肉体的ショックによる反射的な叫び、もう 1 例は、あまり感情的要素のない、ただの新事実認知への反応表示である。

（8）「ああ、この人、とてもえがじょうずよ。……」（話頭）（劇）

これは、思い当たりの「ああ」で、アクセントは頭高。他人の発言にヒントを得て、「そうそう、絵といえば、この人は絵が上手よ。」と言っている。

(9)「さあ、できた。」(話頭)(同上)

汽車ごっこ用の絵を地面に描いていた子どもが、絵ができ上がったので、満足のひとりごとを言っている。こういう「さあ」は自己にむかって発しているもので、人をさそったり、うながしたりして「さあ、行こう。」のように言うのとはちがう。差は微妙で、どちらともいえない用法がいくらでもあるとは思うが、原理的なちがいは認めておきたい。

(10)「わあい、いいぞ。」(話頭)(同上)

前の例に続く発話で、絵のでき上がりを喜んでいる。

(11)「うう、さむい、さむい……」(話頭)(同上)

(12)「ちえっ。……」(話頭)(同上)

遊びの仲間に入れてやろうと思って声をかけた相手が、入らないと言うので、いまいましがって言っている。「なんだい。せっかく入れてやろうと思ったのに。」ということばが続く。

(13)「ようし、ここからはいってやるぞ。」(話頭)(三びきの子ぶた)

「ようし」は、ひそかな決意を表わすことば。

(14)「しめた。……」(話頭)(同上)

「しめた」は、自分にとって著しく有利な条件を見出した瞬間に発する感動詞。木の枝を見つけて、よい建築材料をものにしたと喜ぶ子ぶたのことばで、「ぼくは、これでうちをつくろう。」以下の発話が続く。

(15)「そうだ、きみに　たのもう。……」(話頭)(劇)

「そうだ」は、心中ずばり思い当たるものがあり、そのことを言い始める時のことば。

(16)「そう。……」(話頭)(夏休みにしたこと)

「それはうれしかったでしょうね。」と続く。お話し会で、ある児童の夏休み中の楽しい経験談を聞いた先生が、その楽しさに同調して言っている。この「そう」は、「そうだ」「そうです」という意味の肯定の応答詞とはちがう。応答の「そう」なら、語末をおさえるように強く言うが、同調・共感や、そこから発する驚きなどを表わす「そう」は語頭に強いアクセントを置いて言う。応答詞の「そう」なら、承前記号Dになる。

(17)「なんだ、びっくりするよ。」(話頭)(劇)

他の子が急に遊びを変え、汽車ごっこに転換して自分の肩を押し始めたので、驚いて発したことば。「なんだ」は、予期に反した事態に接した時の意外の感を表わし、失望感を伴うことが多い。この場合は失望ではない。

(18)「なんだあ、おされてなくなんて、よわむしだなあ。……」(話頭)(同上)

「なんだ」の頭のアクセントが後へ移ると、「なんだあ」と伸びて来て、鈍な感じの失望感となり、軽蔑に通じて来る。

(19)「おや、あそこに、子どもたちがおおぜいあそんでいるぞ。」(心頭)(空から下を見ると)

ヘリコプターの操縦士が、機上から、下界に興味のあるものを発見した時の心内語。「おや」は、ふつう、予期していなかった状況を発見して、いぶかる時のことばだが、ここでは、いぶかるのではなく、興味をそそられた感じを表出している。

(20)「そら、きた。」(心頭)(さわよむどんのうなぎつり)

さわよむどんがつり糸を垂れていると、ぐいと手ごたえがあったので、「そら、きた。」と思う。「そら」に、期待したものの実現を迎える瞬間の緊張した気持が投射されている。

(21)「やれやれ、ずいぶんとんだものだ。」(心頭)(同上)

つり上げた大うなぎが、勢余って、一山こえた野原までとんだのを見て、驚きあきれていることば。「やれやれ」は、よく、期待に反してがっかりした時に使われるが、ここは、がっかりでなく、とにかくびっくりしている。

(22)「よいしょ、よいしょ。」(話頭)(詩—麦ふみ)

「よいしょ」は、力をこめる時のかけ声で、次のことばを導き出すのでなく、次の力仕事を導き出す。行動の始発記号とでもいうべきか。発話か心内語か、どちらでもよい。

以上、始発記号Bの22例を示した。その多くは、他者への伝達を問題にしていないから、発話のごとく、心内話のごとく、どちらともとれるようなすがたをしている。

2.2.3　始発記号 C（ssC）場面設定の語　6 文

始発記号の A と B は、いずれも、話しことばの世界のものであり、かつ、話し方の態度に関するもので、話しの内容に立ち入ったものではなかった。こんどの C は、話の内容に関係したものであり、自然、書きことばの世界に及んで来る性格の始発記号である。

物語には、必ず人間か、人間と同格の動物ないし植物が出て来る。それらは、みな、ダレという代表疑問詞で置きかえられるものだ。そのダレが出て来て、本当の話が始まる前に、どうしても、ダレを据えるための場面を設定しなければならない。場面は直接には、空間的なもので、ドコで代表されることばが、そのために使われる。そしてドコの外側を、さらにイツという条件が取り巻いているので、話は、

イツ　ドコで、ダレが……

という順序で切り出されるのが最も自然である。それで、物語では、イツとドコを設定するための慣用的なことばができて、始発記号の役目をするようになっている。

資料からは、6 例が拾われた。5 例はイツのためのことば、1 例が、ドコのためのことばであった。前者を始発記号 C1 とし、後者を同じく C2 とする。

● ssC1　時間場面設定の語句　5 文

（1）むかし、はなしの大すきな王さまがいました。（冒頭）（ながいはなし）

（2）むかし、むかし、ある国の王さまが、米をたくさんくらにしまいこんでおきました。（冒頭）（ながいはなし）

（2）は、（1）に含まれる話中話の冒頭なので、同じ文章の中に、冒頭文が二つあるわけである。

「むかし」と「むかし、むかし」は、何といっても、物語の冒頭の語の王様で、話というものが、口から耳へ、耳から口へと語りつがれていたころは、話のはじめのことばはもっぱらこのどちらかであったと思われる。だからこそ、それを「昔話」というのである。文字に書き残された物語でも、古代の作品には、この語り口がそのまま記しとめられているから、「物語のいできはじめのおや」という竹取物語の発端は

■今は昔、竹取の翁と云へる者ありけり。（日本古典全集本）

である。『今昔物語』の各説話は、いうまでもなく「今は昔」で始まっているし、『伊勢物語』の各話も「昔、男ありけり。」または「昔、男。」で始まる。中国の話ばかり記した『唐物語』の説話の多くは、漢の高祖の時とか、唐の玄宗の時とか、時代がはっきりしているのだが、話の冒頭には、みな「昔」がついて

■昔漢高祖と申す帝おはしけり。（日本古典全集本）

■昔漢武帝、李夫人はかなくなり給ひて後、思ひ歎かせ給ふ事、年月を経れども更におこたり給はず。（同上）

のように記されている。中には

■昔元和十五年の秋、白楽天罪無くして、江州と云ふ所に流されぬ。（同上）

のように、時代指定の明確なものがあっても、やはり「昔」がついている。

これには、形をそろえてどれにもつけたという事情もあろうし、読者は中国の歴史を知らないから、「昔」と言ってやらないと、いつごろのことかわからない、などの察しもあろうが、何よりも、「昔」と語り出すことによって、いかにも話が話らしくなるというのが、こうなった最大の理由だろうと思われる。

（3）あるとき、小ねずみがねこにつかまえられてしまいました。（冒頭）（ねこと小ねずみ）

場面を限定しないで限定の効果をあげるためには、どうしても「ある」という連体詞を使わなければならない。それで、「ある時」も、語り始めのきまり文句になる。

（4）ちかごろ、たいへんわるいかぜがはやってきました。（話頭）（こうないほうそう）

これは、物語の始まりではないから、「むかし」のように雰囲気のある語り出しとはちがう。始発記号としてのねうちはだいぶ落ちるが、一応その働きはしていると見ておこう。

（5）〔「おまたせいたしました。〕ただいまから、八時五分はつ上り東京ゆきのかいさつをいたします。」（れっ車にのって）

先行文が、あいさつことばのようなもの（→始発要素B）だから、発

話第2文にも、まだ始発性がある。「ただいまから」は、日常会話では使わない改まった言い方なので、切り口上めいており、始発性を蔵している。

資料5例の説明は以上のとおりである。

「むかし」式の語り出しは、近代文学では、あまり見なくなったが、文体に凝る作家は、時に現代式の冒頭に飽きるのか、昔ながらの物語の始発記号を、また用いることがある。

■むかしむかし、まだ愛親覚羅氏の王朝が六月の牡丹のやうに栄え耀いて居た時分、支那の大都の南京に孟世燾と云ふ、うら若い貴公子が住んで居ました。(谷崎潤一郎『人魚の嘆き』)

これは童話ではないのに、わざと童話めかした語り出しをしている。

芥川龍之介は、いくつか、きりしたんに取材した作品を書いているが、それらの冒頭は、

■去んぬる頃、日本長崎の「さんた・るちや」と申す「えけれしや」(寺院)に、「ろおれんぞ」と申すこの国の少年がござつた。(奉教人の死)

■遠い昔のことでおぢやる。(きりしとほろ上人伝)

のように、古い物語の伝統にそって作っている。

「むかし」と出ると、その次は「ある所に」と受けたくなる。その「ある所に」から語り出すやり方もある。これが始発記号C2である。

●ssC2　空間場面設定の語句　1文

民話は、大部分「昔」「昔、あるところに」で始まるが、「昔」のない語り出しもある。関敬吾氏の編になる岩波文庫の『日本の昔ばなし』の中から、「あるところに」で始まるものを二三拾ってみると、

■あるところに貧乏な家がありました。(大年の客)

■あるところに、若い夫婦者がすんでいました。(貧乏神)

■あるところに、さるとかにがおった。(さるとかに)

などがある。

資料の中には、「あるところに」はなかった。拾った1例は、始発記号としては、すこし変則的だが、「ここは」というもので、

(1)　ここは二年一組のきょうしつです。(冒頭)(こうないほうそう)

校内放送の放送内容に移る前に、まず放送を聞いている教室内の情景を簡単に描いた、前書き部の冒頭である。「ここは」を始発記号にするのも、あまり冴えない扱いだが、こういう書き出しは、よく見かけるから、かなり定着性のあるものと見て、「ある所に」の仲間に入れておく。

2.2.4　始発記号 A、B、C の相違

始発記号についての記述は、以上で終わるが、最後に、この三種を区別することは、構文論と関係があるのだということを述べておく。

わたくしは『基本文型の研究』(1960／復刊 2013) において、文の構造を、「描叙」「判断」「表出」「伝達」の四段階で説明した。描叙は、言表者がとらえた事態の内容を叙す部分、判断から伝達までは、言表者の言表態度を言い表わす部分である。これらの区別が比較的明瞭に表われるのは述語の部分で、述語の詞の部分は描叙段階に属し、述語の辞の部分は判断・表出・伝達の段階に属する、とした。同書の「結び文型」は、述語の辞の部分を、判断以下の 3 段階に分けて記述したものである。そうして、同書 (2013) の 95 ページに、「もしもし、お願いがあるんですが、実は、あのー、何とかひとつ、その品物を譲っていただくことはできないものでしょうか。」という文を図解して、四段階の構造を説いた。

わたくしは、同書の公表とほぼ同時に、昭和 35 年秋の国語学会で、同書の内容に関する発表を行なった。その時、上記の文例よりすこし増しだと思う文 (「あなた、どうしましょう。きっと、あの子に何かあったんだわ。ねえ！」) によって、四段階構造を説明した。その説明をここに、くりかえしてみよう。

「あの子に何かある」というのが、この奥さんのとらえている事態であって、これが「描叙」の内容である。「きっと……たのだ」という確信度の強い推測が、その事態を把握した奥さんの心的態度の知的な部分であり、これを「判断」と呼ぶ。その判断を包むのが心的態度の情的部分で、これを「表出」と呼ぶ。「どうしましょう」といううろたえと、「だわ」の「わ」に最も強く出ている、感情の投出しとが、この場合の表出内容である。そして、以上の描叙・判断・表出を、聞

き手である夫に投げつけているので、「あなた」と「ねえ」とが投げつけ用のことば。これらが伝達の記号に働いている。以上の言語表現を、身振りや表情という身体的態度が包み、それをさらに動作や状況という発話環境が包んでいる。

文章は、言語表現のこういう立体構造を一線にして表わしたものだが、始発記号のA、B、Cは、こういう発話順序を追った各段階に対応したところで始発性を発揮する記号なのである。

始発記号Aは相手に呼びかけることばだから、今の例の「あなた」がそうであるように、伝達段階での始発記号になっている。始発記号Bは、自己に向かっての感動詞だから、表出段階に属するもので、「どうしましょう」に当たるところに来る。「さあ、どうしよう」という文が容易に成り立つことで、それは、わかる。始発記号Cは、情報の内容に関するものだから、これは明らかに描叙段階に属する始発記号である。そうすると、判断の段階は飛んでしまったことになるが、「むかし」という設定は、どうしても「……があった。」という過去認定の判断と呼応することになるので、「むかし」に関する限り、判断の段階にまで足を踏みこまざるを得ず、その辺に、判断段階専門の始発記号が見出されなかった理由があるかと思われる。

始発記号のA、B、Cは、以上のような形で、文の構造と関係があるのである。

2.3 始発要素による始発型

これまでに述べた始発記号とは、始発性の因子が、一箇の語、または、語に準ずる語句に結晶していると見られるもので、かつ、それらの語（または語句）に、語類上の共通性が認められるもののことであった。これから述べる「始発要素による始発型の文」というのは、そのようなあからさまな始発記号を具えていないにもかかわらず、文全体の意味か、または、文のある部分の意味かによって、現に始発性を発揮している文のことをいう。言いかえれば、どこかに始発因子を蔵しているにちがいないが、「この語（または語句）が負っている」と指摘することが困難な文のことである。だから、始発要素には、特定の語句も、特定類型の語句も、指摘することができないのが、たてまえである。

始発要素は、始発記号と対応した性格をもっている。伝達段階に属する始発記号Aに対応して、始発要素Aがあり、表出段階に属する始発記号Bに対応して、始発要素Bがあり、描叙段階に属する始発記号Cに対応して、始発要素Cがある。対応のしかたについては、それぞれの項目で説く。

始発要素（starting agent）A、B、Cを、それぞれ略記してsaA、saB、saCとする。

2.3.1　始発要素A（saA）習慣的あいさつ文　3文

始発記号Aに、名呼び、一般的呼びかけ、呼びかけ感動詞、あいさつことばの4類を区別した。そのおのおのが、1語から1文にひろがった形がありうる。たとえば、日露戦争の宣戦詔勅は、

■天佑を保有し万世一系の皇祚を践める、大日本国皇帝は、忠勇勇武なる汝有衆に示す。

という一文で始まる。これは、平たく言えば「国民諸君」と呼びかけることになるのを、文章体でいかめしく言っているにすぎない。こういうのは、始発記号A1かA2が、文に昇格したもので、一文全体が相手への呼びかけに奉仕していると見ることができる。A1からA4まで、それぞれに対応する始発要素があって然るべきだが、調査資料の中では、1から3までに当たるものは見出されず、A4のあいさつことばに当たるものだけがあった。対応事実がはっきりすれば、始発要素Aの中も分けてsaA1からsaA4までを立てることになるが、なかったものを立てるわけにいかないので、saAは内訳をせず、ssA4に対応する始発要素を、単にsaAとしておく。

●saA　習慣的あいさつ文　3文

（1）「おまたせいたしました。……」（話頭）（れっ車にのって）（同文章に同形2文あり。）

「おまたせいたしました」も「おはようございます」と同程度に固定したあいさつ語だと解釈すれば、この例は始発記号A4へ送られることになるが、固定度が落ちると見たので、記号ならぬ一文によるあい

さつとした。

(2) まい日、さむい日がつづきます。(話頭)(こうないほうそう)

この例になると、始発記号との差がはっきりする。一般に、時候のあいさつは、特に日本では、話や手紙の皮切りことばとして、習慣的に用いられる。「寒いね。」という簡単なあいさつから、「お寒うございます。」のようなていねいな話しことば、「酷寒の候、おさわりもなくお過ごしでしょうか、お伺い申し上げます。」のような手紙の文句まで、敬語使用の差、文体の差など、さまざまなバラエティーはあるが、時候のあいさつは、最も始発要素の因子となる。

もちろん、時候のあいさつばかりではない。「元気かい。」「やっちょるね。」「お精が出ますね。」「ごぶさたしています。」など、いくらでもある。

資料の中には、以上の2種、3例しかなかった。

2.3.2 始発要素B(saB)感動表出の文

始発記号Bは、「さあ」「よし」「よいしょ」など、発話と行動とを引き起こすかけ声の類であった。これがそのまま文にひろがり、一文全体で感動を表出し、それが、以下の発話の皮切りになることが、いくらでもある。

・やあ、参った、参った。

などは、近ごろよく聞くことばで、これが話の切り出しになる。旅行から帰って来た人が

・やあ、素晴らしかったですよ。

と話し始めるとか、噴慨している人が、

・ねえ、ちょっと、人をバカにしてるじゃない!!

・一体全体、世の中にこんなことがあっていいもんでしょうか。

とぶつける。こういうのが始発要素Bである。

● saB 感動表出の文 1文

資料中には、1文しかなかった。

(1)「たいへんだ、たいへんだ。……」(話頭)(三びきの子ぶた)

このあとに続く発話は、「おおかみがきたぞ。じろちゃん、たすけてくれ。」である。まず感情をぶつけ、それから用件を言っている。

この種の冒頭文による発話は、かなり多いが、書きことばの文章では、多くない。文章を書く時は、たいてい、事前に準備し、筆を下ろす前に頭を整えるから、いきなり感情をぶつけることは、しにくくなるのだろう。

旧約聖書詩篇には、おもにダビデが楽器に合わせて歌った歌が数多く記されている。すべて、神にむかって、悩みや苦しみを訴え、時には喜びをうたっているが、その第一巻の最初は

幸いなことよ。
悪者のはかりごとに歩まず、
罪人の道に立たず、
あざける者の座につかなかった、その人。

（新改訳）

となっている。これは、「幸いなことよ。」で一文と見るにせよ、「その人。」までで一文と見るにせよ、どちらにしても、一文全体で、喜び、ほめたたえる気持を表出している。わたくしは『新改訳聖書』の訳業に参加しながら、原文でこの冒頭文の文頭にある「幸いなことよ」の一語を訳文においても、どうしても文頭に置きたいと思った。一編の詩の冒頭にすぎないとは言いながら、結局は、これが詩篇全体の冒頭になるのだから、その始発性には、強烈なものがなければならないと考え、冒頭文の冒頭の語が発揮している感情表出性を、訳文でも同じ位置で発揮させたかったからである。文語訳では

■悪しき者の謀略《はかりごと》にあゆまず、つみびとの途にたたず、嘲るものの座にすわらぬ者はさいはひなり。

と、「さいはひなり」が最後にあった。両国語の言語構造のちがいで、訳文における語順が原文とちがって来るのは、あたりまえだが、できるなら、大事なことばの提出語順を原文にそわせたいと思ったのである。詩篇の詩の大部分は「主よ」という呼びかけのことばで始まっているのに、冒頭の詩が、冒頭の位置に「幸いなことよ」という感情表出の語を置いているのが、詩の性質から考えて、おもしろいと思う。これらの詩は、今こそ、聖書に書かれて書きことばになっているが、元来は、口で唱われた歌である。

芥川龍之介の小説『地獄変』は、次の一文で始まっている。

■堀川の大殿様のやうな方は、これまでは固《もと》より、後の世には恐らく二人とはいらつしやいますまい。

これは、主題人物をまず紹介するという意味では、後述する始発要素Cの最後の類（saC7 主題設定の文）に属するが、文全体に、大殿様に対する讃嘆の気持がこめられているので、むしろ、感動表出の文として始発要素Bの例にかぞえたい。

Edgar Allan Poe の小説 The Tell-tale Heart の書き出しは、

True!-nervous-very, very dreadfully nervous 1 had been and am; but why will you say that I am mad?

とある。聞こえて聞こえてしようのない耳をもった男、殺した人間の心臓の音まで聞こえて来る男の叫びである。

そう。感じやすいのですよ。ただただ、もう、恐ろしく感じやすかったし、今もそうなのですよ、私は。それを、どうして、あなたたちは、私を気違いだなどと、おっしゃるのですか。

とでも訳してみる。文の数が多くなってしまったが、原文は、セミコロンを含んだ1文である。そして、全文に困惑の情があふれており、これが、以下の文章を率いる。

芥川の例にしても、Poe の例にしても、話しことばのスタイルによる文であることが注目される。

2.3.3　始発要素C（saC）場面ないし主題設定の文　38 文

始発記号Cと深い関係のある始発要素である。始発記号Cは、「むかし」とか「ある所に」とかの常套語句で時間場面や空間場面を設定するものであった。同じく、時間場面や空間場面を設定しても、「むかし」や「ある所に」のようなきまり文句によってでなく、その文その文で独自の語を用い、なにがしか複雑な構造の語句により、また文全体によって、それを果たしているのが、始発要素Cである。

場面設定の方法は、時間を主要素とするものが圧倒的に多いけれども、純粋に時間要素だけで終わることも、また、めずらしい。たいていは、イツに続いてドコが出、さらに続いて、ダレやナニなどの要素が登場して来ることが多い。

● saC1　時間場面設定の文　4文

まず、一文で時間条件の限定だけをし、あとの条件は後続文に譲るタイプの始発文である。資料には4例あった。

（1）日よう日のことでした。（冒頭）（カナリヤ）

「むかし、むかし」という独立性の強い語形の記号が、もうすこし情報内容に溶けこんで来ると「むかしむかしのことでした。」という形になる。その「むかしむかし」の部分に、各文章独自のイツを入れれば、この例文ができるし、また、

■今より四年前《ぜん》の事である。（国木田独歩『女難』冒頭文）

という、小説の書き出しにもなる。

（2）あるあさのことです。（子犬）

これは、（1）と同形の文だが、実は、冒頭文ではない。少年の家に子犬が来て少年が大喜びをしている文章の3ページ目に出て来る文で、後述の転換型に入れるべきものであるかもしれないが、こうきっぱりと言い切られると、文章の途中でも、始発型に入れたくなる。実は、この辺に、この調査の弱点がある。冒頭文で、その文章中では、現に始発性を発揮していても、客観的に始発因子が認めがたい文について後述するが、その扱いに困る一方、みごとな始発型をしていても、文章中では始発位置にない文の扱いにも困るのである。この文は、その一例であった。

（3）ひなまつりがちかづいてきました。（冒頭）（あさ子さんのうちのひなまつり）

これは、「イツのことでした。」という型の文に比べれば、冒頭文としての型がくずれているが、純粋に時間の条件だけを設定している点では、型通りのものである。

（4）三月三日。（同上）

同じ文章のつづきだから、これも冒頭文ではないが、章が改まっているので、転換型というよりは、始発型とした。日記の冒頭と同じことで、前日の記事と並んでいても、月日が明記されると、「次の日」「ある日」などとはひびきがちがって来る。

小説の冒頭文で、時間場面だけを設定しているものを二三探してみると、次のようなものがある。

■もう彼れ此れ二十年ばかりも前にならう。(谷崎『少年』)

■遠き世の物語である。(漱石『幻影《まぼろし》の盾』)

■明治元年五月十四日の午《ひる》過《す》ぎだつた。(芥川『お富の貞操』)

■千八百八十五年五月何日かの日暮れ方である。(芥川『山鴫』)

『お富の貞操』の「午過ぎ」ぐらいだと、時刻の限定だけで、それ以上の情景までは浮かばせないが、『山鴫』の「日暮れ方」になると、夕暮れの情景を想像させるものがあり、単なる時間場面だけではなくなって来る。これがもう一段進むと、次の項になる。

● saC2　時間を主とする場面設定の文　7 文

(1) ある月のよいばんでした。(章頭)(三びきの子ぶた)

「章頭」とは、ある章の中の冒頭文のことである。章といっても、第何章とか第何節とか書いてある場合ばかりをいうのではない。(そんないかめしい区分けは、この資料の中にはない。)一行あけや何かで、明瞭な仕切りがしてあれば、章が改まったものと見た。

「月のよい晩」ということは、時間の条件に加えて、かなりはっきりと、目に見える情景を設定している。月が照らしている下界の光景がどんなものかは、次の文を読まなければ、わからないが、少なくとも空の光景だけは、これでもう充分にわかる。

(2) 日よう日は、よい天気でした。(冒頭)(せんたく)

「イツでした。」や「イツのことでした。」という形の文は、文頭に「それは」とか「これから話そうとするのは」とかの語句を潜在させているわけだから、文の形が、後続文を呼び起こすことになり、それが始発性を強める。この例文を、その文型に入れれば「天気のよい日よう日（のこと）でした。」となる。始発性は、その方が強くなるが、発想はすなおでなくなる。日曜日を期待して、「さあ今日は日曜日だ。」と目を覚ます子どもの気持からすれば「日よう日は……」と出るのが自然である。わざわざ場面設定をするのではなく、すでに場面の中に入って周囲を見始めている文である。始発型にも、「これから始めますよ。」という始発型と、「もう始まっていますよ。」という始発型とがあるようだ。「イツのことでした。」は前者に属し、本例の「イツはドンナでした。」という形は、後者に属する。

(3) きょうはうちの田うえです。(冒頭)(田うえ)

田うえの日の「きょう」に焦点が据わって、わが家の田うえの忙しそうな雰囲気が背景にひろがる。

（3）夕がた、雨がふりました。（冒頭）（よし子さんのにっき）

「夕がた」という時刻のせいもあって、この文の始発性は、強いとはいえない。

（4）あさ、目がさめると、とてもよい天気でした。（冒頭）（ひこうじょう）

「天気のよい朝」という客観的条件が提出されただけでなく、目を覚ました本人の感覚が出て来るだけ、場面設定のしかたが複雑になり、立体的になっている。しかし、「あさ、目がさめると」という句は、意味の上からも、充分始発性を発揮している。

（5）夜、本をよんでいると、すいっちょがうちの中へとんできました。（冒頭）（同上）

「夜」という時間条件につけ加わるものが、いっそう複雑になっているが、「夜」の場面設定力は相当大きいと見たい。

（6）学校のかえりに空を見たら、ひつじの毛のような雲がありました。（冒頭）（雲）

「学校のかえり」という句は、「午後」とか「夕方」とかのような、絶対的な時刻の指示とはちがうが、相対的な意味で、時間上の条件を指示している。それに空の条件が加わって、場面が描かれる。

（7）学校からうちへかえるとき、ふぶいてさむかった。（詩の冒頭）（ふぶき）

児童詩だから、ちょっと舌足らずの感があるが、前の例文と同じような形で、ふぶきで肉づけしつつ時間場面を設定している。

資料外の文章で、この型に属するものを見ると、

■或曇つた冬の日暮である。（芥川『蜜柑』冒頭）

■二日二晩ふりつづいた大雨がやんで、けさは、すがすがしい、さつき晴れでした。（大井三重子『ある水たまりの一生』冒頭）

などは、典型的である。また、

■「君、最早《もう》寝るのか？」と今しも当直を終へて士官室に入つて来た一人の大尉が、自分に問うた。（独歩『馬上の友』冒頭）

という冒頭文には、直接に時刻を指示することばは、どこにもないか

ら、実際にこの場面が朝か昼か夜か、はっきりとわからないが、全体から時間的条件がかなり強く感じられるのは、「もう寝る」や「当直を終へて」などの語が意味する内容が時間条件に密着したものである上に「今しも」という語の語性が時間的なものだからであろう。

● saC3　時間・空間場面設定の文　4文

(1) 朝早くおきて、にわに出てみたら、あさがおがたくさんさいていました。(冒頭)(よし子さんのにっき)

早朝のすがすがしい雰囲気が、あさがおの咲く庭という空間的条件によって確保されている。イツの要素とドコの要素とが、同じくらいの重みで利いている。

前項の諸例にも、空間的条件が無いとはいえないが、あってもわずかである。(その中で(5)だけは「うちの中」にはっきりした条件が出ているので、かなり空間性がある。この例は、本項に入れた方が適切であったかもしれない。)

(2) みち子さんは、学校から大どおりにでるみちで、おもそうなふろしきづつみをさげたおばあさんにあいました。(冒頭)(みちあんない)

「学校から大通りに出る道で」ということが、単に位置だけを規定しているのなら、時間的条件とは関係がないことになるが、ここでは「出る」がみち子の行動として描かれているようで、「みち子が学校を出て大通りにさしかかった時」と言っているように思われるから、時間、空間両性の場面設定と見る。

(3) 夜になると、にわの方から、いろいろな虫のなき声がきこえてきます。(冒頭)(虫のなき声)

「夜」と「にわの方」とで、イツとドコを設定している。

(4) 月の明るい山道を、一台のバスが走って行きました。(冒頭)(月夜のバス)

「月の明るい山道」で、イツとドコとが、がっちり設定される。

資料では、以上4例。資料外で、

■秋の半ば過ぎ、冬近くなると何れの海浜を問はず、大方は淋れて来る。(独歩『運命論者』冒頭)

では、

イツ＝晩秋　ドコ＝さびれた海浜

■秋は小春の頃、石井といふ老人が日比谷公園のベンチに腰を下ろして休んで居る。（独歩『二老人』冒頭）

では、

イツ＝秋の小春日　ドコ＝日比谷公園

と設定される。

漱石の『永日小品』の冒頭文を見て、あることに気づいた。この作品は、小説というのでもない、文字通りの「小品」集で、教科書流にいえば「生活文」の集まりである。25 編ある。その 25 の冒頭文を、煩をいとわず並べてみると、

1〔元旦〕雑煮を食つて、書斎に引き取ると、しばらくして三四人来た。

2〔蛇〕木戸を開けて表へ出ると、大きな馬の足迹の中に雨が一杯湛《たま》つてゐた。

3〔泥棒〕寝やうと思つて次の間へ出ると、炬燵の臭がぷんとした。

4〔柿〕喜いちやんと云ふ子がゐる。

5〔火鉢〕眼が覚めたら、昨夜抱いて寝た懐炉が腹の上で冷たくなつてゐた。

6〔下宿〕始めて下宿をしたのは北の高台である。

7〔過去の匂ひ〕自分が此下宿を出る二週間程前に、K 君は蘇格蘭《スコツトランド》から帰つて来た。

8〔猫の墓〕早稲田へ移つてから、猫が段々瘠せて来た。

9〔暖い夢〕風が高い建物に当つて、思ふ如く真直《まつすぐ》に抜けられないので、急に稲妻に折れて、頭の上から斜《はす》に鋪石《しきいし》迄吹き卸して来る。

10〔印象〕表へ出ると、広い通りが真直に家の前を貫いてゐる。

11〔人間〕御作さんは起きるが早いか、まだ髪結《かみゆひ》は来ないか、髪結は来ないかと騒いでゐる。

12〔山鳥〕五六人寄つて、火鉢を囲みながら話をしてゐると、突然一人の青年が来た。

13〔モナリサ〕井深は日曜になると、襟巻に懐手で其所等《そこいら》の古道

具屋を覗き込んで歩るく。

14〔火事〕息が切れたから、立ち留つて仰向くと、火の粉がもう頭の上を通る。

15〔霧〕昨宵《ゆうべ》は夜中《よちう》枕の上で、ばち〳〵云ふ響を聞いた。

16〔懸物〕大刀老人《だいたうらうじん》は亡妻の三回忌迄には屹度《きつと》一基の石碑を立てゝやらうと決心した。

17〔紀元節〕南向きの部屋であつた。

18〔儲口〕彼方《あつち》は栗の出る所でしてね。

19〔行列〕不図机から眼を上げて、入口の方を見ると、書斎の戸が何時の間にか、半分明いて、広い廊下が二尺許見える。

20〔昔〕ピトロクリの谷は秋の真下にある。

21〔声〕豊三郎が此下宿へ越して来てから三日になる。

22〔金〕劇烈な三面記事を写真版にして引き伸した様な小説をのべつに五六冊読んだら、全く厭になつた。

23〔心〕二階の手摺に湯上りの手拭を懸けて、日の目の多い春の町を見下すと、頭巾を被つて、白い髭を疎らに生やした下駄の歯入が垣の外を通る。

24〔変化〕二人は二畳敷の二階に机を並べてゐた。

25〔クレイグ先生〕クレイグ先生は燕の様に四階の上に巣をつくつてゐる。

一読してわかることは、下線で示したように「〜すると、〜だった」の形が多いことである。9例ある。その同類「たら」が2例（5、22)。

こういう「と」や「たら」は、その前に、「雑煮を食って、書斎に引き取る」「木戸を開けて表へ出る」「眼が覚める」など、いずれも動作の叙述がある。それらの動作が条件になって、相対的時間場面を作っている。「木戸を開けて表へ出る」といっても、これだけで朝か昼か夜かはわからないから、絶対的なイツは規定していないけれども、「木戸を開けて表へ出る——という動作のあとで」という意味で、そのあとで起こることに対して、相対的な時間条件（「……した時」）を規定している。これも、時間場面設定の一種である。「〜してから」の形が2例ある（8、21）が、これも、同様の働きをしている。「と」

9、「たら」2、「てから」2、合わせて13例が、相対的時間場面の設定に働いている。これらの語形をもたないものにも、その働きをしているものが2例（7、11）あるから、25冒頭文中15文が、相対的イツの設定をしているわけである。そして、動作というものは、どうしても空間の中で行なわれる関係上、それらのほとんどすべてが、「書斎」「表」「次の間」等のドコをかかえており、結局、時間・空間場面設定の始発要素をもつことになっている。この中でドコをもたないのは23だけである。

ちなみに、25文が、主に何の要素をもっているかで分けると、次のようになっている。

イツ（+ドコ）	17	と	9	（1、2、3、10、12、13、14、19、23）
		たら	2	（5、22）
		てから	2	（8、21）
		その他	4	相対（7、11）
				絶対（15、20）
ドコ	4			（6、9、17、18）
ダレ	4			（4、16、24、25）

『永日小品』の冒頭文に、どうして「と」や「たら」の使用が多いのか、その理由は、これだけではわからないが、こういった、すなおな発想による生活文では、「〜すると、〜だった。」「〜したら、〜した。」という型の文が、自然な形でイツとドコを設定しやすく、したがって、起筆に用いられやすい事情があるのではないかと察せられる。資料の4文の中で（1）と（3）は、この形をしていた。

● saC4　空間場面設定の文　5文

『永日小品』の17番は「南向きの部屋であつた。」と、最も単純明瞭に、ドコだけを設定している。これは典型的な、空間場面の設定による始発型の文である。

■多摩川の二子の渡しをわたつて少しばかり行くと溝口といふ宿場がある。（独歩『忘れえぬ人々』冒頭）

■小石川の切支丹坂から極楽水に出る道のだらだら坂を下りやうとして渠《かれ》は考へた。（花袋『蒲団』冒頭）

■木曽路は、すべて山の中である。（藤村『夜明け前』冒頭）

など、いずれも空間的場面設定を主たる仕事にしているが、当然、それぞれの文にそれぞれの特徴がある。『忘れえぬ人々』のは、カメラが移動して、ぽっと、主場面をとらえる形。『蒲団』のは、移動するドコが、早くも登場した主人公「渠」の背景になっている。『夜明け前』のは、場面を据えるのでなく、すでに据わってしまっている場面の中で、説明的に叙事が始まる。saC2 の例文（2）のところで言った「もう始まっていますよ。」のタイプである。

資料の 4 例は以下のとおり。

（1） ふみきりで、人や車がまっています。（冒頭）（にぎやかなとおり）

（2） 山のふもとの草はらに、ぶたのうちがありました。（冒頭）（三びきの子ぶた）

（3） 林の中に、池がありました。（章頭）（空から下を見ると）

以上 3 例は、いずれも、場面だけでなく、場面の中に存在主体を点出している。しかし、（3）文などでは、その後続文が「池には、ボートがいくつもうかんでいます。」だから、冒頭文で存在主体であった「池」が、次の文では場面になり、新しい存在主体「ボート」が登場するようになっている。この文の位置は冒頭ではなく、章頭であり、その前に、ヘリコプターが下の光景に興味をもって降下していくことが書いてある。だからカメラが近づいていく映画的手法になり、巨視から微視へと、叙述が進んでいく形になっている。

（4） 雪がちらちらふっています。（冒頭）（劇のト書き）

雪が降るのは冬だから、その意味では時間条件にも言及しているわけだし、雪がどこに降っているのかわからないから、空間条件の設定としては、不充分であるけれども、劇のト書きであることを考えて、空間の場面設定の中に入れる。

（5） はこの中からひよこをだした。（冒頭）（ひよこ—詩的散文）

これは自分の行動を叙しているのだから、正面切って場所の設定をしているのではないが、結果は場所の情景設定になっている。

● saC5　時間場面と主題を設定する文　5 文

時間場面の設定については、saC1 と saC2 についてすでに述べたが、もう一つ、時間場面設定の中に、かなり主題設定が入って来るタイプについて述べる。

（1）春がくると、なわしろにいねのたねをまきます。（冒頭）（たねまき）

題の「たねまき」でわかるとおり、たねまきのことを主題とする文章の冒頭である。「春がくると」で時間場面が設定され、それ以下の句で主題が設定される。

（2）ひるから、うらでとんぼとりをしました。（冒頭）（ひろしさんのにっき）

日記の第一文。「イツ、ドコでナニをした。」でずばりと主要事項を言い切った。

（3）〔「ぼくは、がっかりしたことをはなします。〕おまつりの日、ぼくは、ふうせんをかってうちへかえってきました。」（夏休みにしたこと）

先行文があるから、冒頭ではないが、実質上の始まりがここにある。この先行文のことはsaC7のところで説く。

（4）なん日もつづいた雨が、やっとおひるにやみました。（冒頭）（トラック）

雨がやんだというだけでは、主題設定とまでは言いにくいが、降り続いた雨がやっとやんだということで、この文章全体に通じる明るい雰囲気がかもし出され、主題設定に近づく。

（5）このごろ、ろうかを走る人がふえてきました。（段頭）（こうないほうそう）

廊下を走るということが、ただそれだけのことなら、格別、主題設定でもないが、かねがね「廊下を走ってはいけない」ことになっている学校での放送であることを考えると、いかにこの文が主題設定的であるか、わかるであろう。先行文が一つあるが、その文は「きょうは、いちばんはじめに、せいかつぶからのおねがいをおつたえします。」という外側のわくを提出しただけのものにすぎないから、内容の始発性は、本例文にある。

さきに、saC1を説明したところで、独歩『女難』の冒頭文として「今より四年前の事である。」という文を記したが、これは実は原文通りではない。原文では、この文の終わりが、句点でなく、読点になっ

ており、

■今より四年前《ぜん》の事である、（と或男が話しだした）自分は何かの用事で銀座を歩いて居ると、或四辻の隅に一人の男が尺八を吹いて居るのを見た。

と続いている。原文の句読法を尊重して、「……見た。」までを1文とすれば、これは、冒頭1文の中で、時と処と、主題的人物とを設定したと見なければならない。

■其れはまだ人人が「愚」と云ふ貴い徳を持つて居て、世の中が今のやうに激しく軋み合はない時分であつた。（谷崎『刺青』冒頭）

この文には、テーマ性が露骨に出ているから、時間に主題が伴なうというよりも、主題を語ることによって、自然と、時間場面が据えられたというべき形になっている。

■お住《すみ》が倅《せがれ》に死別れたのは茶摘みのはじまる時候だった。（芥川『一塊の土』冒頭）

これも、前の例と同性格の冒頭文だが、主題の性格はちがう。前のは抽象的な主題だったが、これは、「お住が倅に死別れた」という具体事実で、話の発端をなす。わたくしたちは、「主題」ということばで抽象的な徳目ばかりを考えるくせがあるが、わたくしは主題をもっと広く考えたい。全編を貫く精神だけが主題なのではなく、事件や人物も主題を構成する重要要素である。だから、『一塊の土』で、「お住が倅に死別れた」ということは、押しも押されもせぬ主題である。

●saC6　順序設定の文　1文

資料中に、たった一つしかなかったのだが、

(1)　きょうは、いちばんはじめに、せいかつぶからのおねがいをおつたえします。（冒頭）（こうないほうそう）

のように、ことの始まりを宣伝する文には、顕著な始発性を見ることができるだろう。本章のはじめに、旧約聖書『創世記』、新約聖書『ヨハネ伝』『マルコ伝』また、わが『古事記』の冒頭文における「はじめに」や「はじめ」という語の重要性を述べたが、これらの語は始発記号と見るべきだろうか、それとも、文全体に始発性があり、その頂上に、それらの語が位置すると見るべきだろうか。正直のところ、判定に迷うが、「はじめに」は、「むかし」や「ある所に」に比べて、

語り出しの常套語句としての定着度が低いように思われるので、文ごとの始発要素と考えることにした。

資料外に、この種のものをさがすと、

■ことのはじめは、こうもりがさがなくなったのでした。(大井三重子『水曜日のクルト』冒頭)

のようなのがある。

●saC7　主題設定の文　10文

これから述べようとすることの骨子、眼目、概要などを、最初にまず、なるべく簡潔に述べるのがよいというのは、古来、修辞法の重要な教えの一つであった。中国の作文法では、そういう起筆法を「破題」「入題」「綱領一段落」などといって、四書の第一に位する『大学』の冒頭

■大学之道在明明徳、在親民、在止於至善。(大学の道は、明徳を明らかにするに在り、民を親《あら》たにするに在り、至善に止まるに在り。)

の一文などは、その範中の範と仰がれてきた。これに続く数文で『大学』全編の主旨を言い切り、あとは、それを解説したり論証したりしていくに過ぎない。最初の一段落が全編の眼目であり、中でも最初の一文がそのまた眼目であるというのが、この種の文章の典型的なあり方である。名文家を以て聞こえた韓愈の伯楽を論じた文章などは、短い文章ではあるが、その冒頭

■世有伯楽然後有千里馬。(世に伯楽有りて、然る後、千里の馬有り。)(『唐宋八家文』巻一、雑説四)

の一文は、実に小気味よく、逆説的な真理を言い切っている。(駿馬があるから伯楽がそれを見出すのではない。具眼の馬相見伯楽があって見出すからこそ、駿馬があるのだ。――の意)

わたくしたちの祖先は、歌や物語ではきわめて独自で自由な創作をものしたが、議論の文章となると、徹底的に漢文に学んだから、やはり、冒頭文には、そうとう力を入れている。『古今集』の序文は、有名な

■やまとうたは、ひとの心をたねとして、よろづのことのはとぞなれりける。

の一文で始まり、これが、わが国の歌論の出発点となっている。

『平家物語』の冒頭文

■祇園精舎の鐘の声、諸行無常の響あり。娑羅双樹の花の色、盛者必衰のことわりをあらわす。

がどれだけ平家全編の精神を言い表わしているかは、だれもが知っている。

『方丈記』の冒頭文

■行く川のながれは、絶えずして、本の水にあらず。

は、この型の、まことに典型的なものだ。最初の一段落が全編の思想を語り、冒頭一文がそれを代表するこの形は、『大学』の語り出しとまったく同じである。

歴史の書物でも、議論の精神に満ち満ちている北畠親房の『神皇正統記』は

■大日本《おほやまと》者《は》神国《かみのくに》なり。(山田孝雄校訂、岩波文庫本)

と、筆を起こす。

江戸時代の俳文は、きわめて軽妙で親しみやすい文章ばかりだが、漢文の影響を直接受けているだけあって、起筆の文には、実に工夫の跡が見える。そして、やはり綱領一段落の流儀でいくものが多い。『奥の細道』の冒頭

■月日は百代の過客にして、行かふ年も又旅人也。

も、ぴったりその型にはまっている。『風俗文選』という文集は、俳文の花園で、実に楽しい読みものだ。終始、『文選』に擬して、辞、賦、説、解……などと、むつかしげに文体の区分をしているが、われわれ俗人には、その区別がなかなかわからない。ただ一つ、わかるのは、各冒頭文に、さりげない風をしながら、大変凝っていることだ。

■蚊。蚊。帳中の蚊。汝を焼《ヤク》に辞をもてす。(嵐蘭「焼蚊辞」)

■近江《アフミ》。もと淡海《アハウミ》なりしを。大宮にちかき江とて。近江につくり。遠き江を。遠江《トヲトウミ》と号《ゴウ》すとかや。(李由「湖水賦」)

■旅は風雅の花。風雅は過客の魂。西行宗祇の見残しは。皆誹諧の情なり。(許六「旅賦」)

など、内容の縮約表現というよりは、発端を叙述しているといった方がいいかもしれないが、読者の興味をいきなり引く文であることは確かである。

民話は、みな「むかし、むかし」や「ある所に」で始まるかと思うと、中には、テーマをいきなりぶつける語り出しもある。前に引いた岩波文庫本の「浦島」は

■人間に命をくれるのも、位をさずけてくれるのも、にら（竜宮）の神さまだということであります。

と始まって、そのあとに「むかし、兄弟がありました。……」と続く。

近代の小説においても、この型の冒頭文は依然として用いられる。

■少年《こども》の歓喜《よろこび》が詩であるならば、少年《こども》の悲哀《かなしみ》も亦た詩である。（独歩『少年の悲哀』冒頭）

■「自然は芸術を模倣する。」とワイルドは云つたが、私が此れから話をする恐ろしい物語の中に現はれるやうな意味に於て、「自然」が「芸術」を模倣した例《ためし》を、私はまだ外に聞いたことも見たこともない。（谷崎『呪はれた戯曲』冒頭）

のようなのは、その最も典型的なものであるし、

■親譲りの無鉄砲で子供の時から損ばかりして居る。（漱石『坊っちやん』冒頭）

というのも、「坊っちやん」の生き方を一言で描き出し、したがって『坊っちやん』全編のテーマを言い尽している。

外国の小説でも、破題式冒頭で実に印象的なのがある。Herman Melville の Moby Dick（『白鯨』）は、

Call me Ishmael.

の一文で始まる。わたくしは英語の長編小説を原文で読んだことは、まだ、ほとんどないが、この小説だけは、どうやら読み通した。それは、もっぱら、この冒頭文の吸引力が原因であった。イシュマエルというのは、旧約聖書（『創世記』16 章、25 章等）でおなじみの人物で、アブラハムが正妻サライによって長子イサクを得る前に、妻の侍女ハガルに生ませた子である。と言っても、決して日陰の子ではない。サライが、自分に子ができないことを知って、己れの侍女ハガルを夫に与え、子を作らせたのである。ところが、子を宿してみると、ハガルの心に、サライへの優越感が生じたので、サライは怒って、ハガルにつらく当たり出した。ハガルは一度、逃亡して身を隠したが、エホバの使いが彼女を勇気づけ、主人のもとに帰らせた。その時、主の使

いは、彼女の子孫がおおいにふえることを約束して、こう言った。

見よ。あなたはみごもっている。
男の子を産もうとしている。
その子をイシュマエルと名づけなさい。
主があなたの苦しみを聞き入れられたから。
彼は野生のろばのような人となり、
その手は、すべての人に逆らい、
すべての人の手も、彼に逆らう。
彼はすべての兄弟に敵対して住もう。

（新改訳「創世記」16. 11～12）

ハガルは無事にイシュマエルを生んだ。アブラハムは全財産をイサクに与え、そばめの子たちは体よく東方の国へ追いやったから、イシュマエルも東方に住んだ。イシュマエルは、12 人の子を作って 137 歳で死んだ。12 人の子たちは、主の使いの予言どおり、それぞれに兄弟たちと敵対しながら生きた。

つまり、イシュマエルとは、正統の位置からは疎外され、周囲の人と敵対しながらも、結構たくましい生活力で生存を確保していく人間なのである。

Moby Dick はシンボリズム（象徴主義）の小説の代表的な作品とされ、多くの研究者がいろいろな解釈をしている問題の小説だから、わたくしなどに簡単にその真意がわかるわけのものではないが、船長 Ahab 以下、旧約中の人物名が続出するからには、やはり、それの名を用いたいわれがなければなるまいと、単純に考える。そうすると、この冒頭文がただの名のりだとは、どうも思えない。I am Ishmael. でも My name is Ishmael. でもなく、Call me Ishmael. であるところに、大きな意味があると考えないわけにはいかない。とにかく、この冒頭文には、大きな力があった。

さて、資料の中には、こんな重大な意味で主題設定をしている冒頭文はなかったが、もうすこし低いレベルで、主題設定と見られるものが 10 例あった。

(1) ぼくは、おじさんのうちへ行って、海でつりをしました。（話頭）（夏休みにしたこと）

これから述べようとすることが、具体的事件に関することである場合、まず、その事件をひと口で「何がどうした。」と言ってしまうタイプ。以下、(6) まで同タイプの例である。

(2) ぼくは、おとうさんやおかあさんといっしょに、しおひがりにいきました。(冒頭)(しおひがり)

(3) さわよむどんがうなぎつりをしていました。(冒頭)(さわよむどん)

(4) おとうさんがオートバイにのせてくれました。(冒頭)(ひろしさんのにっき)

(5) えびがにをとってきて、せんめんきの中に入れました。(冒頭)(同上)

(6) 麦をふむ。(冒頭)(麦ふみ——詩)

以上6例は、いずれも、「ダレがどうした。」の形で、(5)(6) は、ダレが一人称であるために略されて、単に「どうした。」となっている。

次の2例は、事件が核心に入る一歩前の、準備的事態を述べて幕開けをするものである。

(7) あきらさんは、子犬がほしいとおもっていました。(冒頭)(子犬)

「子犬」という文章の主内容は、当然、子犬が出てからのことになるが、冒頭段落は、子犬が出る前の事情を述べる。その第一文。

(8) みんなの作文をあつめて、本のようにとじることになりました。(冒頭)(みんなの作文——前書き)

「作文をあつめた」ことが本番の事実であるから、「あつめることになった」のは、準備的事態の叙述である。

古来、結構雄大な長編物語は、『水滸伝』『西遊記』『源氏物語』『南総里見八犬伝』等、みな発端を語る部分が独立した一章になっている。これを、ぐっと簡略にして、一段落にし、一文にしたのが、(7)(8) の例である。

次の2例は、また趣きがちがう。

(9) わたしは、やじろべえを作ったことをはなします。(話頭)(夏休みにしたこと)

（10）ぼくは、がっかりしたことをはなします。（話頭）（同上）

（9）の例は、叙述内容からいえば、（1）と紙一重の差だが、叙述の形式がちがう。「わたしは、やじろべえを作りました。」と言えば、（1）と同じになって、端的に行動を叙したことになる。それを、「やじろべえを作ったことを話します。」というと、表現態度の上で、二つ、違う点ができて来る。一つは、「話す」という自分の行為を外側から見て言うので、メタ言語の性格をもったこと。もう一つは、「やじろうべえを作ったこと」と名詞にくくって言ったことにより、概括叙述になったことである。（メタ言語とは「上位言語」の意味で、171ページおよび293ページで記述言語と称しているもののことである。そこを参照されたい。）（10）も、「がっかりしたこと」と概括した言い方で、看板をかかげ、「がっかり」の内容が何であるかを、やおら語り始めることになる。（9）と（10）を特立したのは、主題設定は主題設定でも、内容には立ち入らず、概括的に主題の外枠を提示するやり方が、（1）〜（8）の例とは、ちがうからである。

漱石の『夢十夜』は、文字どおり夢を描いた十編の文章から成るが、その第一、第二、第三夜と第五夜は、冒頭に「こんな夢を見た。」という一文をいただいている。第四夜と第六夜以下の各文章には、それがない。はじめのうちは、いちいち概括的主題提示から入っていたものが、次第に面倒になったか、不要になったかして、「何でも大きな船に乗つてゐる。」（第七夜）とか「床屋の敷居を跨いだら、白い着物を着てかたまつて居た三四人が、一度に入らつしやいと云つた。」（第八夜）のように、いきなり夢の内容に入ることになったのだろう。

主題設定による始発型の文について、資料で論ずるのは、以上で終わりになるのだが、この類に属する始発型の文で、資料には無かったが、どうしても言及しておかなければならない大事な一類があるので、その論をつけ加えておく。それは、主題人物を、劈頭に紹介するやり方で、「吾輩は猫である。」というのが、その例である。強いて言えば、資料の（3）が「さわよむどん」を、（7）が「あきらさん」を点出しているにはちがいないが、これらの文は、「さわよむどん」なり「あきらさん」なりを、物語の主題人物として、がっちり据える役目をしてはいない。「うなぎつり」や「子犬」の方が主題の位置にあり、さわよむどんやあきらさんは、関連人物として連れて来られたようなものだ。こういうのでなく、「これが話題の主《ぬし》だ。」というふれこみで、いきなり、主人公が登場するのがある。

■時之助の母親《はゝ》は女中お光の帰るのを一刻千秋の思で待つて居る。（独歩『泣き笑ひ』冒頭）

は、描写によって、主題人物を据え、

■久しく無住であつたＨ村の長昌院には、今度新しい住職が出来た。（花袋『ある僧の奇蹟』冒頭）

は、説明によって主人公を紹介する。

日本近代の小説家の中で、この型の冒頭文を最も純粋に用いたのは、森鷗外ではなかろうか。

■金《かな》井《ゐ》湛《しづか》君は哲学が職業である。（『ヰタ・セクスアリス』）

■木村は官吏である。（『あそび』）

■細《さい》木《き》香《かう》以《い》は津藤《つとう》である。（『細木香以』）

の如きは、実に単刀直入の人物設定だ。また、これらの短文とは反対に、おそろしく長い冒頭文で、人物を設定しているのもある。

■従四位下左近衛少将兼越中守細川忠利は、寛永十八年辛巳の春、余所よりは早く咲く領地肥後国の花を見棄てて、五十四万石の大名の晴々しい行列に前後を囲ませ、南より北へ歩みを運ぶ春と倶に、江戸を志して参勤の途に上らうとしてゐるうち、図らず病に罹つて、典医の方剤も功を奏せず、日に増し重くなるばかりなので、江戸へは出発日延の飛脚が立つ。（『阿部一族』）

句読点を除いて158字、ずいぶん長いセンテンスだ。

以上の例は、一人の主題人物をとらえているが、

■越後の春日を経て今津へ出る道を、珍らしい旅人の一群が歩いてゐる。（『山椒大夫』）

は、複数の主人公を、まず一度にとらえ、このあと、「母は……」「姉は……」「弟は……」「それに四十位の女中が……」と、一人一人に割った紹介が続く。

鷗外は、あれだけすぐれた史伝小説を書いた人だから、やはり、一人一人の人間に特別の関心をもっていたのだろう。それがこれらの冒頭文を生んだものと思われる。史伝の文章には、『史記』の列伝とい

う巨大な手本が、日本人に与えられていた。鷗外の文章も、その伝統を受けついだにちがいがない。史記列伝は、七十章の中で百人近い人物を伝しているが、各人の伝の始まりは、ほとんど例外なく

■老子者楚苦縣厲郷曲仁里人也。（老子は楚の苦県《こけん》、厲郷《らいきよう》、曲仁里《きよくじんり》の人なり。）

■孫子武者斉人也。（孫子、武は、斉の人なり。）

の形で、まず生国によってその人物を紹介する。伝の対象がもうすこし下賤の人になって来ると、まれに生国だけでなく、

■淳于髠者斉之贅壻也。（淳于髠《じゆんうこん》は斉の奉公人上りである。滑稽列伝――平凡社「古典文学大系」頼惟勤氏の訳による）

■優旃者秦倡侏儒也。（優旃は秦の俳優で小人《こびと》である。――同上）

のように、一言でとらえた特徴をつけ加えて紹介する。中国のような広大な国では、特に古代の中国は多くの小国家に分かれていたから、各人がどの国の出であるかが、まず必要な情報であっただろう。日本のように小さな国でも、生国はやっぱり大事だと見えて、やくざの仁義の中で、生国がどこかということは欠かせない項目らしい。しかし、日本の史書の上では、生国よりも姓氏家系の方が大事であったから、たとえば、水戸の『大日本史』列伝の記述は、

■平清盛、刑部郷忠盛が長子なり。母は白河帝の宮女なり。帝、出《いだ》して忠盛に賜ひしに、清盛を生めり。長じて穎吾、姿貌美《うるは》し。（列伝第七十九、山路愛山訳による）

■平重盛、太政大臣清盛が長子なり。資性忠勤にして、武勇、人に軼《す》ぎ、物に接して温厚なれば、中外、意を属せり。（列伝第八十三、同上）

のような順序で進み、第一文では、誰の子かが語られる。

『風俗文選』の中には「伝」の一類があり（巻八）、はじめは、まともに

■老人東順は、榎氏にして、其祖父江州堅田の農士、竹氏と称す。（芭蕉「東順伝」冒頭）

と、人を伝しているが、次第に脱線して、

■疝は病の名にして、気をつむ事山のごとしとは、素問の説なり。いづれの臓腑より出る事をしらず。陰経に城郭をかまへ、淫をかくれ

里にさだむ。（李由「疝気伝」冒頭三文）
のように、あやしげなものをとらえて伝している。が、何にしても、冒頭第一文で、被伝者の素性を明らかにしたり、その者に定義を下したりして、まず対象をしっかり押さえる点は同じことである。

これらの冒頭文から発するのが伝記文の正統な型とされてきたから、鷗外にとっても、史伝小説の冒頭を、その人の紹介で始めるのが最も自然であっただろう。

時間場面設定の文から主題設定の文まで７類を立てたのは、少し、細かく分けすぎた観があって、境目がはっきりしなくなったようなところもあるが、このたびは、以上を始発要素Ｃの内訳とした。

2.4 始発型の文における始発性の強弱

多くの冒頭文について、文章の始発性の諸相を見てきたが、「始発性」という性質をどこに見出すかは、結局、わたくし自身の主観による判断できまるのだから、始発型に入れるか入れないかは、いわば、どうにでもなることで、これが、前にも言った、この調査の泣きどころである。始発型の文として示した多くの文を、文章の途中に入れても、すこしもおかしくはないだろう。たとえば、藤村の『夜明け前』の冒頭文

木曽路は、すべて山の中である。

を、saC4（空間場面設定の文）という始発要素をもつ始発型の文の例に引いたが、この文は、冒頭になければおさまりが悪いわけでも何でもない。さんざ木曽路のことを述べてきたあとにこの文が続いて、いっこうさしつかえないし、その方がおさまりがいいかもしれない。始発型に入れた文の多くは、それが始発位置になければならないというのではなく、始発位置にあるのが自然であるような姿をしている文、もっと正直にいえば、始発位置にあってもおかしくない恰好の文だということなのである。

もちろん、もっと積極的な始発型もある。たとえば、「おはようございます。」というあいさつは、話の途中にひょっこり出て来るとは

思えないから、これなどは、どうしても始発位置を要求する、威張った始発型文である。

消極的な始発型文になると、まったく、始発型と認めてよいかどうか迷った。saC5 の（2）「ひるから、うらでとんぼとりをしました。」や、saC4 の（1）「ふみきりで、人や車がまっています。」などは、かなり肩身のせまい例である。そして、ついに、現に冒頭文であるのに、どうにも始発型に入れる勇気の出ない文が五つ残った。それは、やむなく、自由型文 37 箇の中に入れたわけだが、その 5 文は、次のようなものであった。

（1）もうすぐ、汽車が出ます。（汽車の音——詩的散文）

（2）子牛のもうくろにえさをやるのは、てるおのやくめでした。（もうくろの話）

（3）おかあさんとねえさんは、ひるから、はたけへ出かけて行きました。（るすばん——児童作文）

（4）おかあさんにかんづめのあきかんを二つもらいました。（かんのげた——児童作文）

（5）夕ごはんをたべていると、

「あしたは日よう日だね。あした、雨があがっていたら、たけのこをほりに行こうか。」

と、おとうさんが、いいました。（たけのこ——児童作文）

無理をすれば、（1）と（5）は「空間場面設定の文」、（2）と（4）は「主題設定の文」と言えなくもないような気がする。現実に文章の冒頭位置にあって、そんなような働きをしているにはちがいないのだが、それは、現にその位置にあるから、否応なしにその働きをさせられているので、1 文だけ切り放して見たら、とても、そこから始発する勢いを蔵しているとは思えないのである。

近代の小説は、冒頭を、わざと冒頭らしくしていない。漱石の『虞美人草』の冒頭

■「随分遠いね。元来何所から登るのだ。」と一人が手巾《はんけち》で額を拭きながら立ち留つた。

のように、いきなり会話で始まったり、花袋『時は過ぎゆく』の冒頭のように

■「何うも大変だ」あたりを見廻すと、良太はかう太息《ためいき》しない訳に行かなかつた。

のように、独りごとだか心内語だかで始まったりする。藤村の『家』は、

■橋本の家の台所では昼飯《ひる》の支度に忙《せわ》しかつた。

と始まる。

しかし、こういう文章に読み慣れて来ると、こういうぶっつけ型に、また、大いなる始発性を感じるようになる。今日の映画やテレビドラマは、すべて、こういう始まりかたをするから、危機的場面を鋭くとらえた一文こそ、今日的な始発型の文だと言えそうでもある。

となると、結局、何が何だかわからなくなって、文に始発型の類型を立てることが、そもそも無意味だということになるかもしれないのだが、ここでは、芸術的な特殊効果をねらう個性的な文のことは論外に置いて、常識的な意味で、一般的傾向をさぐるという立場を貫きたい。そうすれば、まあ、だいたいのことは言えるだろう。

それにしても、同じく始発型の文といっても、だれの目にも始発型らしく見える文から、そう思って見なければそう見えない文まで、始発型らしさの度合に、強弱いろいろな程度があることは確かだ。そこで、これまでに例として挙げてきたような、いくつかの冒頭文が、知らないで接する人にどのくらい冒頭文らしく感じられるか、実地テストを試みた。

東京の、ある女子短期大学で文科 1 年 A、B、二組の学生を被験者とし、それぞれの組に 10 箇の文、そのうち 4 文をダブらせたので、全部では異なる 16 文を示し、次のような指示を与えた。

【指示】次の 10 箇の文は、明治・大正の有名な作家の小説の中から、一文ずつ抜いて来たものである。各文が作品の中のどういう位置にあると思うか、感じるままに答えよ。答えは、次の四つのどれかとする。

冒頭……作品全体の冒頭位置

段頭……一段落内の先頭位置

中途……冒頭でも段頭でもない。文章の中途の位置

結び……作品全体の結びの位置

〔A　組〕（被験者には出典は示さない）

(1) 九段の最寄《もより》にけちなめし屋がある。（独歩『窮死』）

(2) うと〳〵として眼が覚めると女は何時《いつ》の間にか、隣の爺さんと話を始めてゐる。（漱石『三四郎』）

(3) 小石川の切支丹坂から極楽水に出る道のだらだら坂を下りやうとして渠《かれ》は考へた。（花袋『蒲団』）

(4) 四里の道は長かつた。（花袋『田舎教師』）

(5) 寝やうと思つて次の間へ出ると、炬燵の臭がぷんとした。（漱石『永日小品』中の一編）

(6) 汽車は沼津を出てから、だんだんと海に遠ざかつて、爪先上りの裾野の高原を進んで行くらしかつた。（谷崎『嚢』）

(7)「君、最早《もう》寝るのか？」と今しも当直を終へて士官室に入つて来た一人の大尉が、自分に問うた。（独歩『馬上の友』）

(8) 秋の初めの空は一片の雲もなく晴れて、佳い景色である。（独歩『恋を恋する人』）

(9) 私は其人を常に先生と呼んでゐた。（漱石『こゝろ』）

(10) 少年《こども》の歓喜《よろこび》が詩であるならば、少年《こども》の悲哀《かなしみ》も亦た詩である。（独歩『少年の悲哀』）

〔B　組〕

(1) 橋本の家の台所では昼飯《ひる》の支度に忙《せは》しかつた。（藤村『家』）

(2) 見たところ成程私は正直な人物らしく思はれるでせう。（独歩『正直者』）

(3) 蓮華寺では下宿を兼ねてゐた。（藤村『破戒』）

(4) 秋の半ば過ぎ、冬近くなると何れの海浜を問はず、大方は淋れて来る。（独歩『運命論者』）

(5)「鹿狩に連れて行かうか」と中根の叔父が突然《だしぬけ》に言つたので僕は狼狽《まごつ》いた。（独歩『鹿狩』）

(6)〔Aの（9）と同じ〕

(7)〔Aの（2）と同じ〕

(8)〔Aの（4）と同じ〕

(9)〔Aの(3)と同じ〕

(10)私があの魔術師に会つたのは、何処の国の何と云ふ町であつたか、今ではハツキリと覚えて居ません。(谷崎『魔術師』)

AB両組における各項目への支持者の数を一覧表にして、次に示す。

表2　文の始発性の調査

〔A組〕	冒頭	段頭	中途	結び	計	始発点
(1) 九段坂の	73	10	3	—	86	156
(2) うとうとと	6	43	37	—	86	55
(3) 小石川の	6	24	53	3	86	36
(4) 四里の道は	17	30	11	28	86	64
(5) 寝やうと思つて	1	13	69	3	86	15
(6) 汽車は	12	32	18	24	86	56
(7)「君、最早	4	20	55	5	84	28
(8) 秋の初めの	43	23	10	9	85	109
(9) 私は其人を	35	22	27	2	86	92
(10) 少年の歓喜が	12	4	10	60	86	28

〔B組〕	冒頭	段頭	中途	結び	計	始発点
(1) 橋本の家の	24	48	10	1	83	96
(2) 見たところ	3	7	70	2	82	13
(3) 蓮華寺では	23	28	32	1	84	74
(4) 秋の半ば過ぎ	39	24	16	3	82	102
(5)「鹿狩に	3	16	64	—	83	22
(6) 私は其人を	38	22	20	3	83	98
(7) うとうとと	4	47	30	3	84	55
(8) 四里の道は	32	16	8	27	83	80
(9) 小石川の	19	27	33	3	82	65
(10) 私があの	39	5	3	36	83	73

両表の右端に「始発点」の欄がある。これは始発性を点数に出したものである。「冒頭」は強い始発性を表わすので、これに2点を与え、「段頭」は弱い始発性を表すので、これに1点を与え、「中途」と「結び」は始発性に関係がないので、0点を与え、各点数に人数を掛けて合計したのが始発点である。

始発点の点数と、各項目への人数の分布とから、各文の性格を検討してみる。「段頭」は、始発性の弱い表われだが、また、転換性という別の性格の表われと見られ、「結び」は、また、一箇の特別の性格の表われであることを考えて、16箇の文を、次のように分類してみよう。

Ⅰ　傾向のはっきりした文

（始発性が強い）　九段坂の最寄に

（承前性が強い）　見たところ成程／寝やうと思つて／「鹿狩に連れて行かうか

（終結性が強い）　少年の歓喜が

（始発性と終結性を分有）　私があの魔術師に

Ⅱ　ある程度傾向のある文

（始発性に傾斜）　秋の初めの空は／秋の半ば過ぎ

（転換性に傾斜）〈始発寄り〉　橋本の家の台所

〈承前寄り〉　うと〳〵として

（始発性と終結性に傾斜）　四里の道は

（承前性に傾斜）　「君、最早寝るのか

Ⅲ　傾向のはっきりしない文

（やや始発性が優勢）　私は其人を

（やや承前性が優勢）　小石川の切支丹坂

（転換性・終結性がやや）　汽車は沼津を

（始発性・承前性相半ば）　蓮華寺では

これだけのテストから一般的傾向を結論することはできないが、この16文だけについていえば、次のようなことが言えるだろう。

1）場面設定をしている「九段坂」「秋の初め」「秋の半ば過ぎ」において、始発性がかなり安定している。

2）主題提示の文「少年の歓喜」は、作品を結ぶにふさわしい文と見られる。

3）結びには、始発に共通した性格があることが、「私があの」や「四里の道」から推察される。「少年の歓喜」の結果もその表われである。主題の確認は、確かに、最初にも最後にも有効であろう。

4）会話描写の文「鹿狩に」「君、最早」は二つとも、始発性の文と感じられていない

5）転換性は始発性と承前性の中間の性格であるから、始発性の勝っ

た転換性と、承前性の勝った転換性とがあるようだ。「橋本の家」は場面設定で始発的転換性をもち「うと〜」は「〜すると、〜だ」の文型で承前的転換性をもつ。

6）同じく、「〜すると、〜した。」の文型をもつ「寝やうと思つて」には始発性がほとんど感じられていない。

ところで、このテストで、始発性がかなり高いと判定された「秋の初めの空は」という文は、「佳い景色である」で、はっきり終わってはいない。原文には、次のとおり、まだあとがある。（明治・大正文学全集による）

■秋の初めの空は一片の雲もなく晴れて、佳い景色である、青年二人は日光の直射を松の大木の蔭によけて、山芝の上に寝転んで、一人は遠く相模灘を眺め、一人は読書して居る。（独歩『恋を恋する人』冒頭）

作者としては、イツを設定しただけのところで、まだ文をとじたくなく、「ダレがドコで、どうしている」まで述べ、完全に時間・空間の場面を設定し終わってから、安心して文をとじたものと思われる。

似たことが、これまでの引例の中に、一つあった。62ページに、同じく独歩の『女難』の冒頭文で「今より四年前の事である、」のあとに、「（と或男が話しだした）」以下の文が続いていることを述べた。

こういう括孤づきで切れ目のはっきりしない冒頭を、独歩は、ほかの小説でも、いくつか試みている。冒頭を場面設定で固めたい時、少なくとも独歩においては、時間・空間場面と人物まで設定してしまいたい気持が働いていたのではなかろうか。

第3章

承前型の文

3.1　文章の中の文のつながり

書きことばの文章でいえば、一つの文章の中で、真に始発性をもっている文は、冒頭の1文しかないわけで、そのほかの文は、何かの点で、先行文脈中の何かの影響を受けているはずである。もし、受ける要素が何もなくて、新来の各文がみんな、完全に新しい情報のかたまりであったら、人の話を聞いたり文章を読んだりすることは、恐ろしく骨の折れる仕事になり、まず、理解も何も成立しないことになるだろう。

文章中の各文に、先行文脈中の何かを受ける要素があることは、調べるまでもなく、わかりきったことであるが、実際は、各文における受け方にどんな種類があるかは、調べてみなければわからない。それを調べるのが、起こし文型における承前型文の探求である。

漱石の『坑夫』という作品は、意識の連続を追って、絶え間もなく書いたものだから、読過の印象にも、まったく切れ目がない。文章をたどってみると、なるほど、文から文への続き具合が、いかにもなめらかである。次の一段は、青年が「長蔵さん」に連れられて、かなりの道中をしたあと、山中のあばら家に泊って寝るところを叙す。文に番号をつけて引用する。

> ①それから又眠くなつた。②又頭が落ちる。③重いから上げると又落ちる。④始めのうちは、上げた頭が落ちながら段々うつとりとして、うつとりの極、胸の上へがくりと落ちるや否や、一足飛に正気へ立戻つたが、三回四回と重なるにつけて、眼丈《だけ》開けても気は判然《はつきり》しない。⑤ぼんやりと世界に帰つて、又ぞろすぐと不覚に陥つちまふ。⑥夫《それ》から例の如く首が落ちる。⑦微《かすか》に生きてる様な気になる。⑧かと思ふと又一切空に這入《はい》る。⑨仕舞には、とう〳〵、いくら首

がのめつて来ても、動じなくなつた。⑩或はのめつたなり、頭の重みで横に打《ぶ》つ倒れちまつたのかも知れない。⑪兎に角安々と夜明迄寝て、眼が覚めた時は、もう居眠りはしてゐなかつた。⑫通例の如く身体《からだ》全体を畳の上に附けて長くなつてゐた。⑬さうして涎を垂れてゐる。

①から⑬までの各文が、どのように前の文に続くかを調べてみる。

① 接続詞「それから」で、前の叙述のあとを受け、副詞「又」で、前の「眠い」事実につながる。

② 「又」で、前に「頭が落ちた」事実につながる。

③ 「頭が落ちる」ことが「重い」ことである旨が前に書いてあるし、書いてなくても、読み手の経験で両事態はすぐにつながる。「又落ちる」が前文の「落ちる」に重なる。

④ 長い文だが、

〔始めのうちは〕、A たが、
〔三回四回と重なるにつけて〕B。

という形をしており、A の内容は、「上げた頭ががつくりと落ちると、正気に戻つた」ということである。その A の前件「上げた頭ががくりと落ちる」ことは、①②③文の内容をそのまま受けているから、この文では、「三回四回と重なるにつけて」のあとだけが新情報である。

⑤ この文の前半「ぼんやりと世界に帰つて」は、前文で新情報であった「眼丈開けても気は判然しない」を、別なことばで言い変えただけで、指す事実は重なっている。後半は、「又ぞろ」で、前の事実の再来と知れる。

⑥ 「夫から」で、前の事態のあとを受け、「例の如く首が落ちる」で、前の「首が落ちる」事実につながる。

⑦ この文の用語は新しいが、意味内容は、前述の「ぼんやり」の内容を敷衍しているにすぎない。

⑧ 「かと思ふと」は、前の文の述語を受ける尻取り用のことば。

⑨ 「仕舞には」という副詞が、④文中の「始めのうちは」「三回四回と重なるにつけて」、⑥文の「夫から」、⑧文の「かと思ふと」を受け止めている。「とう〜」という副詞も、その受け止めを強めて

いる。

⑩　副詞「或は」と、文末の「のかも知れない」とによって、この文が前文の言いなおしであることがわかる。

⑪　副詞「兎に角」で、⑨文の叙述と⑩文の叙述とが合併されて、以下の新情報の枕となる。

⑫　前文の後半「居眠りはしてゐなかつた。」を言い変えて、叙事しなおしているので、前文に重なる。

⑬　接続詞「さうして」で、叙事を追加している。

このように、接続詞で受けつぎ、副詞でつなげ、前文の後半を言いなおして、叙事を重ねなどして、くどいほどにつなげ、つなげしていることがわかる。

このようなつながりは、決して、この引用部分だけのことではなく、『坑夫』全編、どこを取って見ても、大同小異のすがたをしている。ここに、この小説の文章の特色があると見ていいだろう。

漱石の文章は、一体に、つながりがよく、流れがスムーズである。そうさせるのに、今見たような尻取り式連鎖がかなりよく使われるが、ちがう形式の連続も、無論、たくさんある。たとえば、『虞美人草』の次の文章は、尻取りとは別の発想によって、前の例とはちがったつながりのよさを生じている。

①宇宙は謎である。②謎を解くは人々の勝手である。③勝手に解いて、勝手に落ち付くものは幸福である。④疑へば親さへ謎である、兄弟さへ謎である。⑤妻も子も、かく観ずる自分さへも謎である。⑥此世に生れるのは解けぬ謎を、押し付けられて、白頭に儃佪《せんくわい》し、中夜に煩悶する為めに生まれるのである。⑦親の謎を解く為めには、自分が親と同体にならねばならぬ。⑧妻の謎を解く為めには妻と同心にならねばならぬ。⑨宇宙の謎を解く為めには宇宙と同心同体にならねばならぬ。⑩これが出来ねば、親も妻も宇宙も疑《うたがひ》である。⑪解けぬ謎である、苦痛である。⑫親兄弟と云ふ解けぬ謎のある矢先に、妻と云ふ新らしき謎を好んで貰ふのは、自分の財産の所置に窮してゐる上に、他人の金銭を預かると一般である。⑬妻と云ふ新しき謎を貰ふのみか、新らしき謎に、又新らしき謎を生ませて苦しむのは、預かつた金銭に利子が積んで、他人の所得をみづからと持

ち扱ふ様なものであらう。⑭……凡《すべ》ての疑は身を捨てゝ始めて解決が出来る。⑮只如何《どう》身を捨てるかゞ問題である。⑯死？　⑰死とはあまりに無能である。

これは、甲野さんの日記の一節である。宗近君と連れ立って叡山へ登ったあと、京の宿屋で、甲野さんが、好きな冥想を文章にしている。この文章の中にも、尻取り式の連鎖はあるが、主たる、つながりの原理は、それではない。一読してわかることは、「謎」という題目が一貫して通っていることである。「謎」の相手として、一方に「解く」ことがあり、他方に「疑い」がある。「謎を解くか、解かぬか。解くなら、何によって解くか」が、この一段落の主題で、「謎」の具体的な内訳として、「親」「兄弟」「妻」「子」「自分」があり、特に「妻」がある。

この一段落の文章は、そういう思考の構えから生まれたものであり、ただ、それからそれへと意識が移っていく様を叙した文章とはちがう。こういう文章での、一文一文のつながりは、どうたどられるだろう。

①　この文は、日記の途中に位置するものではあるが、事実上の冒頭文である。この直前で筆者甲野さんは、漢詩の断片を書きつけて消し、想を新たにしてこの文を起こしている。主題提示による始発型の文（saC7）と見ることができる。

②　前文の述語の位置にある名詞「謎」を、文頭にかかげて受けとめているので、ここは、尻取り連鎖になっている。

③　前文の述語に「勝手」という語があり、それを文頭で繰り返しているから、これも、形の上では尻取りになっているが、もうすこし立ち入って見れば、もっと構造的なかかわりがある。前文の「謎を解くは人々の勝手である。」は、変形文法的に見ると、内側に「人々が勝手に謎を解く。」という核文を持っている。その「勝手に（謎を）解く」を反復しているのだから、ここで、前文の論理を確認しているわけで、ただ口先でことばをころがしたのではない。

④　この文の述語「謎である」は、①文の述語をそのまま反復している。直前の文からは、一度離れて、最初の問題提起に戻り、「疑へば」という条件をつけて、「宇宙」という概括的把握をくだき、「親」と肉付けし、続いて「兄弟」と肉付けした。この、直前との

連鎖を一度断ってさらに前に戻りそこから別の枝を伸ばすということが、論理展開のためには、絶対に必要である。

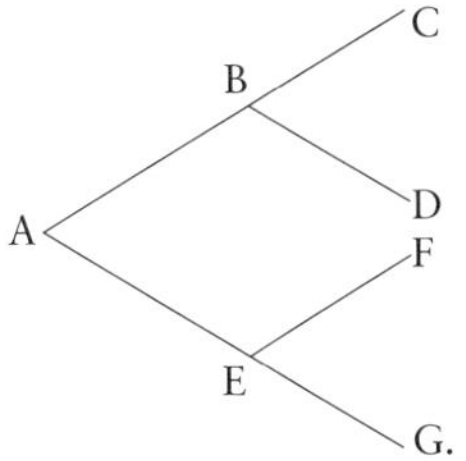

図1

図1が一つの論理構成だとすれば、これをことばでたどるためには、A→B→Cと進んだ展開が、どうしても、一度Bへ戻って、B→Dと別の枝を作らなければならず、さらに、またAにまで戻って、A→E→Fまた、E→Gの枝を作らなければならない。もし戻りがなければ、A→B→Cの進展は、そのまま直線で進まなければならない。そうしてできる文章は、徹底的に流れだけの文章で、行き着く先はどこになるかわからない、頼りない文章になる。

⑤　前文で、親と兄弟が謎の内容として述べられた。この文では、肉親である点で「親」「兄弟」の同類である「妻」「子」、そして「自分」が、同じく謎の内容に取り入れられた。この文は、前文の述語をそのままくり返して述語に用いながら、前文の主語と類義の語を主語にして、判断の範囲を拡げたのである。

⑥　①→④→⑤のつながりで、人生が謎であることを強調した。そのことを漱石一流の漢文式レトリックで具体化して述べたのが、この文だから、この文は、先行文の抽象的叙述を具体化することによって前文につながっている。

⑦　前文では、人生が謎であることを、解けぬ謎に苦しむという面で強調した。この文では、謎を解く方向へ一歩踏み出した。謎を解くことについては、②③両文ですでに言及しているので、この文は、①→②→③の展開と①→④→⑤→⑥の展開とを総合して受け止めている。ことばとしては、④文の「親」を受け、②文の「謎を解く」から来た、前文の「解けぬ謎」を、再び「謎を解く」に戻して受けている。

⑧　④→⑤の発展と全く同じ形で⑦→⑧と発展し、謎解きの範囲が「親」から「妻」に拡がった。

⑨　⑦→⑧の勢いがさらに伸びてこの文に及び、「親」→「妻」→「宇宙」と、謎解きの範囲が極限にまで拡がった。

⑩　⑦→⑧→⑨と展開した叙述内容を、文頭の指示語「これ」で受けたうえ、先行3文の主題「親」「妻」「宇宙」を総挙げして主語に据えた。

⑪　前文の述語「疑である」を、類義的な語で言いかえている。そういう類義性による範囲拡張とともに、主語を省くことによって、前文の主語をそのまま潜在的に頂くことが、この文を前文に密着したものにしている。

⑫　⑩文で「親」と「妻」が「宇宙」の中で引っくるめられたが、元来④文と⑤文では、「親・兄弟」と「妻・子」とは、別に扱われていた。その別扱いの意味を、ここで、比喩によってくわしく説いている。④⑤⑩がマクロの文なら、この文はミクロのレベルで、それらの文の内容をふえんしている。

⑬　⑤文でいっしょだった「妻・子」を切り離し、⑫文では「妻」を、⑬文では「子」を、謎の内容として見すえる。⑫→⑬と詳説されると、「親・兄弟」という、自分には責任のない謎に苦しむのみか、自分の責任において、あえて「妻」の謎をふやし、「子」の謎までふやす人間のご苦労さが痛感されて、⑩→⑪の発展において、⑪文が「苦痛」を加えていることの意味がよくわかるのである。

⑭　文頭の点線が何を語るか、正確にはわからないが、おそらく、これまで、人生の謎を親兄弟、妻子という、肉親を例にして語ってきたので、「その他、宇宙に、謎のたねは無限にあるが」というような気持を表わしたかったのではないかと思う。「凡ての疑」という文頭の語句が、「宇宙」以下、すべての謎を受け止めているので、この文は、①文から⑬文までを受けて総括する立場にある。そして、「謎」に対して「身を捨てる」という解決策を出した。

⑮　前文で打ち出した「身を捨てる」ことを取り上げて、その問題点を示した。

⑯　前文の「問題」に「死」という答えを出した。この答えは題目提示の役をしている。

⑰　前文で提示された題目「死」を「無能」と論評した。

このように、①文から⑰文まで、文意が絶えることなく続いているが、その続き方は、単に尻取りの反復ではなく、

a.　〔親→兄弟→妻→子→自分〕のように類義語によって判断の範囲を拡げる。

b.　議論の分岐点へ戻る。

c.　抽象的叙述を具体的叙述で言い換える。

d.　無主語文が前文の主語を潜在主語とする。

e.　「凡て」のような総括用の語で、前述された多くの概念を一挙に受け止める。

f.　前文の述語を繰り返して述語とする。

g.　前文の問いに答える。

h.　前文の中にある語句を取り立てて、題目として提示する。

i.　前文で粗く叙したことを詳細に叙す。

のような、いろいろな形でのつながりかたを含んでいる。ここに、この文章の、『坑夫』の例文とはちがった、論理性があるのである。17箇の文のつながりかたを簡単に図にしてみると、次のようになる。

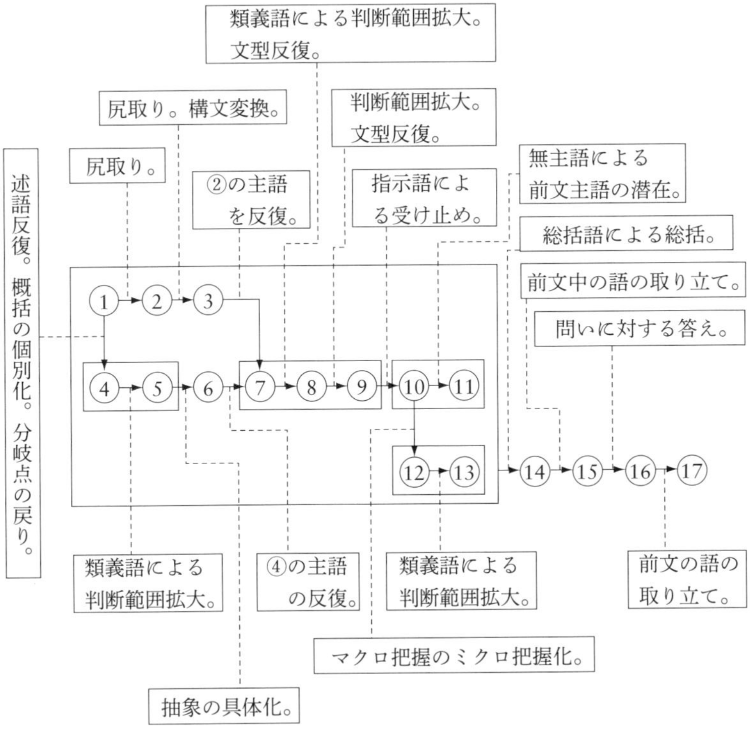

この文章は議論文で、「謎」という主題をもっているから、文章の展開は、この主題をめぐって行なわれる。「何が謎であるか？」を問題にする系がひとつあって、そこには、「宇宙」「親」「兄弟」「妻」「子」「自分」「凡て」が並ぶ。もうひとつ、「謎をどうするか？」を問題にする系があって、そこに、二つの系が分岐する。「解く」系と「解けぬ」系とである。「解く」系はそれきりだが、「解けぬ」系には「白頭に儃佪する」「中夜に煩悶する」「苦痛」「苦しむ」などがつながる。「謎を解く」系の方は、一応そこで止まり、新たに「どうやって謎を解くか？」という問題を出す。これが、「何が謎であるか？」「謎をどうするか？」に並んで第三の系になる。この系には、「〜と同心同体になる」「身を捨てる」が並ぶ。「身を捨てる」に「どうやって、身を捨てるか？」の系が発生し、これには、断定的に据わる答えがなくて、疑問符づきで「死」が来る。矢つぎ早に「死とはどんなものであるか？」の系ができて、その列に「無能（なもの）」の答えがすわる。

こういう論理構造が、①文から⑰文までの、さきのようなつながりを生んだのである。

『坑夫』の例文は叙事文であり、『虞美人草』の例文は議論文であった。文章における文のつながりかたは、文章のジャンルによってちがうであろうことが、この２例からも察せられるが、今回の調査は、文種ごとの特徴を調べるには耐えない、小学校２年用の教科書文章であるから、今は、そのことは課題にしない。物語系統の文章が多い資料の中で、文種の差を問題にせず、文の承前の型を調べた結果を以下に記す。

始発型の文において、始発性の因子を始発記号と始発要素とに分けたのと同じ理由で、承前性の因子を承前記号と承前要素とに分けたが、それだけでは分けきれないので、残ったものについては、前文に対する相対位置そのものを承前因子と認めることにした。そこで、承前型の文は、承前記号によるもの、承前要素によるもの、承前位置によるもの、の３種に分かれた。このうち、承前要素によるものの数が、種類からいっても、量からいっても最も多く、八百弱の承前型文のうち、五百箇が承前要素によるものであった。五百箇といえば、全資料の半数である。

3.2 承前記号による承前型

承前記号とは、はじめから承前性を示すためにある特定の語で、接続詞と指示語が中心になる。

承前記号を4類に分ける。第一類は、主に時間的継起を表わす「そして」などの接続詞で、これを承前記号Aとする。第二類は、論理的つながりや心理的つながりを表わす「そこで」などの接続詞で、これを承前記号Bとする。第三類は、「こ」「そ」のつく指示語で、これを承前記号Cとする。第四類は、「はい」「いいえ」など、応答のことばで、これを承前記号Dとする。

資料中の文の数では、承前記号Cの指示語によるものが53例で最も多かったが、そのうち33例は「そ」のつくものであった。承前記号Aに属する「そして」も、元来「そ」のつくことばであり、これによるものが19例であったから、「そ」系のことばが承前記号になっているものが、それだけでも52例、このほか、承前記号BやDの中にも「そ」を頭にもつことばがあるので、さらに17例、合計69例であった。承前記号をもつ文の半数以上が「そ」系統の語を承前記号としているわけで、「そ」のつく語の承前性の強さが思われる。

3.2.1 承前記号A（fsA）継起性の接続詞類　33文

接続詞は、語と語をもつなげるが、それよりも、文と文をつなげるのを役目とする語だから、当然、承前記号になる。承前記号として働く接続詞を、つなげかたのタイプで分けると、A事態に時間的に続いて起こるB事態を述べるために使われるものと、先行A叙述に対し、論理的にたどられる関係や心理的に屈折した関係で続くB叙述を行なうために使われるものとに分けられる。前者、すなわち時間的継起性を表わす接続詞を承前記号Aとする。（承前記号は、following symbolを略してfsとする。したがって、そのAはfsA。）

承前記号Aの中で最も多く用いられるのは「そして」である。これを承前記号A1（fsA1）とする。

● fsA1 「そして」 19 文

時間的継起を表わす承前記号の「そして」が接続詞の中で圧倒的に多く使われていた。これは、資料の文章が物語文にかたよっていたためではあろうが、文章一般の中で見ても、「そして」は、現代語の接続詞の中で、非常に多く用いられるものである。国立国語研究所が行なっている昭和 41 年の新聞の用語調査の中間結果で、接続詞の、ある程度以上使われたものを、使用度数の高い順にあげてみると、

しかし	364	それでも	20
そして	123	ついで	18
だから	113	それから	15
又は、または	95	だって	11
しかも	89	よって	11
ところが	65	ならびに	10
但、但し、ただし	37	そのうえ	9
そこで	35	けれど	9
それに	25	それなら	7
ところで	25	けれども	5
したがって	23	だけど	5

となっている。「そして」は、最高ではないが、二番目で、これが極めてよく使われる接続詞であることは、まちがいない。

資料の中の 19 例は、次のとおりである。

(1) 〔あきらさんは大よろこびでした。〕そして、「名まえをなんとつけようかな。」とおもいました。(子犬)

前文の主語「あきらさんは」に二重下線を引いたのは、この語が、例文の無主語文の中で、潜在主語として生きているからである。以下、⑫例まで、同じパターンなので、同様の下線標示をしておく。

(2) 〔あきらさんが学校からかえってくると、コロは、あきらさんのまわりをまわったり、じゃれたりします。〕そして、あきらさんの手や足をなめます。(同上)

(3) 〔ひこうきは、ゆるゆるとじめんの上をうごいていきます。〕そして、かっそうろにでると、いきおいよくはしりはじめました。(ひこうじょう)

(4)〔ぼくははだしになってうみの中へはいってみました。〕そして、ちょっとうみの水をなめました。(しおひがり)

(5)〔おまわりさんは、こうばんの中にはいって、かべにはってあるちずをみました。〕そして、田中さんのうちをおしえてくれました。(みちあんない)

(6)〔さわよむどんは、「きょうは、ばかにうんがいいぞ。」とおもいました。〕そして、「ハッハッハフッフッフワッハッハ。」と、ひとりで大わらいをしました。(さわよむどん)

(7)〔おおかみは、おそろしい声でほえながら、やねによじのぼりました。〕そして、えんとつから中をのぞいて、いいました。(三びきの子ぶた)

(8)〔その　すきに、小ねずみは、にげて行ってしまいました。〕そして、かべのあなからかおを出して、からかうようにいいました。(ねこと小ねずみ)

(9)〔てるおも、かばんをかけて出て来ました。〕そして、もうくろのくびのつなをひっぱり、チョッチョッとしたであいずをしながらつれてかえりました。(もうくろの話)

(10)〔先生は、「ちょっとみんなの本をかしてください。」といって、本をあつめました。〕そして、先生のつくえの上に、本をつみかさねてだんを作り、その上にふろしきをかけました。(あさ子さんのうちのひなまつり)

(11)〔あさ子さんは、画用紙をくるくるまいて、びんにさして、かおにしました。〕そして、赤とむらさきのおり紙で、きものを作りました。(同上)

(12)〔あさ子さんは、五人ばやしを作りあげて、ざっしのえと見くらべていましたが、何を考えたのか、「そうだ。いいことがある。」といって、はりばこのところへ行きました。〕そして、糸まきを見つけると、「おかあさん。これかしてね。五人ばやしの、ほら、ポンポンとたたくものがあるでしょう。あれにするの。」と、とくいそうにいいました。(同上)

以上12例は、いずれも、自文には主語がなく、前文の主語を、そのまま潜在主語としてもっている。そこで、これら12文について、一様に、次の3段階の処置をすることができる。

a.「そして」のあとに、前文の主語を挿入する。

b. aの処置をしたうえで「そして」を取り除く。

c.「そして」を取り除き、前文と後文とを合体して一文にする。その処理法は次のとおりである。

c1 前文の述語から助動詞（「です」「ます」「た」など）を取り除き、述語の用言を連用形にして、接続助詞「て」をつける。この「て」は、必ずしもつけなくてもよい。

c2 前文末の句点を読点に変える。

c3 後文の「そして」を取り除き、前文へ合体させる。

この処置を例（1）について施してみると、次のようになる。

（1）′ a　あきらさんは大よろこびでした。そして、あきらさんは、「名まえをなんとつけようかな。」とおもいました。

（1）′ b　あきらさんは大よろこびでした。あきらさんは、「名まえをなんとつけようかな。」とおもいました。

（1）′ c　あきらさんは、大よろこびで、「名まえをなんとつけようかな。」とおもいました。

この例は、前文の述語用言が「大よろこび」という形容動詞であるために、その連用形「大よろこびで」が副詞のようにひびき、ちょっとニュアンスが変わって来るが、前文の述語用言が動詞ならば、この処置はまったくぴったりくる。

（2）（3）について、この処置をしてみると、

（2）′ c　あきらさんが学校からかえってくると、コロは、あきらさんのまわりをまわったり、じゃれたりして、あきらさんの手や足をなめます。

（3）′ c　ひこうきは、ゆるゆるとじめんの上をうごいていき、かっそうろにでると、いきおいよくはしりはじめました。

のようになる。

a、b、c、三つの処置の中で、cに最も意味があるが、これについては、あとで述べる。

「そして」を承前記号として文頭にかざした文が19箇で、そのうち16文は、主語をもたない。その中の12文が、今見たように、前

文の主語を潜在主語としているものであった。残る4文は、どういうものであろうか。

(13)〔夕はんがすんでから、はるおさんはおじさんにおれいのてがみを書きました。ふうとうに入れて、あて名はおとうさんに書いてもらいました。〕そして、十円のきってをもらってはりました。(たんじょう日のおくりもの)

前文にも主語がなく、その一つ前の文に主語「はるおさんは」がある。この主語が、後続2文にわたって潜在しており、2文目に及んで影響力が少し落ちたので、「そして」を補強したのであろう。

次の例(14)は、文例(10)のあとに続く文なので、先行文脈の記載は略す。

(14) そして、こんどは、「びんを出してごらんなさい。」といいました。(あさ子さんのうちのひなまつり)

これも、一つとんで前の文に主語があるわけで、その点(13)例と同じであり、「そして」の文が二つ重なるところだけがちがっている。(13)(14)について、上記cの処置をすれば、

(13)′c　夕はんがすんでから、はるおさんはおじさんにおれいのてがみを書き、ふうとうに入れて、あて名はおとうさんに書いてもらって、十円のきってをもらってはりました。

(14)′c　先生は、「ちょっとみんなの本をかしてください。」といって、本をあつめ、先生のつくえの上に、本をつみかさねてだんを作り、その上にふろしきをかけて、こんどは、「びんを出してごらんなさい。」といいました。

となる。歯切れのわるい悪文にはなるが、どこにも不都合な点はない。

(15)〔わたしものってみたいなあとおもいました。〕そして、ひこうきに手をふりました。(ひこうじょう)

この例の前文に、カギをつければ、〔「わたしものってみたいなあ」とおもいました。〕となるべきものだから、「わたしも」は「のってみたい」の主語であって、「おもいました」の主語ではない。したがって、この文は無主語文である。そうではあるが、読過の印象では、「おもった」のも「わたし」であることが、あまりに明らかで、ほとんど「わたしも」が「おもいました」の主語であるかの観を呈してい

るので、この例は、前文に主語が示されているものの中に入れて扱ってもいいくらいのものである。

次の（16）は、お話会における、子どもの、生活報告のスピーチで、8 文で成り立つ短い文章の 6 番目の文である。

（16）〔かきのみがなかったので、かわりにねんどをつかいました。〕そして、『作りかた』に出ているえのように、ねんどにマッチと竹ひごをさして作りました。（夏休みにしたこと）

このスピーチは、冒頭に「わたしは、やじろべえを作ったことをはなします。」とあるだけで、あとの文は「わたし」という主語をそなえていない。すべての行為の主は自分にきまっているし、関心の焦点が「わたし」よりも、やじろべえにあるので、「つかいました」「作りました」と、行為が述べられても、行為の主「わたし」は、文面には顔を出さない。――そういう性格の文章だから、先行文中の主語の存在が問題にならないのである。

以上のように、12 例以外の 4 例は、前文に主語がないとはいうものの、その一つ前にあったり、実質、あるのと同じであったり、また、主語の存在が必要ではなかったりして、前の 12 例と、基本的な性格はちがってはいない。結局、以上 16 文は、そこまでの文脈で主語として働いている語を、そのまま潜在主語として載く無主語文である点、まったく同じだと言ってよい。

次に、「そして」のあとに主語のある文は 3 例であった。それは、次のとおりである。

（17）〔くまは、そのほらあなで、うつらうつらと、冬じゅうねむっているのです。〕そして、春がくると、くまはしぜんに目をさまします。（こうないほうそう）

「そして」以下に主語はあるが、それは、前文の主語と同じものである。つまり、前の無主語文グループに施した処置の結果と同じことになっている。だから、逆にいえば、この主語は省けるわけで、現に省いていっこうさしつかえないものである。ただ、この文が前の 16 例とちがうところは、「そして」以下の文に、「春がくると」という、別の主語をもつ条件句がついていることである。前文の主語が後文へ居据わろうとするのを、この句がちょっと妨害しているために、「くまは」という主語をくり返したくなったのであろう。この条件句は短いから妨害力も小さく、「くまは」は無くても何でもないが、条件句が長くなれば、あとの主語がどうしても必要になる。

(18)〔夕がた、雨がふりました。空がくらくなって、ざあざあぶりになりました。〕そして、大きなかみなりがなったり、いなびかりが光ったりしました。(にっき)

「そして」以下に述語が二つあり、それぞれに「かみなりが」「いなびかりが」の主語がある。これらの主語は、前文の主語「空が」ともちがい、前々文の主語「雨が」ともちがう。

前の 16 箇の文では、相接する 2 文の間で、主語と述語の関係が

A が P_1 した。そして、P_2 した。

のようになっており、P_2 の主語は前文の主語 A であった。それが（18）では、

A が P_1 した。そして、B が P_2 した。

となっていて、P_1 と P_2 とがそれぞれ独自の主語をもっている。

(19)〔はるおさんとただしさんは、おもわずかおを見あわせました。〕そして、ふたりともわらいだしました。(トラック)

これは、「ふたりとも」を主語と見なして、主語ありのグループに入れたのだが、形式からいえば、これは連用修飾語であって、主語ではない。だから、形式で割りきれば、「そして」以下は無主語文であり、その主語を前文の中にもつ、さきの 12 例とまったく同じものになる。ここでは、なるべくバラエティーを出すために、あえて「ふたりとも」を主語に扱った。そうすると、この 2 文の骨組みは、

A は P_1 した。そして、B（は）P_2 した。

であって、指し示すもの（外延、referent）の点で、

A = B

の関係が成り立っていることになる。

ところで、（18）の場合、A と B は、語形の点でも referent の点でも、異なってはいるが、その異なりかたは、あまりはかばかしいものではない。「かみなりがなったり、いなびかりが光ったりしました」という言い方は、「〜たり〜たりする」という、合併して一つの動詞をなすとも見るべきものであり、「かみなり」と「いなびかり」は、

独立した主語の位置にあるというよりも、動詞の中の主語的部分だと言った方が適切かもしれない。もし、そう見てよいなら、この文もまた、主語の無い文であって、かつ、前文の主語「空が」を潜在主語にもつと、言えることになる。

こう見て来ると、時間的継起を表わす接続詞「そして」を承前記号として文頭にそなえている、資料中の 19 例は、先行文の主語をそのまま主語とするために、そのほとんどは、自身が無主語文になっているということができる。

すこし前のところで、「そして」のつく無主語文の処置（a、b、c）について述べたとき、その c が大切であることについて、さらに述べると言った。それは、次のようなことである。

●付説　連結型文と「そして」との関係

今回の調査は、元来は、起こし文型よりも、運び文型を中心にした調査であった。だから、『基本文型の研究』の枠組みに従って、運び文型、すなわち、文の構造が調べてある。運び文型の枠組みは、概略、次のようなものである。

1.　孤立型文
　1.1　一語文
　1.2　一語文的な文
2.　結合型文
　2.1　二点結合型文
　2.2　多点結合型文
3.　連結型文
4.　展開型文

「一語文」は文字どおりの一語文。（「はい。」「こんにちは。」など）

「一語文的な文」は、一つの自立語が修飾語を伴ったり、付属語をつけたりしてできている文。（「早く来い。」「いいにおい！」「火事だ。」など）

「二点結合型文」は、自立語（または、自立語に集約される連語）が二つあり、互いに格関係を結んで、文をなすもので、原則として、片方の語は述語となる。（「私は人間だ。」「これは君がくれた本だ。」

「東京から来ました。」など）

「多点結合型文」は、上記の二点に当たるものが三点以上あるもの。（「私は東京から来ました。」「太郎は次郎より背が高い。」など）

「連結型文」は、一文中に述語が二つあり、前の述語が連用中止形、または連用形に「て」のついた形、または、無活用語で中止された形になっており、後の述語へ連結されるもの。（「春になって、氷がとけ始めた。」「花は桜木、人は武士。」など）

「展開型文」は、条件句と帰結句とが、仮定・確定、順接・逆接の関係で結ばれる文である。（「春になると、氷がとける。」「頑張ったが、だめだった。」など）

当面、問題にしたいのは、連結型文である。資料千余文のうち、連結型文の数は168箇であったが、それらを型分けすると、表3のようになる。

表3　連結型文の分類と、資料中の該当文数

<table>
<tr><td rowspan="3">Ⅰ</td><td>ⓐ</td><td>AがP_1して、P_2した。</td><td>18</td><td rowspan="3">98</td><td rowspan="6">113</td><td rowspan="8">162</td><td rowspan="9">168</td></tr>
<tr><td>ⓑ</td><td>Aは、P_1して、P_2した。</td><td>74</td></tr>
<tr><td>ⓒ</td><td>Aも、P_1して、P_2した。</td><td>6</td></tr>
<tr><td rowspan="3">Ⅱ</td><td>ⓓ</td><td>A、P_1して、P_2した。</td><td>2</td><td rowspan="3">15</td></tr>
<tr><td>ⓔ</td><td>P_1して、AがP_2した。</td><td>3</td></tr>
<tr><td>ⓕ</td><td>P_1して、AはP_2した。</td><td>10</td></tr>
<tr><td rowspan="2">Ⅲ</td><td>ⓖ</td><td>P_1して、P_2した。</td><td>47</td><td rowspan="2" colspan="2">49</td></tr>
<tr><td>ⓗ</td><td>AがP_1して、P_2した。</td><td>2</td></tr>
<tr><td>Ⅳ</td><td>ⓘ</td><td>AがP_1して、BがP_2した。</td><td colspan="4">6</td></tr>
</table>

ⓐの「AがP_1して、P_2した。」というのは、第一の述語と第二の述語とが共通の主語をもち、主語が格助詞「が」で表わされている文で、次のようなものである。

・れっ車にのる人が、かいさつ口をとおって、ホームにはいって行きます。

・ゆうびんやさんがてがみやはがきをあつめに来て、ゆうびんきょくにはこびました。

ⓑの「Aは、P_1して、P_2した。」は、ⓐの主語が「は」で表わされ

ているもの。

・れっ車は、すぐ町を出て、きいろくなった田んぼの中を走りました。

・よそみをしていたてるおは、先生にあてられて まごまごしました。

この類が、74 例で、最も多かったわけである。

ⓒの「A も、P_1 して、P_2 した。」は、ⓑの「は」が「も」であるもの。

・おひゃくしょうさんも、いつのまにか話をやめて、うつらうつらとしています。

・てるおも、かばんをかけて出て来ました。

以上、ⓐⓑⓒは、いずれも、二つの述語が共通の主語を戴いている。これらを合わせて第Ⅰ類とする。

ⓓの「A、P_1 して、P_2 した。」というのは、実質は第Ⅰ類と同じなのだが、A が主語の形をしていないで、副詞になっているもので、次の 2 例だけである。

・みんなむちゅうになって、おり紙や画用紙を切りはじめました。

・ふたりとも、ほうきをもち、はたきをこしにさしていました。

ⓔの「P_1 して、A が P_2 した。」は、共通の主語「A が」が、後の述語の方についているものである。

・ぞうりにふまれて、麦がぐんにゃりねてしまう。

・これをきいて、ひとりのわかものがおしろに出かけて行きました。

ⓕの「P_1 して、A は P_2 した。」は、ⓔの主語が「は」で表わされているもの。

・子どもをみて、よし子さんは びっくりしました。

・「さあ、みなさん。このびんが、何に見えるでしょう。」といって、先生は、わらいながらみんなのかおを見まわしました。

以上、ⓓⓔⓕは、二つの述語が共通の主語をもつことで、第Ⅰ類と変わらないのだが、主語の表わしかたが、第Ⅰ類に比べて、やや変則的なものである。これらを第Ⅱ類とする。

ⓖの「P_1 して、P_2 した。」は、どちらの述語にも、主語がないものである。

・足のうらに力を入れて、麦をふむ。

・せっけんをいっぱいつけて、おかあさんのようにもみました。

47 例と、多いが、そのうち 11 例は、

・おしくらまんじゅう、おされて なくな。8 例

・よわむしけむし、おされて ないた。

という、ばかばかしいものである。

ⓗの「A が P_1 して、P_2 した。」というのは、

・目とくちばしが 大きくて、おばけのようでした。

・オレンジいろの毛が はえて、かわいらしくなりました。

の 2 例だけだったが、前の述語にだけ主語があり、その主語は、後の述語には力を及ぼしていない。前の句の主述合わせたものが、後の述語と対等になっている。この 2 例は、同一の文章に属するものだが、2 文とも、前句の主語は、主語といっても、部分を限定しているだけの主語である。「象は鼻が長い。」の「鼻が」と同じで、その前に「象は」に当たる、いわゆる総主があるべきものである。事実、2 例とも、先行文の中に「カナリヤの子ども」という語があって、これが潜在総主となっている。

ⓖⓗの二つは、結局、文面に表わされていない主語があって、それが二つの述語を総括しているので、やはり、第Ⅰ類・第Ⅱ類と、その点では同じなのである。第Ⅲ類とする。

こうしてみると、連結型文 168 箇のうち、162 箇までは、いずれも、二つの述語が共通の主語を戴いていることがわかる。しかし、次のⓘだけは、ちがう。

ⓘの「A が P_1 して、B が P_2 した。」というのは、二つの述語が、それぞれ別の主語をもっているものである。6 例とも示す。

(1) かぜが つよくて、こいのぼりがいきおいよくおよいでいました。

(2) せんたくが すんで、おかあさんがきゅっきゅっとしぼりました。

(3) 読んでいくうちに、きゅうにきょうしつの中が ざわざわして、ひそひそ声が 聞こえだしました。

(4) 風がかおにあたって、いきが できなかった。

(5) あたまのところがくるくるとまるまって、はなが 出て、あごが つき出ていました。

（6）しっぽが上にあがっていて、足もちゃんと四本ありました。

これらのうち、（5）と（6）は、同じ「雲」という文章の中にあり、「雲は」という共通総主を補うことができるが、その他の4例では、そういうことができない。

以上、資料中の連結型文についてみると、二つの述語が共通の主語をもつことが圧倒的に優勢な傾向であるところから、ⓑの

A は、P_1 して、P_2 した。

の形をその代表と見ることが許されるだろう。

さて、このことが、「そして」の用法と、密接に関係する。前に述べた、「そして」の文に対する処置 a、b、c の中の c の処置をした結果は、上記の連結型文の代表形を得ることになるのである。逆に言えば、ⓑで代表される連結型文は、二つの述語を切り離し、あとの述語の句の先頭に「そして」を置いて、それぞれを独立した文にすることができるわけで、たとえば、ⓑの例にあげた、

・れっ車は、すぐ町を出て、きいろくなった田んぼの中を走りました。

という文は、

・れっ車は、すぐ町を出ました。そして、きいろくなった田んぼの中を走りました。

と、2文にして、すこしもおかしくないのである。

以上の考察から、連結型の1文と、「そして」でつながる2文とは、非常に近い関係にあることが明らかになったと思う。

このような性格をもった接続詞「そして」と、対照的な性格の接続詞が「すると」である。

● fsA2 「すると」 5文

「すると」という接続詞は、時間的な継起性を表わすことが多い点では、「そして」と共通しているが、先行事態と後続事態との関係の表わし方において、「そして」とは、はっきりちがった役目をもっている。「そして」で結ばれる2文は、同一の主語をもつのが一般的だったが、「すると」で結ばれる2文は、異なる主語を、それぞれにもつのが一般的である。

（1）〔雨がふっているので、わたしはうちの中で本をよんでいました。〕すると、おかってで、おばあさんが、「みえ子。おちゃ

のしたくができたから、みんなをよんできておくれ。」といいました。(田うえ)

(2) 〔うまいぐあいに、かやが見つかったので、かまでかりはじめました。〕すると、バタバタ鳥のはねの音がします。(さわよむどん)

この例の前文では、主語が表わされていないが、かまでかりはじめたのは、さわよむどんである。

(3) 〔ある日、一ぴきのありが、あなからはいって、一つぶの米をもちだしました。〕するとこんどは、二ひきめのありが二つめの米をもちだしました。(ながいはなし)

(4) 〔わたしは、「おじさん。今、だれもいませんよ。なんの用ですか。」といいました。〕すると、やくばのおじさんは、「あなたのうちに、こくばんがありましたね。」といいました。(るすばん)

(5) 〔ふたりでだんの前にいすをおいてこしかけると、まず、おとうさんが、「エヘン。わしはさだいじんである。」といいました。〕すると、まさおさんも、「エヘン。わしはさだいじんである。」といいました。

例が５箇だけで、少ないのだが、この５例で、連続する２文の主語は、

(1) わたしは……。すると、おばあさんが……。
(2) (さわよむどんは) ……。すると、鳥のはねの音が……。
(3) 一ぴきのありが……。すると、二ひきめのありが……。
(4) わたしは……。すると、やくばのおじさんは……。
(5) おとうさんが……。すると、まさおさんも……。

と、すべて、相異なっている。これは重要な意味をもつ事実で、決して偶然とは思えないことである。なぜ重要な意味をもつのかについて、次に、項を改めて考察する。

●付説　展開型文と「すると」との関係

「そして」が連結型の文と密接な関係をもっていたのと同様に、「すると」は、展開型の文との間に密接な関係がある。しかし、展開型は、連結型に比べて、ずっとバラエティーに富んでいるから、問題は、連

結型の場合よりも複雑である。

まず、運び文型の調査で、展開型の文がどのようにとらえられたかを記述する。

わたくしは『基本文型の研究』（2013）の69ページ以下に、展開型の文について考えを述べ、72ページに、語形の一覧表をかかげた。展開型に関するわたくしの考えは、今も変わっていないから、この線に沿って、資料の文を分析した。

現在、一般の文法書では、条件の設け方を「仮定」と「確定」（「既定」とも）とに分け、帰結文への続き方を「順接」と「逆接」とに分ける結果、条件文を、

仮定順接

仮定逆接

確定順接

確定逆接

の4種類に分けている。しかし、これだけの分け方で、

a　水は、百度になると、沸騰する。

b　こう暑くては、かなわない。

c　林ですが、中村さんは、いらっしゃいますか。

などの言い方を説明することは苦しい。そこで、一般に仮定条件と呼んですましているものを、「仮定条件」「想定条件」「述定条件」の3種類に分ける。仮定条件は、起こり得ることとして、条件を予想して立てること、想定条件は、起こるか起こらないかを問題にしないで、とにかく条件を立ててみること、述定条件は、数学や自然科学の法則を記述する時のように、ある条件が満たされた場合の必然的な結果を述べるための条件づけをすることである。上例a、bのようなのを述定条件とする。確定条件は、それ以上細分する必要を認めないが、「確定」というよりも、話者の態度の問題だから、「確認」と呼ぶ方がよく、したがって、ここでは「確認条件」とする。条件設定のしかたに、単にことばのあやで条件文にする「見立て条件」を加え、結局「仮定条件」「想定条件」「述定条件」「確認条件」「見立て条件」の5種類を立てる。

帰結句へのつなげ方では、順接と逆接のほかに、順とも逆とも方向

づけをしないつなげかたがあることを認めて、「順方向」「逆方向」「不定方向」の3方向を立てる。

帰結句のとじかたには、推量や意志、勧誘や命令のような、結果のわからない言い方と、断定する言い方との区別を立て、前者を代表として「推量」と呼び、後者を「断定」と呼ぶ。

条件設定の型に5種類、帰結句へのつなげ方の型に3種類、帰結句のとじ方に2種類を立てたので、その組み合わせは、5 × 3 × 2の30種類となる。こんなに複雑になるのは、決してほめたことではないが、整理できるものは、あとですることにして、とにかく30区分を施してみる。(→表4)

表4　展開型文の分類

	順方向		逆方向		不定方向	
	推量	断定	推量	断定	推量	断定
仮定条件	仮順推	仮順断	仮逆推	仮逆断	仮不推	
想定条件	想順推		想逆推		想不推	
述定条件	述順推	述順断				述不断
確認条件	確順推	確順断		確逆断	確不推	確不断
見立条件		見順断				見不断

「仮順推」とは「仮定条件順方向推量型」の略。表の中の3文字は、いずれもこのように読む。空欄になっているところは、そのような組み合わせが、無理をしなければ考えにくいものである。空欄が12あるので、型の数は18あるわけである。

この18型の代表語形を一覧表にしてみると表5のようになる。P_1は条件句の述語、P_2は帰結句の述語を表わす。Pは動詞、形容詞、形容動詞、名詞、助動詞を総括した代表表示であるから、たとえば、「P_1ば」は、「書けば」「よければ」「静かならば」「私ならば」などを「P_1なら」は「書くなら」「よいなら」「静かなら」「私なら」などを、「P_1たら」は「書いたら」「よかったら」「静かだったら」「私だったら」などを表わす。「P_2よう」は「書こう」「書くだろう」「よかろう」「よいだろう」「静かだろう」「私だろう」などを表わし、さらに「書け」「書いてください」などをも表わす。「P_2。」は用言の終止形の

表 5　展開型文の語形一覧

	順方向		逆方向		不定方向	
	推量	断定	推量	断定	推量	断定
仮定条件	P_1{ば / たら / なら}、P_2 よう。	P_1{ば / たら / なら}P_2	P_1{ても / たって}、P_2 よう。	P_1{ても / たって}、P_2。	P_1 たら、どうだろう、どう P_1 たら、P_2 よう。	
想定条件	P_1{たら / とすれば / としたら / たとすれば / たとしたら}P_2 よう。		P_1{としても / たとしても}、P_2 よう。		P_1{として / たとして}、どうだろう。	
述定条件	P_1 たのなら、P_2 よう。	P_1{と / のでは}、P_2。				どう P_1 ても P_2。
確認条件	P_1{から / たから / たのだから}、P_2 よう。	P_1{から / たから / ので / たので / と}、P_2{。 / た。}		P_1{が / たが / けれども / たけれども / ても / のに / たのに / たくせに / にしては / たにしては}、P_2{。 / た。}	P_1{が / けれども}、P_2 ようか。	P_1{と / たら / たところが / が / けれども}、P_2{。 / た。}
見立て条件		P_1{なら / とすれば}、P_2。				P_1 もあれば、P_2 もある。 P_1 かとおもえば、P_2。

言い切りや体言止めを表わす。

資料について実態を示そう。資料千余文のうち、展開型の文は、143 箇あった。その文型と、所属文数を表 6 に示す。□の中は条件句の句末の諸形。A と B は、それぞれ条件句・帰結句の主語。(A)、(B) は、それらの主語が文面に現われていないことを示す。まれに (G) とあるのは、「きけんですから、はくせんまでおさがりください。」のように、特定の潜在主語を考えることがむずかしいもので、英語なら it のような一般的な主語を置くことになるものである。「抽象構文」とは、語形を無視して、条件句・帰結句における主述関係だけを示したものである。一本の斜線 (/) は条件句と帰結句との境目を示し、二本の斜線 (//) は、同一主語が条件句・帰結句の両方にまたがる場合の主述の境目を示す。

このように骨組みを示しただけでは、実情がわからないので、各文型 1 例ずつ、文例を記す。文型の番号を対照して、確かめられたい。

〔仮—順—推〕

たら　①正月に、はるおさんたちが来たら、たくさんごちそうをしてあげましょう。

②もしわからなかったら、おしえてね。

〔仮—順—断〕

たら　③さあ、これにかおをつけて、きものをきせたら、きっとりっぱなおひなさまになりますよ。

〔述—順—断〕

と　④かぜをひいている人がせきをすると、かぜのばいきんが空気の中にまきちらされます。

⑤そして、春がくると、くまはしぜんに目をさまします。

⑥春がくると、なわしろにいねのたねをまきます。

⑦この大どおりを南へ行くと、えきがあります。

⑧かおをちかづけると、カナリヤはすみのほうににげて、小さくなっていました。

⑨また、声を出したり、つくえやいすをがたがたさせたりすると、ひとのじゃまになります。

⑩このみちを北のほうへまっすぐ行くと、東から西へとおって

表 6　資料中の展開型文の文型一覧

〈条件句末形〉	〈文数〉	〈抽象構文〉	〈文型〉	〈文数〉
〔仮一順一推〕	2			
たら	2	$AP_1/(B)P_2$	①　A が P_1 たら、(B) P_2	1
		$(A)P_1/(B)P_2$	②　(A) P_1 たら、(B) P_2 よう	1
〔仮一順一断〕	1			
たら	1	$(A)P_1/(B)P_2$	③　(A) P_1 たら、(B) P_2	1
〔述一順一断〕	18			
と	15	AP_1/BP_2	④　A が P_1 と、B が P_2	1
			⑤　A が P_1 と、B は P_2	2
		$AP_1/(B)P_2$	⑥　A が P_1 と、(B) P_2	2
		$(A)P_1/BP_2$	⑦　(A) P_1 と、B が P_2	5
			⑧　(A) P_1 と、B は P_2	1
		$(A)P_1/(B)P_2$	⑨　(A) P_1 と、(B) P_2	2
		$(A)//P_1/P_2$	⑩　(A) P_1 と、P_2	2
なら	2	——	⑪　これなら、B が P_2	1
		——	⑫　これなら、(B) P_2	1
ば	1	$AP_1/(B)P_2$	⑬　これだけ A が P_1 ば、(B) P_2	1
〔確一順一推〕	5			
から	5	$AP_1/(B)P_2$	⑭　A も P_1 から、(B) P_2 よう	1
		$(G)P_1/(B)P_2$	⑮　P_1 から、(B) P_2 よう	1
		$(A)P_1/(B)P_2$	⑯　(A) P_1 から、(B) P_2 よう	1
		$A//P_1/P_2$	⑰　A も、P_1 から、P_2 よう	1
		$(A)//P_1/P_2$	⑱　(A) P_1 から、P_2	1
〔確一順一断〕	33			
と	8	$(A)P_1/BP_2$	⑲　(A) P_1 と、B が P_2 た	1
		$(B)P_1/BP_2$	⑳　(B) P_1 と B は P_2 た	1
		$A//P_1/P_2$	㉑　A は、P_1 と、P_2 た	3
		$(A)//P_1/P_2$	㉒　(A)、P_1 と P_2 た	3
から	4	$(A)P_1/(B)P_2$	㉓　(A) P_1 から、(B) P_2 た	1
		$A//P_1/P_2$	㉔　A は、P_1 から、P_2	1
			㉕　A、P_1 から、P_2 た	1
		$(A)//P_1/P_2$	㉖　(A)、P_1 から、P_2	1
ので	20	AP_1/BP_2	㉗　A が P_1 たので、B が P_2 た	1
			㉘　A が P_1 ので、B が P_2 た	1
			㉙　A が P_1 たので、B も P_2 た	1
			㉚　A が P_1 ので、B は P_2 た	1
			㉛　A は P_1 たので、B は P_2 た	1
		$AP_1/(B)P_2$	㉜　A が P_1 たので、(B) P_2 た	5
		$(A)P_1/BP_2$	㉝　(A) P_1 ので、B は P_2 た	1
		$(A)P_1/(B)P_2$	㉞　(A) P_1 たので、(B) P_2 た	1
			㉟　(A) P_1 たので、(B) P_2	1

		$A//P_1/P_2$	㊱	A は P_1 ので、P_2 た	2
			㊲	A は、P_1 ので、P_2	1
		$(A)//P_1/P_2$	㊳	(A)、P_1 たので、P_2 た	1
			㊴	(A)、P_1 ので、P_2 た	1
ものですから	1	$(A)P_1/BP_2$	㊵	(A) P_1 たものですから、B は P_2 た	1
〔確—逆—断〕	14				
が	11	AP_1/BP_2	㊶	A は P_1 たが、B が P_2	1
			㊷	A は P_1 が、B は P_2	1
		$(A)P_1/BP_2$	㊸	(A) P_1 が、B は P_2	1
		$(A)P_1/(B)P_2$	㊹	(A) P_1 たが、(B) P_2 た	1
		$A//P_1/P_2$	㊺	A は、P_1 たが、P_2	3
			㊻	A は、P_1 が、P_2	2
			㊼	A も、P_1 たが、P_2 た	1
		$(A)//P_1/P_2$	㊽	(A)、P_1 たが、P_2 た	1
ても	3	AP_1/BP_2	㊾	A が P_1 ても、B は P_2	2
		$A//P_1/P_2$	㊿	A は、P_1 ても、P_2 た	1
〔確—不—推〕	1				
が	1	$(A)P_1/(B)P_2$	51	(A) P_1 が、(B) P_2 ようか	1
〔確—不—断〕	68				
と	46	AP_1/BP_2	52	A が P_1 と、B が P_2 た	8
			53	A が P_1 と、B は P_2 た	7
			54	A が P_1 と、B は P_2	1
			55	A が P_1 と、B も P_2 た	1
			56	A が P_1 と、B も P_2	1
		$AP_1/(G)P_2$	57	A が P_1 と、(G) P_2 た	1
		$(A)P_1/BP_2$	58	(A) P_1 と、B が P_2 た	14
			59	(A) P_1 と、B が P_2	1
			60	(A) P_1 と、B は P_2 た	1
			61	(A) P_1 と、B は P_2	2
			62	(A) P_1 と、B も P_2 た	1
		$(A)P_1/(B)P_2$	63	(A) P_1 と、(B) P_2 た	5
			64	(A) P_1 と、(B) P_2	1
		$(A)//P_1/P_2$	65	(A)、P_1 と、P_2 た	2
たら	18	AP_1/BP_2	66	A が P_1 たら、B が P_2 た	3
			67	A が P_1 たら、B は P_2 た	1
		$(A)P_1/BP_2$	68	(A) P_1 たら、B が P_2 た	6
			69	(A) P_1 たら、B は P_2 た	2
			70	(A) P_1 たら、B も P_2 た	1
		$(A)P_1/(B)P_2$	71	(A) P_1 たら、(B) P_2 た	3
		$(A)//P_1/P_2$	72	(A)、P_1 たら、P_2 た	2
が	3	$A//P_1/P_2$	73	A は、P_1 だが、P_2 た	1
			74	A は、P_1 たが、P_2	1
		$(A)//P_1/P_2$	75	(A)、P_1 たが、P_2 た	1

だけでも	1	(A)P_1/BP_2	(76) (A) P_1ただけでも、BがP_2	1
〔見―順―断〕	1			
なら	1	(A)P_1/BP_2	(77) (A) P_1なら、BがP_2	1

いる大どおりへ出ます。

なら　⑪これなら、ふかふかのあたたかいうちがすぐできるぞ。

⑫これなら、おおかみがきてもだいじょうぶだ。

ば　⑬これだけえだがあれば、わざわざ森のおくまで行って、木をきらなくてもいいや。

〔確―順―推〕

から　⑭わたしもそちらのほうへかえりますから、いっしょに行きましょう。

⑮きけんですから、はくせんまでおさがりください。

⑯うがいのくすりをやかんに入れておきますから、それをきょうしつにはこんでください。

⑰おまえたちも、もう大きくなったのだから、じぶんのうちをつくってくらしなさい。

⑱けんちゃん、えがうまいから、たのむよ。

〔確―順―断〕

と　⑲ふたりでだんの前にいすをおいてこしかけると、まず、おとうさんが、「エヘン。わしはさだいじんである。」といいました。

⑳のりこんでせきにつくと、よし子さんとまさるさんは、すぐ、まどから外を見ました。

㉑いっちゃんは、それを見つけると、大きな声でいいました。

㉒そして、かっそうろにでると、いきおいよくはしりはじめました。

から　㉓うん、きのうはいったばかりだから、名まえわすれてしまった。

㉔もうくろは、まだ小さくて、力がよわいから、畑のしごとも車をひくこともできません。

㉕わたし、となりにすわっているから、ちゃんと見たのよ。

㉖小さな声だから、聞こえないよ。

ので　㉗また牛がないたので、みんながわあわあさわぎだしました。

㉘くわがおもいので、うでがいたくなってきました。

㉙おとうさんが、あわてて、「うだいじん、うだいじん。」といったので、まさおさんも、「うだいじん、うだいじん。」といいました。

㉚雨がふっているので、わたしはうちの中で本をよんでいました。

㉛おかあさんのつくったごちそうはたいへんおいしかったので、まさおさんは大よろこびでたべました。

㉜かきのみがなったので、かわりにねんどをつかいました。

㉝ころころとふとっているので、あきらさんはコロと名まえをつけました。

㉞できあがったので、ひものつけねのところを足のゆびではさんで、ひもをひっぱりながらにわの中を歩きました。

㉟むずかしいかん字で書いたので、わたしには読めません。

㊱わたしは、つかれたので、ちょっと休みました。

㊲ぼくは、なれていないので、ちっともつれません。

㊳それからは、みんなで気をつけてきましたので、一がっきのおわりには、とてもよくまもられるようになりました。

㊴おもしろいので、むちゅうになって読みつづけました。

ものですから　㊵ところが、あんまり力を入れたものですから、うなぎはびゅんととんで、いっぺんに山のむこうまでとんで行ってしまいました。

〔確一逆一断〕

が　㊶先生がいうと、きょうしつはちょっとしずかになりましたが、まだ、ひくいわらい声が聞こえます。

㊷ほかの人は、みんなすげがさをかぶっていますが、しんせきのおばさんだけは、古いむぎわらぼうしをかぶっています。

㊸ふたりがやさしくおこしてやりますが、ぶんじろうはなきつづけます。

㊹大いそぎでさおをもってきましたが、そのときには、もうやねよりずっと上へあがっていました。

㊺ぼくとおとうさんは、まてがいをとろうとしましたが、なかなかとれません。

㊻はじめは、ぶんじろうは、いやそうににげようとしますが、やがて、じぶんも走りはじめます。

㊼うんてんしゅさんも気がついていましたが、こういうことはよくあることなので、バスをとめようとしませんでした。

㊽しっかりつかまっていましたが、まがるとき、すこしこわいとおもいました。

ても　㊾あきらさんが、「くすぐったいよ。やめないか、コロ。」といっても、コロはなかなかやめません。

㊿王さまは、まい日はなしをきいてもあきませんでした。

〔確—不—推〕

が　㉛おじょうさん、ちょっとおたずねしますが、中町へ行くのには、どう行ったらいいでしょうか。

〔確—不—断〕

と　52よし子さんがおかあさんのてつだいをしていると、外からおとうさんが かえってきました。

53かぜがふくと、あさがおはすずしそうにゆらゆらゆれました。

54けん一がぶんじろうの方をゆびさすと、たけしは うなずきます。

55けん一がきゅうにとまると、みんなも とまります。

56みのるがはやすと、ゆう一、たろう、じろうも はやします。

57あさ、目がさめると、とてもよい天気でした。

58しばらく行くと、道のあちらにもこちらにも、木のえだがおちていました。

59うみへいくと、まだ、しおがひいていません。

60しばらく行くと、おばあさんは、「おじょうさん、中町の田中さんといううちを知っていますか。百五ばんちです。」とききました。

61水に入れてざぶざぶあらうと、あわはなくなってしまいます。

62「やっぱり、しおからい。」といいますと、おとうさんもおかあさんも わらいました。

㊸つりざおをもってまっていると、やがてぐいぐいとひっぱりました。

㊹しずかにして、見ていると、ひげをそっと右へやったり左へやったりうごかしながら、のろのろとはって行きます。

㊺さんちゃんのうちが見えると、「たいへんだ。たいへんだ。おおかみがきたぞ。さんちゃん、たすけてくれ。」とさけびました。

たら　㊻ある日、よし子さんがとりかごをのぞいてみたら、すの中に、小さなたまごがみえました。

㊼わたしが、大きなこえで、「おちゃだよ。」といったら、みんなは、びっくりしたように、いっしょにこちらを見ました。

㊽朝早くおきて、にわに出てみたら、あさがおがたくさんさいていました。

㊾二かいのまどから外を見たら、雨はすっかりやんで、お日さまが出ていました。

㊿おもてへ出てみたら、よしおさんやたけじさんたちも、かんのげたにのってあそんでいました。

(71)せんめんきをぽんとたたいたら、さっとうしろにはねました。

(72)それをよんでいたら、きゅうに作りたくなりました。

が　(73)あさ子さんは、五人ばやしを作りあげて、ざっしのえと見くらべていましたが、何を考えたのか、「そうだ。いいことがある。」といって、はりばこのところへ行きました。

(74)ぶんじろうは、じっと見ていましたが、だんだんからだをのり出してきます。

(75)なにかごそごそやっていましたが、まもなく出て来ました。

だけでも　(76)こうならべただけでも、びんがおひなさまに見えますね。

〔見―順―断〕

なら　(77)汽車なら、えきがないとだめだねえ。

以上で、だいたい、展開型文の実態がわかるであろう。ここで、再び、前の文型一覧表に戻り、抽象構文の欄に注目しよう。この抽象構文は条件句と帰結句の主述関係だけを取り出して、それぞれが別々の主語をもつか、共通の主語をもつか、それらの主語が顕在か潜在かを示したものである。種類は次の7種になった。

Ⅰ類　（1）AP_1/BP_2　　（3）$(A)P_1/BP_2$

　　　（2）$AP_1/(B)P_2$　　（4）$(A)P_1/(B)P_2$

Ⅱ類　（5）$A//P_1/P_2$　　（7）$(B)P_1/BP_2$

　　　（6）$(A)//P_1/P_2$

（1）は、条件句・帰結句が別々の顕在主語をもつもの。（4）は両句に別々の主語が潜在しているもの。（2）（3）は、それぞれ、片方の主語が顕在で、他方の主語が潜在化しているものである。（1）から（4）までをⅠ類とする。Ⅱ類は、両句が共通の主語を戴くもので、（5）はそれが文頭に顕在しているもの。（6）は、ともに潜在のもの。（7）は、共通主語が条件句に現われず、帰結句に在るものである。

文型一覧表の①から(77)までの細目は、ひとまず無視し、条件句末形と抽象構文とだけに注目して、資料143文の分布状況を見よう。ただし、抽象構文の作りにくかった⑪⑫の2文、および、一般主語（G）を含む⑮(57)の2文、計4文は考察の対象から除くので、観察される文は139となる。表7に整理する。

表の中央、Ⅰ類・Ⅱ類の各合計欄に注目し、文数のかたより方を見よう。最下段の合計欄で見ると、105対34で、Ⅰ類すなわち、条件句と帰結句が別々の主語をもつ文の方がずっと多い。

「そして」と対比された連結型の文では、前件句と後件句とが共通の主語をもつのが普通であったが、展開型の文では、事情がちがい、それぞれが別々の主語をもつ方が普通であるらしいことが、これでわかる。そして、Ⅰ類とⅡ類の数の開きを、条件句末形ごとに調べてみると、〔確不断〕「と」の43：2が、最も開きが大きく、他と比べものにならない。また、この「と」を条件句末にもつ文の合計45という数は、他の句末形を取る文の数よりはるかに大きく、今回の資料に関する限り、この形が展開型文の代表形になっている観がある。

条件句の句末に「と」をもつ確認条件不定方向断定型の文とは、

　P_1すると、P_2した。

という型の文であるが、今述べたことをもうすこし具体的にいえばこの型の文は、前句と後句とが別々の主語を取り、

表 7　展開型文の条件句末語形と抽象構文との関係

		Ⅰ　類				Ⅰ類計	Ⅱ類計	Ⅱ　類			合計
		AP_1/BP_2	$AP_1/(B)P_2$	$(A)P_1/BP_2$	$(A)P_1/(B)P_2$			$A//P_1/P_2$	$(A)//P_1/P_2$	$(B)P_1/BP_2$	
仮順推	たら		1		1	2					2
仮順断	たら				1	1					1
述順断	と	3	2	6	2	13	2		2		15
	ば		1			1					1
確順推	から		1		1	2	2	1	1		4
確順断	と			1		1	7	3	3	1	8
	から				1	1	3	2	1		4
	ので	7	5	1	2	15	5	3	2		20
	ものですから			1		1					1
確逆断	が	2		1	1	4	7	6	1		11
	ても	2				2	1	1			3
確不推	が				1	1					1
確不断	と	18		19	6	43	2		2		45
	たら	4		9	3	16	2		2		18
	が						3	2	1		3
	だけでも			1		1					1
見順断	なら			1		1					1
計		36	10	40	19	105	34	18	15	1	139

A が P_1 すると、B が P_2 した。

という形になるのが普通だということである。さらに、表 7 を仔細に見ると、「と」の 43 の内訳は、

AP_1/BP_2　$AP_1/(B)P_2$　$(A)P_1/BP_2$　$(A)P_1/(B)P_2$

18　—　19　6

となっており、前句・後句、どちらかの主語が潜在化するときは、前句の主語の方が潜在化しやすく、後句の主語は潜在化しにくいことが察せられる。後句の主語が潜在化するよりは、両句の主語がともに潜在化する方が自然であるらしい。この間の状況を、さきに示した文例によって確かめられたい。両句主語顕在の例が(52)から(56)まで、前句主語潜在化の例が(58)から(62)まで、両句主語とも潜在化の例が(63)(64)である。

ところで、条件句を作る「と」は、確認条件不定方向断定型にだけあるのではない。述定条件順方向断定型にも 15 例あり、確認条件順

方向断定型にも8例ある。想定条件も作りうることばだが、資料中には、その例がなかった。〔述順断〕「と」の例は④から⑩までに見るように、前句の条件と後句の帰結とが、連動機械のように無抵抗につながる感じがある。この15例では、Ⅰ類とⅡ類とが13：2になっていて、やはり、顕在にしろ潜在にしろ、別々の主語をもつものの方がはるかに多い。

ところが、〔確順断〕「と」の8例では、Ⅰ類Ⅱ類の数のかたよりが反対になっていて、1：7で、Ⅱ類、すなわち、共通の主語を戴くものの方がはるかに多い。それは、

A は、P_1 すると、P_2 した。

という型の文が代表で、㉑がその例である。ほかに、その「A は」が潜在化した

P_1 すると、P_2 した。

や、後句にだけ共通主語が顕在する

P_1 すると、B は P_2 した。

の型があり、㉒と⑳とが、それぞれの例である。

文例㉑や、それと同型の

・おとうさんは、なえをおろすと、「よびにきてくれたのかい。もうじき行くよ。」といいました。

・うんてんしゅさんは、そっとうさぎをじぶんの足もとにおくと、すぐにまた、バスをうごかしはじめました。

の2文、また、文例㉒と、それと同型の

・とびたつと、ぐんぐん小さくなっていきました。(㉒もこの文も、ともに「ひこうきは」を潜在主語にもつ)

・そして、糸まきを見つけると、「おかあさん、これかしてね。……」と、とくいそうにいいました。(「あさ子さん」が潜在主語)

の2文、それに文例⑳の計7文には、共通の性格がある。これらの文の主語は、条件句の中でも主語の働きをしてはいるが、それはむしろ、影武者の働きのようなもので、これらの主語が本当に主述関係を結んでいる相手は、帰結句の述語である。だから、文頭の主語のあとには、必ず読点が打たれるし、文例⑳のように、主語が文頭を去って帰結句の中に来ることも不思議でないわけである。

同じ「と」の用法でも、先の45例を「不定方向」の用法と認め、この7例を「順方向」の用法と認めたのはなぜか。それは、この7文の共通性格から来るのである。上の例で、「おとうさん」が「なえをおろす」時には、すでに、「よびにきてくれたのかい。もうじき行くよ。」と言うことが予定されており、「うんてんしゅさん」がうさぎを置くのは、バスを動かすための予定の行動である。

A は、P_1 すると、P_2 した。

において、P_1 は、A が P_2 するための準備行動を叙している場合が多いのである。だから、「と」のこの用法には、連結型文の、

A は、P_1 して、P_2 した。

における「て」の用法に近いものがある。ただ、前件から後件への進展のしかたにおいて、「て」の場合よりも、局面の転換が強く打ち出される点にちがいが感じられるだけである。

同じく接続助詞「と」の働きであるが、

(1) 述定条件を順方向に設定するときは、二つの事実を自然法則の発展のような関係でつなげ、
(2) 確認条件を順方向に設定するときは、ある動作主体の二つの行動を、片方を他方の準備行動のように叙してつなげ、
(3) 確認条件を不定方向に設定するときは、A事態に続いてB事態がひょっこり起こる際の転回点を表わすことになる。

という、少なくとも3種類の異なった働きをすることが、資料の実例から見て取れた。

展開型文143例のうち、68例は、条件句の句末に接続助詞「と」をもつものであり、そのうち、(1) に属するものが15例、(2) に属するものが8例、(3) に属するものが45例あった。したがって、この数から判断して、(3) の用法を「と」の最も一般的な用法と見ることができるだろう。くり返して言えば、(3) の用法とは、条件句と帰結句とが、それぞれ独自の主語をもち、

A が P_1 すると、B が P_2 した。

の構文を典型とする言い方のものである。

接続詞「すると」を承前記号として文頭にもっていた資料中の5文が、いずれも、直前の先行文と異なる主語をもつ文であったことを

偶然でないとしたのは、この「すると」が「と」の（3）の用法に対応するものだと思うからである。

A は、P_1 して、P_2 した。

という連結型文が、

A は P_1 した。そして、P_2 した。

という 2 文連続と同性格のものであるのと同様に、

A が P_1 すると、B が P_2 した。

という展開型文は、

A が P_1 した。すると、B が P_2 した。

という 2 文連続と同性格のものだと見ることができる。その証拠に、前項にかかげた 5 例は、いずれも、文頭の「すると」を取り除いて、前文の文末に「と」をつけると、2 文が、無理なく展開型の 1 文になる。その際、前文の主語につく助詞が「は」であれば、それを「が」に換えた方がよいし、また、前文末の「です」「ます」は取り除くことができる。その処置をすると、5 例は次のようになる。

（1）′ 雨がふっているので、わたしがうちの中で本をよんでいると、おかってで、おばあさんが、「みえ子。……」といいました。

（2）′ うまいぐあいに、かやが見つかったので、かまでかりはじめると、バタバタ鳥のはねの音がします。

（3）′ ある日、一ぴきのありが、あなからはいって、一つぶの米をもちだすと、こんどは、二ひきめのありが二つめの米をもちだしました。

（4）′ わたしが、「おじさん。今、だれもいませんよ。なんの用ですか。」というと、やくばのおじさんは、「あなたのうちに、こくばんがありましたね。」といいました。

（5）は前文自体が「と」による展開型文であるから、同じやり方でやると、

（5）′ ふたりでだんの前にいすをおいてこしかけると、まず、おとうさんが、「エヘン。わしはさだいじんである。」というと、まさおさんも、「エヘン。わしはさだいじんである。」といいました。

となって、「と」が二つ重なる悪文になる。この前半の文は、ちょう

ど、先の文例⑲に当たっており、第一の「と」は、確認条件順方向のものだから、前述のとおり、「て」に近い。よって、この「と」を「て」に換えて、「こしかけると」を「こしかけて」にしても、文の効果は、ほとんど変わらず、うまく収まる。(その直前に「おいて」と「て」があるから「こしかけ」と連用中止にすると、文の調子はさらによくなる。)

「すると」と「と」の関係は、以上のとおりである。

● fsA3 「それから」 3文

承前記号A(fsA)の三番目は、接続詞「それから」である。これも、時間的継起性を表わす点で「そして」「すると」と同類であるが、「すると」よりも「そして」に近い。資料中の例は3例で、次のとおり。

(1) 〔さんちゃんは、おので木をきりました。〕それから、のこぎりでひきました。(三びきの子ぶた)

(2) 〔ひろ子、とも子、みよ子は、ならんで、きっぷをかうまねをします。〕それから、ゆう一とたろうの間にはいります。(おしくら)

この2例、ともに無主語文で前文の主語をそのまま潜在主語にしている。この点でも、「そして」の文に似ている。

次の例も無主語文だが、文脈をさかのぼっても、主語がない。

(3) 〔なえのそだつあいだに、ほかの田では、田うえのじゅんびをします。田の土をほりおこして、こまかくくだきます。〕それから、水を入れます。(しろかき)

これは、無理に補えば「人々は」とか「おひゃくしょうさんたちは」とでもいうような一般的な主語を入れるほかない。こういうものがずっと潜在しているわけだから、結局、前2例と変わりはない。

「それから」も、また、連結型の文と関係がある。連結型の文は、前述のとおり、資料中に168文あったのだが、その大部分である155文は、前件句の句末に接続助詞「て」をもっていた。残る13文は、ちがう形をもっている。その形は

a	連用中止形のまま	6
b	「〜してから」	5

c　「〜しながら」　　　　2

の3種類になる。一つずつ例を示す。

a　さんちゃんはひとりで、谷をこえ、森のおくまで行きました。

b　れっ車は、いくつもえきにとまってから、大きなえきにつきました。

c　おおかみは、おそろしい声でほえながら、やねによじのぼりました。

このbの「てから」が、「それから」と縁が深い。「そして」や「すると」の場合と同様の処置をすると、たとえば（1）の連続2文は、

（1）′ さんちゃんは、おので木をきってから、のこぎりでひきました。

という1文になる。（2）でも（3）でも、同じ処置ができる。だから、

A は、P_1 してから、P_2 した。

という連結型文は、

A は P_1 した。それから、P_2 した。

という連続2文と極めて近い関係にあると言うことができる。

● fsA4　継起性の順序副詞　6文

「こんどは」「つぎに」などの語句を一副詞と扱えば、順序副詞の仲間に入る。副詞は接続詞とはちがうから、文法的に文を前文へつなげる働きはしないが、順序副詞は、意味の点で、先行事態の受けつぎを表わす関係上、自然に承前性をもつことになる。特に、それらの語が文頭に用いられると、ほとんど接続詞に準ずる働きをするようになる。

（1）〔さわよむどんは大よろこびです。〕こんどは、やまいもを入れるものがほしいとおもいました。（さわよむどん）

（2）〔するとこんどは、二ひきめのありが二つめの米をもちだしました。〕こんどは、三びきめのありが三つめの米をもちだしました。（ながいはなし）

（3）〔ジャジャー〕こんどは、水道の水の音です。（朝の音）

（4）〔水に入れてざぶざぶあらうと、あわはなくなってしまいます。〕そのうちに、おとうさんのシャツがまっ白になりました。（せんたく）

(5)〔それから、水を入れます。〕つぎに、土をたいらにします。(しろかき)

(6)〔きょうは、くまの冬ごもりのお話でしたよ。〕このつぎに、また、おもしろいお話をすることにしましょう。(こうないほうそう)

やはり、接続詞と副詞のちがいは歴然で、これらの語がしている承前の働きは、「そして」「すると」「それから」のように斉一なものではない。(1)の「こんどは」は、「ほしい」にかかるようにも思われ、「おもいました」にかかるようにも思われる。どちらにしても、「こんどは」の表わすものは、「ほしいとおもう」さわよむどんの心理に関したことで、「ほしいとおもいました」と叙する作文者の態度に関したことではない。この点で、時枝文法が、副詞を詞とし、接続詞を辞として、峻別したのは、やはり故あることである。(3)の「こんどは」などは、「ジャジャー」のあとの事態を言っているのではなく、「ジャジャー」そのものを指して、説明するために使われている。(5)の「つぎに」には、かなり接続詞に近い響きがあるが、それでも、やはり、この語の意味は、「次の仕事として」ということだから、述べ方の問題ではなく、述べる内容の問題である。(6)の「このつぎに」に至っては、「次の機会に」ということで、文法的接続機能はまったく持っていないと言わなければならない。

このように、順序副詞は、あくまでも副詞であって、接続詞の接続機能とはちがった機能をもつものだが、それが文頭にあることによって、読過の印象としては、まず、前文の後続事態を指し示すようになるので、継起性接続詞による承前記号の仲間に入れておくことにする。

3.2.2 承前記号 B (fsB) 論理心理性の接続詞類 27文

前節に述べた承前記号 A は、A 事態のあとに起こる B 事態を、時間の経過という単純な一点で受け止めて叙するための受けつぎの語であった。接続詞「そして」「すると」が主で、それらは、それぞれ、接続助詞「て」「と」に対応していた。これらの語は、人間の行動や、物の状態の推移など、見え、聞こえ、さわれるような具象事物を描く叙事文や物語文の中で多く使われる性質のものであった。こんどの承前記号Bは、ものを描くにしても、外側から見聞きしているだけでなく、多少とも内面に立ち入って、自分の考えで料理しながら描いたり、また、描く性質の文でなく、考えの筋道をたどるような性質の文を作ったりするときに必要になる。受けつぎの語類である。これも展開型の文と関係があり、おもに接続助詞「から」「ので」「が」「ても」「けれども」などと対応するが、「そして」「すると」が「て」「と」と対応するような、きれいな対応関係は見られない。順方向の展開に働く接続助詞に対応する順接的接続詞類を承前記号B1（fsB1）とし、逆方向の展開に働く接続助詞に対応する逆接的接続詞類を承前記号B2（fsB2）とする。また、単純に順接とも逆接ともいえず、言うなれば、不定方向の働きをする接続詞類を承前記号B3（fsB3）とする。資料中には、B1は4種6例、B2は4種9例、B3は9種12例あった。

● fsB1　順接的接続詞類　6文

この類の語を承前記号とする文は、資料中に6例あり、「それで」が3例、「そこで」「ですから」「そして」が各1例あった。

(1)〔おおかみは、おどろいてやねからころげおちました。〕それで、こしとあたまをひどくうってしまいました。（三びきの子ぶた）

(2)〔もうくろは、まだ小さくて、力がよわいから、畑のしごとも車をひくこともできません。〕それで、おとうさんが畑へ出かけるときには、もうくろは、母牛について行って、そばで草をたべながらあそんでいるのです。（もうくろの話）

(3)〔「ぼんやりしていたので、まちがったのかしら。」と、てるおはしんぱいになりました。〕それで、気をつけて、よけいにゆっくり読みました。（同上）

以上、「それで」の3例は、いずれも、前文の主語をそのまま主語にしている。そして、(1)(3)は、自分が無主語文になっており、(2)は、同じ主語を「もうくろは」と、もう一度くり返している。これらの「それで」は、展開型文で確認条件順方向の条件句を作る接続助詞「ので」と対応し、

(1)′ おおかみは、おどろいてやねからころげおちたので、こしと

あたまをひどくうってしまいました。

のような処置ができるが、この例では、「ので」にすると、すこし論理的結びつけが強くなりすぎるようだ。「そして」並みに扱って、「おおかみは……ころげおちて、こしとあたまを……」とした方が近いかもしれない。「それで」には、「ので」の働きもあり、「て」の働きもあるわけである。(2) の例は「ので」的であり、(3) の例は、「ので」の性格がやや優勢だが「て」と解してもよい。

さきの表 7 で、「ので」文における前句・後句の主語の状況を見ると、15：5 で、別々の主語をもつ文の方が多くなっている。すなわち、

A が P_1 したので、B が（は）P_2 した。

の形の方が

A は、P_1 したので、P_2 した。

の形よりも多いわけである。「それで」が「ので」と正確に対応するものなら、おそらく、自文に前文とは別の主語をもつ文を率いる例の方が多くなるのだろうが、「それで」に、「そして」に通じる性質があるところから、この資料中の 3 例は、いずれも前文の主語をそのままにいただく結果になっているのではなかろうか。もっと多くの例について調べなければ、確かなことは言えないが、そのように推察される。

(4) 〔ところが、このごろ、そのきまりをまもらない人がふえてきたのです。〕そこで、せいかつぶでは、どの組でも、つぎの三つのことを話し合ってもらいたいと思っています。（こうないほうそう）（段頭）

「そこで」にも、「ので」に対応する性格があるが、(4) の例を「……ふえてきたので、せいかつぶでは……」と変えてしまうと、あまりにせっかちな論理運びになり、原文の、一呼吸入れてから「そこで」と切り出す味がなくなってしまう。「そこで」は、場合によっては転換記号にも使える、ポーズを伴った語であるようだ。(4) は放送のことばの例だが、原文では、前文との間に改行があり、段落の頭の位置にある。

(5) 〔これをほっておくと、たいへんです。かぜにかかってしまいます。〕ですから、よくうがいをし、のどをきれいにあらいま

しょう。(同上)

「ですから」は、語形が明らかに示しているように、接続助詞「から」に対応するので、「ので」の場合と同じ処置をすることができるが、一つちがうことがある。「それで」などを「ので」にする時は、前文の文末から「です」「ます」を除いた方がすっきりするが、「ですから」を「から」にする時は、前文の丁寧語を除くと、大変不遜な言い方になる。(5)′ を作れば、「かかってしまう から」ではなくて、「かかってしまいます から」でなければならない。これは、「ので」が、どちらかといえば、表現内容に即した語であるのに対して、「から」は表現態度に即した語だからである。接続助詞「から」と「ので」のちがいについては、いくつかの文法書によい説明がある。たとえば、永野賢氏の『学校文法概説』(朝倉書店、昭 33) の 161 ページ以下にくわしい記述があり、結局「から」を

表現者が前件を後件の原因・理由として主観的に結びつけるもの

とし、「ので」を

前件と後件とが原因・結果、理由・帰結の関係にあることが、表現者の主観を越えて存在するばあい、その因果関係をありのままに描写するもの

としている。そのとおりだと思う。その結果が上述のようなちがいになるのである。

(6)〔くまは、ありが大すきです。はちもたべます。それに、どんぐりのような木のみをたくさんたべます。〕そして、からだをじゅうぶんふとらせます。(こうないほうそう)

「そして」は、ほとんどの例が時間的継起性を表わすものであったが、この例では、それとちがって、「そうすることによって」とか、「その当然の結果として」のような意味を表わしている。

ところで、「そして」を、「時間的継起性を表わす」というのは、本当に正確な言い方ではない。ものごとが時間的に継起するのは、客観的な事実であるが、「そして」は、そういう客観的な事実をそのまま写しているのではない。表現者が、A 事実に次いで B 事実が起こったと認定した、その認定の態度を「A。そして、B。」と言い表わしているのである。時枝誠記氏が、接続詞が「詞」でなくて「辞」である

ことを強調した理由が、そこにある。(『日本文法　口語篇』162ページ以下) AのあとにBが続くことを設定する働きは、先住するA概念に、新来のB概念が付け加わることによって行なわれるのであるから、認知の働きでいえば、AB間の関係が時間の経過でたどられることよりも、AにBが付け加わることの方が根本である。「そして」の機能も、本来は「付け加え」によって説明すべきものである。確かに、文法書を見ると、だいたい、どの本でも、接続詞の働きを

1. 累加・並列
2. 選択
3. 順接
4. 逆接

の4種とし、「そして」を累加・並列の接続詞としている。それは正しいにちがいないのだが、同じく累加・並列でも、思考の流れが具象事実の推移を追って動いていく時と、論理の展開を追って動いていく時とでは、AにBを付け加える態度に質的なちがいが出て来る。前者の場合は、時間上の継起性を表わすことになり、後者の場合は、「そのうえ」の意味になったり、「それによって」の意味になったりする。

78ページに、新聞語彙調査の結果得られた接続詞の、比較的度数の高いものを示したが、この中で、論理心理的順接の働きをするものを拾ってみると、

だから (113)、そこで (35)、したがって (23)、
よって (11)、それなら (7)

などがある。「だから」が「そして」の123についで使用度数が高い。今回の資料に「だから」が1例もないのは、敬体の物語文が多いためで、常体の説明文の中では、「だから」が多くなるだろう。

● fsB2　逆接的接続詞類　9文

「けれども」が一番多くて4例、次が「それでも」で3例、あとは、「でも」と「しかし」が各1例であった。

(1) 〔「いつまでもいたいな。」とおもいました。〕けれども、水がだんだんふえてきたので、かえることにしました。(しおひがり)

(2)〔みち子さんはこまってしまいました。〕けれども、すぐに「そうだ。おまわりさんにきけばいい。」と気がつきました。(みちあんない)

(3)〔おこったおおかみは、とびらをこわそうとして、げんこつでおもいきりたたきました。〕けれども、とびらはびくともしません。(三びきの子ぶた)

(4)〔それで、気をつけて、よけいにゆっくり読みました。〕けれども、きょうしつはいっそうざわざわしてきました。(もうくろの話)

接続詞「けれども」は、接続助詞の「けれども」または「が」と対応関係があるので、上来の処置をすることができる。(1)(4)の前文には、それぞれ「ぼく」「てるお」という潜在主語があることを承知して、処置の結果を抽象構文で表わしてみると、

(1)′ (A)//P_1/P_2　　A＝ぼく

(2)′ A//P_1/P_2　　A＝みち子さん

(3)′ AP_1/BP_2　　A＝おおかみ　　B＝とびら

(4)′ (A)P_1/BP_2　　A＝てるお　　B＝きょうしつ

となり、4例それぞれにちがうが、共通主語型が2、別々主語型が2となる。

表7でみると、逆接の接続助詞は、資料中に「が」と「ても」の二つしかない。「けれども」がないので、直接の比較ができないが、「が」と「ても」のⅠ類Ⅱ類所属文数は、左のようになっている。どちらかといえば、Ⅱ類が多いという程度で、たいしたちがいはない。逆接の条件文においては、前後件が共通の主語をもつか別々の主語をもつかの点で格別の傾向はなさそうである。このことと、接続詞「けれども」に率いられる文が前文と主語を同じくするかしないかの点でかたよりがないらしいことと、関係があると見てもいいのではないかと思う。

	Ⅰ類文数	Ⅱ類文数
が	4	7
ても	2	1
計	6	8

(5)〔おおかみは、こんどは、はげしいいきおいで、からだをドシンとぶっつけました。〕それでも、とびらはびくともしません。(三びきの子ぶた)

（6）〔ぼくはなれていないので、ちっともつれません。〕それでも、糸を上げたり下げたりしていたら、ぐぐっとひっぱりました。（おはなし会）

（7）〔「よせよ。」〕四人は、それでも、はやすのをやめようとしません。（劇）

「それでも」の3例だが、「それでも」は「けれども」と感じがちがう。

（5）の例は、（3）の例にすぐ続くところにある文なので、比べてみると、そのちがいがよくわかる。「それでも」は副詞に近く、行為者がその行為に執着している様子を描くのに使われている。だから、この語を「けれども」に換えたり、接続助詞「けれども」「が」によって前文に合体したりすると、原文の意味が死んでしまう。（7）では、その処置もできない。この例で、「それでも」が、文頭でないところに位置しているのは、この語が副詞的であることを形の上で示している。

（8）〔わたしは、あさはやくから、「はやくいきましょうよ。いきましょうよ。」と、おかあさんをせかしました。〕でも、でかけたのは、十時になってからでした。（ひこうじょう）

この「でも」は「それでも」と同じようなものだが、「それでも」より、接続詞性が強い。

（9）〔男の子は、そっと手を出して、うさぎの毛にさわってみようとしました。〕しかし、うさぎがびっくりしてはねだすかもしれないと思って、さわるのをやめました。（月夜のバス）

「しかし」は、新聞語彙調査の結果で見ると、接続詞の中で、一つずば抜けてよく使われている。364の使用度数は、2位「そして」の123の3倍になる。

新聞記事の中でこれほどよく使われている「しかし」が、今回の資料の中で、たった1回しか使われておらず、「そして」は20回使われているという事実は、「そして」と「しかし」とが、どういう文章の中でも相並んでよく用いられるのでなく、使われる環境にちがいがあると推測させる。

この新聞語彙調査では、新聞記事を政治、外交、経済、労働、国際、社会、文化、地方、スポーツ、婦人家庭、芸能娯楽、広告の12種類に分け、各語がそれぞれの記事の中でどれだけ用いられたかがわかるようになっている。この記事別分類の中で、「そして」と「しかし」とがどんな分布を示しているかを見よう。

調査の対象になった新聞は、昭和41年の朝日・毎日・読売、3紙の朝夕刊で、そのあらゆる面からもとのままの割合で60分の1のサンプルを抜き取り、約300万語を調べている。ここに示すものは、その三分の一が終わった段階のものであるから、約100万語を調べた結果である。ただし、この100万語の中には、句読点も、諸種の符号も、株式欄の数字もすべて入っているから、そういうものを除いて、普通のことばだけにしてみると、約45万語に減ってしまう。この中でまず「が」「の」「に」「を」「は」「て」のような基本的な助詞がどのくらい使われているかを見よう。表8—1がそれである。この表で各欄、度数の左上に、一桁の数字が記してある。これは、それぞれの度数を、各記事の中で相対評価して、6から0までの段階数値に変換したものである。たとえば、「の」は、政治記事の中で、使用度数が2891あったが、これは、政治記事の中で、最高の階級6に属するわけである。各記事は、言語量に大きなちがいがあり、外交記事や労働記事は、政治記事・社会記事や広告などに比べて、極くわずかしかない。だから、使用度数をそのまま横に比べても意味がないので、すべて、階級数値で、使われ方を判断する。ここに示した「てにをは」類は、どの記事でも、最高の6ばかりで、日本語の文章があるところには、必ず「てにをは」がたくさんあることを示している。

次に、「しかし」と「そして」がどうなっているかを見よう。(表8—2）以下、使用度数は省略して、総度数のほかは、すべて階級数値だけを示す。

一見したところでは、両語の特徴がよくわからないかもしれないが、よく見ると、ちがいがある。「しかし」は、政治・経済・国際・社会・文化・スポーツで極めてよく用いられ、労働と婦人では、すこし下がり、外交・地方・芸能・広告では、もっと下がる。「そして」は、全体に「しかし」よりずっと下がるが、文化では「しかし」に劣らず、社会と婦人でもかなり高い。政治・国際・スポーツでは一段下がり、

8—1　新聞語彙調査の結果に見るテニヲハの使用度

	総度数	記事別使用度数と使用度段階											
		政治	外交	経済	労働	国際	社会	文化	地方	スポーツ	婦人	芸能	広告
		6	6	6	6	6	6	6	6	6	6	6	6
の	28,448	2,891	420	1,606	289	3,020	5,331	2,705	514	1,420	1,372	3,130	5,750
		6	6	6	6	6	6	6	6	6	6	6	6
を	14,326	1,811	260	888	183	1,712	2,999	1,328	280	930	874	1,019	2,042
		6	6	6	6	6	6	6	6	6	6	6	6
に	13,525	1,699	230	900	155	1,630	2,876	1,355	249	766	807	847	2,011
		6	6	6	6	6	6	6	6	6	6	6	6
は	10,723	1,244	219	870	114	1,400	2,170	1,023	186	827	591	699	1,380
		6	6	6	6	6	6	6	6	6	6	6	6
が	9,684	1,076	163	776	80	1,100	2,194	1,044	167	773	633	698	980
		6	6	6	6	6	6	6	6	6	6	6	6
て	9,567	1,061	153	670	102	1,053	2,189	1,143	187	593	717	683	1,016
		6	6	6	6	6	6	6	6	6	6	6	6
と	8,418	949	165	548	88	1,044	1,700	915	153	557	534	801	964
		6	6	6	6	6	6	6	6	6	6	6	6
で	7,287	901	132	427	75	856	1,630	719	141	540	373	532	961
		6	6	6	6	6	6	6	6	6	6	6	6
た	7,184	716	105	463	60	879	2,010	658	135	696	295	435	732

外交・経済では極めて少ない。つまり、「しかし」と「そして」は、文化・社会では共通してよく用いられるが、それ以外では勢力分野を異にし、「しかし」は政治・経済・国際・スポーツで高いのに対して、「そして」は、それらよりは婦人で高い。

このようなちがいが、たまたま「しかし」と「そして」だけに見られるのなら、問題とする気にはならないが、このようなかたよりが他の、接続詞・副詞・助詞・助動詞のような、文体のちがいを示すめどになりそうな語にも表われていないか、さがしてみると、どうやらありそうである。「しかし」に似た傾向の、いわば「政治国際型」の語

表 8—2　新聞語彙調査の結果に見る「しかし」「そして」の使用度

		政	外	経	労	国	社	文	地	ス	婦	芸	広
しかし	364	5	3	5	4	5	5	5	3	5	4	3	3
そして	123	3	1	1	2	3	4	5	2	3	4	3	3

表8—3　新聞語彙調査結果に見る接続詞・副詞・助詞・助動詞の使用度

		総度数	記事別使用度段階											
			政治	外交	経済	労働	国際	社会	文化	地方	スポーツ	婦人	芸能	広告
政経型	対し	211	5	1	5	3	5	5	4	3	3	3	1	2
	対する	151	5	5	3	3	5	4	4	—	1	2	2	1
	だろう	148	4	3	3	1	4	4	4	—	4	3	3	2
婦人型	だから	113	3	1	2	1	3	4	4	4	2	4	2	2
	そこで	36	2	—	1	1	1	1	3	—	2	4	1	1
	やはり	66	1	1	2	—	2	4	4	—	3	4	1	1
	ちょっと	47	1	—	1	—	1	1	4	—	3	3	3	2
	なかなか	38	2	—	1	—	1	1	3	1	2	3	2	1
	のに	95	3	1	3	2	2	4	4	1	3	4	3	2
	ます	1042	3	3	2	—	2	5	5	5	4	6	4	6
	です	523	2	3	2	—	1	5	5	5	3	5	5	6

と、「婦人型」の語とにグループ分けしてみると、表8—3のようになる。

だいたいにおいて、文化と社会を、時には文化だけを共通勢力分野として、政治・経済・国際に多いものが「しかし」のほか、「対し」「対する」「だろう」、婦人に多く、政治・経済に少ないものが、「そして」のほか「だから」「そこで」「やはり」「ちょっと」「なかなか」「のに」「ます」「です」などである。結局、前者は、やや硬い思考態度から生まれる文章に使われがちな語であり、後者は、柔軟な思考態度から生まれる文章に現われやすい語だと言うことができよう。

今回の資料は小学校2年生の教科書文章だから、やさしい物語や、子どもらしい生活文ばかりで成り立っている。「しかし」でささえられるような筋道の文章が、ほとんど含まれていなかったわけである。

（注）　上記語彙調査の結果は、『電子計算機による新聞の語彙調査』（国立国語研究所報告37、1970、秀英出版）に報告されている。

● fsB3　方向に屈折のある接続詞類　12文

接続詞には、文と文をつなげるものと、語と語をつなげるものとがある。前者は、原則として、文頭に位置し、承前記号として働く。語と語をつなげる接続詞は「男子または女子」の「または」や、「安く、かつ、良い品物」の「かつ」のようなもので、これらは、一つの文の中で役目が果たされてしまうから、文の承前記号にはならない。

前述のように、接続詞の意味は、普通、(1) 累加・並列、(2) 選択、(3) 順接、(4) 逆接の4種とされている。そして、この、意味上の区別と、語をつなぐか、文をつなぐかの区別との関係を、大方の文法書にのっている接続詞の語例について考えてみると、次のようになるだろう。

	語をつなぐ	文をつなぐ
累加・並列	かつ、また	そして、それに、また、なお、それから
選択	または、もしくは、あるいは	
順接		それで、そこで、すると、だから、ですから
逆接		しかし、けれども、だが、ですが、だのに、でも

累加・並列の接続詞は、語をつなぐものにも、文をつなぐものにもあるが、選択的なものは、語をつなぐものに限られ、順接と逆接は、文をつなぐものに限られるようだ。語をつなぐ逆接の接続詞に「しかも」のような語があったが（「安くて、しかも良い品物」は、「安ければ悪かろうに、そうでなくて、安いにもかかわらず良い品物」の意味)、「しかも」は今日は、単に累加を強めて言うために使われるようになっている。

接続詞の多くは、承前記号となるのだが、選択の意味をもつ接続詞は、文をつなぐ立場に立たないために、承前記号としては働かない。

日本文法の、早い時期での名著とされる書物の一つに、三矢重松氏の『高等日本文法』（明治41年、明治書院）というものがある。この書では、接続詞の機能を「同類を並ぶるあり、添加するあり、改説するあり、順説するあり、逆説するあり」と説いている。この「改説」という言い方が、他書には見られないもので、おもしろい。文例のいちいちを、これは添加だ、これは改説だと説明していないので、

「改説」の真意を的確にとらえがたいが、おそらく、後の文法書が「選択」と言っている「もしくは」などのほか「ところで」の例を、これに含んでいるのだろう。「ところで」という語は、順接でないことは確かだが、また、単なる逆接では片づけられない微妙な意味をもっている。「改説」というのは、言い得て妙である。今まで述べて来た線から一歩はずれたところに立ち、物を見直して言うようなところがあるから、「改めて説く」にちがいない。「ところが」も、これに近い意味をもつが、特に「ところで」は、改まりの度が強いように思われるので、ここでは、この語は、承前記号というよりも、転換記号として扱いたい。幸か不幸か、今回の資料には「ところで」が1例もなかったが、「ところが」は4例あった。そのうち、2例は承前記号として扱い、他の2例は転換記号に扱った。「では」や「それでは」も、同じような性質の語で、やはり、承前記号と転換記号とに例が分かれた。

このように、単純に順接とも逆接とも判定できず、累加・並列だけでも説明できない接続詞の一群がある。単純でないために、それらは、承前記号と見られることもあり、転換記号と見られることもある。これらの語の、文意の引きつぎ方が、受けるが如くでもあり、転ずるが如くでもあり、はっきりしないのは、その引きつぎの方向が、直線的につないだり、まっこうからはね返したりするのとちがって、何がしかの屈折を含んだものだからである。その「屈折」という意味は、個々の例で述べるよりほかはない。

こういう、単純でない接続法を示す承前記号として、資料の中に、「それに」「ところが」「では」「それでは」「じゃ」「また」「それから」「それにしても」「ねえ」の9種類をかぞえた。例は12例である。

(1) 〔くまは、ありが大すきです。はちもたべます。〕それに、どんぐりのような木のみをたくさんたべます。(こうないほうそう)

(2) 〔みなさんは、さむいからといって、うちの中でごろごろしているようなことはありませんね。まい日、元気に学校へかよって来ていますね。〕それに、外で元気よくあそびますね。(同上)

これらの「それに」を「そして」にしてみても、そう変わらないような感じがする。前々文の主語を潜在主語にもっている点も同じだ。しかし、「そして」にできたのと同じ処置をして

・（くまは）はちもたべ（て）、どんぐりのような木のみをたくさんたべます。

・（みなさんは）まい日、元気に学校へかよって来ていて、外で元気よくあそびますね。

としてみると、どうも、「そして」の時のようにしっくりしない。これだと、くまは、はちを食べたらすぐそのあとでどんぐりを食べるように思えるし、「みなさん」が学校へ来るのは、外で元気よく遊ぶためであるように聞こえる。ワン・クッション置いてつながっていたものが、間がなくなって、鼻から下がすぐにあごになったような具合である。「それに」を除いて、すぐに続けると、こういう結果になるということは、「それに」で付け加えるものが、「そして」で付け加えるものに比べて縁遠いものであり、多少距離を置いたものであることを示している。一度切ってから、思い出したように続けていくのであって、待ってましたとばかりにとんとん拍子に続けていくのではない。「そして」を使って「それに」の意味を表わせば、「そして、さらに言うならば」とでもなろうか。

(3) 〔さわよむどんは力いっぱいさおをあげました。大きなうなぎです。〕ところが、あんまり力を入れたものですから、うなぎはびゅうんととんで、いっぺんに山のむこうまでとんで行ってしまいました。（さわよむどん）

(4) 〔それからは、みんなで気をつけてきましたので、一がっきのおわりには、とてもよくまもられるようになりました。〕ところが、このごろ、そのきまりをまもらない人がふえてきたのです。（こうないほうそう）

「ところが」は、どちらかといえば逆接的で、「しかし」にしても、一応通じるところだが、「しかし」では、「ところが」のもつ、意想外の事実に接した驚きの気持は表わされない。「しかし」を使ってそれを表わすと、「しかし、困ったことに」「しかし、どうしたことか」のようなことになる。

(5)〔さあ、これにかおをつけて、きものをきせたら、きっとりっぱなおひなさまになりますよ。〕ではいっしょに作りましょう。(あさ子さんのうちのひなまつり)

前文は、作り方のことを言っているだけで、作るか作らないかには触れていない。「では」で局面が変わって、実施段階の話になる。転換性があるので、転換記号の例も認めたが、ここでは比較的直結していると見た。「では」や、「それでは」は、転換記号はおろか、始発記号にもなる。「では、ただ今から開会いたします。」のように口を切ることがよくある。論理的には、「では」も「それでは」も要らないところだが、いちばん大事なことばである「開会」にいくまでに、何か前ぶれが欲しいところから、なるべくそれ自身に意味をもたない、こんなことばで皮切りをしたくなるのだろう。

(6)〔いや、ありなどとちがって、くまは、たべものをしまっておくようなことはしません。〕それでは、おなかがすいてこまるだろうと、みなさんは考えるでしょうね。(こうないほうそう)

この「それでは」は、「みなさん」が「考える」ことの内容に属し、正確に書けば、

・「それでは、おなかがすいてこまるだろう。」と、みなさんは考えるでしょうね。

と、カギの中に入れて書くべきところ。そして、「それ」は「食べものをしまっておかないこと」を指している。だから、「それでは」を解体して、「それ」を次節の承前記号Cに入れて考えてもいいのだが、ことばの流れの勢いからは、やはり、「それでは」が生きている。前の例の「では」とちがって、この「それでは」は、すなおな順接として働いており、「それが本当なら」という意味を表わしている。

(7)〔「いいじゃないか。」「でも、……。」〕「じゃ、ぼくがかくよ……。」(劇)

(8)〔「きっぷはここでかうの。プラットホームはこっちだよ。」〕「じゃ、ぼくえきちょう。……」(同上)

「じゃ」は「では」のくずれた形。

(9)〔ほうそうを聞くときには、ほかのことを考えたり、ぼんやり

したりしていると、どういう話かわからなくなります。〕また、声を出したり、つくえやいすをがたがたさせたりすると、ひとのじゃまになります。（こうないほうそう）

「また」は、意味の点では、「累加・並列」の典型的なもので、複雑でも何でもないが、「そして」に比べると、付け加え方が放埒で、あとの文の文型を規定しない。「そして」は自文の述語に、前文の述語と同じ形式を要求する傾向があるが、「また」には、そういうことがない。この例など、もし、「また」を除いて前文と合体し、

(9)′ ほうそうを聞くときには、ほかのことを考えたり、ぼんやりしていると、どういう話かわからなくなり、声を出したり、つくえやいすをがたがたさせたりすると、ひとのじゃまになります。

としたら、おかしなものである。

(10)〔大きなにもつをかかえたおばあさんものっています。〕それから、おひゃくしょうさんらしいふたりの男の人が、すみの方にこしをかけて、なにか話しこんでいます。（月夜のバス）

この「それから」は、時間的継起性を表わす「それから」とはちがう。AとBが同時に存在していることは、話者も、よく知っているが、認識の順序、または、説明の手順として、片方が他方のあとに回らざるをえず、「A。それから、B。」という形になったのである。

(11)〔いまに気がついて、びっくりしますよ。〕それにしても、もう一ぴきのうさぎはどうしたのだろう。（同上）

「それにしても」などは、まさに屈折した言い方で、順接とも逆接とも言いようがない。「それはそうと」などと似ていて、前言を一応棚上げして、別のことを言う気持だが、あっさり転ずるのではなく、かなり前言に執しているので、転換記号にはなりそうもない。

(12)〔「おしくらまんじゅうしないかい。」〕「ねえ、いっしょにおはいりなさいよ。」（劇）

これは、今までのものとは異質な、変な承前記号だ。「ねえ」は、「ねえ、あなた。」のように使われれば、始発記号（ssA3）になるが、この例のは、はじめて呼びかけるのではなく、一二度言いかけても、らちがあかないので、多少じれったくなって、強く押しつけるように言

う「ねえ」である。子どもが親に、ほしいものをせがむ時の「ねえ、おかあさんったら！」なども同じで、こういうのは、前に何度も同内容の発話がなされていることを前提とするので、承前記号と見られる。

以上で、承前記号Bの記述を終わる。

3.2.3　承前記号C（fsC）指示語

文から文へ、意味の受け渡しをしていくのに最も重要な働きをするのは、指示語である。指示語は、頭に「こ」「そ」「あ」のつくことばであり、品詞としては、代名詞、連体詞、副詞にまたがる。

「こ」「そ」「あ」を三つ並べたが、「こ」「そ」と「あ」とは、指示のしかたにちがいがある。「こ」と「そ」の指示機能は、話者が自分で作る文脈の中で絶えず働いているが、「あ」の指示機能は、話し手と聞き手とが共同で作り出す場面において働くものであるから、「あ」系の語は著しく話しことば性の強いものとなり、書きことばの文章には、あまり多く現われない結果となる。新聞語彙調査の中間結果でみても、「こ」「そ」「あ」のつく代名詞、連体詞、副詞の使用度数は、

これ	259	それ	34	あれ	5
ここ	127	そこ	39	あそこ	—
この	1,442	その	97	あの	31
こんな	78	そんな	58	あんな	9
こう	46	そう	32	ああ	—

のようになっており、「あ」の類は断然少ない。「あ」のつく指示語は、文章に使われても、文脈外の何かを指すことが多く、一度述べたことを前に戻って指すことには、なりにくいので、承前記号としては、ほとんど働かない。資料の中には、1例も見つからなかった。だから、承前記号として大働きをする指示語は、だいたいにおいて「こ」「そ」のつく語に限られると見てよい。コ系の指示語の承前記号を承前記号C1（fsC1）とし、ソ系指示語のそれを承前記号C2（fsC2）とする。

● fsC1 コ系指示語　22文

コ系の指示語による承前記号の使用例は、「これ」7文、「ここ」2文、「この」8文、「こう」5文、計4種22文あった。

● fsC1.1 「これ」 7文

(1) 〔あるとき、王さまは、「あきあきするほどながいはなしをきかせてくれたものには、ほうびをやる。」と、おふれを出しました。〕これをきいて、ひとりのわかものがおしろに出かけて行きました。(ながいはなし)

(2) 〔その空気をすうと、ばいきんがのどの中につきます。〕これをほうっておくと、たいへんです。(こうないほうそう)

(1) の「これ」が指し示すものは、「王様が長い話についてのおふれを出したこと」だとしてもよいし、おふれの内容である「長い話をした者は賞がもらえること」だと考えてもよい。(2) の「これ」は、ばいきんがのどについた状態を指している。(1) でも (2) でも、「これ」の指示標的は先行文の中に見出される。このように、指示語が先行文脈中の何かを指し示していれば、それは、承前記号として働いていることにほかならない。

コ系やソ系の指示語は、時には、後続文脈中の何かを予告的に指示することがある。

■山路を登りながらかう考へた。(『草枕』冒頭文)

この「かう」は、後続する「智に働けば角が立つ。」以下の思索を予告している。

・これは、私の子供のころの話です。

と言って話し始めれば、「これ」は、以下の話のすべてを指しているのだから、始発記号になっていると見るべきである。

指示語が先行文脈中のことがらを指すことを「先行文脈指示」、それを略して単に「文脈指示」と呼び、後続文脈中のことがらを指すことを「予告指示」と呼ぶことにする。予告指示の指示語は、始発記号にもなることがあるが、文脈指示の指示語は、間違いなく承前記号となる。

文脈指示も予告指示も、広い意味での文脈指示に属するが、指示語の指示標的が、後にも先にも文脈の中に無いことがある。話者が手に持っている物を指して「これは本です。」と言えば、この「これ」は、文からは離れて、その場に存在する現物の本を指している。この場合の「これ」の指示機能は、文脈外の現物を指したことで終わり、それ以外に、文脈中の何かを指す働きは残らない。こういう指示機能を「現場指示」と呼ぶことにすれば、現場指示の働きをする指示語は、承前記号にも始発記号にもならないはずである。ところが、実際の用法を調べてみると、現場指示の指示語が意外に多く承前記号になっている。承前記号「これ」7例のうち、文脈指示のものは、上の2例だけで、残る5例は、いずれも、現場指示の働きをするものであった。

(3)〔あっ、いいものがある。〕ぼくは、これでうちをつくることにしよう。(三びきの子ぶた)

「これ」は、子ぶたが見つけたわらを指しており、まぎれもなく現場指示に働いている。決して、「これ」が前文中の「いいもの」を指しているとは言えない。しかし、読者の心理をたどってみると、「あっ、いいものがある。」が、子ぶたがわらを見つけて言ったことばであることがわかっているから、この文によって、読者の頭には、その時子ぶたの目に映っているのと同じようなわらのイメージが描かれる。だから、子ぶたがわらを指して「これ」と言った時、読者もいっしょに、頭の中のわらのイメージを見つめることになる。そのわらのイメージは、先行文脈によって作られているのであるから、結局、「これ」が先行文脈中のものを指すのと同じことになり、承前の働きをしてしまう。現場指示だが、その現場が先行文脈で描き出されているところから、文脈指示に準ずる働きをする結果になるのである。

(4)〔(3)の例〕これなら、ふかふかのあたたかいうちがすぐできるぞ。(同上)

前の例文のすぐあとに続く文で、同じく現場指示ながら承前性をもつ。

(5)〔ぼくは、これでうちをつくろう。〕これだけえだがあれば、わざわざ森のおくまで行って、木をきらなくてもいいや。〔同上〕

「これだけ」で一副詞と見てもよいが、それにしても、その「これ」は、目の前にたくさんある木の枝の量の多さを指して、現場指示に働いている。それが前例同様、承前性をもつ。

(6)〔そして、『作りかた』に出ているえのように、ねんどにマッチと竹ひごをさして作りました。〕これが、わたしの作ったやじろべえです。(夏休みにしたこと)

この例は、現場指示の典型的なものであるが、それですら、前に作り方の過程の話があって「これが……」と受ければ、「このようにして作った」→「これ」という文脈指示力を含まざるを得なくなって来る。次の例では、その感がいっそう深い。

(7)〔こうならべただけでも、びんがおひなさまに見えますね。〕さあ、これにかおをつけて、きものをきせたら、きっとりっぱなおひなさまになりますよ。（あさ子さんのうちのひなまつり）

教卓に段を作り、然るべき形にびんを並べたら、それらがおひなさまに見えてきた、という文脈である。この「これ」も、現存するびんを指して言っているのだから、現場指示であることは明らかだが、前の叙述から続いて来れば、「さあ、これに……」と言うことばに、「このように、おひなさまらしくなってきた、このびんに……」という響きを感じないわけにはいかない。であれば、文脈指示の働きもあり、承前性を発揮している。

はじめ、現場指示の働きと文脈指示の働きとを、承前性をもつかもたぬかの点で、はっきりと区別したが、実例で見ると、現場指示の指示語も、結局は、文脈に相渉り、現実に承前性をになうことになるようだ。考えてみると、それはあたりまえなことかもしれない。

現場指示は、文脈内に指示標的をもたない現物直接指示にちがいないが、叙事的な文章における文脈とは、常に、読者を、語られている場面の中に引き込むように作られるものであるから、叙事文脈の中で現場指示の語が用いられれば、読者もその場面に居合わせて指示する指の先を見て、現物を認知するような追体験をさせられるように効果的に用いられているはずである。読んでいるだけでは、その指示が何を指しているのかわからないのだったら、その文章は、効果のない文章である。本当にその場に居合わせなくても、居合わせたのと同様に、指されているもののイメージが浮かぶように書くところに作文の技巧がある。その効果は、原則として、指示語が登場するまでにあげられていて、指示語が出た時、すぐに、指示標的が目に見えるようになっていなければならない。文脈指示の場合とはちがって、この「これ」の指示するものはこれこれだといって、先行文の一部に傍線を引くようなことはできないけれども、先行文脈の描き出すもの全体から、それが何を指すかがわかるようになっているはずなのである。

叙事文における現場指示は、そのようなわけで、結局、間接的に承前記号として働くことが多い。

●fsC1.2 「ここ」 2文

（1）〔人どおりがきゅうに多くなりました。〕ここは町でいちばんにぎやかなとおりです。（にぎやかなとおり）

主人公が町の通りを歩いて行く様子を叙している文章で、人通りが急に多くなった通りのことが前文にあり、その通りを指して「ここ」と言っている。文脈指示である。

（2）〔にいさんもそうだ。〕ここはしんせつだね。（同上）

理髪店の前で、弟が、「ぼくはいつもこのとこやに来るんだよ。」と言ったのに答えた兄のことば。現場指示で承前性をもつこと、上述のとおりである。

●fsC1.3 「この」 8文

（1）〔どこへ行くのでしょう。〕このみちを北のほうへまっすぐ行くと、東から西へとおっている大どおりへでます。（にぎやかなとおり）

この文に至るまでに「みち」ということばは文脈に現われていないが、兄弟二人が歩いて行くことが叙せられているので、「みち」の観念が読者におのずとできている。それを指す文脈指示。

（2）〔ふたりはえきまえの大どおりをよこぎりました。〕この大どおりを南へ行くと、えきがあります。（同上）

前文に「大どおり」があるので、「この」の文脈指示は歴然としている。

（3）〔なわしろは、日あたりがよくて、水の出し入れのべんりなばしょをえらびます。〕このなわしろで、なえがすくすくとそだっていきます。（たねまき）

（2）や（3）の例のように、前文にある名詞を繰り返して用い、その頭に「この」や「その」をつけるのは、最もまちがいのない承前法である。「この」や「その」がなくても、前文の語を繰り返すだけで承前要素になりうる（→承前要素D）のだから、それに「この」や

「その」のような指示語がつけば、動きのとれない押さえになること必定である。こういう場合、往々にして「この」でも「その」でも、どちらでも同じように通用する。それは、これらの指示語の役目が、単に、指定して内包を外延に変えることだけで果たされ、近称で指示するか中称で指示するかは、たいして問題ではないからである。英語で言えば、おそらくこの場合、「この」でも、this を用いるまでのことはなく、the と指定するだけで充分なのではないかと思う。

(4)〔つぎに、土をたいらにします。〕この 土をたいらにするしごとを、「しろかき」といいます。(しろかき)

前文に繰り返しうる名詞がないので、「土をたいらにする」という動詞句を繰り返して、新登場の名詞「しごと」へ続けている。前文に「土をたいらにするしごとをします。」とか、「つぎのしごとは、土をたいらにすることです。」とかあれば、後続文は「この しごとを……」で済むところである。

(5)〔いねのあいだに、草がはえてきます。〕この 草をとるのが、いねをじょうぶにそだてるのにだいじなしごとです。(草とり)

(6)〔(5) の文〕この しごとを、あつい夏の日をあびながら、なんべんもします。(同上)

2例とも、(1) (2) と同じ単純なつづき方である。(6) は、前文の「だいじなしごと」を受けて、「この しごと」と出る。

(7)〔れっ車は、いくつもえきにとまってから、大きなえきにつきました。〕この えきでは、人がたくさんおりたりのったりしました。(れっ車にのって)

(8)〔一どうして、ろうかを走るのだろうか。二……。三……。〕この三つのことを話し合ってください。(こうないほうそう)

「この」は連体詞だから、形式上は、「三つのこと」の「こと」へかかっていくが、意味のうえでは、先行文脈に、「一、二、三」がかぞえられているので、「この」→「三つ」とつながる。上の (4) 例でも、これと同じ関係が成り立っている。

● fsC1.4 「こう」 5文

(1)〔そうです。おひなさまです。〕こうならべただけでも、びん

がおひなさまに見えますね。（あさ子さんのうちのひなまつり）

現場指示の「こう」だが、地の文で並べる描写があるので、間接文脈指示になる。「こう」5例のうち、この語が文頭に位置するのはこの例だけで、あとは、主語その他の語のあとに位置する例ばかりである。

（2）〔「こら、よくもにげたな。二ひきとも出てこい。」〕おおかみはこういって、いりぐちのとびらをドンドンとたたきました。（三びきの子ぶた）

（3）〔「あ、あぶない。」〕男の子がむちゅうでこういったとき、うんてんしゅさんはバスをとめました。（月夜のバス）

（4）〔「いや、だいじょうぶでしょう。ひかなかったようです。」〕うんてんしゅさんは、こういって、バスからおりて行きました。（同上）

以上3例とも、前にある発話の内容を「こう」で受けており、純然たる文脈指示である。

（5）〔「はるおくん」から「十二月六日」まで、はがきの文面〕はがきに、こう書いてありました。（たんじょう日のおくりもの）

後続の語が「言う」でも「書く」でも、「こう」の働きはまったく同じ。

● fsC2　ソ系指示語　33文

今回の資料で語彙調査はしていないから、語の使用度からいって、コ系の指示語とソ系の指示語とどちらが多いかわからないが、さきに示した新聞語彙調査の結果では、コ系指示語の方がはるかに多く使われている。これが、ふつうの文章における実情であろう。しかし、承前記号として働く度合は、ソ系指示語の方が多いようだ。それは、おそらく、コ系指示語の方が、現場指示の働きをする率が多いからであろう。

資料中のソ系指示語は、「それ」8例、「そこ」2例、「その」22例、「そう」1例、計33例であった。

● fsC2.1　「それ」　8文

（1）〔ざっしの中に、『やじろべえあそびをしましょう』というと

ころがありました。〕それをよんでいたら、きゅうに作りたくなりました。（夏休みにしたこと）

「それ」の指示標的は前文に紹介されている雑誌の記事だから、まぎれもない文脈指示。

(2)〔せんたくがすんで、おかあさんがきゅっきゅっとしぼりました。〕それをざるに入れて、かえりました。（せんたく）

「それ」は、おかあさんがしぼった洗濯物を指す。「それ」は代名詞だから、形式的にいえば、先行文中の指示標的は、名詞句の形で存することが望ましいが、この前文には、そういう名詞句がない。読者が読みながら、意味の上で名詞的なまとまりを作って、そこへ「それ」を重ねていくのだろう。

(3)〔おかあさんにかんづめのあきかんを二つもらいました。〕それでかんのげたを作りました。（かんのげた）

この前文には、「かんづめのあきかん」という明瞭な名詞句があり、指示標的に疑問の余地がない。

(4)〔ろうかを走らないようにすることは、五月の学校じどう会できまりました。〕それからは、みんなで気をつけてきましたので、一がっきのおわりには、とてもよくまもられるようになりました。（こうないほうそう）

「それから」は、「五月の学校じどう会で、ろうかを走らないようにすることがきまってから」。

(5)〔わたしもそちらのほうへかえりますから、いっしょに行きましょう。」〕「それはありがとうございます。」（みちあんない）

(6)〔いそいで上げたら、はぜがつれました。」〕「そう。それはうれしかったでしょうね。（夏休みにしたこと）

この2例におけるような「それは」は、「それ」が何かを指すというよりも、「それは、それは」というような一つの感動詞になっていると見た方がいいかもしれない。文法的扱いはそれでよいが、それにしてもやはり、「いっしょに行ってくださるとは、ありがとう」「はぜがつれたのは、うれしかったでしょう」と言っている意味があるから、相手のことばの内容を受ける文脈指示機能があることは、変わりない。

以上6例では、「それ」が文頭に位置するが、次の2例は、そうでない。

(7)〔そばのはたけに、わらがいっぱいつんでありました。〕いっちゃんは、それを見つけると、大きな声でいいました。

「それ」は、いっぱいつんであるわらを指す。文脈指示。

(8)〔じろうとみのるが、ときどきぶんじろうをからかいます。〕けん一はそれをいっしょうけんめいにとめます。(劇)

「それ」は、じろうとみのるがぶんじろうをからかうことを指す文脈指示。前の例も、この例も、前文に名詞句がないから、「それ」は前文全体の文意を受けているというほかはない。

● fsC2.2 「そこ」 2文

(1)〔たまごがたの小さいあなが、二つみえてきました。〕そこへ、ぼくがしおをつまんで入れると、ぴょこんと、つのみたいなほそながいかいがでてきました。(しおひがり)

「そこ」は「たまごがたの小さいあな」で、明瞭な文脈指示。

(2)〔山のふもとの草はらに、ぶたのうちがありました。〕そこには、おかあさんぶたと三びきの子ぶたがすんでいました。(三びきの子ぶた)

「そこ」は、山麓の草原にあるぶたの家を指す。文脈指示。

● fsC2.3 「その」 22文

(1)〔あるとき、小ねずみがねこにつかまえられてしまいました。さあ、たいへんです。〕そのとき、小ねずみはよいかんがえをおもいつきました。(ねこと小ねずみ)

(2)〔うしろから、大きなトラックがいきおいよくおいこして行きました。〕そのとき、パシャッと、水たまりの水をはねとばしました。(トラック)

(3)〔てるおは、とうとう、ひとくぎり読んだとき、そっと先生のかおを見ました。先生は、本をかた手にもって、まどの方を見ています。モオーッ〕そのとき、牛の大きな声が、まどのすぐそばで聞こえました。(もうくろの話)

この例の「その」の指すものは、前2例の場合ほど自明ではない。無論「モオーッ」ではなく、もっと前にさかのぼる。教室中がざわざわして来たので、てるおが心配になり、読みさして先生の顔を見たら、先生は自分の方を見ていないで、窓の方を見ていた。それで、てるおが「おやっ」と思ったであろう――その時、である。

(4)〔みんながわいわいいうので、てるおはまっかになりました。〕そのとき、おわりのかねがなりました。(同上)

(5)〔この山道では、ときどきうさぎがとびだすんですよ。……」うんてん台のそばにいた女のしゃしょうさんが、男の子の方を見ていいました。〕そのとき、バスは、もううさぎのすぐうしろのところにちかづいていました。(月夜のバス)(段頭)

この2例、「その」による受けつぎ方ではまったく同じだが、(5)の方は、そこで改行されて、「その」が段落の頭にあるところがちがっている。(4)では一つの叙事が終息されるところであるのに対して、(5)では、ここから一つの新叙事が始まる、その相異である。

(6)〔けん一はとくいになってけいれいをします。〕その時、べんきょうのはじまるかねがカランカランとなります。(劇)

以上6例、みな「そのとき(時)」の例で、いずれも何か行動を叙した文のあとにあり、「その事が起こった時」を示す。

次の6例は、「その」のあとに「とき」ということばではないが、時間に関する何かを意味することばが来る例である。

(7)〔おおかみはこういって、いりぐちのとびらをドンドンとたたきました。〕そのたびに、木のえだのうちはぐらぐらとゆれて、こわれそうになりました。(三びきの子ぶた)

「そのたびに」は「おおかみがとびらをたたくたびに」。

(8)〔門のところで、エスがとびついてきたので、「こらっ」といっておいました。〕そのひょうしに、ふうせんを手からはなしてしまいました。(夏休みにしたこと)

「エスを追ったひょうしに」。

(9)〔ねこは、「あらうとも。おまえがいうまえから、あらうつもりでいたよ。」といって、小ねずみをはなして、かおをあらおうとしました。〕そのすきに、小ねずみは、にげて行ってしまいました。(ねこと小ねずみ)

「ねこが小ねずみをはなして、顔を洗おうとしたすきに」。

(10)〔くまは、ほらあなの中で、冬をすごします。〕その間、くま

は、たべものをどうしているのでしょう。（こうないほうそう）

「ほらあなの中で冬をすごす間」。

（11）〔みのる「ぼく、きかん車。」（手をあげます。）ゆぅ一「ぼく、せきたん。」〕（そのつぎにならびます。）（劇）

（12）〔たろぅ「ぼく、かもつ。」〕（そのつぎにならびます。）（同上）

2例とも、前の発話者が並ぶ行為をする、そのつぎを意味する。

次の4例は、「その」のあとに、空間的な規定をする意味の語が来るものである。

（13）〔よつかどのぎんこうのところを右へまがってすこし行くと、右がわにびょういんがあります。〕そのとなりが田中さんのうちです。（みちあんない）

「病院のとなり」。

（14）〔なみうちぎわに、大きないわがありました。〕その上でつりました。（夏休みにしたこと）

「波打際の大きな岩の上」。

（15）〔ところが、くらのすみのほうに、小さなあながあいていました。〕そのあなは、ちょうどありがはいれるぐらいの大きさでした。（ながいはなし）

「そのあな」は「倉のすみにある小さなあな」。

（16）〔かぜをひいている人がせきをすると、かぜのばいきんが空気の中にまきちらされます。〕その空気をすうと、ばいきんがのどの中につきます。（こうないほうそう）

「その空気」は「かぜのばいきんがまきちらされた空気」。

以上16例は、いずれも「その」が文頭に位置するものであった。以下の6例は、「その」が文頭にないものである。

なお、「その」の意味に、指定だけする、theに当たるものと、「そ」に指すものがあって「それの」の意味のものとがあることは周知のとおりである。上来16例、以下の6例にも、その区別があるが、容易に判別できるから、いちいち記さない。

（17）〔ある日、よし子さんがとりかごをのぞいてみたら、すの中に、小さなたまごがみえました。三つみえました。〕カナリヤは、

その たまごをあたためていました。(カナリヤ)

(18)〔ほらあなは、谷などのがけのところにつくります。〕くまは、その ほらあなで、うつらうつらと、冬じゅうねむっているのです。(こうないほうそう)

(19)〔四人は、それでも、はやすのをやめようとしません。〕ひろ子、とも子、みよ子は、その あいだ、ぶんじろうをなぐさめています。(劇)

(20)〔ひろ子、とも子、みよ子は、けん一のうしろにつきます。「……。」〕たろう、ゆう一、じろう、みのるも、やがて、その うしろにつきます。(同上)

(21)〔みんながびんを出しました。〕先生は、その 中から、びんを十こもって行きました。(あさ子さんのうちのひなまつり)

(22)〔村のなかほどに、小さなゆうびんきょくがありました。〕バスは、その 前でとまりました。(月夜のバス)

(17) と (18) は the の用法なので、先行文中の語がそのまま指示標的になっているが、(19) 以下の4例は、先行文の叙述内容を「そ」で受けて、「それの」の意味となるから、「その」のあとに来る語は指示標的ではない。4例の「あいだ」「うしろ」「中」「前」は、いずれも関係を示す名詞である。

(注) 「この」「その」については、鷗外の『高瀬舟』中の全用例について、指示標的と先行語との関係を調べ、一定の傾向があることを見出した。次の論文に報告したので参照されたい。『指示連体詞「この」「その」の働きと前後関係』(『電子計算機による国語研究Ⅳ』国立国語研究所報告46. 所収) 1972.

● fsC2.4 「そう」 1文

文脈指示の機能によって承前記号となった「そう」の例は、次の1例だけであった。

(1) 〔みのる「ちえっ。なんだい。せっかく入れてやろうと思ったのに。」〕ゆう一、たろう「そうだよ。つまらないなあ。」(劇)

文脈指示の「そう」と応答詞としての「そう」とは別の語である。後者については、次節、承前記号Dの fsD1 の項に記す。

● fsC3　ド系指示語

● fsC3.1 「どれ」1文

佐久間鼎氏の問題提起以来、コソアドを一つの系列のことばとして解することが普通になったが、承前の機能をもつかもたぬかという点で見ると、「ド」系の語は、「ア」系の語とともに、承前性をもたない方に入る。しかし、まったく承前性がないかというと、そうも言いきれない。1例だが、次の場合はどうであろうか。

(1)〔まさおちゃん、おひなさま、きれいでしょう。〕まさおちゃんは、どれがすき。(あさ子さんのうちのひなまつり)

雑誌の絵を目の前にひろげて、姉が弟にたずねていることばである。「どれ」で絵を指しているので、「これ」の多くの例と同じく、現場指示の働きをしている。そして、現場指示の「これ」の多くが、叙事文脈のイメージ想起力によって文脈指示的効果を生み出したのと同じく、この「どれ」も、「このおひなさまたちのどれ」ということで、やはり、既述の文脈中に戻らせる働きをもち、それによって承前記号化している。

以上で、「こ」と「そ」のつく指示語による承前記号と、例外的に「ど」のつく疑問詞による承前記号の記述を終わる。

3.2.4　承前記号 D（fsD）応答の語

問いの発話があれば、その答えが次に来るのが当然だし、はっきり問いの形をしていなくても、物を言いかける発話があれば、次に、何か、それに反応する発話が続くのが普通である。問いの文 A と答えの文 B とのつながりは、一般の文章における A 文と B 文とのつながりとはちがって、A の発話者と B の発話者とが別の人物であることを原則とするが、A が B を要求する度合いは、それゆえ、かえって、一般の文章におけるよりも強いともいえる。

応答用の文が、応答用の感動詞類を文頭に立てて、問いの文に接する場合、その応答用のことばは、問いの文へのつながりを示す承前記号となる。これらのことばを承前記号 D（fsD）とする。

応答の態度には、おそらく、いろいろな型があるだろうが、ふつうに考えて、

a　肯定の答え

b　否定の答え

c　肯否定に関係なく、情報を提供する答え

d　答えが新たな問いになる答え

e　問いにかみ合わない、トンチンカンな答え

f　態度のはっきりしない答え

などの区別があるだろう。

aとbについては、疑問の余地がないが、cというのは、「あなたは、だれですか。」と聞かれて「林です。」と答える場合である。これは肯定でも否定でもないわけだが、わたくしたちは、こういう場合にも「はい、林です。」と「はい」をつけることが珍しくない。この「はい」は、肯定しているのではなく、ただ返事をしているだけのものである。問いに対して、答えるという態度をまず示したので、「答えます。」と言っているのと同じである。肯定の「はい」と返事の「はい」とは、次元のちがうものだが、返事の「はい」も、態度として肯定の一種だともいえるから、ここでは、取り立てて区別はせず、ともに肯定のことばとして扱う。dのように、答えがまた問いの形をしたものを反問という。eやfは、私たちの実際の言語生活の中では、よく見かけるものだが、今回の資料の中には、見当たらなかった。だから、ここでは、答えのことばに「肯定」「否定」「反問」の3種を立て、それぞれ、承前記号のD1、D2、D3とする。

●fsD1　肯定的な応答の語　9文

(1)〔ひろ子「いっしょに入れてあげましょう。さむそうだわ。」〕じろう「うん。おうい、きみ、名まえなんというの。」(劇)

(2)〔けん一「えっ、きみ、かいてくれる。」〕ぶんじろう「うん。」(同上)

(3)〔たろう「あっ、かねだよ。」〕けん一「うん。」(同上)

(4)〔みよ子「ちょっと、あの人、なんという名まえだった。」〕けん一「うん。きのうはいったばかりだから、名まえわすれてしまった。」(同上)

(5)〔ぶんじろう「ぼく、ぼくね。」〕たろう「うん、なんだい。」(同上)

以上、一つの劇の中で、「うん」という、あまり芳しくない応答語が頻出している。(1)(2)(3)は、肯定がはっきりしているが、(4)(5)は、はっきりしない。ことに(4)はあいまいで、返事の悪い見本になりそうである。

(6)〔「もう半分も読んでしまったのね。」〕「うん、あの本がだいぶきにいったらしいよ。」(おじさんにとどいたてがみ)

この前文は、問いかけではなくて、「話しかけ」というべきであろう。上例(3)も同様。(1)は提案というべきか。

以上が「うん」の6例である。

(7)〔たろう「けんちゃん。きみかいてよ。」〕たけし「そうだ。けんちゃん、えがうまいから、たのむよ。」(劇)

(8)〔ぶんじろう「ぼくの名まえ、ぶんじろうだよ。」〕たけし「そうだ。ぶんちゃんだ。ぼく、おぼえていたんだ。」(同上)

以上「そうだ」の2例は、応答というよりも、ひとりで、思い当たって言っている、ひとりごとのようなものだが、返事の性格もあるから、ここに入れておく。

(9)〔みんなは、うれしくなって、「おひなさまだ。」「おひなさまだ。」といいました。〕「そうです。おひなさまです。(あさ子さんのうちのひなまつり)

「そうです」はただの返事よりも、問いに対する答えを聞いて、その答えが正しかったことを認定することばとして使うことが多い。答えの答えである。

この資料の中に、国語の応答語中最も普通のものである「はい」が一つも出て来なかったのは、意外であった。

● fsD2　否定的な応答の語　3文

否定的な答えの最もオーソドックスなものは、言うまでもなく「いいえ」であるが、これも資料中に見えず、「いや」が2例、「ううん」が1例であった。

(1)〔「うさぎはひかれたでしょうか。」男の子がしんぱいそうにうんてんしゅさんにいいました。〕「いや、だいじょうぶでしょう。(月夜のバス)

(2)〔その間、くまは、たべものをどうしているのでしょう。ほらあなの中にたべものをはこんでおくのでしょうか。〕いや、ありなどとちがって、くまは、たべものをしまっておくようなことはしません。（こうないほうそう）

（1）の例は、物語の文章だから、地の文があるが、会話のことばは、会話のことば同士で呼応している。「いや」という承前記号で導かれる発話文は、先行文中の「うさぎは……」という発話文につづくもので、「男の子が……」という地の文とは関係がない。（2）の例は、異人間の問答ではなく、独話における自問自答であるが、問答であることには変わりがない。

（3）〔じろう「ぶんちゃん。」ぶんじろう「なあに。」〕じろう「ううん、ちょっとよんだだけ。」（劇）

この「ううん」は、じろうが「ぶんちゃん」と呼びかけた自分の行為を、部分的に否定したもので、問いに対する答えとは性格の異なるものだが、承前の働きをしている点では、答えと同じことである。

●fsD3　反問のことば　３文

問いの形で答えることを反問と呼ぶことにする。あまりはかばかしい反問語の例はなかったが、「なあに」「なんだい」「えっ」各１例を見た。

（1）〔じろう「ぶんちゃん。」〕ぶんじろう「なあに。」（劇）

（2）〔ぶんじろう「ぼく、ぼく、……。」〕みのる「なんだい。小さな声だから聞こえないよ。」（同上）

（3）〔ぶんじろう「ぼく、ぼくもかこうかな。」〕けん一「えっ、きみ、かいてくれる。」（同上）

三つとも、劇のセリフの例であった。（1）は確かに問いに対する答えだが、（2）（3）は、答えではない。（2）は、相手の言うことが聞こえないために聞き返しているので、反問というよりは、純粋な質問と見るべきかもしれない。あるいは、質問でもなく、「ちぇっ、何だい。」という罵倒かもしれない。よくわからないが、とにかく相手の発話への反応のことばで、反問の形をしているので、ここに入れた。（3）は相手のことばの意外さに驚いて聞き返している。「えっ」は、自己内感動詞のようでもあるが、それだけで独立した聞き返し用語にもなるから、一応、反問の承前記号としておいた。

以上で、承前記号の記述を終わるが、承前記号の性格を概括して定義づけておけば、自立形式をもつ特定語類が、その語類の文法的機能によって先行文脈への承前性の因子となっている場合、これを承前記号と称した。

3.3　承前要素による承前型

承前記号は、接続詞、指示語、応答の感動詞というように、語の文法上の特性によってとらえられるものであった。したがって、文の承前性を観察する場合、承前記号を見つけて承前性を指摘することは容易であった。しかし、実際の文章において、文の承前性は、承前記号というはっきりした形によってだけささえられているのではない。むしろ、明瞭に承前記号をそなえた文は少なく、資料中約八百箇の承前型文のうち、承前記号をそなえたものは、約百三十箇にすぎなかった。そのほかの六百数十文は、承前記号はもたないが、文のどこかに承前性をそなえているものであった。そのうちの百数十文は、文のどこかといっても、それがどこと指定しにくいので、これを「位置による承前型文」とした。残る五百余文、すなわち、承前型文の6割以上が、承前記号をもたず、しかも、文中のある部分に、承前性の要素を指摘しうるものである。その要素を承前要素と呼び、以下に解説する。

資料の実態から帰納したところでは、承前要素を形作るものとして、次の四種の原理が見出された。

a　語の意味の働き

b　語の付属形式の文法的な働き

c　文の成分の省略

d　先行文中の語の反復

数量的には、dの反復の例が最も多く、約百八十文に達した。aの例がこれに次いで約百四十文、cの例が百文弱で、bの例は約五十文であった。

これらの原理は、一つの文の中で一種類しか働かないわけではない。むしろ、いくつもの原理が複合して働く方が、ふつうであるが、今回の調査では、一文には一要素しか認めず、最も顕著なもの、または、最も外形的にとらえやすいものを優先して、その文の承前要素と認定した。この、複合の場合の優先認定は、承前要素の中だけのことではなく、承前記号も含めてのことであるから、一つの文に承前記号の存在が認められれば、まず、それで特徴づけ、承前記号をもたない文についてだけ、承前要素をさがしたのである。

上の四種の原理をそのまま承前要素の種類とし、その順序で、承前要素A（faA）、同B（faB）、同C（faC）、同D（faD）とする。

3.3.1　承前要素A（faA）語の意味の働き

ここで「語の意味」というのは、あまり厳密な言い方ではないが、文法論で扱う「意味」ではなく、意味論で扱う「意味」のことである。接続詞が前の文からのつながりを表わすとか、接続詞の「しかし」が論理・心理上の逆接を表わすとかいうのは、文法上の「意味」を言ったものである。そして、接続詞・感動詞・助詞・助動詞などは、文法上の意味しかもたない語類に属する。これに対して、「人間」ということばは、それが名詞であるという文法上の意味のほかに、「動物である」とか、「万物の霊長である」とかいう意味内容をもっており、これを、ふつうにわれわれは「意味」といっている。こういう「意味」を扱う学問が「意味論」である。

近ごろの言語学では、文法論と意味論とを、こういう単純で常識的な考え方で分けることはできないとする考え方もある。ある類の名詞はある類の動詞の主語になりうるとか、なりえないとかいう制約が、現実にあることから考えれば、名詞をanimateなものと、inanimateなものとに分けるのも文法論の中のことと考えられて来る。また、逆に、「しかし」を接続詞だとするのは立法論の立場であろうが、「論理・心理上の逆接を表わす」というのは、意味論上の問題ではないか、とも考えられる。

こういうややこしい問題はあるが、ここは、それを論ずるところではないから、その論には触れず、ごく常識的に、文法論上の「意味」と意味論上の「意味」とを区別しておく。そして、以下の記述では、時に応じて「意味論上の意味」を「語彙論上の意味」と言い換えることもある。一語だけの意味を問題にするのでなく、同意語、類義語、反意語のように、複数の語の意味をグループとして観察することが必要になるので、「語彙論」ということばも持ち出すわけである。(「語彙」とは、語の集まりのことであるから。)

語の意味に承前要素が托されている承前要素A(faA)の中に、11の類型を見出した。この11という数は、資料の実例から帰納的に得られたものであるから、そこに論理的必然性があるのではない。もっと多くの資料に当たれば、この数はふえるかもしれないし、もっと手際よく整理すれば、逆に減るかもしれない、不安定な数である。

● faA1　相対的位置関係を表わす語句　13文

ある語の意味は、その意味が存立するために、必然、他の何かが存在しなければならぬということがある。たとえば、「そば」とか「かたわら」とか「わき」というような語の意味は、どうしても、何か本尊的な存在がまず考えられ、それの「そば」なり「かたわら」なり「わき」なりが考えられるものである。ものの存在が、あとにも先にもたった一つで、それと対比されるものが何もなければ、「そば」も「かたわら」も「わき」も、あったものではない。このような、語のもつ意味の相対性が、その語を含む文の承前性を作り出すことがある。この類の語が承前要素になる場合、これを、承前要素A1(faA1)とする。faA1として見出された語は「そば」「つぎ」「ほか」が各2例、「かど」「となり」「むこう」「中」「うしろ」「おわり」「あと」各1例、計10語13例であった。

(1)〔三びきの子ぶたは、うちを出て、森のいりぐちまできました。〕そばのはたけに、わらがいっぱいつんでありました。(三びきの子ぶた)

「そば」が何の「そば」であるかの情報は前文で与えられており、「森のいりぐち」のそばか「森」のそば、あるいは、「森のいりぐちまで来たときの自分たち」のそばであることが、読みながら容易にわかる。だから、この場合、「そば」という語は、この文の承前要素として働いているといえる。

(2)〔つつみをとくと、きれいなどうわの本が出て来ました。〕そばにいたおかあさんが、「いいものをいただいたね。」といいました。(たんじょう日のおくりもの)(段頭)

同じく「そば」だが、この文での働きは、前の例の場合と、すこしちがう。前の例では、「そば」の本体になるものが、前文で語としてはっきり与えられていたが、この例ではそうでない。「おかあさん」は、「どうわの本」のそばにいたのではなく、つつみを解いた主人公（はるおくん）のそばにいたのである。その「はるおくん」の名が前文にないところが（1）の例とちがっている。もっとも、「はるおくん」は、先行文脈からすでに潜在主語となっているので、この前文は、さきの記号を用いて書くと、(A)P_1/BP_2 という形の展開型文である。この（A）を重く見れば、この例も前の例と変わらないことになる。さらに、もっとうがって言えば、この場合の「そば」は、「どうわの本のそば」でないのと同じく「はるおくんのそば」でもなく、「はるおくんがつつみを解いたら、どうわの本が出て来た――そのところのそば」と見なければいけないのかもしれない。わたくしたちの頭は、読みながら自然にそういう理解をしているのにちがいない。

文章の中で、文が相連なって展開していくとき、先行文脈で叙述された意味がどのように後続文に持ちこまれていくかについては、長田久男氏に周到な考察がある。長田氏は、「連文における叙述内容の反復」（「論究日本文学」第26号所収論文）『連文の学習』（京都市教育研究所報告139）その他において、文中の指示語が前文までのどこか一部を「さす」と考えるのは正しくなく、それまでに叙述されてまとまってきた意味のかたまりが、指示語の在る位置に持ちこまれていると考えるのが正しいという指摘をしている。たとえば、

　ある町におじいさんが住んでいました。

　このおじいさんは、ひとりものでした。

という2文連続で、「この」は単に前文の「おじいさん」だけを指しているのではなく、前文の叙述を全部かかえて「ある町に住んでいたおじいさん」として後文に乗りこんでいるのだと説く。これはまったく正しい指摘であり、わたくしはその説に全面的に従う。上例の「そば」なども、こういう目で見なければいけないだろう。

(3)〔でんきやです。いろいろなかたちのけいこうとうがつるしてあります。テレビがあります。ラジオもたくさんならんでいます。〕でんきやのつぎが本やです。（にぎやかなとおり）（段

頭）

これは、3文を中に置いた先行文の中にある「でんきや」という語を反復していることも、承前要素になっているが、「つぎ」という語の意味が後続性のものであることに、より大きな承前要素があると見た。この文で、「でんきやの」という句がなくても、「つぎが本やです。」だけで、十分この文の役目を果たすことができる。それは「つぎ」の承前性のゆえである。

(4)〔みんなしずかに。つづけて読んで。」先生がいうと、きょうしつはちょっとしずかになりましたが、まだ、ひくいわらい声が聞こえます。〕てるおはつぎを読みました。（もうくろの話）

この文は、みんながまだ笑っているという、前文の意味からは続かないが、「つぎ」を読んだということが、その前に、あるところまで読んだことを否応なく示している。この何文か前に、「てるおは、とうとう、ひとくぎり読んだとき、そっと先生のかおを見ました。」という叙述がある。これを受けて「つぎ」となるのである。

(5)〔スイッチョ　スイッチョ　スイッチョ　にわのすみの草むらで、うまおいがなきだしました。イッチョ　イッチョとないているようにもきこえます。〕ほかにもいろいろないています。（虫のなき声）（段頭）

この引用だけでは、「ほかにも」が「うまおいのほかにも」ととれるが、この前に、「リーリー」と鳴くこおろぎと「コロコロ」となくこおろぎのことが書いてあるから、これらすべての「ほか」であることがわかる。

(6)〔はるおさんのてがみがポストにはいっていました。〕ほかのてがみやはがきもはいっていました。（はるおさんのてがみのとどくまで）

作者と読者の主たる関心事項として「はるおさんのてがみ」があるので、ポストの中では同列に並んでいる、それ以外の郵便物が、ここでは、「ほかの」と、付け足りのように認知される。

(7)〔ふたりはえきまえの大どおりをよこぎりました。この大どおりを南へ行くと、えきがあります。バスやタクシーがはしっ

ています。〕かどの、高いたてものはぎんこうです。（にぎやかなとおり）（段頭）

「かど」なら、何かのかどでなければならぬ。その前に、大通りを横切っているから、大通りと別の通りとの交わるかどになる。

(8)〔ぎんこうのまえには、じてんしゃおきばがあります。五、六だい、じてんしゃがおいてありました。〕となりはとてもあかるいみせです。（同上）（段頭）

「となり」は、「ぎんこうのとなり」である。

(9)〔あした、わたしは、父といっしょにいなかのおじいさんのうちへ行きます。いなかで、いとこのたっちゃんとあそぶのがたのしみです。〕むこうへ行ってから、また、てがみをかきます。（先生へのてがみ）（段頭）

「むこうへ行く」ということは、自分が今「こちらに居る」ことを意味する。先行文の中に、格別そういう文句はないが、この文章全体が「こちら」にいる者の発想で書かれているので、まさしく「むこう」がそれに呼応している。

(10)〔おとうさんが、「ゆり子もたかしもちょっとおいで。」といったので、走って行くと、おとうさんのそばに、ふかい大きなあながほってありました。〕中を見ると、ぼくが今まで見たこともない大きな太いたけのこだったので、びっくりしました。（たけのこ）

「中」は「あなの中」である。

(11)〔ふたりは、うたをうたいながら、ならんで歩いて行きました。〕うしろから、大きなトラックがいきおいよくおいこして行きました。（トラック）

「うしろ」といえば、何かのうしろで、それは、歩いていく「ふたり」のうしろである。

(12)〔みていると、ドアがあいて、人がおりてきました。〕いちばんおわりに、スチュワーデスがふたり、はなしながらおりてきました。（ひこうじょう）

「おわり」であり、まして「いちばんおわり」であれば、その前に本体があることを前提としている。この場合、作者の関心は、その本体の方ではなく、「おわり」のスチュワーデスの方にあることは確かだが、だからといって、認識の順序として「いちばんおわり」の位置づけが変わるわけではない。

(13)〔さんちゃんは、大いそぎでいっちゃんとじろちゃんを中に入れてやりました。〕おおかみは、すぐにあとをおいかけてきました。(三びきの子ぶた)

「あと」は、何かの「あと」で、言うまでもなく、「いっちゃんとじろちゃん」のあとである。

ここに集まった「そば」「つぎ」「ほか」「かど」「となり」「むこう」「中」「うしろ」「おわり」「あと」の10語は、だいたい、空間的な相対関係を表わし、それも、他と対等な相対関係でなく、自分の方が付加的、付属的、部分的な立場にあることを表わす語だといえる。「つぎ」「おわり」「あと」などは、時間的相対関係をも表わしうることばで、上の例の中でも、時間的意味がなくはないが、いずれも、目で見てとらえている関係を表わしているから、やはり、どちらかといえば空間的な意味の方が強いと見た。「ほか」は、空間的というよりは論理的関係というべきかもしれないが、時間的というよりは、空間的という方が近いので、仮りにこの仲間に入れた。

なお、ここでいう相対関係は、「右」に対する「左」、「上」に対する「下」のような、反対の関係とはちがう。反対概念によるものは、faA6として、あとで述べるので、その際、また、相異点にふれることにするが、ここにまとめたfaA1は、その語のもつ意味の相対性が、先行文中の特定の語と呼応するのではなく、先行文で描かれた事態全体を本体的部分として要求しており、それゆえに承前要素をなす——そういう語群である。

● faA2　先行事態を前提とする意味の語句　20文

先行文脈からのつながり方の性格では、前項のものと似ているが、前項の相対関係が空間的位置を軸としてとらえられるものであったのに対して、ここで扱うものは、相対関係が時間的前後関係としてとらえられるものである。ほとんどが副詞だったが、動詞も1例あった。純粋に副詞であるものが、「また」6例、「しばらく」3例、「とうとう」2例、「すぐ」「まもなく」「いつのまにか」「どうして」各1例で

7語、副詞句が「こんどは」「まえより」「つづけて」各1例の3語、副詞で作られた連体詞句「さっきの」1例となっていた。動詞「よす」の命令形「よせよ」1例を拾ったが、多少問題はあろう。

(1)〔おかあさんが、「もうちょっとうえてからね。」といいました。〕みんなは、また田うえをつづけました。(田うえ)(段頭)

(2)〔おひるごろ、見にいったら、あさがおが、しおれて、くびをさげていました。はがかれそうになっていました。〕夕がた、また見に行ったら、はがいきいきとしていました。(にっき)(段頭)

(3)〔せんめんきをぽんとたたいたら、さっとうしろにはねました。しずかにして、見ていると、ひげをそっと右へやったり左へやったりうごかしながら、のろのろとはって行きます。〕また、ぽんとたたいたら、ぴんとひげをはって、うしろにはねました。

(4)〔モオーッ〕また牛がないたので、みんながわあわあさわぎだしました。(もうくろの話)

(5)〔うう、さむい、さむい。〕またやろう。(劇)

(6)〔みんな「おしくらまんじゅう、おされてなくな。」〕みんなはまたはじめます。

「また」という副詞は、二度目以後の行動を叙するときに使うから、「また始めた」といえば、前にもやっていたことを意味している。

「また」という語は、接続詞にもあり、それが文頭部にあるときは承前記号となる。今回の資料には、承前記号の「また」(fsB3)が1例しかなかった(121ページ)が、それと、ここに挙げた副詞「また」の6例とを比べてみると、文法上の機能が承前性を作り出す場合と、意味が承前性をかもし出す場合とのちがいがはっきりするだろう。

(7)〔みち子さんは、おばあさんと大どおりをあるいて行きました。〕しばらく行くと、おばあさんは、「おじょうさん。中町の田中さんというちを知っていますか。百五ばんちです。」とききました。(みちあんない)

(8)〔じろちゃんとさんちゃんは、森の中にはいって行きました。〕しばらく行くと、道のあちらにもこちらにも、木のえだがおちていました。（三びきの子ぶた）

(9)〔おじさんは、「こくばんに書いておいたから、おとうさんがかえったら、読むようにいいなさいね。」といって、かえって行きました。〕しばらくして、おとうさんがかえって来ました。（るすばん）（段頭）

「しばらく」は、ある期間、ある状態が継続する場合に使うことばだから、「しばらく行くと」という句は、その時から「行く」ことが始まったときには使えない。「行く」ことはその前に始まっていなければならない。(7)(8)の両例では、前文末の動詞「行く」を繰り返し用いているところにも承前要素はあるが、これらの文で「行く」を形式的な動詞「する」に換えて「しばらくする」と言っても、充分通じる。ということは、「しばらく」の継続性が利いているわけである。

(10)〔ありが百になっても、千になっても、はなしはおわりません。〕とうとうがまんのできなくなった王さまは、「ほうびをやる。そのはなしをやめてくれ。」といいました。（ながいはなし）

(11)〔けれども、きょうしつはいっそうざわざわしてきました。〕てるおは、とうとう、ひとくぎり読んだとき、そっと先生のかおを見ました。（もうくろの話）

「とうとう」は、ある状態がずうっと続いてのち、極点に達することを表わすので、当然、前の事態からの継続感をたたえており、文句なしに承前要素となる。

(12)〔そばにいたおかあさんが、「いいものをいただいたね。」といいました。〕はるおさんは、すぐ本をひらいてみました。（たんじょう日のおくりもの）（段頭）

「A。すぐB。」ということは、AとBとの時間的間隔が短いことを意味するから、「すぐB。」といえば、Bが始発点でなくて、その直前にAがあり、Bはその継承事態であることを表わしている。ゆえに「すぐ」は承前要素をもつ。

(13)〔しゃしょうさんもいっしょにおりて行きました。〕まもなく、

ふたりはかえって来ました。（月夜のバス）（段頭）

「まもなく」は、「すぐ」よりすこし間の伸びた感があるが、承前性をもつ点では「すぐ」と同じである。ただし、これらの語が承前性を発揮するのは、やはり然るべき環境においてであって、たとえば「まもなくバスが発車します。」などというときの「まもなく」は、「今からまもなく」の意味になっており、先行事態が前提になっていないから、文に承前性を与えてはいない。承前記号として挙げた諸語ですら、それらの語が文中で用いられたとき、常に承前記号になるとは限らない。まして、承前要素をもつ例に挙げている諸語の如きは、承前要素になりうるというだけで、そうならないことは、いくらでもあるのである。

(14)〔すなはまをはしりまわりました。〕いつのまにか、うみの水がひいていました。（しおひがり）（段頭）

「いつのまにか」は、気づかぬうちに時間が経過したことを表わすから、「いつのまにかB。」といえば、やはり、その前にA事態があったことを前提としている。

(15)〔おこったおおかみは、とびらをこわそうとして、げんこつでおもいきりたたきました。けれども、とびらはびくともしません。〕おおかみは、こんどは、はげしいいきおいで、からだをドシンとぶっつけました。（三びきの子ぶた）

「こんどは」は、二度目以後の行動であることを端的に明示している。

(16)〔わたしは、「はい。」といいました。〕まえより大つぶの雨がふってきました。（田うえ）（段頭）

これは、前文を記しても何にもならないほど、前文とは関係のない文である。この文章では、ずっと前から雨のことが言われており、雨の中でみんなが田うえをしている様が叙述されている。3文の間、雨の叙述から離れたのち、段落が変わって「まえより」となる。やや転換性もあるが、「まえより」で、前降っていた雨とのつながりがあからさまなので、すこし前へ戻る承前要素とするのが適当である。

(17)〔みんなしずかに。〕つづけて読んで。（もうくろの話）

教室内でのことばであるが、「みんなしずかに。」は、てるお以外の児童に言ったのであり、「つづけて読んで。」は、てるおに言っている。だから、この2文は続かない。「つづけて読んで。」で、それまで読んでいたてるおの前の事態へ接続する。

(18)〔ガソリンスタンドのところまで来ました。〕さっきのトラックがとまっていました。(トラック)

「さっきのトラック」という言い方から、このトラックのことが前に言及されていたことが明らかである。

(19)〔ひろ子「ねえ、いっしょにおはいりなさいよ。」ぶんじろう「はいらない。」〕みよ子「どうしてなの。」(劇)

この「どうして」を承前要素と認める理由は、「また」から「さっきの」までに述べた理由とは、すこし性質がちがう。これまでの諸語は、時間の経過を如実に表わしたものだったが、「どうして」はちがう。これは、ことばの意味からいえば、論理に関したことで、時間には関係がない。しかし、何かについて「どうして?」と問うのは、その「何か」が問う前に提出されているからである。この場合でいえば、ぶんじろうが遊戯に加わらないという事実が提出されたから、それに関して「どうして?」と理由をたずねたのである。理由をたずねるからには、疑問をはらんだ事態が時間的に先行していなければならないことから、この語を「また」以下の諸語とともに、先行事態を前提とする語句の一つと認めた。

(20)〔四人「よわむしけむし、おされてないた。よわむしけむし、おされてないた。」〕けん一「よせよ。(劇)

今現に何かが行なわれていなければ、そのことを「よす」ことはできない。だから、「よせよ。」は、先行するある行為に付随して発せられることばである。よって、この語に承前性があると認めた。

承前要素A1(faA1)と承前要素A2(faA2)とは、空間性と時間性のちがいがあるだけで、その他の点では、よく似ている。特に、先行事態をことがらとして必要とするのであって、先行文中に特定のことばを必要とするのでない点がまったく同じである。以下、A3からA9までの承前要素は、A1、A2とちがって、先行文中のあることばとの呼応によって承前性を発揮することばのあれこれである。

● faA3　類義性の語句　7文

相接する2文は、叙述内容に似たものをもつことが珍しくないだろうと察せられる。ある人が

「あなたは鬼です。悪魔です。」

と言ったとすれば、この2文は、だいたい同じことを言っている。そして、その叙述内容の類似性は、この場合は、「鬼」、「悪魔」、2語の間の類義性によって保たれているということができる。こんなに文ごと似たことを言っている場合でなくても、相接する2文が、それぞれの文の中に在る語句の類義性によって密接な関係に保たれることがありうる。

(1)〔スクーターやオートバイもとおりました。〕やさいをつんだオート三りん車がガソリンスタンドにはいって来ました。(トラック)

これは、ガソリンスタンドで給油中のトラックの運転台にのせてもらった少年の目に映ずる窓外の光景を、地の文が叙しているところである。「スクーター」と「オートバイ」で、道路を行き来するものの類概念ができているところへ「オート三りん車」が加わることは心理的に極めて自然であり、理解のつながりが作りやすい。

(2)〔やおやのまえでは、ふたりはなにをみたでしょう。まっかないちご、きいろのなつみかんをみました。〕赤、白、青、しまもようのかんばんがでているのは、とこやです。(にぎやかなとおり)(段頭)

段落は変わるが、色の概念による接続がスムースである。

(3)〔みのる「うまいなあ。」〕とも子「じょうずね。」(劇)

別人の発話であるが、同意語を用いて、同じ趣旨のことを言っている。

(4)〔学校からうちへかえるとき、ふぶいてさむかった。〕風がかおにあたって、いきができなかった。(ふぶき)

これは児童詩で、前文が3行に、自文が2行に記してある。「ふぶく」と「風」とには、動詞と名詞のちがいがあるが、意味には類似性が大きい。「ふぶき」とは、風を伴った雪のことだから、「ふぶき」の概念の中には「風」が入っている。しかし、ふぶきは風の一種ではないから、「風」が「ふぶき」の概念の上位概念だとはいえない。もし上位概念なら、この例は次の項へ入れることになる。

(5)〔では、こんどは、みち子さんとはるおさんとのろうどくです。〕夏休みによんだ本の中で、おもしろかったおはなしをよ

んでくれます。(夏休みにしたこと)

「読む」と「朗読」だと、上位概念・下位概念の関係になるが、教室場面の中で「読んでくれる」といえば、「朗読」か「音読」以外にないから、この場面の中では、「朗読」と「読んでくれる」とは類義性の語句となる。

(6) 〔バスは、ひるのように明るい山道を、はげしくゆれながらのぼって行きます。〕一本まつのところをとおりすぎると、こんどはくだりざかになって、バスはきゅうにはやく走りだしました。(月夜のバス)(段頭)

「のぼって行く」と「とおりすぎる」とは、移動の概念を共通にするだけで、その他の点では類義性をもってはいないが、読者のイメージにおいては、「のぼって行く」ことがそのまま「とおりすぎる」ことになるので、同じようなこととして受け取られる。

(7) 〔ひとりはおじいさんで、小さなふろしきづつみをせなかにせおっています。〕大きなにもつをかかえたおばあさんものっています。(月夜のバス)

この2文は、語の意味の面でも、語のまとまった句の意味の面でも、いろいろな対義関係をもっている。「おじいさん」と「おばあさん」、「小さな」と「大きな」は語として対義的だし、また、小さなふろしきづつみをせおったおじいさんと、大きなにもつをかかえたおばあさんとは、ことがらとして対比的である。これらの中で、田舎のバスの車内の雰囲気を表わすものとして、2文間の橋渡しをしているのは「ふろしきづつみ」と「にもつ」の共通性であろう。

この項で「類義」といったのは、ごく大ざっぱなとらえ方によるもので、決して厳密に考えてのことではないが、考えの根本は、「同一類概念に属する」というところにある。その「同一類概念」は、絶対的範疇として設定されるものではなく、具体的な文脈の中で臨時に作られていく、意味の場において、同一レベルに並ぶものをいうのである。例(6)に見られるように、「のぼって行く」と「とおりすぎる」とは、普通の意味では、決して同一類概念には属さないが、その文脈で、バスの行動を表わすことばとしては、同じレベルに立つと見られる。文章の理解とは、次々に現われる文によって、絶えず新しく意味のレベルが形成されていくことだと考えることができよう。

次の項でいう「意味階層を構成する」とは、そのレベルにおいて、語が同列に並ぶのでなく、上段下段の関係に立つことをいう。

● faA4　意味階層を構成する語句　9文

(1)〔パンやでは、おかしもうっています。〕ドーナツ、ビスケット、カステラなどがあります。(にぎやかなとおり)

「ドーナツ」「ビスケット」「カステラ」が上位概念「おかし」に概括される関係は、純粋に論理的にたどることができる。しかし、この文章は説明文ではなく、叙事文だから、上位概念「おかし」を「ドーナツ」以下の下位概念に砕いて説明しているのではない。目前の光景をまず「おかし」として大きくとらえ、それから箇々の品物を見て、菓子の名をあげたという認識の順序を表明しているのである。

以下の8例では、このようにきれいな、論理的上位下位の関係はたどれないが、それぞれの文脈において、臨時に上位下位の関係が構成される過程を見ることができる。

(2)〔ふみきりで、人や車がまっています。〕ひろしさんがいました。(同上)

その場にいる複数の人間を、まず「人」としてとらえ、カメラを近づけて「ひろしさん」を見出し、次の文で「にいさん」をも見出す。

(3)〔でんきやです。〕いろいろなかたちのけいこうとうがつるしてあります。(同上)

「ひろしさん」や「にいさん」が「人」に属するというのは、まだ論理的だが、「けいこうとう」が「でんきや」に属するといったら、論理的ではない。ことばの意味の論理でいえば、「螢光燈」は「電燈」に属するのでなければならぬ。ここでは、そういうことばの論理が働いているのではなく、電気屋は、螢光燈やテレビ、ラジオ、電気洗濯機等々の電気製品で成立しているという即物的なとらえ方が生きている。

(4)〔よし子さんはめずらしくて、とりかごのそばにいて、なんべんものぞいてみました。〕かおをちかづけると、カナリヤはすみのほうににげて、小さくなっていました。(カナリヤ)

「のぞいてみる」のと「かおをちかづける」のとは、行動としては、だいたい同じ行動を叙しているから、前項の類義的表現の中に入れて考えることもできるが、行動をことばでとらえるとらえ方のレベルには、微妙なちがいがあるようだ。「のぞいてみる」のは、よし子の行動をひとつかみに言っているのに対して、「かおをちかづける」のは、それを分析して言った第一段の叙述である。顔を近づけただけではのぞくことにならず、顔を近づけ、かつ、まじまじと見て、はじめて「のぞく」ことになる。まじまじと見る方のことは、わかりきっているので書いてないが、「のぞいてみました」から「かおをちかづけると」に移った時、読者は、行動が一段と具体的に叙せられたことを感じる。ということは、抽象のレベルを一段下がったことである。

(5)〔子どもをみて、よし子さんはびっくりしました。〕目とくちばしが大きくて、おばけのようでした。(同上)

ことばだけを取り出してみると、「子ども」と「目」「くちばし」との間に意味階層が構成されるというのはまったく無茶だが、読者の印象では、この場合「子ども」で描かれるものは、子どもの「すがたかたち」であり、さらに言えば「顔つき」である。その、「すがたかたち」なり「顔つき」なりと「目」「くちばし」との間に概念上の上位下位関係が結ばれる。

(6)〔あさ、目がさめると、とてもよい天気でした。〕かぜがつよくて、こいのぼりがいきおいよくおよいでいました。(ひこうじょう)

「かぜ」は「雨」「晴れ」「曇り」などと共に「天気」の下位概念を構成する――と言えば、純論理的になるが、それは少し強弁だ。ここの「天気」は抽象的な意味でではなく、「よい天気」(＝晴天)という具体的な意味で使われているから、その晴天の構成要素として、風が登場すると見るべきである。

(7)〔さんちゃんはひとりで、谷をこえ、森のおくまで行きました。〕ふとい木がたくさんはえています。(三びきの子ぶた)

「森」と「木」との間に概念上の上位下位関係はないが、ことがらとして、木は森の構成要素である。だから、「森」が大づかみなとらえ方で、「木」がその分析的とらえ方の表われ方であるという点で、上来の例と同様である。

(8)〔ひこうじょうはとてもひろくて、まんなかに、きれいなたてものがありました。〕わたしたちはおくじょうにでました。（ひこうじょう）

屋上は建築物の一部であるから、「たてもの」が全体を概括的にとらえた表現であり、「おくじょう」が部分を分析的にとらえた表現であるという関係がある。

(9)〔おまつりの日、ぼくは、ふうせんをかって、うちへかえってきました。〕門のところで、エスがとびついてきたので「こらっ。」といっておいました。（夏休みにしたこと）

この「うち」は my home の意味で、家屋の意味ではないから、「門」を「うち」の構成要素だというところに、「木」を「森」の構成要素だというのより一段と苦しいところがある。しかし、「うち」が「わが家」であれば、「門」もまた「わが家の門」であるから、文脈上の具体的意味において、「門」が「うち」の構成要素である関係は、確かにとらえられるだろう。

この項、ことばの意味における上位概念・下位概念の関係と、意味される事物における全体と構成要素との関係とが、やや入り交った感があるが、要は、その両方を含め、理解の過程において、抽象と具体、全体と部分の把握が語句を媒介にして、相接する２文間にどう行なわれるかを確認できればよい。

ところで、レベルのちがいを上下する時の方向には、下る方向も上る方向も、同様にありうるわけだが、ここで見出された例は、９例とも、上位概念から下位概念へ、抽象から具体へ、全体的把握から部分的把握へと下降方向へ進むものばかりであった。これは偶然だろうか。どうも、偶然ではなく、ここに叙事文における叙述展開の自然な方向が表われているように思われる。しかし、これはまだ確認できることがらではない。

●faA5　関連する語句　30文

「関連する語句」というのは、あいまいな言い方である。これまでに述べた、類義語も、意味階層を構成する語句も、また、このあとに続く、対義語以下何項目かの語句も、みな「関連する語句」であるにちがいない。が、ここでいう「関連する語句」とは、類義語や対義語のような、意味の上での組織的な関係で結ばれる語句をいうのではない。ことがらとして、A 事実と B 事実とが随伴性が高い時に、それら両事実を表わすことば「A」「B」を「関連する語句」と呼ぶことにする。「関連」のしかたは、それぞれの場合でちがい、うまく概括して説明することがむずかしいので、以下、実例によって解説する。

(1)〔おとうさんはとりかごをさげていました。〕カナリヤが二わいました。(カナリヤ)

鳥かごとカナリヤとは、縁の深い存在である。鳥かごがあれば、中に小鳥が入っているのが当然であり、その小鳥がカナリヤである確率はかなり高い。「とりかご」から「カナリヤ」は連想されやすく、また、「カナリヤ」の側からいえば、「鳥かご」の存在は必須である。

(2)〔ふみきりで、人や車がまっています。ひろしさんがいました。にいさんといっしょにいました。〕きしゃがとおりすぎました。(にぎやかなとおり)(段頭)

この資料は昭和 36 年度使用の教科書であるから、そのころはまだ「ふみきり」には「きしゃ」がつきものであった。

(3)〔ふたりは、大どおりまでは行かないで、はじめのよつかどを左へまがりました。〕人どおりがきゅうに多くなりました。(同上)

「大どおり」へは行かないのだから、この「大どおり」と「人どおり」とは関係を生じないのだけれども、「ふたり」は「大どおり」ならぬ「とおり」を歩いているので、それと「人どおり」とは合い性がよい。

(4)〔この大どおりを南へ行くと、えきがあります。〕バスやタクシーがはしっています。(同上)

こんどは本当に「大どおり」を、至極当然に「バス」「タクシー」が走る。

(5)〔ふたりは本やにはいりました。にいさんは、しばらく本をさがしてから、じぶんの本とひろしさんの本をかいました。千円さつでおつりをもらいました。〕みせの人が、「まいどありがとうございます。」といいました。(同上)

「本屋」に限らず、「八百屋」「魚屋」など「……屋」には「店の人」がつきものである。これなど、「みせの人」まで来る前に「本や」と

「みせ」との類義関係に注目することもできるが、読者の頭の中での結像のテンポを考えると、やはり「みせの人」としてとらえる方が真に近かろう。

(6)〔みち子さんは、「もうすこしさきに行くと、こうばんがあります。おまわりさんにききましょう。きっとわかりますよ。」といって、えきまえどおりのかどのこうばんによりました。〕おまわりさんは、いりぐちに立って、とおりをながめていました。(みちあんない)(段頭)

「こうばん」と「おまわりさん」なら、つきものの典型といえる。

(7)〔このとおりをえきのほうへ行くと、にぎやかなとおりがあります。〕よつかどのぎんこうのところを右へまがってすこし行くと、右がわにびょういんがあります。(同上)

「とおり」に「よつかど」がつきものであるのも、まず文句ないところ。

(8)〔のはらに出ました。〕草のみだれたところがありました。(さわよむどん)

「のはら」には、まずまちがいなく「草」があると見てよい。

(9)〔ぼくは、おじさんのうちへ行って、海でつりをしました。〕なみうちぎわに、大きないわがありました。(夏休みにしたこと)

「海」も、大洋のまん中なら波打際とは縁がないが、陸から行く限り、海のある所には波打際があるので、「海」と「なみうちぎわ」とは、互いに随伴性の高い語同士といえる。

(10)〔トラックは、ガソリンを入れていました。〕うんてんしゅさんが、車の下をのぞいたり、うしろにまわったりして、車をしらべていました。(トラック)

「トラック」に「うんてんしゅさん」はつきものである。

(11)〔バスには、五人のおきゃくさんがのっていました。……〈中間3文略〉……〕うんてんしゅさんとおじいさんの間に、二年生ぐらいの男の子がひとりでのっていて、さっきからおじいさんとなにか話していました。(月夜のバス)

「トラック」同様、「バス」にも「うんてんしゅさん」がつきものである。引用を略した中間3文は、五人の中の四人の乗客のことを述べている。

(12)〔川へ行って、せんたくをするのです。〕おかあさんは、シャツやスカートなどを、いっぱいざるに入れてもって行きました。(せんたく)

洗濯さるべき物を「洗濯物」というが、「シャツ」や「スカート」は、洗濯物になる率がきわめて高い。したがって「せんたく」と合い性がよい。

(13)〔はるおさんは、すぐ本をひらいてみました。〕きれいなさしえがたくさんはいっています。(たんじょう日のおくりもの)

「本」に「さしえ」がつきものだとまではいえないが、本にさし絵があることは、きわめて自然である。「さしえ」の側から言えば、本の中にある絵のことを「さしえ」というのだから、「さしえ」は「本」を必須条件とする。

(14)〔ある日、てるおは、いつものとおり、学校へ行ってべんきょうをしていました。〕四時間めの国語の時間でした。(もうくろの話)

(15)〔(14) の文〕てるおが先生の話を聞いていると、どこかちかくで、モオーッと牛のなく声がしました。(同上)

「学校」の生活は、「校時」という独自の時間で区切られており、「何時間目」が必須である。そして、その内容は必ず「国語」「算数」「理科」……などの「時間」である。また、「学校」には、それこそ「先生」がつきものである。

(16)〔ここは二年一組のきょうしつです。〕みんなしずかにこうないほうそうを聞いています。(こうないほうそう)

学校の「教室」は「校内放送」を聞く当然の場であるから、その接続は自然である。

(17)〔かぜがつよくて、こいのぼりがいきおいよくおよいでいました。〕きょうは子どもの日です。(ひこうじょう)

(18)〔三月三日。〕あさ子さんのうちのひなまつりは、みんなそろって、とてもにぎやかでした。(あさ子さんのうちのひなまつり)

「こいのぼり」と「子どもの日」、「三月三日」と「ひなまつり」は、現代日本の風土の中にある限り、何の躊躇もなく、結びつけられる間柄にある。

(19)〔ひろ子　とも子　みよ子「わたしたち、おきゃくさんよ。」〕ぶんじろう「きっぷはここでかうの。(劇)

(20)〔(19) の文〕プラットホームはこっちだよ。(同上)

この子たちは汽車ごっこをしているので、これまでに「えき」があり、「東京えき」「おおさかえき」があり、「きっぷうりば」も出ている。それらの語を含んだ文が、それぞれに、それぞれの承前要素をそなえて発話されてきたが、ここに至って、他の承前要素を欠き、関連語句の承前性が目立ってきた。

以上20例は、先行文Aの中にあるaという語句と、後続文Bの中にあるbという語句とが、文脈から離れて考えても、一般的に共存率の高い事物を表わしていることによって、「a」から「b」への連想が自然にたどられるケースであり、かつ、a、bがともに名詞である例であった。

次に、aとbの品詞がちがいながら、容易に連想を呼ぶ場合の連接について見る。

(21)〔なみうちぎわに、大きないわがありました。その上でつりました。〕えさは、ごかいといって、みみずのようなものです。(夏休みにしたこと)

動詞「釣る」と名詞「えさ」との関連は、「えさを釣る」という事実によって、きわめて密接に保たれる。

(22)〔それをざるに入れて、かえりました。〕道ばたの草のつゆがすっかりかわいていました。(せんたく)

同じく動詞と名詞との関連である。「帰る」のは、まずたいていの場合、どこかの「道」を通って帰るのだから、その「道ばた」と「帰る」とは必然的な随伴性がある。

(23)〔それでかんのげたを作りました。〕くぎとかなづちをもって来ました。(かんのげた)

「作る」のには、「詩」を作ったり「組織」を作ったりするような抽象的な作り方もあるが、「かんのげたを」という文脈で「作る」意味が具体物に限定されれば、工作の道具「くぎ」「かなづち」が連想で呼び出される確率は、きわめて高い。

(24)〔「よし。」といって、ほりました。〕くわがおもいので、うでがいたくなってきました。(たけのこ)

たけのこを掘っているので、「掘る」相手は土であり、道具は「くわ」かスコップにきまっている。

以上4例、動詞と名詞との呼応例であり、いずれも、動詞の出現が先で、そのあとに、「〜で」なり「〜を」なりの形で、その動詞の動作を補うべき名詞が続いている。

(25)〔チッチッチュン〕すずめは早おきです。(朝の音)

(26)〔コンクリートの上を歩くと、ポカポカポカといいました。〕まるで馬の足音のように聞こえました。(かんのげた)

(27)〔そうら、汽車だよ。〕ポー、シュッシュッシュッ。(劇)

(28)〔まくのうらから、汽車のうたが聞こえてきます。〕みんなは、元気よく、ポッポッシュッシュッと走りまわります。(同上)

以上4例は、いずれも、擬声語・擬音語と、その音を発する者(または、発するにふさわしい者)との関連の例である。前2例は音の語が先に出現し、後2例では逆である。

次の2例は、少し変な例である。

(29)〔おまたせいたしました。〕まもなく、上り東京ゆきのれっ車がとうちゃくいたします。(れっ車にのって)

これは、「お待たせいたしました」というあいさつことばのあとには、しばしば「間もなく」とか「ただ今から」のようなことばが来るものだという生活経験から、両語句の関連性が深いと見たのである。

(30)〔けん一「じゃ、ぼくがかくよ。〕もしわからなかったら、おしえてね。」(劇)

これはいよいよ変な例だが、前文で「かく」と言っているのは、地面に駅の絵をかくことであり、「かく」には「かき方」の技術や方法が必要で、それが「わかる」「わからない」の概念を呼び出すことになる。そういう連想過程が比較的自然であろうと思われるので、この例をこの項目に入れた。

以上、承前要素A5とは、ことばではなく、事実の上での関連性から、文章一般において、同一文脈中に共に出現する度合の高い2語a、bが、相接する（または、きわめて近くに在る）2文A、Bの中に1語ずつ出現することによって、文Bの中の語bが文Bの文Aに対する承前要素となる場合をいう。このような関係にある語a、bを単に「関連語句」と呼んだが、もうすこし正確に言おうとする時は、「随伴性の高い語句」とか「共出現度の高い語句」とか言うことになろう。その随伴や共出現の形も、多くの資料を組織的に調べていけば、連語を作る蓋然性の点で、いろいろなパタンを見つけ出していけるかも知れない。まず、動詞と名詞の場合には「くわで掘る」「あなを掘る」のように格助詞を介して動詞句になるパタンが考えられる。こういう場合には、語のsyntagmaticな関係として、はっきり記述することができる。名詞同士の場合は、共出現の形が規定しにくい。「バスの運転手」のように、「の」による結びつけでとらえられる可能性があるが、「の」による結合の意味のパタンは非常に多様だから、なかなか簡単にはいかない。この問題については、将来さらに考えていきたい。

この資料の中で30例というのは、相当多い方で、「関連語句」が承前要素として有力なものであることを示している。それはそのはずだ。わたしたちは、ことばのためにことばを使うのではなく、ことがらを述べるためにことばを使うのだから、ことがらとして近いもの同士が文章の中でも近くにあるのは当然なことである。

● faA6　対義関係の語句　6文

学校でよく反対語の学習をするが、反対語とは何かをきめるのは、大変むずかしい。「大きい」と「小さい」とは互いに反対語であろうが、「白い」と「黒い」は反対語とはいえまい。だから、ここでは、反対語という言い方は避けて、「対にして用いられやすいことば」とでもいっておこう。それを硬く言って「対義関係の語句」という。対義関係にある語aとbが呼び合って後続文に承前要素を作り出す場合がある。

(1)〔あきらさんのうちに、子犬がきました。まだうまれたばかりの、かわいい犬でした。〕おかあさん犬がいないのでさびしいのか、二、三日は、クンクンないてばかりいました。(子犬)

(2)〔はこの中からひよこをだした。いちどにみんなにわにでた。〕

おやどりが、ごみためのところをあしでかきわける。（ひよこ）

（3）〔おかあさんの作ったごちそうはたいへんおいしかったので、まさおさんは大よろこびでたべました。ごちそうをたべてから、みんなでひなまつりのうたをうたいました。〕おとうさんが、「あさ子とおかあさんの作ったおひなさまは、とてもよくできているね。……」といって、まさおさんをつれて、となりのへやへ行きました。（あさ子さんのうちのひなまつり）

三つとも同じような例である。「子犬」に対して「おかあさん犬」、「ひよこ」に対して「おやどり」、「おかあさん」に対して「おとうさん」が、それぞれ対義的であるために、理解のつながりができやすい。

（4）〔わたしはやっと一まいあらいました。〕おかあさんはもうなんまいもあらいました。（せんたく）

「一まい」と「なんまい」との間に数の上での対の関係はないが、「やっと一まい」と「もうなんまいも」とが、認識の態度として対蹠的である。

（5）〔はじめは、ぶんじろうは、いやそうににげようとしますが、やがて、じぶんも走りはじめます。〕けん一がきゅうにとまると、みんなもとまります。（劇）

（6）〔おはなしをする人は、はっきりした声で、おちついてはなしましょう。〕きく人は、しずかにしっかりとききましょう。（夏休みにしたこと）

六つの例を見たが、この中で、いちばん純粋に対義的関係で文がつながるのは、（4）の例である。あとの5例は、ことばの面では、確かに対義的だが、読過の印象として、対義性がつながりを生んでいくといえるのかどうか疑問である。たとえば、（2）例で「ひよこ」が出て「おやどり」が出るのは、「ひよこ」の連想から「おやどり」が出て来たのではなくて、そこに現実に、ひよこも親鳥もいるからである。（3）で「おかあさん」と「おとうさん」が出るのも、同様の事情である。他の例も、多かれ少なかれ、事実に支配されて生まれた文連続であって、対義語に導かれて生まれた文連続ではない。それを承知で「対義関係の語句による承前要素」を立て、上の6例をそれに入れているのは、表現者の意図はどうあれ、読み手の理解過程では、対義的連想が働いて、つながりを作りやすくしているのが事実だと思うからである。「やっと一まい」と「もうなんまいも」とが、この中では最も純粋だというのは、これは表現者自身の事態のとらえ方に、両極端を対比してとらえようとする態度があるからである。

だから、事実を忠実に写していこうとする叙事文では、作者の態度が客観的であればあるほど対義語でつながる文は生まれにくい。状況を頭で作っていく性格の文章では、これが生まれる可能性がある。漢詩・漢文は、対句が一つの基本的発想形式になっているから、対義語で文をつなげていくことが非常に多い。漢詩文と密接な関係のある、漱石の『草枕』には、こういう文連続が所々に見られる。まず最初の

■智に働けば角が立つ。情に棹させば流される。意地を通せば窮屈だ。

は、「智」「情」「意地」の三幅対で、文型を対にしているし、

■金は大事だ、大事なものが殖えれば寝る間も心配だろう。恋はうれしい、嬉しい恋が積もれば、恋をせぬ昔がかえって恋しかろ。

■怖いものもただ怖いもの其儘の姿と見れば詩になる。凄い事も、己れを離れて、只単独に凄いのだと思へば画になる。

なども同じ発想で、対義とも類義とも見られる語句をシンメトリックに配して、思考の進展にはずみをつけている。こういう、いわば人工的な文章の中に、対義語句による承前要素が発生しやすいであろう。だから、同じ『草枕』でも、いろいろな人物が登場して、その動きを描写する段になると、文章も即物的になり、対義語で連鎖するような文は見えなくなるのである。

● faA7　集合把握と個別把握の語句　28文

英語では、名詞の単数と複数とを区別するだけあって、英語の文章は、he、she、it か they かを、いつも気にしているし、some と any の使い分けにも敏感である。all of them、some of them、one of them のようなとらえ方が常にあり、同じく全員でも all は全体を一度にとらえ every は一つ一つをしらみつぶしに取り上げるなど、文章中に登場する人や物を集合でとらえるか個別でとらえるかを、いつも問題にしているようである。

日本語は、そういう点では、比較的大らかであるような気がするが、

集合把握と個別把握の区別は、もちろん、ある。そして、その目で文章の展開を見てみると、集合で提出されたものが個別に分化して尾を引き、分化したものがまた集合されるという過程が叙事の流れを作るのに、一つの大きな拠り所にもなっている。

(1) 〔ふたりは本やにはいりました。〕にいさんは、しばらく本をさがしてから、じぶんの本とひろしさんの本をかいました。(にぎやかなとおり)

「ふたり」とは、「ひろしさん」と「にいさん」のことだから、「ふたり」を叙した文のあとに「にいさん」を叙した文が続けば、集合把握の叙事が核分裂のように分かれて、個別把握に移ったわけである。これは、分化の方向をもった承前性である。以下、第(16)例まで、すべてこの方向の承前例である。

(2) 〔おかあさんにかんづめのあきかんを二つもらいました。それでかんのげたを作りました。(改行) くぎとかなづちをもって来ました。くぎをかんのまんなかに立てて、かなづちでくぎのあたまをたたくと、ぷすっとあながあきました。〕もう一つのかんにもあなをあけました。(かんのげた)

この文章における、叙事の分化のしかたは、やや変則的である。「二つ」という集合把握が分化すれば、「一つ」と「もう一つ」とになるはずだが、「一つ」という把握はなくて、いきなり「もう一つ」が出て来る。しかし、これは、ことばの面だけでそうなので、叙事内容の実質は、「一つ」と「もう一つ」になっている。くぎとかなづちで、ぷすっとあなをあけたのは、はじめの一つについてであることが明らか過ぎるから、そう書いてないが、これが英語の文章なら、a can とか、one of them のような形でとらえられるところだろう。

(3) 〔そこには、おかあさんぶたと三びきの子ぶたがすんでいました。〕いちばん上はいっちゃん、二ばんめはじろちゃん、三ばんめはさんちゃんという名まえでした。(三びきの子ぶた)

これは、典型的な分化過程を示している。まず「三びきの子ぶた」と集合的にとらえ、直後の文で、「いちばん上」「二ばんめ」「三ばんめ」と分化させて、個別にとらえた。

(4) 〔三びきの子ぶたは、うちを出て、森のいりぐちまできました。

……〈7文略〉……〕じろちゃんとさんちゃんは、森の中にはいって行きました。(同上)

「じろちゃんとさんちゃん」という言い方は、この二人についていえば、集合把握の方に属するが、「三びきの子ぶた」という全体把握から見れば、個別把握に属する。A、B、Cの「三つ」が「A」と「BとC」とに別れたのである。(記載を略した7文の中に「いっちゃん」の個別把握があるが、その文は、別に承前記号をもっているので、そちらで登録された。)

(5)〔バスには、五人のおきゃくさんがのっていました。〕ひとりはおじいさんで、小さなふろしきづつみをせなかにせおっています。(月夜のバス)

「五人」がまず「ひとり」に分化した。あとの四人がどういう形でとらえられたかが疑問になるが、それは「おばあさんも」とか、「それから」などの形でとらえられており、「ひとり」と同列に並ぶ形にはなっていない。これが説明文なら、ドライに並列するところだろうが、そこに曲折をもたせるところに、物語文の味わいがあるのだろう。

(6)〔みんな、雨にぬれるのなんか、へいきそうです。〕ほかの人は、みんなすげがさをかぶっていますが、しんせきのおばさんだけは、古いむぎわらぼうしをかぶっています。(田うえ)

以下(11)までの6例は、いずれも「みんな」という語による集合把握が個別把握へ分化していく例である。

(7)〔わたしが、大きなこえで、「おちゃだよう。」といったら、みんなは、びっくりしたように、いっしょにこちらを見ました。〕おかあさんが、「もうちょっとうえてからねといいました。(同上)

(8)〔みんなはまたはじめます。ぶんじろうはもじもじしながら、じっと見ています。〕じろうとみのるが、ときどきぶんじろうをからかいます。(劇)

(9)〔みんなむちゅうになって、おり紙や画用紙を切りはじめました。〕あさ子さんは、画用紙をくるくるまいて、びんにさして、かおにしました。(あさ子さんのうちのひなまつり)

(10)〔あさ子さんのうちのひなまつりは、みんなそろって、とても

にぎやかでした。〕おかあさんの作ったごちそうはたいへんおいしかったので、まさおさんは大よろこびでたべました。(同上)

(11)〔みんなの作文をあつめて、本のようにとじることになりました。二年生になってから書いた作文の中で、いちばんすきなものを書きなおしてもって来ました。〕「雲」「かんのげた」「たけのこ」「夏休みのにっき」「しょうぼうしょの見学」「あさがおのかんさつ」「『小人の国』を読んで」など、いろいろの作文がありました。(みんなの作文)

こうして諸例を眺めてみると、同じく集合把握から個別把握に移るのでも、語形の上で移行の過程がはっきりわかる場合と、そうでない場合とがあることがわかる。「ふたつ」が「一つ」と「もう一つ」とに分かれるという場合は、語形自身が分化を示しているが、集合把握のことばが「みんな」というような、限定範囲の漠然としたものである場合は、分化した個々のものが何であるか、ことばの上ではわからない。(8) 例で、「みんな」「ぶんじろう」「じろうとみのる」と並べれば、「ぶんじろう」も当然「みんな」の中だろうと思われるが、文を読むと、「みんな」は何かを「はじめ」たのに、「ぶんじろう」は「じっと見て」いるだけで、何もしない。つまり「ぶんじろう」は「みんな」の遊びに加わっていないのだから、「みんな」に含まれていない。(7) 例で、「おかあさん」が「みんな」の中のひとりであるかどうか、もし、文脈がこれだけだったら、文を読んでも、まだ、しかとはわからない。文章を読み、述べられている事実を理解することによって、はじめて、把握のしかたが分化していくことがわかるのである。

(12)〔どこの学校でも、かぜをひいて休んでいる人がたくさんあります。〕この学校でも、きのうは、とうとう三十五人も休んでしまいました。(こうないほうそう)

「どこの学校でも」は、文字どおりの意味にとれば、「すべての学校で」ということだから、「この学校」は、どうしてもそれに含まれることになる理屈である。

(13)〔ぼくとおとうさんは、まてがいをとろうとしましたが、なかなかとれません。……〈2文略〉……〕ぼくは、おとうさんに、「おとうさん。いっぺんほってみて。」といいました。(しおひがり)

「AとB」という形は、AとBとを個別に取り上げる場合にも使われ「A+B」をいっしょにして扱う場合にも使われる。「犬とねこがけんかした。」といえば、個別扱いの感じが強く、「犬はねことけんかし、ねこは犬とけんかした。」とでも言うべきところを簡単に言い表わしたものと思える。「犬とねこは、旅を続けました。」とあれば、両方をいっしょに扱った感が強い。(13) 例の先行文における「ぼくとおとうさん」は二人を集合扱いしている。それが後続文で「ぼくは、おとうさんに」となって個別扱いになっている。

(14)〔じろちゃんとさんちゃんは、森の中にはいって行きました。しばらく行くと、道のあちらにもこちらにも、木のえだがおちていました。〕じろちゃんは大きな声でいいました。(三びきの子ぶた)

この前文は、(4) の例文である。(4) で「三びきの子ぶた」が「いっちゃん」と「じろちゃん」と「さんちゃん」とに分かれ、その後者が、この例文で分化し、「じろちゃん」が出て来た。次に「さんちゃん」が出て来るのが次の例である。

(15)〔じろちゃんは、えだをくみあわせて、うちをつくりはじめました。〕さんちゃんはひとりで、谷をこえ、森のおくまで行きました。(同上)(段頭)

(16)〔ざっしの中に、『やじろべえあそびをしましょう』というところがありました。それをよんでいたら、きゅうに作りたくなりました。〕『よういするもの』のところに、『マッチのじく、竹ひご、かきのみ』とかいてありました。(夏休みにしたこと)

これなどは、いよいよ、語形の上では、集合とも個別とも判別のしようがないが、読んでいけば、わかることである。

以上の16例は、集合把握から個別把握に進むものであった。次に、反対に、個別把握から集合把握に移る例を示す。12例あった。

(17)〔ひろしさんとにいさんは、ふみきりをわたって行きます。

……〈2 文略〉……〕ふたりは、大どおりまで行かないで、はじめのよつかどを左へまがりました。（にぎやかなとおり）

(18)〔にいさんは、しばらく本をさがしてから、じぶんの本とひろしさんの本をかいました。……〈2 文略〉……〕ふたりは外にでました。（同上）（段頭）

(19)〔はるおさんはきんじょのただしさんをさそって、おもてへ出かけました。〕ふたりは大どおりに行ってみました。（トラック）（段頭）

(20)〔はるおさんとただしさんは、おもわずかおを見あわせました。……〈2 文略〉……〕ふたりはどんどん歩いて行きました。（同上）（段頭）

(21)〔おとうさんが、「〈2 文略〉そうだ。まさお。ちょっとおいで。」といって、まさおさんをつれて、となりのへやへ行きました。なにかごそごそやっていましたが、まもなく出て来ました。〕ふたりとも、ほうきをもち、はたきをこしにさしていました。（あさ子さんのうちのひなまつり）

以上5例は、二人の人物が「ふたり」または「ふたりとも」で集合化されるもの。

(22)〔いちばん上はいっちゃん、二ばんめはじろちゃん、三ばんめはさんちゃんという名まえでした。……〈4 文略〉……〕三びきの子ぶたは、うちを出て、森のいりぐちまできました。（三びきの子ぶた）（章頭）

（注）「章頭」とは、「章の冒頭」のことで「第○章」と書いてなくても、一行あけなどで示してある、文章の大きなまとまりの冒頭をいう。

以下の5例は、いずれも「みんな」という語で集合把握化するもの。

(23)〔しんせきのおばさんや、きんじょの人たちもいます。〕わたしが大きなこえで、「おちゃだよう。」といったら、みんなは、びっくりしたように、いっしょにこちらを見ました。（田うえ）

(24)〔けん一、ゆう一、たろう、みよ子が、元気よくおしくらまんじゅうをしています。「おしくらまんじゅう、おされてなくな。

おしくらまんじゅう、おされてなくな。」〕じろう、みのる、たけし、ひろ子、とも子が出て来て、いきなりみんなの中にとびこみます。（劇）

(25)〔じろうとみのるが、ときどきぶんじろうをからかいます。けん一はそれをいっしょうけんめいにとめます。〕みんなは、元気よくもみあいながら、ぶんじろうに二、三どぶつかり、とうとうおしたおします。（同上）

(26)〔おもてへ出てみたら、よしおさんやたけじさんたちも、かんのげたにのってあそんでいました。〕ぼくはみんなの方へかけて行きました。（かんのげた）

(27)〔はこの中からひよこをだした。〕いちどにみんなにわにでた。（ひよこ）

この（27）の例は、はじめの「ひよこ」に複数のひよこを個別にとらえている感じがなく、ことがらを概念的にとらえて言っているだけだから、個別把握から集合把握への展開の例とは言えないかもしれない。

(28) うなぎも、いのししも、やまいもも、たまごも、木のえだにつけてかつぎました。（さわよむどん）（段頭）

これはこの前数ページにわたって、うなぎを皮切りに、いのしし、やまいも、きじのたまごを連鎖的に手に入れる話が書いてある。その先行文脈全部を受けて「〜も〜も〜も〜も」と一挙に括ったものである。

以上、集合から個別への方向が16例、個別から集合への方向が12例、合わせて28例が、集合把握と個別把握の語句を承前性の因子とする承前要素A7（faA7）の例であった。

● faA8　場面内で軸系列をなす語句　9文

一つの文章が、あるいは、文章の中のある部分が、一つの軸を中心にして推進していくことがある。昔から、言語作品の重要な形式の一つに、クロニクル（chronicle）というものがある。「年代記」と訳されるが、「年代」による必要はない。時間の進展に従って、時を明記しつつ、事が記録されれば、クロニクルであり、これが、「歴史」を語るための、古今東西に通じる、第一原理である。クロニクルは、「時間」を軸にして進展する文章である。

クロニクルにおける「時間」のように、ある種類の文章を進展させる、ある種類の原理が、ほかにもあるだろう。「時間」に対して、「空間」はどうか。時間を軸にして歴史が生まれるなら、空間を軸にして、地誌のようなものが生まれるだろう。確かに地誌は生まれたにちがいないが、言語が時間を存在の条件にするためか、言語作品は、空間を軸とするものよりも、時間を軸とするものの方が、はるかに多い。

時間でも空間でもないものを軸にすることはないか。説明文や議論文は、論理を軸にしたものだといえる。しかし、論理となると、その現われがさまざまであって、とうてい、時間のように単純な形で、軸としてとらえることができない。今回の資料の中で、時間以外に、そのような軸としてとらえ得たのは、結局、「数量」だけであった。多くの文章を、その目で分析すれば、きっと、他にいろいろな軸を発見できると思うが、今は、わずかに「時間」と「数量」だけを、有力な文章推進軸として、記しておく。

時間とか数量とか、文章の推進軸になった概念を表わす語が文内に登場することによって、先行の軸を受けつぎ、承前要素となるものを、承前記号 A8（faA8）とする。

まず、時間軸の表現によって承前性を表わす例を示す。

（1）〔日よう日のことでした。……〈6 文略〉……〕二、三日たちました。（カナリヤ）（段頭）

（2）〔ある日、よし子さんがとりかごをのぞいてみたら、すの中に、小さなたまごがみえました。……〈2 文略〉……〕二しゅうかんたったころ、カナリヤの子どもが三ばうまれました。（同上）（段頭）

（3）〔〈(2) 例に続き〉子どもをみて、よし子さんはびっくりしました。目とくちばしが大きくて、おばけのようでした。〕よし子さんは、まい日、学校へでかけるまえに、えさをかえたり、とりかごのそうじをしたりしてやります。（同上）（段頭）

（1）から（3）まで、同じ「カナリヤ」という文章に属する。冒頭の「日よう日」で時間軸が設定され、「二、三日」「ある日」「二しゅうかんたったころ」「まい日」と、その軸が受けつがれる。ただし、この中で「ある日」と、このあとにもう一つ出て来る「あるあさ」とは、転換要素の方に登録したので、ここの承前要素には、入れてない。

(4)〔まい日、たっちゃんと、せみをとったり、かけっこをしたりして、あそんでいます。〕きのうは、おじいさんとたっちゃんとわたしと三人で、川へつりに行きました。

これは手紙文で「先生、わたしはまっくろなかおになりました。」という冒頭に続く。「まい日」の時間軸設定を「きのう」で受け、このあと「あさって、うちへかえります。」で転換する。この「あさって」は、転換要素に入れた。

(5)〔なかなかとびたちません。〕二十分ぐらいたってから、プロペラがまわりはじめました。(ひこうじょう)

これは、これだけの引用では、わからないが、冒頭が「あさ、目がさめると、……」と始まり、「きょうは子どもの日です。」「あさはやくから」「十時になってから」「やっとつきました」など、客観的な時間叙述に、心理的な時間叙述もまぜて、時間軸による記述がなされたあと、(5)の部分になる。途中の文は、他の要素によって登録したので、ここには入れてない。

以上5例が時間軸によるもの。以下4例は数量軸によるものである。

(6)〔ある日、一ぴきのありが、あなからはいって、一つぶの米をもちだしました。するとこんどは、二ひきめのありが二つめの米をもちだしました。こんどは、三びきめのありが三つめの米をもちだしました。〕四ひきめのありが四つめの米をもちだしました。(ながいはなし)

先行文脈を作る各文は、「ある日、……」の文は「ある日」を転換要素とする転換型の文とし、「するとこんどは、……」の文は「すると」を承前記号(fsA2)とする承前型の文、「こんどは……」の文は「こんどは」を承前記号(fsA4)とする承前型の文として扱った。そこまでの間に数量性の軸ができ上がったので、「四ひきめ」と「四つめ」が、その軸を受けつぐことになる。すぐそのあとが次の例である。

(7)〔(6)の例〕五ひきめのありが五つめの米をもちだしました。(同上)

そして、そのあとは、次の例へと続く。

(8)〔つぎからつぎへと、はなしがつづきました。〕ありが百になっても、千になっても、はなしはおわりません。(同上)

(9)〔先生は、その中から、びんを十こもって行きました。〕だんのいちばん上に二つ、その下に三つ、いちばん下に五つ、ならべました。(あさ子さんのうちのひなまつり)

(6)(7)(8)はひとつながりの話で、話全体が数量の軸によって進められるが、(9)はふつうの生活文のうち、この部分だけに数量軸が現われる。

● faA9　発生連鎖系列に属する語句　8文

これは、いよいよ言語を離れる。faA5の随伴性や共出現性と似ているが、こちらは、もうすこし離れ、a、bが同時に発生するのでなく、aが起きた結果、必然的にbが出て来るという関係である。

(1)〔ぼくはすなはまをほりました。〕小さいかいや大きいかいが、いっぱいでてきました。

「掘れば、出て来る」という事実関係から承前要素が生ずる。

(2)〔日よう日は、よい天気でした。〕おかあさんはせんたくのしたくをしていました。(せんたく)

「よい天気」だから「せんたく」するというのは、まったく生活的で両語の間に言語面でのつながりは、何もない。

(3)〔そのとき、おわりのかねがなりました。〕みんなは、かえるしたくをして、とびだして来ました。(もうくろの話)(段頭)

終わりの鐘と帰る仕度とを連鎖的に考えるのは、ややこっけいかもしれないが、ある生活環境では、それはほとんどつきものである。

(4)〔うちはガサガサうごいて、いまにもやぶれそうです。〕いっちゃんは、あわててうらぐちからにげだしました。(三びきの子ぶた)

(5)〔さんちゃんのうちのとびらをドンドンとたたきながら、「あけろ。あけないと、ぶちこわすぞ。」とどなりました。〕いえの中からは、なんのへんじもありません。(同上)(段頭)

「どなる」が、この場合、ただ大声を出すだけでなく、相手に向かって強く要求しているから、「へんじ」が必然的反応となる。

(6)〔バスは、その前でとまりました。〕男の子は、おりようとし

て、そっとまたうさぎの方へちかよりました。（月夜のバス）

(7)〔そして、赤とむらさきのおり紙で、きものを作りました。〕だいりびなができました。（あさ子さんのうちのひなまつり）

(8)〔くまは、冬がくるまえに、いっしょうけんめいにたべものをさがして、おなかにつめこみます。〕くまは、ありが大すきです。（こうないほうそう）

八つの例を示したが、(1) から (7) までの例と、最後の例とは、やや調子がちがう。前７例は、いずれも、前文の行為の結果が後文になるもので、そのつながりが、前文の中心語句と後文の中心語句とに注目するだけで、ある程度一般的に察せられるものである。(8) 例において、前文と後文との関係は、行為とその結果ではない。くまがさがして食べる「たべもの」には何があるかというと、ありがあり、はちがあり、木のみがある、といって解説している。前文で「食べた」結果が後文になるというのでなく、前文で「食べ物」のことを言った結果が、後文で好物の「あり」のことを「言う」結果になったのである。同じく発生連鎖系列に属する語句でも、(1)〜(7) は叙述内容におけるそれであり、(8) は叙述態度におけるそれである。対象言語と記述言語のちがいだと言ってもよい。

● faA10　結末しめくくり語句　４文

「さようなら」ということばは、別れのことばであるから、同時に、会話や手紙文の終末を意味することばでもある。終末の一点は、他のいかなる点に対しても、必ずうしろに位置することになるから、絶対的な意味で承前性をもつ。「絶対的」というのは、「相対的」でないという意味である。直前の文との関係で承前性をもつのでなく、文章全体における位置づけから、むしろ、直前の文とは無関係に承前性を発揮するのである。

(1)〔あさって、うちへかえります。〕さようなら。（先生へのてがみ）

この「さようなら」は、てがみの結びのことばとして、そこまでの全叙述を受けているのであって、「あさって、うちへ帰る」という前文の叙述とは、むしろ関係がないに近い。

(2)〔「さあ、そろそろ出かけるとしよう。」と、うんてんしゅさんがいいました。はるおさんとただしさんは、うんてん台からおりました。トラックは走りだしました。〕「さようなら。」ただしさんが大きな声でいいました。(トラック)

この「さようなら」は、地の文に対しては、終末も何も意味しない。はるお、ただしの二少年とトラックの運転手との会話の終末を意味しているだけである。

(3)〔正月には、ゆき子さんといっしょにあそびに行きます。〕おばさんによろしく。(おじさんにとどいたてがみ)

「○○によろしく」というあいさつことばも、慣例として、会話や手紙文の終末部に置かれることが多いので、実質上しめくくりの響きをもつようになっている。

(4)〔おばさんによろしく。〕さようなら。(同上)

前例のあとに、さらに一語、本当の終末句「さようなら」がある。

結局、結末しめくくりによって絶対的承前要素となる語句として、「さようなら」を3例、「○○によろしく」を1例拾ったのが、資料における承前要素A10の実態であった。

● faA11　問答関係に立つ語句　1文

これは、承前記号D(fsD)の応答の語の働きとはちがう。応答の語のように、自身の語形が応答であることを示しているのでなく、先行文の問いの語に対して、答えの語としてはまるのであって、それだけを見たのでは、答えなのかどうか、必ずしも明瞭でないものである。

(1)〔「どこでおりるの。」おじいさんがききました。〕「このつぎの村でおりるんです。」(月夜のバス)

「どこ」という、場所に関する質問だから、「このつぎの村」という場所の指定が答えになる。これらは、明らかに、一つの意味論的関係を保っている。

例は1種1例しかなかったが、こういう関係は、いつ、どこでも、容易に成立しうる関係だから、あえて項目を設けた。

以上、faA1からfaA11まで、ことがらの関係を含めて、語の意味の関係からいって、先行文中の語と後続文中の語とが特定の関係を保つことにより、後続文に承前性が与えられる様子を記述した。

この承前要素Aは、小説などの文章の展開において、いろいろ微妙な味わいを発揮する。その実態については、第2編の第2章で、つぶさに考察するであろう。

3.3.2　承前要素B（faB）語の付属形式の文法的働き

語の付属形式とは、助詞・助動詞を言った。学校文法の用語でいえば付属語、時枝文法でいえば辞である。

自立語または詞の文法的働きが承前因子となれば、それは、疑いもなく承前記号である。接続詞と指示語がそれであった。

助詞・助動詞の文中における働きが、その文に承前性を与えることがある。助詞・助動詞は意味論上の意味をもたず常に詞に付着して文節の末尾を形作るものだから、それを取り立てて承前記号と見るのは適当でない。よって、承前性をもつ助詞・助動詞は、承前要素のうちにかぞえ、承前要素B（faB）とする。

承前要素Bとして資料中に見出されたのは、結局2種類であった。その第一は副助詞の「も」であり、第二は、文の述語の判断部にあってその叙述に解説の性格を与える複合付属形式「のだ」「のです」などである。「も」を承前要素B1（faB1）とし、「のだ」「のです」の類を、承前要素B2（faB2）とする。

●faB1　副助詞「も」　38文

「も」という副助詞には、いろいろな用法があり、

・おれも男だ。

・あいつにも困ったもんだ。

・試験の結果は、明日にも発表されるだろう。

・私には、できそうもない。

など、それぞれ微妙なニュアンスをもっていて、簡単には説明できないくらいだが、その中で、いちばん多く用いられる用法は、

・私も行きます。

のようなもので、「追加」「添加」などといって説明される。この用法の場合は、その発話が行なわれる前に類似のことが何か言われているのが普通で、それにおっかぶせた追加発言になるものと考えられる。「私も行きます。」と言う前には、だれかが行くことがすでにきまっており、そのことを、我も人も知っているのでなければならない。だか

ら、こういう「も」を含んだ文は、その前の同類発言への承前性を示しているということができる。

「も」を承前要素とする文の数はきわめて多く、資料中に38例をかぞえた。その大部分を占める31例において、「も」は、文の主語についていた。

（1）〔ドーナツ、ビスケット、カステラなどがあります。〕チョコレートやキャラメルもならんでいます。（にぎやかなとおり）

（2）〔テレビがあります。〕ラジオもたくさんならんでいます。（同上）

（3）〔うちの田では、みんながいっしょうけんめいになえをうえていました。〕しんせきのおばさんや、きんじょの人たちもいます。（田うえ）

「も」の前文との関係が、（1）（2）の例と（3）の例とで同じでない。（1）（2）はきわめて単純に、「ドーナツ」「ビスケット」「カステラ」のほかに「チョコレート」「キャラメル」もあるのであり、「テレビ」に加えて「ラジオ」もあるのだが、（3）では、「みんな」のほかに「しんせきのおばさんやきんじょの人たち」がいるのではない。「みんな」の中に、その人たちを発見したのである。しかし、この「も」が追加・添加の働きをしていることは同じである。「うちの田では、みんなが」と言ったとき、「みんな」の内容として、父や母など、うちの人たちが意識の中央にすわった。そのうちの人たちのほかに、親戚のおばさんや近所の人たちもいたのである。

（4）〔先生、お元気ですか。〕わたしも元気です。（先生へのてがみ）

「先生」は元気かどうか、まだわからないのだから、「わたしも元気」というのは、理屈を言えば、ちょっと変なのだが、そうかと言って、「わたしは」と言ったら、意識的に相手を突っ放しているようで、それも、どうかと思われる。

（5）〔リーリーリリリリ　えんの下で、こおろぎがひっきりなしにないています。〕コロコロコロ、コロコロコロとないているこおろぎもいます。（虫のなき声）

（6）〔池のまわりを、小さなでん車が走っています。四りょうつな

ぎの子どもでん車です。〕まめじどう車をうんてんしている子どもいます。(空から下を見ると)(段頭)

この例では、(5) までの例のように、「A がいる。B もいる。」という形にはなっていない。「B も」だけがあって、「A が」の形がない。おそらく、子ども電車が走っていることを述べた時、子ども電車にのっている「子どもたちがいます。」と述べたのと同じ効果が生まれ、これが、潜在する「A が」になったのであろう。

(7)〔〈(6) の例文に続いて〉赤いじどう車、青いじどう車、いろいろな色のじどう車が走っています。(改行) ヘリコプターを見つけたのでしょう。〕こちらを見あげて、手をふっている子どもいます。(同上)

「こちらを見あげて、手をふっている子ども」は、すこし離れた「まめじどう車をうんてんしている子ども」に追加されたのだが、追加が二つ並んで「A も B も」となったから、A と B の並列の要素も生じた。

(8)〔れっ車にのる人が、かいさつぐちをとおって、ホームにはいって行きます。〕よし子さんも、おとうさんやまさるさんといっしょに、はしをわたってむこうのホームに行きました。(れっ車にのって)

(9)〔大どおりを、バスやタクシーが走って行きます。〕スクーターやオートバイもとおりました。(トラック)

(10)〔ただしさんが大きな声でいいました。「さようなら。」〕はるおさんも大きな声でいいました。(同上)

(11)〔おかあさんはせんたくのしたくをしていました。〕わたしも行きたくなりました。(せんたく)

この例は、日本語の文の一つの特徴を示していておもしろい。「わたしも」は「行きたく」までの主語なのだろうか、「行きたくなりました」全体の主語なのだろうか。一見、後者にきまっているように見えるが、だとすると、その前に、おかあさんが「行きたくなった」という事実がなければならないが、おかあさんは、行きたくて行くのではなく、ただ、「したくをしている」のに過ぎない。その点から考えると、――母親の様子を見て、「わたしも行きたい」という気持ちになった、——と解すべきである。

（おかあさんが行きたくなった）ので、（わたしも行きたくなった）。

という構造ではなく、

（おかあさんが行く）ので、（わたしも行きたく）なった。

という構造になっている。

「煙草を買いに行く。」という文は、文節としては

煙草を　買いに　行く。

と切れるが、時枝文法の入子型構造にして見ると、

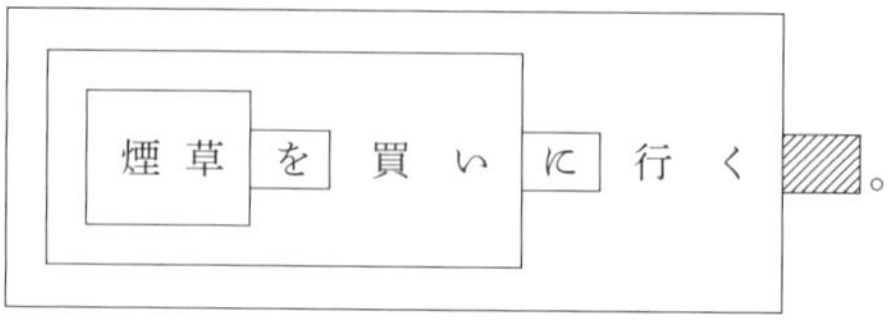

と解かれ、これを 2 ブロックに分ければ、

（煙草）を（買いに行く）

とはならず、

（煙草を買い）に（行く）

となる。「わたしも行きたくなりました。」という文も、これと同じで、

（わたし）も（行きたくなりました）。

と見るよりも、

（わたしも行きたく）（なりました）。

と見た方がよさそうである。

(12)〔おかあさんは、シャツやスカートなどを、いっぱいざるに入れてもって行きました。〕わたしもいっしょにもってあげました。（同上）

この文にも、「わたしも」と述語との関係で、前の例に似た問題がある。「わたしも」という主語が打ち合う述語は「いっしょにもつ」までである。「もってあげる」まで来ると、「もってあげる」のは「わたし」だけであるから、「わたしも」と「もってあげる」とは、この場合、打ち合わないことになる。（「おかあさん」の方は、自分で「もって」いるので、「もってあげて」いるのではないから。）

おかあさんがもち、わたしももつ。

のはいいが、

おかあさんがもち、わたしももってあげる。

のは、おかしい。

(13)〔おかあさんは、きしで、せんたくものにせっけんをつけてもみはじめました。小さなあわがたくさんできます。水に入れてざぶざぶあらうと、あわはなくなってしまいます。そのうちに、おとうさんのシャツがまっ白になりました。〕わたしもたいそうシャツをあらいました。(同上)(段頭)

この例では、「おかあさんは」と、それに添加される「わたしも」とが、ちょっと離れたところにある。しかし、この文章では、あるいは、「おかあさんは」と「わたしも」とを並べるべきでなく、おかあさんが「おとうさんのシャツ」を洗った、とある直前の文に引かれて、わたしも「たいそうシャツを」洗った、という、「シャツ」同士の呼応が強く働いて「わたしも」となったと見るべきかもしれない。

(14)〔〈(13) の例文に続く〉せっけんをいっぱいつけて、おかあさんのようにもみました。小さなあわがたくさんできました。水をかけると、あわは、シュッシュッと音をたててきえます。(改行) わたしは、つかれたので、ちょっと休みました。てのひらを見ると、すこし赤くなっていました。〕よそのおばさんもせんたくに来ました。(同上)

この「〜も」は、前の例よりも、もっと離れたところで、先行者に追加される。「おかあさん」と「わたし」が洗濯していることに対して「よそのおばさんも」となるので、直前の数文とは関係なしに「〜も」が使われている。

(15)〔〈(14) 例に続く〉おばさんが、「おはようございます。」といいました。〕おかあさんも、「おはようございます。」と、あいさつをしました。(同上)

(16)〔おどろいたことに、もうくろがけやきの下へ来て、きょうしつの中をのぞいているのです。〕先生もにこにこわらっています。(もうくろの話)

この「先生も」も、離れた受け方をする。1ページ前に、牛の声を聞いて教室中の児童がどっと笑うことが書いてある。それが、ちょっとしずかになりはしたが、「まだ、ひくいわらい声が聞こえます。」と尾を引き、さらに、「また牛がないたので、みんながわあわあさわぎだしました。」となる、その「みんなが」に追加されると見るべきであろうか。

(17)〔みんなは、かえるしたくをして、とびだして来ました。もうくろをかこんで、草をやったりせなかをなでたりしました。〕てるおも、かばんをかけて出て来ました。(同上)

(18)〔おじいさんが、こくりこくりといねむりをはじめました。〕おばあさんも、にもつの上によりかかって、気もちよさそうにねむっています。(月夜のバス)

(19)〔(18) の文〕おひゃくしょうさんたちも、いつのまにか話をやめて、うつらうつらとしています。(同上)

(20)〔うんてんしゅさんは、こういって、バスからおりて行きました。〕しゃしょうさんもいっしょにおりて行きました。(同上)

これらの例では、いたって行儀よく、至って近い距離で「A が(は)」と「B も」とが呼応している。

(21)〔うさぎのことは、ふろしきづつみをせおったおじいさんも、にもつをかかえたおばあさんも知りませんでした。〕ふたりづれのおひゃくしょうさんたちも、ぐったりとまどによりかかったまま、しずかにねむりつづけていました。(同上)

この例では、前文の中に「A も B も」の形があり、呼応の関係はそれで終わっている。そこにまた、後文で「C も」が追加される。A と B の述語は「知りませんでした」で、C の述語は「ねむりつづけていました」である。「ねむっている」ことは「知らない」ことを意味するので、ABC が完全に並ぶ。

(22)〔さっきから、バスの前の明るいところを見つめていた男の子が、いきなり、「やっ。うさぎが走って行く。」といいました。(改章) どこからとびだしたのか、二ひきの山うさぎが、バスの前のあかりのさきの方を走っています。〕うんてんしゅさんも気がついていましたが、こういうことはよくあることなので、バスをとめようとしませんでした。(同上)

「うんてんしゅさん」の先住者「男の子」は、1 文置いて前に在るが、その後文、すなわち、例文の前文は、男の子の意識を代弁しているから、先住者は前文にいるのに等しい。

(23)〔男の子は、おりようとして、そっとまたうさぎの方へちかよりました。〕うんてんしゅさんも、からだをひくくして、うさぎの方をのぞきこみました。

(24)〔どうぶつの中には、冬がくると、土の下や、ほらあなの中などにこもって、冬の間じゅう、じっとしているのがあります。〕くまもそうです。(こうないほうそう)

この例は、「A が。……B も……。」という単純な呼応形式をもっていないが、前文の「動物の中には、……するのがある。」というのは、「ある動物は……する。」ということだから、その「ある動物」を追っかけて、「くまも」となるわけである。

(25)〔ひろ子、とも子、みよ子は、ならんで、きっぷをかうまねをします。それから、ゆう一とたろうの間にはいります。〕ぶんじろう、じろう、たけしもはいります。(劇)

(26)〔「これはおもしろいわね。それでは、びんばかりで、ひとそろい作るといいわ。」といって、おかあさんはいろいろなかたちのびんをさがしてくれました。〕おかあさんもてつだってくれました。(あさ子さんのうちのひなまつり)

「おかあさんも」は、この前文を受けてはいない。数文前に、あさ子が学校で、みんなといっしょに、ひな人形を作る叙述があるので、それを追っかけている。理屈を言うと、この「も」も、ちょっと変なところがある。他に手伝う人がいて「お母さんも手伝った」のではなく、手伝うのはお母さんだけだから、「も」にこだわれば、「おかあさんも、てつだって作ってくれました。」として、「おかあさんも」の勢いを、「てつだう」ではなく、「作って」につなげた方がよいことになる。

以上 26 例は、書きことばの文章の中で、「〜も」の追っかける相手が、すぐ前の文にあるのを標準的な形とし、相手が、少し離れた先行文中に在るものもあり、また、見やすい形では存在しないものもあったが、どこかに実質上の相手があり、その相手の格が主格であるため、自分も主格の位置にあるものであった。次の 1 例も、この仲間ではあるが、すこし問題がある。

(27)〔とびたつと、ぐんぐん小さくなっていきました。〕わたしも
のってみたいなあとおもいました。(ひこうじょう)

「わたしも」は「おもいました」の主語ではない。カギを使って書けば、

「わたしものってみたいなあ。」とおもいました。

となるべきものなので、「わたしも」は、カギの中の存在となる。その点を重く見れば、この例は、後述する「引用部の内外にまたがる承前」に送ることになるが、原文にカギがないし、読過の印象では、「わたしも」が「おもいました」の主語のようなので、ここの例にかぞえた。それから、「わたしも」は、どういう相手を追っているのかも問題だ。「わたし」は、飛行場へ見物に来たので、人を送りに来たのではない。だから、乗客には関心がなく、先行文中に、乗客への言及はない。しかし、飛行機の飛び立つのを見て「わたしものってみたい」と思うのは、漠然と、乗っている人を想定するからである。したがって、「わたしも」の追っかける相手は、漠然と想定されている機上の人ということになる。

この例を加え、27例が、書きことばの文章の中で、「〜も」が主語に立つものであった。

次に4例、話しことばで使われた承前要素「も」の例を示す。

(28)〔「にいさん、ぼくはいつもこのとこやにくるんだよ。」〕「にいさんもそうだ。(にぎやかなとおり)

(29)〔「おじょうさん、ちょっとおたずねしますが、中町へ行くのには、どう行ったらいいでしょうか。」「中町なら、やくばのちかくです。〕わたしもそちらのほうへかえりますから、いっしょに行きましょう。」(みちあんない)

(30)〔「おおさかえきもかいてね。」〕「きっぷうりばもいるわ。」(劇)

(31)「ぼく、ぼくもかこうかな。」(同上)

これらは、話しことばのやりとりで、相手のことばに追随して「〜も」と言っている例である。こういうのは、地の文との関係ではないから、「引用部の内外にまたがる」ものではない。ただし、(31)の例は、相手の発話に追随して言っているのではなく、相手がかいてい

る行動に追随して言っているのだが、便宜上、同じに扱った。

以上は、書きことば・話しことばを通じて、承前要素「も」が主語に立つ31例のすべてであった。

次に、同じ「も」が主格以外の位格に立つ語につく例の7文を示す。7例のうち6例は、他動詞の目的語の位置に立つものである。

(32)〔さんちゃんはおので木をきりました。それから、のこぎりでひきました。〕くぎもしっかりうちました。(三びきの子ぶた)

(33)〔「くまは、ありが大すきです。〕はちもたべます。(こうないほうそう)

(34)〔〈子どもたちが汽車ごっこをしている〉〕ひろ子「わたしたちも入れてよ。」(劇)

(35)〔「ここ、東京えきだよ。」〕「おおさかえきもかいてね。」(同上)

(36)〔「きっぷうりばもいるわ。」〕「プラットホームもかいてね。」(同上)

(37)〔「じゃ、ぼく、えきちょう。〕きっぷもうるよ。」(同上)

以上6例、「くぎをうつ　「はちをたべる」「わたしたちを入れる」「おおさかえきをかく」「プラットホームをかく」の「を」の位置に「も」が入っている例である。

(38)〔町のおもちゃやには、きれいなひなにんぎょうがならびました。〕あさ子さんのざっしにも、おひなさまのえやしゃしんが出ていました。(あさ子さんのひなまつり)

「〜に」の格に承前要素「も」がついて「にも」となった例が、この1例だけ、あった。

ヲ格・ニ格、あわせて7例を見ると、「〜も」の追随目標がはっきりしているのもあり、はっきりしないのもある。完全にはっきりしているのは(38)の1例「町のおもちゃやに」だけ。次は、(33)の「ありが」は、時枝文法でいう対象語で、意味は「ありを」だが、語形は「ありが」である。あとの例は、実質的には理解できるが、形式上で説明するには、ちょっとした理屈が要る。くどくなるから、それについては言わない。

以上、承前要素として、数の上では最も大きな勢力をもつ副助詞

「も」の38用例について解説した。

● faB2　述語の解説性　13文

前項の「も」は、主として文の諸語に添うことが多かったが、この項で扱うものは、文の述語の部分に在って働く承前要素である。

英語に、becauseとかforとかの接続詞があり、これらの語が文頭に来ると、その文は、そっくり先行発言の理由を解説することになる。日本語には、こういう接続詞が、もともとは、あまり用いられていなかったから、これらの英語を訳すために、「なぜなら」「というのは」「何となれば」などのことばが、おそらく作られて、用いられるようになった。これらの語句を一つの接続詞として扱えば、「そこで」や「しかし」とともに、承前記号の仲間に入れ、fsB3として位置づけることになるが、今回の資料の中には、それらはなかった。

「なぜなら」や「何となれば」のような接続詞を文頭にすえた場合、その文の述語は、どうしても「――だから。」とか「――だからだ。」のような形になって来る。文頭と文末とが相俟って、その文の叙述を前言の理由解説にするのである。この場合、その文の性格を決定する要素として、文頭の接続詞と文末の述語の形式と、どちらが強い力をもつだろう。ちょっと見の印象では、文頭にあるものの方が強いように見えるかも知れないが、それぞれを相手無しの単独の存在にして見ると、結果は反対になる。文頭が「なぜなら」「何となれば」で文末が普通の形では、文の体をなさないが、文頭にそれらの接続詞が無くても、文末が「――だから（だ）。」のようになっていれば、その文はまちがいなく前言の理由解説に働く。やや極端に言えば、「なぜなら」だの「何となれば」だののことばは、本来要らないものであって、そういうものの入った文章は、純良な日本語文ではないとも言えるかも知れない。

文末の述語に付いて、文に解説性を与える付属形式として「から」をまず例に出したが、「から」はこの形式の最良の代表とは言えない。この「から」は接続助詞で、条件句を作るはずのものであり、それで文が終わるのは、杓子定規に言えば、倒置である。倒置から発したものでなく、純粋に、文末の述語に解説性を与える付属形式に「のだ」「のです」というものがある。

資料の性格上、敬体の文章が多いので、「のだ」の形が一つもなく、「のです」が6例、「のだ」のくずれた「んだ」が2例、「んです」が1例、計、この系統の例が9文、その他の雑例が4文で、全体合計が13文であった。

(1)〔きゅうに明るくなりました。〕れっ車は、トンネルを出たのです。(れっ車にのって)

あたりが急に明るくなったのは、列車がトンネルを出たからであり、例文は前文の理由解説になっている。しかし、「れっ車は、トンネルを出たのです。」という文は、「れっ車がトンネルを出たからです。」という文とは、だいぶひびきがちがう。後者は、単に理論的に理由を述べているが、前者には、もうすこし感情がこもっている。急に明るくなったという事態をはっしと受け止めて、「そうだ！　列車はトンネルを出たのだ。」と感動的に言い放った観がある。

「のだ」や「のです」にいつも感動がこもっているわけではないが、「からです」に比べて、重く押しつけの調子があることは、言えるだろう。

(2)〔はるおさんとただしさんは、おもわずかおを見あわせました。そして、ふたりともわらいだしました。〕かおにまでどろがついていたのです。(トラック)

(3)〔わたしも行きたくなりました。〕川へ行って、せんたくをするのです。(せんたく)

(2)例と(3)例とでは、多少解説の着眼点がちがう。(2)は前文の叙述をまともに受けて、「ふたりが笑い出したのは、顔にまでどろがついていたため」という関係で解説するが、(3)では、前文をそのまま「なぜ」で受け止めているのでない。「行きたくなったというのは、どこへ行って何をするのかというと、それは、川へ行ってせんたくをするのです。」という関係である。前言の理由を解説しているというより、前言の足りないところを補説しているといった方がよかろう。接続詞を頭につければ、(2)は「なぜなら」だが、(3)は「というのは」になる。

(4)〔子牛のもうくろにえさをやるのは、てるおのやくめでした。〕朝早くおきて、まだつゆにぬれている青草をかって来て、も

うくろにたべさせてから、学校へ行くのです。（もうくろの話）

「やくめ」の内容をくわしく説明しているから、これも、補説と見た方がよい。

(5)〔また牛がないたので、みんながわあわあさわぎだしました。てるおは、もう読めなくなって、まどの方を見ました。〕おどろいたことに、もうくろがけやきの下へ来てきょうしつの中をのぞいているのです。（同上）

この例は、直前の文から見れば、「すると」があってもいいくらいで、事態の進展を表わしているが、その前から見ると、てるおが読めなくなったほど、みんながわあわあ騒いでいる状況に対する解説になっている。

(6)〔「おや、これはなんだ。」と、さわよむどんが見ると、おどろいたことに、大きないのししがしんでいるのでした。〕うなぎがてっぽう玉のようにとんできて、ぶつかったのでしょう。（さわよむどん）

いのししが死んでいることの原因を推定的に述べている。「てっぽう玉のように」の所に重点があるので、朗読する時は、ここに強調を置く必要がある。なお、前文の文末「しんでいるのでした。」は、その前の文「うなぎのそばに、なにかたおれています。」を解説しているので、この項目の例に入れてもいいものだが、「おや、これは……」の「これ」を承前要素（faE1sC、246 ページ）と認めたので、ここには入れなかった。

(7)〔「にいさん、ありがとう。さあ、はやくかえろうよ。」〕「はやく本がよみたいんだね。」（にぎやかなとおり）

会話文で、相手の発話に対する理由づけをしている。

(8)〔「そうだ。ぶんちゃんだ。〕ぼく、おぼえていたんだ。」（劇）

(9)〔うんてんしゅさんも気がついていましたが、こういうことはよくあることなので、バスをとめようともしませんでした。〕「この山道では、ときどきうさぎがとびだすんですよ。（月夜のバス）

運転手がバスをとめようとしない自分の行動について釈明している感

じである。先行する地の文をカギの中のことばで受けていると解釈すれば、あとの項目（faE1）へ送るべき例となるが、地の文からは切り離して考えれば、発話以前の行動に対する承前というようなことになる。疑問のあるところだが、ここに入れておく。

以上9例は、「のだ」「のです」の系統に属するものである。

(10)〔「ちえっ。なんだい。〕せっかく入れてやろうと思ったのに。」（劇）

(11)〔おされてなくなんて、よわむしだなあ。〕おされてなくなっていってるのになあ。（同上）

「のに」とか「のになあ」で文を止めるのは、前の発言への未練がましい執着を示している。

(12)〔みよ子「どうしてかかないの。」〕ぶんじろう「ぼく、へただから。」（同上）

(13)〔ほら、だいじょうぶ。〕気をうしなっただけですよ。（月夜のバス）

「気をうしなったんですよ。」と言ってもいいところ。「だいじょうぶ」であるゆえんを強調して「だけですよ」になった。

資料の中の13例は以上のとおりであるが、ここにひとつ、この項の説明に非常につごうがいい作品があるので、それによって、考察を追加してみたい。

森鷗外の短編歴史小説に『魚玄機』という中国の話がある。魚玄機という才媛の美女が道教の修道女になりながら、結局愛慾のために人を殺す破目になる話であるが、この小説の文章には、本項の例とすべき解説性の述語をもった文が非常に多く、ほとんど1ページに一つぐらいずつある。

まず、1文の中で、「〜のは、〜からである」という形をとっている例。

①玄機が詩を学びたいと言ひ出した時、両親が快く諾して隣家の窮措大を家に招いて、平仄や押韻の法を教へさせたのは、他日此子を揺金樹にしようと云ふ願があつたからである。（岩波書店、「鷗外全集著作篇」、昭26、第六巻379ページ）

玄機が詩文の教養を身につけるに至った経緯について、結果と動機を

1 文で解説している。

こういう 1 文が 2 文に分かれて、2 文目の主語に、形式的に「それは」が立ったのが次の文である。

②唐の代には道教が盛であつた。それは道士等が王室の李姓であるのを奇貨として、老子を先祖だと言ひ做し、老君に仕へること宗廟に仕ふるが如くならしめた為めである。(377 ページ)

ここでは述語の解説化に、「から」ではなくて「ため」が働いている。

次は、文頭に接続詞句が来て文末の解説述語とが呼応する例。

③さて語を交へて見て、温は直に玄機が尋常の女でないことを知つた。何故と云ふに、この花の如き十五歳の少女には、些の嬌羞の色もなく、其口吻は男子に似てゐたからである。(380〜381 ページ)

次は、形式的な主語も接続詞句もなく、文末の「からである」だけで解説性を発揮している例で、

④温は微笑を禁じ得なかつた。此少女が良驥を以て自ら比するのは、いかにもふさはしくないやうに感じたからである。(381 ページ)

においては、「微笑を禁じえなかつた」という温の行動の理由を説明しているが、

⑤……趙は笑つて「蘋也飄蕩、蕙也幽独」と云つた。玄機は字を幼微と云ひ、又蕙蘭とも云つたからである。(388 ページ)

という文では、趙が云々と言った行動の理由を説明しているというよりも、趙の詩の意味を読者に向かって知的に解説しているといった方がよい。

「から」や「ため」を用いて述語に解説性を与えていることは、以上のとおりである。以下、「のである」の例を、いくつか取ってみる。まず、文頭に「それは」がある例。

⑥しかし、そこに意外の障礙が生じた。それは李が身を以て近かうとすれば、玄機は回避して、強ひて逼れば号泣するのである。(384 ページ)

最初の愛人である李にとっての「意外の障礙」とは何か。「それは……のである。」で、その内容を解説する。

以下は、純粋に「のである」だけで解説の役目を果たしている例。

⑦そしてとうとう或る日温が魚家に訪ねて来た。美しい少女が詩を作

ると云ふ話に、好奇心を起したのである。(380 ページ)

温が玄機の家を訪ねたのは、彼が玄機の才能を伝え聞いて興味をもったことの表われであり、結果である。すなわち、後文は前文の理由を述べる。

⑧李は玄機に嫌はれてゐるとも思ふことが出来ない。玄機は泣く時に、一旦避けた身を李に靠せ掛けてさも苦痛に堪へぬらしく泣くのである。(385 ページ)

本当に自分を嫌っているのなら、避けっ放しであろうに、また自分に身をもたせかけて泣くところを見ると、嫌われているとも思えないということで、2 文の関係は前の例と同じである。

これら 2 例では、理由の説明に重点があるが、次の例は、理由の説明ではなくて、内容の詳解をしている。

⑨当時道家には中気真術と云ふものを行ふ習があつた。毎月朔望の二度、予め三日の斎《ものいみ》をして、所謂四目四鼻孔云々の法を修するのである。(387 ページ)

「四目四鼻孔」と言われても、わたしたちにはまだわからないが、それでも、「中気真術」だけで突っ放されるよりは、だいぶ状況がわかる。「からである」の形による解説性述語の働きにも、理由説明のほかに知的解説にわたるものがあったのだから、「のである」が内容解説をこととするのは当然である。

『魚玄機』には、以上のような形式による文のつながりが非常に多い。この作品が中国の話であり、ことに漢詩をふんだんに含んでいて、とかく叙述がむずかしいので、自然、解説調になるのだろうが、必ずしも、むずかしさからそうなるばかりではなく、この作品の叙事の進め方が、根幹の事実をまず叙して、それからその次第を説くようになっていることと関係があろうと思われる。この作品の冒頭部分に、まずそれが現われている。冒頭段落は、

⑩魚玄機が人を殺して獄に下つた。風説は忽ち長安人士の間に流伝せられて、一人として事の意表に出でたのに驚かぬものはなかつた。(377 ページ)

の 2 文から成り、まず、話の結末になる事実をかかげてしまう。以下作品全部がこの冒頭段落の解説をすることになる。

冒頭段落に続く第 2 段落の最初は、上に引いた②がそれに当たり、まず唐代に道教が盛んであったことを言い切って、その盛んな様を解説する。その間、数文、魚玄機からは離れてもっぱら道教の施設について語り、仏教に寺があるのと同様に道教には観があり、観には道士が居ることを言う。そして、次の一文でその段落が閉じられる。

⑪其観の一つを咸宜観と云つて女道士魚玄機はそこに住んでゐたのである。

ここに至って、「魚玄機」とは何者かがわかるので、第 2 段落の 7 文は、それ全部が、冒頭段落に掲げられた中心人物魚玄機の解説をしている。だから、⑪文の文末「のである」は、前の 1 文に対する解説ではなくて、その段落の叙述全部を引き受けて、その前の段落の叙述を解説しているわけである。

この、冒頭段落と第 2 段落との関係が、この作品全体における叙事の進め方を代表しており、それをまた、「のである」が象徴している。『魚玄機』は、そんな小説である。

しかし、そういう小説の中にあって、破局を叙する次の一段だけは、解説も「のである」も無く、徹底的に事実の進行だけを描いている。

⑫そこへ録翹が燈に火を点じて持つて来た。何気なく見える女の顔を、玄機は甚だしく陰険なやうに看取した。玄機は突然起つて扉に鎖《ぢやう》を下した。そして震ふ声で詰問しはじめた。女は只「存じません、存じません」と云つた。玄機にはそれが甚だしく狡獪なやうに感ぜられた。玄機は床の上に跪いてゐる女を押し倒した。女は懾《おそ》れて目を睜つてゐる。「なぜ白状しないか」と叫んで玄機は女の吭《のど》を扼した。女は只手足をもがいてゐる。玄機が手を放して見ると、女は死んでゐた。

11 文のうち、文末が「ゐる」のものが 2 文、あとは全部「た」で終わっている。

『魚玄機』のことは、これで終わるが、「のだ」「のである」「のです」の特性について、もう一考をつけ加えておく。これらの文末辞が先行文の叙述に解説を加える場合、それが詳解的になされるにせよ、理由・原因・動機等の説明としてなされるにせよ、つまりは、先行文の叙述を、別の立場や角度から言い換えていることになる。だから、文頭に呼応する語を補えば、「というのは」「それは」のような語がぴったりすることが多いのである。これは「の」という辞の性質から来る。この種の「の」は準体助詞と言われ、体言に準ずる働きをもつ。自分だけでは体言の働きをしないが、動詞句や形容詞・形容動詞句につくと、その動詞句・形容詞句・形容動詞句を名詞句に転ずる働きをする。形式名詞の「こと」によく似ていて、それよりさらに幅広い活動をする、甚だ便利な助詞である。「のである」の「の」も、本来、準体助詞であるから、それには、そこまでの用言的叙述をしめくくって体言にまとめる働きがある。だから、文頭に「それは」という形式上の主語があれば、この主語に対し、以下「の」までが「の」でくくられて名詞文の述語部となり、その文は「A は B である。」の形となる。『魚玄機』の⑥は、「それは……のである。」の形をしていたが、これは、次のような構造をなす。

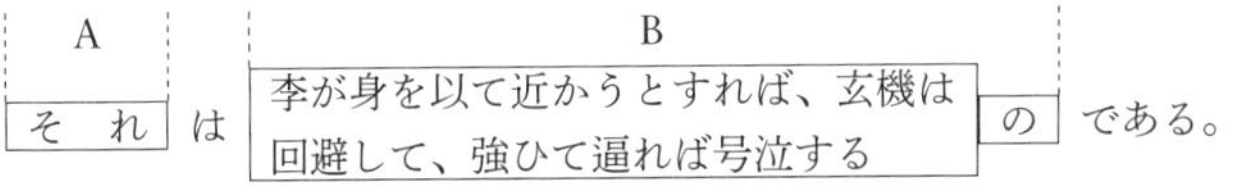
A
B
それ
は
李が身を以て近かうとすれば、玄機は回避して、強ひて逼れば号泣する
の
である。

「それは……のである。」の形は、「の」の準体助詞の働きを最も顕著に存した形で、「それ＝先行文で述べたこと」と、以下の「……すること」とが等価であることを明示しているわけである。「それは」が無くなれば、「A は B である。」の形がくずれて、この文なら「玄機は」が名実ともに主語として浮かび上がり、⑧では、現に「玄機は」がそうなっていて、もはや「の」ではくくり切れない存在となる。それとともに「の」は「である」の方へ引きつけられて、「のである」という一個の判断辞を作ることになる。しかし、「の」の準体助詞としての働きは、消滅してはおらず、それが解説性を生み出す力になっていると思われる。

3.3.3　承前要素 C（faC）　文の成分の省略

これまでに述べてきたものは、始発記号から始めて、始発要素も、承前記号も、承前要素の A も B も、すべて、何かが存在することが始発性なり承前性なりの因子として働くのであったが、次に承前要素

Cとしてかかげるものは、これまでとちがって、ある物が存在しないことが承前性の因子となるものである。その「或る物」とは、主語とか目的語とかのような、文の成分である。

文が、もし、その文1個だけで実現すれば、当然そなえるはずの成分要素を、先行文を受けるために、省略してしまうことがある。この省略には、まずは、省略してもよいから省略したという消極的意味が認められるが、さらに言えば、省略した方がよいから省略したという積極的意味を見出すことができる。文のある部分が欠けていることが、先行文からのつながりをよくするように働く場合、その、成分の欠けていることを承前要素のうちにかぞえ、承前要素Cとする。

省略される成分のうち、いちばん省略されやすいのは、主語であり、承前要素C 98例のうち、主語のない例が57文であった。次が「を」のつくべき目的語の省略された19例で、あとは、少数例に分散した。述語が省略されて承前要素となる例は、資料中には、一つも無かった。

● faC1　主語の省略　57文

例が多いので、主語が省略された結果の文の構造によって分類してみる。文の構造は、84ページに示した『基本文型の研究』の運び文型のわくに拠る。

【1】主語を欠く孤立型文　17文

孤立型文とは、一語文または、一語文に修飾語が添ってできた一連の語集団をいう。

まず示す8文は、「AはBだ。」の形をした名詞文の「Aは」が略されて「Bだ。」の形となったものである。

(1)〔パンをやくいいにおいがしました。〕パンやです。(にぎやかなとおり)

(2)〔となりはとてもあかるいみせです。〕でんきやです。(同上)

2例とも「それは」とか「そのみせは」のような主語があってもいいところである。あれば、指示語という承前記号(「それ」ならfsC2.1、「その」ならfsC2.3)が働くことになるが、この場合は、そういう主語がないことが、これらの文を前文に密着させる要素になっている。

(3)〔さわよむどんは力いっぱいさおをあげました。〕大きなうな

ぎです。（さわよむどん）

主語を補えば、「つれたのは」とでも言いたいところ。

(4) 〔では、かぜにかからないようにするには、どうしたらいいでしょうか。〕うがいをすることです。（こうないほうそう）

これも、「それは」を補うことができる。もっと論理的にいえば、「かぜにかからないようにする方法は」であるが、そう言えば、くどくなる。

(5) 〔池のまわりを、小さなでん車が走っています。〕四りょうつなぎの子どもでん車です。（空から下を見ると）

ここで主語を補えば、「それは」または「そのでん車は」となろうが、その「でん車」は前文の主語である。

(6) 〔おじさんはゆうびんばこを見に行きました。〕はるおさんからのてがみでした。（おじさんにとどいたてがみ）

主語を補えば、「ゆうびんばこにあったのは」「おじさんが見つけたのは」のようになって、前文の語句を大幅にくり返すことになる。

(7) 〔あきらさんのうちに、子犬がきました。〕まだうまれたばかりの、かわいい犬でした。（子犬）

これは最も典型的な形をした例で、前文の主語「子犬が」の「が」を「は」に換えて次文の文頭にすえれば、承前要素 D（先行文中の語の反復による承前）となり、これに「その」を添えて「その子犬は」とすれば、「その」の指示力が利いて来て fsC2.3 となり、「それは」とすれば、fsC2.1 となる。

(8) 〔おくじょうのすぐまえのほうに、大きなひこうきがとまっていました。〕ほっかいどうへいくひこうきだそうです。（ひこうじょう）

前文の主語「ひこうき」をめぐって、これにも、(7) の例と同様の処理ができるが、こちらは、目の前の大きな実景について叙しているので、指示語を用いた場合の指示機能は、むしろ、現場指示的なものとなり、「その」「それ」より、「あのひこうきは」、または「あれは」とした方が落ち着きがよい。

以上 8 例は、「B だ。」の形をした無主語文であったが、「A は」を補う場合、その「A」が前文中にはっきり示されている場合もあり、それがはっきり示されておらず、前文の理解から生ずるある語群を想定しなければならない場合もあった。

次に、(9) から (14) までの6例は、主語のない動詞文において、無主語が承前性をかもし出している例である。

(9)〔てるおは立って本を読みました。〕まちがわないように、できるだけゆっくり読みました。(もうくろの話)

省かれた主語は「てるおは」で、前文の主語。前文と同じ述語「読みました」に「できるだけゆっくり」「まちがわないように」二つの副詞句がつく。

(10)〔ふたりはどんどん歩いて行きました。〕ガソリンスタンドのところまで来ました。(トラック)

前文の主語「ふたりは」が受けつがれて省略される。

(11)〔たろう、ゆう一、じろう、みのるも、やがて、そのうしろにつきます。〕汽車のうたをうたいながら、しきりにまわります。(劇)

状況は前の例と同じ。

(12)〔ほっかいどうへいくひこうきだそうです。〕なかなかとびたちません。(ひこうじょう)

前文は上例 (8)。そこで略された主語が、引続き、ここでも略されたとも見られるが、前文で述語になっている「ほっかいどうへいくひこうき」が主語に引きつがれて省略されたとも見られる。

(13)〔すの中に小さなたまごがみえました。〕三つみえました。(カナリヤ)

(14)〔スイッチョ　スイッチョ　スイッチョ　にわのすみの草むらで、うまおいがなきだしました。〕イッチョ　イッチョとないているようにもきこえます。(虫のなき声)

2例とも、前文の主語が引きつがれて省かれた。戻せば、「たまごは」「うまおいは」。

残る3例は、孤立型文ではあるが、構造がやや複雑で、孤立型の感じがしないものである。

(15)〔もうくろは、生れてからまだ三か月のあかちゃんです。〕はなのさきと、しりが白いほか、あとはまっ黒です。(もうくろ

の話）

「はなのさきが白い」という主述関係が「ほか」でくくられて副詞句となったので、副詞句と形容動詞述語とによる孤立型になっている。

(16)〔かれた草のような色をした山うさぎは、ぐったりとうんてんしゅさんにだかれたまま、ねむっているように、小さな目をとじていました。〕「だいじょうぶかしら。」（月夜のバス）

発話者は、目の前のうさぎを省略された主語にしているが、文章の読者には、眼前の現物のかわりに前文があり、その中の主語「山うさぎ」が、後続文である発話文の潜在主語となっている。

(17)〔「だいじょうぶかしら。」しゃしょうさんが、しんぱいそうにうさぎの方をのぞきこんでいいました。〕「早く生きかえるといいんだがなあ。」男の子も、そっとうさぎのそばによりながら、小さな声でいいました。（同前）

「早く生きかえるといいんだがなあ。」は、前文の「だいじょぶかしら。」（例文（16））とまったく同じ性格の発話文で、そのまま「うさぎ」を潜在主語にしている。「いい」に注目して形容詞述語文としたが、「生きかえる」を述語の根幹部（『基本文型の研究』で「描叙段階」と呼んだもの）とし、それに「といいんだがなあ」という複合表出辞が添ったものだと見た方がいいかもしれない。そうすれば、動詞文となる。

【2】主語を欠く総合型文　14文

結合型の文とは、「本を読む。」「家に帰る。」「私は本を読む。」のように、一つの述語に一つ以上の文要素が構文関係を保つことによって成り立つ文をいう。（『基本文型の研究』54ページ）「文要素」とは、文の成分のことであり、「構文関係」とは、文要素同士が関係し合うことによって、「文」を成り立たせるような関係をいう。

本来なら主語を具えた結合型文であるべきものが、前文の主語を引きつぐために、自分は無主語となった結合型文が資料中に14例あった。そのうち11例では前文の中に主語が見出された。残る3例では、直前の文が、すでにその前からの影響によって無主語になっていた。

(1)〔やおやのまえでは、ふたりはなにをみたでしょう。〕まっかないちご、きいろのなつみかんをみました。（にぎやかなとお

り）

「ナニをみた。」という2点結合型の文（2個の文要素〈この場合は、目的語と述語〉が結合してできている文）が、前文の主語「ふたりは」を潜在させている。それが顕在すれば、「ダレはナニをみた。」という3点結合型の文となる。

（2）〔ぼくとおとうさんは、まてがいをとろうとしましたが、なかなかとれません。〕よそのおじさんのほるのをみていました。（しおひがり）

「よそのおじさんのほるの」は主述関係を含んだ名詞句（学校英文法でいう noun clause）であるから、2点結合型で、前文の主語が潜在する。

（3）〔にいさんは、しばらく本をさがしてから、じぶんの本とひろしさんの本をかいました。〕千円さつでおつりをもらいました。（にぎやかなとおり）

前文主語が潜在する3点結合型の文。

（4）〔かおをちかづけると、カナリヤはすみのほうににげて、小さくなっていました。〕えさもたべません。（カナリヤ）

副助詞「も」が「えさを」の「を」を追い出して「えさ」に付いた。「カナリヤはえさをたべません」が基底にある。

（5）〔ひろしさんとにいさんは、ふみきりをわたって行きます。〕どこへ行くのでしょう。（にぎやかなとおり）

（6）〔みなさんは、さむいからといって、うちの中でごろごろしているようなことはありませんね。〕まい日、元気に学校へかよって来ていますね。（こうないほうそう）

（5）（6）は潜在主語「ダレは」と「ドコへ」とが述語にかかる文要素で、（6）では、それに副詞がついている。

（7）〔先生、わたしはまっくろなかおになりました。〕まい日、たっちゃんと、せみをとったり、かけっこをしたりして、あそんでいます。（先生へのてがみ）

（8）〔ひろしさんがいました。〕にいさんといっしょにいました。（にぎやかなとおり）

（7）（8）とも、潜在主語「ダレは」と「ダレと」とが述語にかかる文要素。

(9)〔おおかみは、すぐにあとをおいかけてきました。〕さんちゃんのうちのとびらをドンドンとたたきながら、「あけろ。あけないとぶちこわすぞ。」とどなりました。(三びきの子ぶた)

「さんちゃんの……ながら」は副詞句と見る。副詞句は述語に付属するもので、独立の文要素とは見なかったので、この文は、(「〜」とどなりました) というだけの2点結合型文となる。「ながら」は「ため」「とき」などと同様に、副詞句を作るくくりことばである。

(10)〔学校のかえりに空を見たら、ひつじの毛のような雲がありました。〕風でどんどんながされて行きました。(雲)

潜在主語「ナニは」と「ナニで」とが述語にかかる文要素。

(11)〔すずめは早おきです。〕さっきから、やねの上ではしゃいでいます。(朝の音)

潜在主語「ダレは」と「ドコで」とが述語にかかる文要素。

以上11例は、すべて、潜在主語が直前の文に明示されている例である。次の3例は、1文以上を隔てた先行文中に主語があり、以後、その影響下にある無主語文がいくつか続くものである。

(12)〔ぼくは、はだしになって、うみの中へはいってみました。そして、ちょっとうみの水をなめました。「やっぱり、しおからい。」といいますと、おとうさんもおかあさんもわらいました。〕すなはまをはしりまわりました。(しおひがり)(段頭)

先行文中、「ぼくは」の文と、「そして」の文との関係は、fsA1「そして」の (4) (78ページ) に示したとおりである。「ぼくは」の潜在主語勢力が、さらに1文を隔て、改行された後まで及んでいるわけである。児童の作文の場合には、一文章全体が同じ「ぼく」や「わたし」の影響下にあることがめずらしくない。日記に行動の記録を書くような場合には、一般にこれが普通になるから、主語に執着の強い英語の文ですら、主語が省かれる。なお、このことは、承前要素D「語句の反復出現」の「継続題目の反復」と関係がある。次の例文も、同じ「しおひがり」の文章の続きだから、まさに継続題目の例である。

(13)〔そこへ、ぼくがしおをつまんで入れると、ぴょこんと、つのみたいなほそながいかいがでてきました。「これだ。これだ。」

といって、つかみだしました。いっぺんみつけると、おもしろくなって、いくつもいくつもほりだしました。〕「いつまでもいたいな。」とおもいました。(同前)

(14)〔はるおさんは本を読みはじめました。おもしろいので、むちゅうになって読みつづけました。〕夕はんまでに、半分も読んでしまいました。(たんじょう日のおくりもの)

「夕はんまでに」を文要素と見たので、結合型文に入れた。

【3】連結型文の中で両件にまたがる主語を欠く　9文

連結型文とは85ページ以下に説明したとおり「P_1してP_2する」という型の文である。したがって、この項に集めた諸例は前件の述語P_1と後件の述語P_2とが共通の主語をいただき、それが先行文からの影響で省略されるものである。

(1)〔おやどりがごみためのところをあしでかきわける。〕えさをさがしては、ココココとないて、ひよこにたべさせている。(ひよこ)

「P_1しては、P_2して、P_3している。」という形の文で、P_1もP_2もP_3も、前文の主語「おやどり」を潜在主語にしている。

なお、この文のように、述語句が三つ並んでいる場合、三つが並列していると見るよりも、二つの句が連結して一句相等となり、それが残る一句と連結していると見たい。この場合、

〔P_1してはP_2し〕て、〔P_3している。〕

と見てもよいし、

〔P_1し〕ては、〔P_2してP_3している。〕

と見てもよい。どちらにしても、潜在主語が全体を支配していることは同じである。以下、P_1、P_2の主要部に下線〜〜〜を施して示す。

(2)〔すの中のカナリヤの子どもは、だんだん大きくなりました。〕オレンジ色の毛がはえて、かわいらしくなりました。(カナリヤ)

(3)〔みんなは、また田うえをつづけました。〕一れつにならんで、きまりよくなえをどろの中にさしていきます。(田うえ)

(4)〔ねこは、くやしくてたまりません。〕おこって、小ねずみに、「この小ねずみ。こんどおまえをつかまえたら、おまえをたべ

てから、かおをあらうようにする。おぼえておけ。」といいP_2ました。(ねこと小ねずみ)

(5)〔わたしもたいそうシャツをあらいました。〕せっけんをいっぱいつけてP_1、おかあさんのようにもみP_2ました。(せんたく)

(6)〔みんなは、かえるしたくをして、とび出して来ました。〕もうくろをかこんでP_1、草をやったりせなかをなでたりしP_2ました。(もうくろの話)

(7)〔左の方から、ぶんじろうが出てきます。〕さむそうにポケットに手を入れてP_1、しょんぼりとみんなのようすを見ていP_2ます。(劇)

(8)〔こんどは、人のかおのような雲が来ました。〕あたまのところがくるくるとまるまってP_1、はなが出て、あごがつき出ていP_2ました。(雲)

(9)〔つぎに来たのはくまのようでした。〕しっぽが上にあがっていてP_1、足もちゃんと四本ありP_2ました。(同前)

(9) の例には、(8) までの例と違うところがある。それは、潜在主語の語形をはっきりさせることがむずかしいことである。前文の主語は「つぎに来たの」だが、これを次文の潜在主語とするよりも、述語の「くま」を潜在主語とした方が落ち着きがよい。(1)～(8) の例では、前文が「ダレがドウスル。」という叙事性の文((4) だけは、述語が形容詞)であったが、(9) の前文は「ナニはダレのようだ。」という判断性の文で、「A＝B」という同定認識を土台にしている。この同定によって、表現者の意識の焦点は、主語から述語の名詞「くま」に移っている。それで、主語よりも述語名詞の方が後続文に強い影響力を持つことになった。

それから、(8) (9) の2例に共通して、(1)～(7) の例と違う点がある。それは、問題文に主語がないとは言えないことである。(8) には、「あたまのところが」「はなが」「あごが」、(9) では「しっぽが」「足も」という主語が確かにある。しかし、これらは、前文との関係で見ると、「象は鼻が長い。」の「鼻が」と同じもので、部分主語、派生主語などといわれる性格のものである。前文から受けついだ潜在主語の方が「象は」に当たる上位の主語である。部分主語は述語句の中の主語である。

【4】展開型文の中で両件にまたがる主語を欠く　2文

展開型の文とは、89ページ以下に述べたとおり、条件帰結関係を叙述する文のことであるから、当然、条件句と帰結句とから成り立つ。条件句と帰結句が共通の主語をいただき、その共通主語が、先行文からの影響によって潜在化した例が、次の2文であった。

(1)〔ひこうきは、ゆるゆるとじめんの上をうごいていきます。そしてかっそうろにでると、いきおいよくはしりはじめました。〕とびたつと、ぐんぐん小さくなっていきました。(ひこうじょう)

潜在主語は、1文置いて前の文に示されている。

(2)〔おとうさんが「……まさお。ちょっとおいで。」といって、まさおさんをつれて、となりのへやへ行きました。〕なにかごそごそやっていましたが、まもなく出て来ました。(あさ子さんのうちのひなまつり)

【5】展開型文の中で前件の主語を欠く　6文

展開型文の前件は条件句である。条件句と帰結句とが別々の主語をもっていて、条件句の主語の方が先行文の影響によって潜在化した例が6文あった。

(1)〔あきらさんのうちに、子犬がきました。まだうまれたばかりの、かわいい犬でした。おかあさん犬がいないのでさびしいのか、二、三日は、クンクンないてばかりいました。〕ころころとふとっているので、あきらさんはコロと名まえをつけました。(子犬)

「子犬」の潜在主語性は、先行2文の間継続して、この文に引きつがれる。

子犬はP_1ので、あきらさんはP_2。

という形になっている。

(2)〔おじさんはこくばんになにか書きました。〕むずかしい字で書いたので、わたしには読めません。(るすばん)

「書いた」のは潜在の「おじさん」。「読めない」のは「わたし」。純形式的には、「読めません」の主語は「わたし」ではなく、省略されている「字」か何かだろうが、実質上は「わたし」である。

(3)〔ぼくは、はだしになってうみの中へはいってみました。そして、ちょっとうみの水をなめました。〕「やっぱり、しおからい。」といいますと、おとうさんもおかあさんもわらいました。

P_1 の主語は潜在の「ぼく」、P_2 の主語は「おとうさんもおかあさんも」。

(4)〔ぼくはなれていないので、ちっともつれません。それでも、糸を上げたり下げたりしていたら、ぐぐっとひっぱりました。〕いそいで上げたら、はぜがつれました。(夏休みにしたこと)

P_1 の主語は潜在の「ぼく」、P_2 の主語は潜在の「はぜ」。

次の2例は構文がやや複雑で、展開型文の条件句の中に展開型文がこもっており、その前件の主語が潜在化している。

(5)〔てるおも、かばんをかけて出て来ました。そして、もうくろのくびのつなをひっぱり、チョッチョッとしたであいずをしながらつれてかえりました。ちかくの友だちが五、六人ついて来ました。〕おとなのようにチョッチョッというと、もうくろがおとなしくついて来るので、てるおはとくいでした。

P_1、P_2、P_3 の関係は次のようになっている。

(P_1 すると P_2 する) ので (P_3 だった)。

P_1 の主語は潜在の「てるお」。P_2、P_3 の主語は、それぞれ顕在の「もうくろ」「てるお」である。しかし、P_1 の主語は先行文から引きついだ潜在の「てるお」ではなくて、P_3 の主語としてあとから登場する「てるお」だと見ることもできる。

(6)〔そして、大きなかみなりがなったり、いなびかりが光ったりしました。〕こわいので、まさるとふとんをかぶっていたら、母にわらわれました。(にっき)

「こわい」の主語を「かみなりやいなびかり」と設定し、それが潜在化していると見た。しかし、この主語は、時枝文法でいう対象語であり、一般の主語とは異なる。一般の主語は、P_1、P_2、P_3 のすべてにわたって潜在する「わたし」である。日記の文章だから、「わたし」は、はじめから潜在している。

【6】展開型文の中で後件の主語を欠く　3文

こんどは、先行文からの持ち越しによって、主語の潜在化が、展開型文の後件すなわち帰結句の中に起こる場合の例を示す。

一般に、承前の記号や要素は、文頭か、文頭に近い所に置かれるのが普通である。述語の解説性を承前要素とする faB2 の場合などは、述語の性質によって承前要素が文末に来ざるを得ないが、これなどは例外とすべきである。したがって、展開型の文において、先行文からの持ち越しによる主語の潜在化が、前件である条件句と後件である帰結句の、どちらに起こりやすいかといえば、それは無論、前件である条件句の方に起こりやすいにきまっている。しかし、後件にそれが発生することも、あるにはある。次の3例について、その発生のしかたを調べてみよう。

(1)〔さわよむどんは大よろこびです。こんどはやまいもを入れるものがほしいとおもいました。〕うまいぐあいに、かやが見つかった$_{P_1}$ので、かまでかり$_{P_2}$ました。（さわよむどん）

P_1 の主語は顕在の「かや」で、P_2 の主語が潜在の「さわよむどん」である。

(2)〔いっちゃんとじろちゃんは、うらからそっとぬけ出して、いっしょうけんめいに森のおくへにげて行きました。〕さんちゃんのうちが見える$_{P_1}$と、「たいへんだ。たいへんだ。おおかみがきたぞ。さんちゃん。たすけてくれ。」とさけび$_{P_2}$ました。（三びきの子ぶた）

P_1 の主語は「さんちゃんのうち」で、P_2 の主語が潜在の「いっちゃんとじろちゃん」である。

(3)〔くまは、ありが大すきです。はちもたべます。それに、どんぐりのような木のみをたくさんたべます。そして、からだをじゅうぶんふとらせます。〕もし、山の中にたべものが少ない$_{P_1}$と、山をおりて来$_{P_2}$て、畑のかぼちゃやいもをたべる$_{P_3}$こともあるそうです。

この文は、後件の帰結句が連結型文の形をとって「P_2 と P_3」となっており、P_2P_3 にまたがる主語が、先行文から連続して持ち越されている「くまは」である。P_1 の主語は「たべもの」で顕在している。

もう一度戻って、(1)(2)(3)を通覧してみると、前件の主述関係に、共通した現象を見ることができる。それは、前件中に顕在している主語が、いずれも、あまり重みのない主語だということである。いちばん軽いのは(2)で、「Xが見える」のXは、時枝説の対象語である。(1)の「Xが見つかる」のXは「見える」のXよりは主語に近いが、あまり変わらない。「見える」でも「見つかる」でも、「見る」人や「見つける」人が行為の主体者として、実質上の権威をもっている。その主体者は、(1)では「さわよむどん」であり、(2)では「いっちゃんとじろちゃん」である。(3)の「たべものが少ない」は、形の上では、文句なしの主述関係になっている。しかし、この「たべもの」は、もちろん、熊のたべものであって、ここでは、「たべものが少ない」が熊にとっての事態を表わしている。さらにいえば、熊に属する事態、極端にいえば、熊の状態を表わしているといえる。「象は鼻が長い」の「鼻が長い」と同じようなものである。そうであれば、「山の中にたべものが少ない」と言った時には、すでに、その頭に、総主「くまは」を潜在させていると見るべきである。

こう見て来ると、(1)でも(2)でも(3)でも、主語の潜在化は、後件に至ってはじめて発生したわけではなく、文の初めから発生しているのである。だから、これを分類し直せば、【4】の「両件にまたがる主語を欠く」へ入れることになる。

【7】展開型文の中で両件がそれぞれ別の主語を欠く　5文

(1)〔さわよむどんがうなぎつりをしていました。〕つりざおをもってまっていると、やがて、ぐいぐいとひっぱりました。(さわよむどん)

前文なしでこの文を読んだら、誰が待っていると何が引っぱったのか、わからないが、前文のおかげで、待っているのはさわよむどんで、引っぱったのはうなぎだとわかる。厳密に言えば引いたのが本当にうなぎだったかどうかは、引き上げてからの叙述を見なければわからないわけだが、うなぎだと信じているさわよむどんの心理で叙したか、読者の自然な理解をそのまま利用したか、どちらかの理由で、こういう省略が行なわれる。

(2)〔ぼくは、じいっと見ていて、さっとあみをかぶせました。と

んぼは、あみの中でばたばたしています。〕口のところに手をやると、きばみたいなものでかみました。（にっき）

「ぼく」が手をやると「とんぼ」がかんだという関係が、前文の影響によってすぐわかる。

（3）〔はるおさんは本を読みはじめました。〕おもしろいので、むちゅうになって読みつづけました。（たんじょう日のおくりもの）

P_1（おもしろい）の主語は「本」であり、P_2（読みつづけた）の主語は「はるおさん」である。しかし、「おもしろい」は、言うまでもなく「はるおさん」の心の状態を表わしているから、「はるおさん」は、P_2 だけの主語なのではなく、実質は、P_1P_2 両件にまたがる主語と見るべきである。

（4）〔そのひょうしにふうせんを手からはなしてしまいました。ぼくはすぐとびあがってつかもうとしましたが、とどきませんでした。〕大いそぎでさおをもってきましたが、そのときには、もうやねよりずっと上へあがっていきました。（夏休みにしたこと）

「さおをもってきた」のは「ぼく」で、「あがっていった」のは「ふうせん」である。

P_1P_2 それぞれの潜在主語が先行文中に顕在している時、それぞれを S_1S_2 とすると、S_1 と S_2 の出現する順序が、（1）（2）の例では、S_1S_2 の順であり、（3）（4）では S_2S_1 の順である。多数の例について見れば、両方の順序の関係に一定の傾向が見出せるかもしれないが、これだけではわからない。

（5）〔えびがにをとってきて、せんめんきの中に入れました。せんめんきをぽんとたたいたら、さっとうしろにはねました。〕しずかに見ていると、ひげをそっと右へやったり左へやったりうごかしながら、のろのろとはって行きます。（にっき）

「えびがに」は P_2（はって行く）の主語である。P_1（見ている）の主語は「わたし」で、これは、日記ゆえ最初から潜在化している。なお、「えびがに」は「見ている」に対しては、ヲ格目的語の位置に立つから、その点で見れば、あとに掲げる「ヲ格要素の省略による承前」の例となる。

以上、【4】から【7】までは、展開型文の中で主語の省略が承前要素となっているものであった。

次に、たった1例であるが、従属句の中の主語の潜在化が承前要素となった例を示す。

【8】従属句内部の主語を欠く　1文

(1)〔よし子さんがにわであそんでいると、小とりのなくこえがきこえてきました。〕うちのカナリヤP_0かしらとおもP_1って、よし子さんはとりかごのところへいきP_2ました。(カナリヤ)

この例文は

〔「S」としてP_1し〕て、〔ダレはドコへP_2した〕。

という構造の連結型文である(Sはsentenceの意味)。P_1の主語は、P_2の主語として後から登場する「よし子さん」である。P_1にかかる文要素には、主語のほかに、「うちのカナリヤかしらと」という補語がある。この補語は、「と」というくくりことばが「うちのカナリヤかしら。」という文をくくってできたものだから、くくられている文は従属句である。この文には主語がなく、補えば「あれは」とか「あのこえは」とかになる。その「こえ」は前文に示されている。

以上、主語の省略が文の承前要素となっている例57個を解説した。文の成分が省略されて承前要素となるというのは、どうやら日本文の大きな特徴のように思われるが、省略される成分は、主語が圧倒的に多い。

● faC2　題目語的な語句の省略　7文

次のような日記文がある。文ごとに番号をつけて示す。

①朝早くおきて、にわに出てみたら、あさがおが$_1$たくさんさいていました。②青と白のまじったのが$_2$、いちばんきれいでした。③ももいろのも$_3$むらさきのも$_4$ありました。④かぜがふくと、あさがおは$_5$すずしそうにゆらゆらゆれました。⑤おひるごろ、見に行ったら、あさがおが$_6$、しおれて、くびをさげていました。⑥はが$_7$かれそうになっていました。(にっき)

①から⑥まで、6文とも、主語をそなえている。③には主語が二つある。これだけ豊富に主語が並んでいるが、意味の重みからいうと、そ

れぞれに違いがある。試みに、この6文を別々にして、1文ずつ個別に示したら、自分1個だけで意味が完結するのは、①④⑤の三つだけである。すなわち「あさがお」という語を主語にもっているものだけである。あとの②③⑥は、

②青と白のまじったのが、いちばんきれいでした。

③ももいろのもむらさきのもありました。

⑥はがかれそうになっていました。

であって、それが朝顔のことを述べているのだとわからなければ、釈然としない文である。このことから、この文章では、七つの語が主語に立っているが、「あさがお」だけが、完結性のある大題目を示していて、あとの「青と白のまじったの」「ももいろの」「むらさきの」「は」という各語句は、朝顔を「花」と「葉」とに分けた小題目、さらにそれから派生して来る部分題目を示しているにすぎないことがわかる。

だから、②③⑥の各文は、主述完備して文法的には何の不足のない文だけれども、意味から考えて、題目語を欠いた文だということができる。その省略を承前要素とする。

さらに、その目で見ると、⑤文の「あさがお」は、①④の「あさがお」に比べると、やや限定された意味で使われており、成人の分析的論理で表現すれば、むしろ「花」というべきところである。もっと適切にいえば、この文は、

おひるごろ、見に行ったら、あさがおは、はながしおれて、くびをさげていました。

というべきところが、子どもの論理で未分化に把握された結果生じたものだといえる。だが、ここでは、⑤文を題目語の省略された例には入れないでおく。

②③⑥の各文を、題目語の省略による承前要素の例文（1）（2）（3）とする。

（4）〔夕がた、雨がふりました。〕空がくらくなっP_1て、ざあざあぶりになりP_2ました。（にっき）

この文は「て」で結ばれる連結型文で、後件が主語を欠く。それを、前文の「雨」の潜在化と見れば、この例は前の節に送られることにな

り、「連結型文の中で後件の主語を欠く」という項を増設しなければならなかったところだが、そう見なかった。「ざあざあぶりになる」という動詞句は、「雨」というような主語を必要としない包括的な意味をもっており、それだけで独立して文をなす方が、むしろ自然である。この日記文は、前の日記文が「あさがお」を題目語としたような明白な題目語を文面に示していないが、「雨」「空」や、この後に続く文で主語になる「かみなり」「いなびかり」の上位に、「天気」とか「空模様」とかのことばで言いたいような大題目が、全体をおおっていると見ることができる。この日記文のスタイルにふさわしい形でドンピシャリの題目語を補うのはむずかしいが、題目語省略の例に入れておく。

(5)〔この山道では、ときどきうさぎがとびだすんですよ。〕早く道ばたの草むらの中へ、にげこんでくれるといいのですが。(月夜のバス)

(6)〔だいじょうぶですよ。〕いまに気がついて、びっくりしますよ。(同前)

両例ともに同じような文脈の中で、眼前のうさぎについて語っている。(5) では「(あの) うさぎが」、(6) では「(この) うさぎは」の形で主語を補うことができるが、話者の気持ちを推し計れば、ここで潜在化しているのは、そういう静かな形の主語であるよりも、(5) では女車掌のことばとして「あのうさぎ!」、(6) は男の運転手のことばとして「こいつめ!」のような、それぞれ独立語の形で提示される題目語が潜在していると見た方が真実に近いと思われる。

(7)〔そうだよ。〕つまらないなあ。(劇)

ゆう一とたろうが声を合わせて言うセリフで、ぶんじろうに、遊びに加わるように誘ったのに乗って来ないのをつまらながっている。「はいらないなんて」というような題目提示語が省略されて承前要素になっていると見た。

以上7例、題目語の省略を承前要素とする例として示した。

一つの文章は、大きくいえば、一つの話題をめぐって叙述されるものであるから、一つの文章には一つの題目語が一貫しているのがたてまえとなる。したがって、一つの文章を構成する各文は、一つの共通な題目語句をいただくはずだと、一応は、言うことができる。しかし、これはきわめて粗い言い方で、あくまでも「一応は」の話である。実際には、一つの文章に属する各文が一つの題目語をいただきつつ展開するということは、まれである。上の「あさがお」のような単純な日記文でも、「あさがお」という大題目が「花」や「葉」の小題目に分化する傾向を示している。普通の文章では、題目の分化は、もっとずっと複雑で、大題目から中題目へ、中題目から小題目へ、小題目からさらに小題目へと、幾層にも分化していくものである。

であれば、一文章を構成する各文は、題目語を順次変えながら進んでいくものだと、言いかえなければならない。その変わり方が、その文章の性格を決める重要な要素となる。論理整然と運ばれる文章では、題目語の移り変わりは、抽象のはしごを行儀よく上り下りする形でたどられるだろうし、直観的で飛躍の多い文章なら、題目語の移り変わりも、論理を離れて変幻自在な様子を示すことになろう。また、長い間題目語が変わらない文章は、「平板」、「しつこい」、「進みが遅い」、「きめが細かい」などの性格を帯びるだろうし、題目語の変化が早い文章は、「多角的」、「軽快」、「進みが速い」、「きめが粗い」などの性格を帯びることになるだろう。

題目を示す語句は、主語の形で示されることがいちばん多いが、いつもそうだとは限らない。独立語にもなり、連用修飾語にもなり、いろいろな形をとる。日本語では、総じて、副助詞「は」が付くことによって題目語が示されることが多いが、それとても、一概にはいえない。

そして、それらの題目語は、いつも文表面に顕在しているわけではなく、潜在化することがいくらでもあり、潜在化が承前要素になることも多いのである。題目語の省略としては、ここに7例だけを示したが、実は、その前の主語の省略で示した例の中にも、主語として見るよりも、題目語として見た方がよいものは、いくらでもあったが、形式上のとらえやすさを重んじて分類したので、文句なしに主語と見られるものは、すべて主語に扱ったのである。

● faC3　ヲ格連用成分の省略　19文

名詞が格助詞「を」を介して動詞に連なる形を、動詞から見て「目的語」と呼んだり、「客語」と呼んだり、また単に「連用修飾語」と呼んだりする。「目的語」「客語」の呼び方は、自動・他動を動詞の基本的な区分とする英語その他の外国語と違って、日本語の動詞にとっては、本質的な区分をもたらさない。「人を頼る」の「人を」は目的語で、「人に頼る」の「人に」は目的語でないといって区別する根拠は何もない。「を」がつけばみな目的語であるなら、それをわざわざ目的語という必要はなく、語形をそのままに「ヲ格」と呼べばよい。そうすれば「に」につく形は「ニ格」、「の」のつく形は「ノ格」のように、命名法の範囲を拡げることができる。「連用修飾語」という呼び方は、当たりさわりがなくて安全な呼び方ではあるが、範囲が広すぎて、ほとんど何の区別もできないうらみがある。最近「ヲ格」「ニ格」……という言い方がかなりよく用いられるようになってきた。ここでは、ヲ格の場合、「ヲ格連用成分」というのを正式な呼び方とし、時に応じてそれを略して「ヲ格成分」、あるいは単に「ヲ格」ということにする。また、「目的語」ということもある。

先行文からの影響によって、後続文中のヲ格連用成分が潜在化し、それが承前要素となる例が、主語の場合に次いで多かった。

(1)〔おかあさんのゆびさしたほうをみると、ひこうきがだんだんひくくなって、わたしたちのみているちかくにおりてきました。「おおさかからきたひこうきだよ。」と、おとうさんがおしえてくれました。〕みていると、ドアがあいて、人がおりてきました。(ひこうじょう)

「みている」のは「わたし」で、「わたし」は文章のはじめから主題人物であるから、この文を、主語の省略による承前の例と見てもよいが、「見る」という語は、意味を補う存在として、主語よりも、ヲ格の語を先に要求する。

ダレがナニを見る

という句の中で、「ナニを」と「見る」との結びつきは、「ダレが」と「見る」との結びつきよりも強い。したがって、「みている」という述語にとって、主語「わたし」の省略よりも、ヲ格成分「ひこうき」の省略の方が強く響く。

(2)〔そこへ、ぼくがしおをつまんで入れると、ぴょこんと、つのみたいなほそながいかいがでてきました。「これだ。これだ。」といって、つかみだしました。〕(改) いっぺんみつけると、おもしろくなって、いくつもいくつもほりだしました。(しおひがり)

前の例とまったく同じことがいえる。ただし、ここでは、「みつける」の目的語は、「つのみたいなほそながいかい」という形で潜在するのではない。その貝が「これだ。これだ。」で、前から求めている「まてがい」と認知された時、潜在目的語は、読者の頭の中でも「まてがい」と変形されている。

(3) 〔夜、本をよんでいると、すいっちょがうちの中へとんできました。〕わたしが、「あ、すいっちょだ。」といってつかまえたら、あしが一本とれました。(にっき)

「つかまえた」の潜在目的語は、前文に登場した「すいっちょ」で、自文のカギの中の「すいっちょ」ではない。

(4) 〔石のところに、むぎわらとんぼがとまっていました。〕ぼくはじいっと見ていて、さっとあみをかぶせました。(にっき)

前文の「むぎわらとんぼ」は前件の「見」に対しヲ格成分として働くとともに、後件の「あみをかぶせ」に対しては、ニ格成分として働いている。

(5) 〔これからおはなし会をしましょう。〕こくばんにかいてあるじゅんじょで、はじめることにします。(夏休みにしたこと)

(6) 〔そのひょうしに、ふうせんを手からはなしてしまいました。〕ぼくはすぐとびあがってつかもうとしましたが、とどきませんでした。(同前)

(7) 〔おかあさんは、きしで、せんたくものにせっけんをつけてもみはじめました。小さなあわがたくさんできます。〕水に入れてざぶざぶあらうと、あわはなくなってしまいます。(せんたく)

潜在目的語「せんたくもの」は、「水に入れ」「あらう」両方に働きかけている。この文では、主語も潜在化しているが、目的語の潜在性の方がはるかに強く働いている。

(8) 〔夕はんがすんでから、はるおさんはおじさんにおれいのてが

みを書きました。〕ふうとうに入れて、あて名はおとうさんに書いてもらいました。（たんじょう日のおくりもの）

前例同様、主語の潜在性より目的語の潜在性の方が強く訴える。

(9)〔はるおさんからのてがみでした。〕おじさんはさっそくふうをきって読みました。（同前）

「てがみ」は「ふうをきって」の「ふう」に対してノ格連体成分としても働いているが、「読み」に対するヲ格の働きかけの方を本命と見た。

(10)〔どうわの本をおくってくださって、ありがとうございました。〕もう半分も読んでしまいました。（同前）

(11)〔「はるおくんから、てがみが来たよ。おばさんによろしくと書いてあるよ。」といって、おじさんは、おばさんにはるおさんのてがみを見せました。〕「もう半分も読んでしまったのね。」（同前）

この例は、やや変則的な受け方をしている。「てがみ」の内容が(10)の文章なので、(10)と同様に「どうわの本」が潜在目的語になっているわけだが、これは、潜在の例と見るよりも、後で述べる反復出現（先行文中の「読んでしまう」がこの文にも出現している）による承前（faD）の例と見た方が適切であるかも知れない。

(12)〔うなぎの子は、糸にからまってなかなかとれませんでした。〕おじいさんがとってくれました。（先生へのてがみ）

おじいさんが「うなぎの子」をとってくれたのである。

(13)男の子はきっぷをわたしておりて行きました。（月夜のバス）

前文にも、その前の文にも、「バス」ということばは無いが、この話が、ここに至るまで絶えずバスの中での事件を叙しているので、バスは、「おりる」の目的語としてまったく定着している。前文に「うんてんしゅさん」という語があるから、「うんてんしゅさんにきっぷをわたして」と、ニ格成分になるべき語が前文の影響で省略されたとも見られるが、ずっと読んできた印象では、「バスを」の潜在力の方が強く感じられる。

(14)いっしょに入れてあげましょう。（劇）

「入れる」対象は、一人置いて前の子の発話で「あの人」と呼ばれているぶんじろうである。

(15)〔みんなはまたはじめます。〕ぶんじろうはもじもじしながら、じっと見ています。(同前)

おしくらまんじゅうを「見てい」る。そのおしくらまんじゅうは、それまで継続題目で、前文で「またはじめ」られたものである。

(16)〔あさ子さんのざっしにも、おひなさまのえやしゃしんが出ていました。〕あさ子さんが見ていますと、五つになるおとうとのまさおさんが、よこからのぞきこみました。(あさ子さんのうちのひなまつり)

以上16例は、省略されたヲ格成分が、前文または、前文よりすこし前の先行文の中に存在して、潜在勢力を持続しているものである。

次に示す3例は、ヲ格の語が省略されていることは容易に感じられるが、省略された語形が先行文の中に明瞭には存在していないものである。

(17)〔すると、バタバタ鳥のはねの音がします。〕つかまえてみると、きじでした。(さわよむどん)

「つかまえてみると」と言った時は、まだ、つかまえたものがきじだとは、わかっていない。前文で描かれたような音のする何かをつかまえたのである。「音をつかまえた」とは言えないから、省略された語形は、前文中に無いとしなければならない。

(18)〔けん一はどんどんかきます。〕ぶんじろうは、じっと見ていましたが、だんだんからだをのり出してきます。(劇)

ぶんじろうは、けん一がどんどんかくものを「見てい」る。

(19)〔ぶんじろうはかきだします。〕みんなはうしろで見ています。(同前)

こんどは、ぶんじろうがかきだしたのを、みんなが「見てい」る。

この3例のようなのは、一つの文で叙述されたこと全体が、表現者と読者の頭の中で一つのイメージとして固定し、そのイメージが一つの名詞句にまとまって、次の文の動詞の目的語として働いているのだと見ることができる。その名詞句を、実際に作ってみれば、

・(バタバタ鳥のはねの) 音のするもの

・けん一が (どんどん) かくの

・ぶんじろうがかくの

などとなる。これらが文面に実現していれば、次節で扱う「前文中の語の反復による承前」の、そうとうくどい例となる。実現と省略との中間に、指示語「それ」による受け方がある。指示語による受けがあり得ることは、上の16例にもすべて言えることであるが、それぞれにそれを入れてみると、しっくりする場合と、しない場合とがある。(3) の「すいっちょ」や (4) の「むぎわらとんぼ」などの場合はしっくりしているが、(7) の「せんたくもの」のように、間に1文がはさまっている場合には、「それを」と言ったら、「それ」が何を指すのか、かえってわからなくなる。

また、最後の3例は、もうひとつの点で、上来16例の理解に情報をもたらす。それは16例では、省略された目的語が確かに先行文中に見出されるけれども、ただその語を補っただけでは、その文の真の理解には達しないことである。たとえば、(4) の「むぎわらとんぼ」の場合、「ぼく」が「じいっと見てい」るのは、ただの「むぎわらとんぼ」ではなく、前文で叙せられた内容のすべてを負った「石のところにとまっているむぎわらとんぼ」であり、さらにいえば、「石のところに、むぎわらとんぼがとまっているの」である。(7) の場合でも、1文へだてた先行文中に「せんたくもの」を見出して、それを目的語にしただけでは、真の理解でない。「小さなあわがたくさんでき」るという前文の情報がやはり重要で、「小さなあわがたくさん出たせんたくもの」を「水に入れ」て洗うからこそ、「あわはなくなってしまいます」という述語が生きるのである。

以上は、長田久男氏が『連文の研究』において強調するところである。

● faC4　ニ格連用成分の省略　5文

(1)〔おとうさんがオートバイにのせてくれました。〕しっかりつかまっていましたが、まがるとき、すこしこわいとおもいました。(にっき)

「おとうさん」に、しっかり「つかまって」いる。

(2)〔れっ車がいきおいよくはいって来ました。〕のりこんでせきにつくと、よし子さんとまさるさんは、すぐ、まどから外を

見ました。(れっ車にのって)

いきおいよくはいって来た「れっ車」に「のりこん」だ。

(3)〔こしをのばしてこちらを見ている人もあります。〕よし子さんたちは手をふりました。

前文の「人」に「手をふっ」た。

(4)〔夕がた、また見に行ったら、はがいきいきとしていました。〕わたしは水をやりました。(にっき)

「あさがお」という語は前文中にないが、先行文脈からの継続題目である。そのあさがおに水をやった。

(5)〔てるおも、かばんをかけて出て来ました。そして、もうくろのくびのつなをひっぱり、チョッチョッとしたであいずをしながらつれてかえりました。〕ちかくの友だちが、五、六人ついて来ました。(もうくろの話)

「友だち」は、「もうくろ」を連れて帰る「てるお」に「ついて来」る。この文には、「ちかくの友だち」の所に、すでに、「てるおの」という、ノ格連体成分の省略があるとも見られる。

動詞の格支配は、格助詞ヲによって行なわれることが最も多く、格助詞ニによる場合がこれに次ぐ。そして、ヲとニの両方か、ヲ・ニのどちらかによって格支配が行なわれる場合が抜群に多く、その他の格助詞へ、カラ、ヨリ、トなどによる場合は、ずっと少ない。だから、へやカラのような格助詞のつくべき成分が省略されて承前要素となる例も、なかなか見出しがたいわけであろう。

ニ格とヲ格を比べて、ヲ格の省略の方が多く承前要素になっているのは、動詞との結びつきがヲ格の方が強いためだろうと思われる。「飲む」「読む」「貯める」などという動詞があった場合、われわれは、それに接した時、ただちに、「水を」「本を」「金を」などの句を思い浮かべる。だから、先行文中に、水や本や金に類する語があって、後続文中にそれらの語を目的とすべき動詞があれば、現実に目的語がなくても、関係を理解することは容易である。「従う」「届く」などの語は、ニ格の語を支配する動詞であり、「夫に従う」「天に届く」などの句を成立させるが、先行文中に「夫」や「天」などの語があって、後続文に「従う」「届く」とあれば、「夫」も「天」も要らないというほど、聞き手の連想が強いとは思えない。こういうことから、自然、ヲ格の語の方が、承前性をなめらかにするために敢て省かれることになるのだろう。

● faC5　対象語格成分の省略　1文

対象語は、すでに何度も言及したように、時枝文法の用語である。

(1)〔カナリヤが二わいました。〕よし子さんは、めずらしくて、とりかごのそばにいて、なんべんものぞいてみました。(カナリヤ)

前文の「カナリヤ」が働いて、「よし子さんは、カナリヤがめずらしくて」となる。「カナリヤが」は、主語というよりは、対象語である。

● faC6　ノ格連体成分の省略　1文

ヲ格省略の(9)、ニ格省略の(5)で、ノ格連体成分の省略とも見られる例を示したが、次の1例では、純粋に、ノ格の語の省略だけが承前要素となっている。

(1)〔二ひきのうさぎは、わきみもしないで、いっしょうけんめいに走っています。〕うしろすがたがもうすぐそこに見えました。(月夜のバス)

英語の文章なら、絶対に their がなければならないところだが、日本語では、「その」も「うさぎの」もなくて、つながる。

● faC7　二種の格成分の省略　1文

〔(1)そこへ、ぼくがしおをつまんで入れると、ぴょこんと、つのみたいなほそながいかいがでてきました。〕「これだ。これだ。」といって、つかみだしました。(しおひがり)

この場合、最も完備した形は、

・ぼくは、「これだ。これだ。」といって、かいをつかみだしました。

である。「ぼくは」は、連結型の両件にまたがる主語で、これがまず潜在化し、「かいを」は、後件の述語の目的語で、それが続いて潜在化した。

● faC8　副詞的修飾語句の省略　7文

ここに集めた7例については、主語やヲ格ニ格の語の潜在化のように明瞭な形では説明できない。

(1)〔「ようし、ここからはいってやるぞ。」〕いっちゃんはぶるぶ

るふるえだしました。(三びきの子ぶた)

いっちゃんがふるえだしたのは、「ようし、……」というおおかみの声を聞いたからである。それが一読ただちにわかるというのは、読者の頭に、瞬間的に「おおかみの声を聞いて」とか「これを聞くと」などの副詞的修飾句が補われることだと解釈できる。表現者のレベルで言えば、それらの修飾句を潜在化して承前要素としていることになる。

(2) 〔大いそぎでさおをもってきましたが、そのときには、もうやねよりずっと上へあがっていました。〕先生「まさおさんは、ほんとうにがっかりしたでしょうね。(夏休みにしたこと)

風船を空になくしてがっかりした話を聞いた先生のことばを、「まさおさんは、ふうせんをなくして、ほんとうにがっかりしたでしょうね。」のようなものと考えることができる。あるいは、「ふうせんをなくしたとは」のような句が文頭で潜在化していると考えて、faC2の題目語的な語句の省略例と見ることもできる。

(3) 〔まもなく東京ゆきのれっ車がとうちゃくいたします。〕きけんですから、はくせんまでおさがりください。(れっ車にのって)

「きけんです」というのは、どうしても、ある条件に対する帰結を言い表わしたものである。その条件は、「列車が進入して来ると」とか、「列車が進入して来た時、プラット・ホームの前の方にいると」「前にいると」などの句で表わされる。それが潜在化して、承前要素になっている。

(4) 〔ホームのかくせいきの声をきいて、よし子さんたちははくせんのところまでさがりました。〕れっ車がいきおいよくはいって来ました。(同前)

これに修飾句を補うと、「そこへ」でもあろうか。このような例になると、承前型の最後に置いた「位置による承前」と見分けがつかなくなるので、理論的に、いささか弱い。

(5) 〔じろう「ううん、ちょっとよんだだけ。」〕みんなはたのしそうにわらいます。(劇)

(6) 〔たけしはあたまをかきます。〕みんなはわらいます。(同前)

(7) 〔ぶんじろう「ぼく、へただから。」〕けん一「いいじゃないか。」

(5) では「それを聞いて」、(6) では「それを見て」、(7) では「へただって」のような句が補われる。これらも、位置による承前と、あまり選ぶ所がない。

以上、7例の説明で見たように、ここにまとめた一類は、とかく、位置による承前と見分けがつきにくいことと、省略されたものが、多く、条件句であって、それを「副詞的修飾句」と称するのが適切でないのではないかと思われる、などの点から、はなはだすっきりしない一類になった。今後さらに検討して整理したい。

以上で、文の格成分の省略が承前要素となっていると判定した98例を、すべて解説した。最初に、成分が省略されていることが積極的な意味で承前要素になるのだということを強調したが、正直なところ、積極性ばかりを強調するわけにもいかないように思える。省略されたゆえに、はじめて承前性を生じたとは、もちろん言えないし、省略によって承前性が強くなったと言うのも無理な場合が多い。やはり、省略されてもなおかつ承前性を保っていると消極的な言い方をしなければならない面もあることを認めなければならない。

3.3.4　承前要素D（faD）先行文中の語の反復　188文

前節の省略例の所で、ある格成分がもし省略されずに、顕在していれば、反復出現による承前要素となるのだということを何度も述べた。先行文中のある語が、後続文の中に受けつがれて承前要素となる場合、後続文の中にその語が姿を現わせば、反復による承前要素となり、姿を現わさなければ、省略による承前要素となるのだから、反復と省略とは、実は同一事態の両面を見ていることになる。省略例98文の大部分は、後続文中で省略された語が、先行文の中に、そのままの姿を見せているものであった。反復例188文に省略例の98文を合わせると296文になる。承前型の文が全部で800文だから、その三分の一を越える。すなわち、今回の資料の中では、承前型文の三分の一は、先行文中の特定の語が、陰にか陽にか、後続文に受けつがれて承前要素となるものであったわけである。これは、他のどの承前要素よりも、また、承前記号よりも、さらに位置による承前のすべてを合わせたものよりも、断然大きな一類である。先行文中の語が後続文の中でも働いて承前要素となることは、そのように一般的な現象なのである。そして、受けつがれる語が、省略されるか反復されるかといえば、やはり、反復される方がずっと多い。承前要素Dは、全承前因子を通じての最有力者である。

例数が多いから、どんな形式で反復されるかを、詳細に区分してみよう。まず、反復受け渡しが相接する2文の間で行なわれるか、やや文をへだてて行なわれるかで大きく分ける。

● faD1　前文中の語を反復　108文

本書では、「前文」ということばを、直前の先行文だけを指すために用いている。

前文中の語を反復する場合、どういう形式の語が反復されやすいだろうか。いうまでもなく、体言が反復されやすい。108例のうち95例が体言の反復で、あとは、9例が動詞、1例が形容詞の反復であり、残る3例は雑例である。

● faD1.1　前文中の体言を反復　97文

前文中の体言が次の文で再び登場する場合、何か特徴的な形式を帯びるということがあるだろうか。あると言ってよい。それは、副助詞「は」がつくことである。必ずつくといったら、大変言い過ぎになるが、かなり、「は」がつきやすいといえる。97例中42例が「は」を伴っていた。あとは、「の」を伴ったものが15例、「を」を伴ったものが14例、「が」を伴ったものが13例と、だいたい同じような数に分散した。その他の助詞を伴った例は、「で」4、「に」4、「も」「と」「なら」各1であった。そのうち、「で」「に」各2例は「は」を伴って「では」「には」となっていたから、これらを、「は」の例に入れれば、「は」を伴った例の数は46となり、97例の半数に近くなる。

● faD1.1.1　前文中の体言を「は」で反復　42文

この42例を、さらにもう一段細かく分けてみよう。「前文中の体言」というが、その体言が文中のどういう成分であったかによって区分する。すると、

前文で	主語であったもの	15
	ニ格成分であったもの	11
	ヲ格成分であったもの	10

となっており、残る6例は、寄せ集めの雑例である。

● faD1.1.1.1　前文の主語を「は」で反復　15文

文中で主語の位置にある体言が後続文で「は」を伴って反復される場合、そこにまた、一つの傾向がある。それは、問題の語は、はじめ、「が」を伴っていることが多いということである。n番目の文の中で「Aが……」とあったものが、n+1番目の文の中で「Aは……」となって現われる場合が多いのである。15例中の12例がその形であった。

(1)〔よし子さんがおかあさんのてつだいをしていると、外からおとうさんがかえってきました。〕おとうさんはとりかごをさげていました。(カナリヤ)

(2)〔あるあさ、カナリヤの子どもが一わ、すからぽたんとおちてきました。〕よし子さんがびっくりしてみていると、カナリヤの子どもはすぐおきあがって、ぱっと、すこしとびあがりました。(同前)

前の例では、「は」によって反復される語が文頭に立っているが、後の例では、それが展開型文の後件の主語になっていて、文頭に立っていない。文頭に立つ方が一般的な形である。

(3)〔おとうさんが、なわしろのほうから、なえをかごに入れて、おもそうにせおってきました。〕おとうさんは、なえをおろすと、「よびにきてくれたのかい。もうじき行くよ。」といいました。(田うえ)

(4)〔「うん。あれでしばろう。」といって、つるをひっぱると、やまいもがずぼずぼぬけてきました。〕やまいもはなん本もとれました。(さわよむどん)

(5)〔山から、おおかみがおりてきました。〕おおかみはいっちゃんのうちにやってきました。(三びきの子ぶた)

(6)〔おにやんまがとんできました。〕おにやんまはとれませんでした。(にっき)

(7)〔むかし、はなしの大すきな王さまがいました。〕王さまは、まい日はなしをきいてもあきませんでした。(ながいはなし)

(8)〔これをきいて、ひとりのわかものがおしろに出かけて行きました。〕わかものは、王さまのまえで、こんなはなしをはじめ

ました。（同前）

（9）〔さっきのトラックがとまっていました。〕トラックは、ガソリンを入れていました。（トラック）

（10）〔小さなあわがたくさんできました。〕水をかけると、あわは、シュッシュッと音をたててきえます。（せんたく）

（11）〔ゆうびんやさんが、てがみやはがきをかばんに入れて、はいたつに出かけました。〕ゆうびんやさんは、おじさんのうちのゆうびんばこに、はるおさんのてがみを入れて行きました。（はるおさんのてがみのとどくまで）

（12）〔おじさんがにわをはいていたら、門の方で、コトンと音がしました。〕おじさんはゆうびんばこを見に行きました。（おじさんにとどいたてがみ）

以上が「A が……」を「A は……」で受けた 12 例である。これらを通覧すると、「が」と「は」の働きのちがいがよくわかる。「が」は、先入者の無い空白の識域内に新しい情報を投入する働きをしており、「は」の方は、登録ずみの情報の中から、ある情報を取り立てて指定する働きをしている。英語の文ならば、前文で「が」のつく体言には不定冠詞がつき（単数なら）、後文で「は」のつく体言には、定冠詞 the がつくところである。ということは、「が」で紹介される体言では、その意味の内包面が強調されているのに対して、「は」で紹介される体言では、もはや、内包する意味はどうでもよく、その語によって指定される事物が動員されればこと足りるのだと解していいだろう。ただし、このように言えるのは、「が」と「は」とがこのように対比して用いられる場合のことであって、切り離して考えた時に、「が」のつく体言はいつも内包的で、「は」のつく体言はいつも外延的だとは言えない。「が」と「は」の相違という難問は、なかなか簡単には解決されない。

（13）〔コロはだんだん大きくなって、げんきにあそぶようになりました。〕あきらさんが学校からかえってくると、コロは、あきらさんのまわりをまわったり、じゃれたりします。

（14）〔よし子さんたちののったれっ車は、まもなくはっ車しました。〕れっ車はだんだんはやくなりました。（れっ車にのって）

「Aは」をさらに「Aは」で受けていくのは、もはや「受ける」というよりも、題目性をとぎらせずにつないでいくという感じで、あとにかかげる強「継続題目」の中にかぞえてもよいかと思われる。

(15)〔くまもそうです。〕くまは、ほらあなの中で、冬をすごします。(こうないほうそう)

これは、「どうぶつの中には、……のがあります。」といって、一般論で話し始めたのを、「くまも」と言って特殊化し、ついで「くまは」で主題の位置にすえたものである。

● faD1.1.1.2　前文中のヲ格の語を「は」で反復　10文

格助詞「を」を伴って動詞の目的格の位置に立っていた語が、次の文では「は」を伴って現われる場合である。この場合も、問題の語句は、多く、文頭に立つ。

(1)〔「いやだって。なまいきな子ぶため。出てこないと、ひどいめにあわすぞ。」といって、おおかみはわらのうちをおしました。〕うちはガサガサうごいて、いまにもやぶれそうです。(三びきの子ぶた)

(2)〔わたしは、十センチぐらいのふなを一ぴきと、うなぎの子をつりました。〕うなぎの子は、糸にからまって、なかなかとれませんでした。(先生へのてがみ)

(3)〔わたしは、「あります。」といって、土間のこくばんのところへおじさんをつれて行きました。〕おじさんはこくばんになにか書きました。(るすばん)

(4)〔ゆうびんじどう車がふくろをえきへはこびました。〕ふくろはえきでゆうびん車につまれました。(はるおさんのてがみのとどくまで)

(5)〔ゆうびん車は、てがみやはがきをのせて走ります。〕おじさんの町のえきについたてがみやはがきは、ふくろのままゆうびんきょくにはこばれます。(同前)

(6)〔うんてんしゅさんは、そっとうさぎをじぶんの足もとにおくと、すぐにまた、バスをうごかしはじめました。〕バスは、まがりくねった月夜の山道を、もとのようにいきおいよくくだって行きました。(月夜のバス)

(7)〔けん一がさっとぶんじろうをひっぱりこみます。〕はじめは、ぶんじろうは、いやそうににげようとしますが、やがて、じぶんも走りはじめます。(劇)

以上の7例では、「Aを」の「A」がまったく同じ語形のままで「Aは」となって受けつがれている。次の3例では、受けつがれる際に、多少の変形を伴っている。

(8)〔うんてんしゅさんは、あかんぼうをだくように、一ぴきのうさぎをかかえていました。〕かれた草のような色をした山うさぎは、ぐったりとうんてんしゅさんにだかれたまま、ねむっているように、小さな目をとじていました。(月夜のバス)

「うさぎ」が「山うさぎ」に変形している。

(9)〔うんてんしゅさんも、からだをひくくして、うさぎの方をのぞきこみました。〕うさぎは小さな目をあけていました。(同前)

これは、「うさぎの方」が「うさぎ」に変形したと言ったら変である。むしろ、「の方を」という助詞相当の連語を伴った「うさぎ」が、次文に「は」を伴って再登場したと見た方がよかろう。

(10)〔てるおは、とうとう、ひとくぎり読んだとき、そっと先生のかおを見ました。〕先生は、本をかた手にもって、まどの方を見ています。(もうくろの話)

「先生のかお」の中から「先生」を取り出して、「は」をつけた。

10例のうち「Aは」の句が文頭にないのは(5)(7)(8)の三つである。(5)と(8)は、「A」に連体修飾語がついており、(7)では、副詞が一語、「A」に先立っている。いずれも、実質上、文頭にあるのと等しい。

● faD1.1.1.3　前文中のニ格の語を「は」で反復　11文

「Aに」の「A」が「Aは」となって受けつがれる例が11個。これらは、どれも、Aに何の変形も加わっていない。

(1)〔えさをさがしては、ココココとないて、ひよこにたべさせている。〕ひよこは、ピヨピヨと、いそがしそうにえさをつついている。(ひよこ)

(2)〔みち子さんは、学校から大どおりにでるみちで、おもそうな

ふろしきづつみをさげたおばあさんにあいました。〕おばあさんは、みち子さんにみちをたずねました。（みちあんない）

(3)〔おばあさんは、みち子さんにおれいをいいました。〕みち子さんは、おばあさんと大どおりをあるいて行きました。（同前）

(4)〔春がくると、なわしろにいねのたねをまきます。〕なわしろは、日あたりがよくて、水の出し入れのべんりなばしょをえらびます。（たねまき）

(5)〔小ねずみは、「ねこさん。……あなたも、わたしをたべるまえに、かおをあらうでしょうね。」と、ねこにいいました。〕ねこは、「あらうとも。おまえがいう前から、あらうつもりでいたよ。」といって、小ねずみをはなして、かおをあらおうとしました。（ねこと小ねずみ）

(6)〔うんてんしゅさんは、うんてん台にのって、「ちょっとのってごらん。」と、ふたりにいいました。〕ふたりはうんてん台にのせてもらいました。（トラック）

(7)〔ふくろはえきでゆうびん車につまれました。〕ゆうびん車はてがみやはがきをのせて走ります。（はるおさんのてがみのとどくまで）

(8)〔うがいのくすりは、組のとうばんの人にわたします。〕とうばんの人は、二時間めの休みに、ほけん室の前にあつまってください。（こうないほうそう）

(9)〔くまは、おなかいっぱいたべものをたべて、ほらあなにはいります。〕ほらあなは、谷などのかげのところにつくります。（同前）

(10)〔みんなは、元気よくもみあいながら、ぶんじろうに二、三どぶつかり、とうとうおしたおします。〕ぶんじろうはころんでなきだします。（劇）

(11)〔けん一はぼうをぶんじろうにわたします。〕ぶんじろうはかきだします。（同前）

以上11例のすべてにおいて、「Aは」の文節は文頭に位置している。

ヲ格にしても、ニ格にしても、動詞の支配下にあるものであり、その動詞は、少なくとも上記 11 例の場合は、述語の働きをしていて、役目柄、文末に位置している。したがって、ヲ格の語もニ格の語も、文末に近い所に在る。それを「は」で受けて文頭に立つから、「A を」または「A に」と、「A は」とは近い距離に在り、尻取りの効果を生んでいる。

主格の語が「は」で受けつがれる場合は、題目の継続という姿勢をとることになるが、ヲ格やニ格の語が「は」で受けつがれる場合は、尻取り式に展開する形になる。

● faD1.1.1.4　前文中の、主格・ヲ格・ニ格以外の語を「は」で反復　6 文

前文中の語を「は」で受けて反復するもので、これまでに述べたもの以外の例 6 個を以下に示す。

(1)〔ころころとふとっているので、あきらさんはコロ と名まえをつけました。〕コロ はだんだん大きくなって、げんきにあそぶようになりました。(子犬)

(2)〔はるおさんたちは、うんてんしゅさん となかよしになりました。〕うんてんしゅさん は、うんてん台にのって、「ちょっとのってごらん。」と、ふたりにいいました。(トラック)

(1) の「と」と (2) の「と」とは、すこし働きがちがうが、格助詞である点は同じ。

(3)〔きのうは、おじさんとたっちゃん とわたしと三人で、川へつりに行きました。〕たっちゃん は、ふなを六ぴきつりました。(先生へのてがみ)

前文の「たっちゃん」に「と」がついてはいるが、これは「～と～と～と三人で」と、組みになった用法だから、何格とすべきかに迷うが、もし、ここで三人並ばず、一人だけなら、「たっちゃんと川へつりに行きました。」で、(2) の用法と同じになる。

(4)〔ふたりの耳に、さかなやのおじさん のいせいのいいこえがきこえてきました。〕おじさん は、おけのなかのさかなのかずをかぞえています。(にぎやかなとおり)

これは、ノ格連体成分の語を受けている。

(5)〔これが、わたしの作ったやじろべえ です。〕やじろべえ は、

ゆびのさきにも立ちます。(夏休みにしたこと)

これは、名詞述語文の文末にある述語名詞を受けているから、まったくの尻取りになっている。

最後の例は、やや変則的なものである。

(6)〔きょうは子どもの日です。おとうさんとおかあさんに、はねだのひこうじょうへつれていってもらうことになっていました。〕わたしは、あさはやくから、「はやくいきましょうよ。いきましょうよ。」と、おかあさんをせかしました。(ひこうじょう)

先行文脈中に「わたし」という語はない。冒頭文に、「あさ、目がさめると」とあるが、そこにも「わたし」は無い。無いが、自然現象を述べた文以外は、みな「わたし」の行動を述べていることが明らかだ。そこで、「わたし」が前文にも潜在するものと見、「わたしは」はそれを受けたとした。

以上で、前文中の体言を「は」で受けた例のすべてを解説した。そのほとんどすべてにおいて、問題の文節は文頭に在った。先行の語を受けて、文字どおり、文を起こしているわけである。

● faD1.1.2　前文中の体言を「が」で反復　13 文

前文中の体言 A を「は」で受けて「A は」とした場合、その「A は」は、まずまちがいなく、主語か題目語である。体言反復例の半数近くが「は」を伴うということは、受けつがれるからには、その語は、新しい文の中で中心的な位置を占めることが多いことを意味する。

「は」以外で主語を作る助詞は、いうまでもなく、「が」である。反復される体言を、格助詞「が」で受ける例は、資料中に 14 個で、「の」や「を」と似た数であった。

(1)〔そして、あきらさんの手や足をなめます。〕あきらさんが、「くすぐったいよ。やめないか、コロ。」といっても、コロはなかなかやめません。(子犬)

(2)〔よそのおじさんのほるのをみていました。〕おじさんが、「まるいあなは、ちがうんだよ。たまごがたのあなが、まてがいのあなだ。……」とおしえてくれました。(しおひがり)

両例、「A の」を「A が」で受ける。(1) の先行語は連体格、(2)

のそれは修飾句内の主格。

（3）〔ひよこは、ピヨピヨと、いそがしそうにえさをつついている。〕わたしは、ひよこがねこにとられないように、ばんをしている。（ひよこ）

「A は」を「A が」で受けるが、この「A が」は「ように」で括られる句の中の主語だから、他の例とやや異なる。

（4）〔よそのおばさんもせんたくに来ました。〕おばさんが、「おはようございます。」といいました。（せんたく）

「A も」を「A が」で受ける。

（5）〔さんちゃんは、「だいじょうぶだよ。」といって、かまどのわらに火をつけました。〕火がぱっともえあがりました。（三びきの子ぶた）

「A を」を「A が」で受ける。

（6）〔ぼくは、おとうさんに、「おとうさん。いっぺんほってみて。」といいました。〕おとうさんが、おじさんにくわをかしてもらってほりました。（しおひがり）

「A に」を「A が」で受ける。

（7）〔うちのカナリヤかしらとおもって、よし子さんはとりかごのところへいきました。〕カナリヤがたのしそうにないていました。（カナリヤ）

（8）〔『よういするもの』のところに『マッチのじく、竹ひご、かきのみ』とかいてありました。〕かきのみがなかったので、かわりにねんどをつかいました。（夏休みにしたこと）

（7）と（8）は、「と」で括られた句内の語を先行語とする点で、同じである。

以上 8 例は、前文中の語を正直にそのままの形で受けついでいる。次の 4 例では、変形して受けている。（にっき）

（9）〔ひるから、うらでとんぼとりをしました。〕石のところに、むぎわらとんぼがとまっていました。

（10）〔ぎんこうのまえには、じてんしゃおきばがあります。〕五、六だい、じてんしゃがおいてありました。（にぎやかなとおり）

(11)〔まめじどう車をうんてんしている子どももいます。〕赤いじどう車、青いじどう車、いろいろな色のじどう車が走っています。(空から下を見ると)

(12)〔そのとき、パシャッと、水たまりの水をはねとばしました。〕ふたりのズボンに、どろ水がかかりました。(トラック)

「水」から「どろ水」へは、概念の縮小(内包がふえて外延が減る)による受けつぎ。「まめじどう車」から「じどう車」へは、その反対であるが、「赤い」「青い」「いろいろな色の」がついた点から見れば、概念の縮小による分散でもある。「とんぼ」が「むぎわらとんぼ」になったのは、純粋な概念の縮小であるが、「とんぼとり」と「むぎわらとんぼ」との関係は、抽象レベルの問題でなく、複合概念と単純概念との関係である。「じてんしゃおきば」と「じてんしゃ」との関係も同じ。

こういう変形は、文意の受けつぎにおける語の関係を示すもので、承前要素Aにつながる問題である。

最後に一例、あまり気分のよくない例を示す。

(13)〔そして、「名まえをなんとつけようかな。」とおもいました。〕あきらさんのうちに、子犬がきました。(子犬)

前文に「子犬」という語がない。もっと前には在るので、この例をfaD2の「やや離れた先行文中の語を受けつぐ」ものの例としてもいいのだが、「名まえ」が「子犬の名まえ」であることが読者に明らかなので、そこに「子犬」が潜在するものと見た。

● faD1.1.3　前文中の体言を「の」で反復　15文

「が」に並んで主格を表わしうる格助詞に「の」があるが、標準語で「の」が主語を表わすのは、修飾部の中に限られる。「雨の降る夜」は普通だが、「雨の降る。」は普通でない。「の」の普通の働きは、連体修飾語を作ることである。前文中の体言を後文が受けて「の」で展開する場合も、連体修飾語を作る場合の方がはるかに多い。この項で示す15例の中でも、12例が連体成分になっていた。

まず、主語の3例を示す。

(1)〔「むこうからひこうきがおりてきますよ。」と、おかあさんがいいました。〕おかあさんのゆびさしたほうをみると、ひこう

きがだんだんひくくなって、わたしたちのみているちかくにおりてきました。(ひこうじょう)

「おかあさんの」は「ゆびさした」の主語。

(2)〔このなわしろで、なえがすくすくとそだっていきます。〕なえのそだつあいだに、ほかの田では、田うえのじゅんびをします。(たねまき)

「なえの」は「そだつ」の主語。

(3)〔この土をたいらにするしごとを、「しろかき」といいます。〕しろかきのすんだ田に、なわしろからなえをはこんできて、うえるのです。(同前)

「しろかきの」は「すんだ」の主語。

以上3例、修飾部中の主語、うち2例は、前文中の先行語も主語で、「が」がそっている。

以下12例は、連体修飾語を作る。その半分の6例は、先行語が、「は」または「が」による主語である。

(4)〔あきらさんは、ちょうど学校へいくまえでしたので、びっくりして、ほうぼうさがしました。〕コロは、あきらさんのあとをちょこちょことついていきます。(子犬)

(5)〔いねはだんだん大きくなります。〕いねのあいだに、草がはえてきます。(草とり)

(6)〔きみのたんじょう日は十二日でしたね。〕たんじょう日のおいわいに、どうわの本をおくります。(たんじょう日のおくりもの)

(7)〔そのとき、バスは、もううさぎのすぐうしろのところにちかづいていました。〕うんてんしゅさんはバスのスピードをゆるめました。(月夜のバス)

以上4例では、先行語が「は」を伴っている。

(8)〔水がいっぱいながれています。〕水のそこの小さな石が、ちらちらとうごいて見えます。(せんたく)

(9)〔けん一がぶんじろうの方をゆびさすと、たけしはうなずきます。ひろ子「わたしたちも入れてよ。」〕ひろ子、とも子、みよ子は、けん一のうしろにつきます。(劇)

この2例では、先行語が「が」を伴う。

以下の例では、先行語が主語以外のいろいろな格に立っている。

(10)〔わたしたちはおくじょうにでました。〕おくじょうのすぐまえのほうに、大きなひこうきがとまっていました。(ひこうじょう)

(11)〔池には、ボートがいくつもうかんでいます。〕池のまわりを、小さなでん車が走っています。(空から下を見ると)

以上2例の先行語はニ格。

(12)〔うみへいくと、まだ、しおがひいていません。〕ぼくは、はだしになって、うみの中へはいってみました。(しおひがり)

これは、先行語がへ格。

(13)〔学校でも、きょうからまい日、みんなでうがいをすることにしました。〕うがいのくすりは、組のとうばんの人にわたします。(こうないほうそう)

これは、先行語がヲ格。

(14)〔バスは、山道をくだって、さびしい村の中にはいって行きました。〕村のなかほどに、小さなゆうびんきょくがありました。(月夜のバス)

この例の先行語はノ格だが、「の中に」という複合格助詞を考えてもよい。

(15)〔かどの高いたてものはぎんこうです。〕ぎんこうのまえには、じてんしゃおきばがあります。(にぎやかなとおり)

この例の先行語は述語名詞で文末にあるから、尻取りになっている。

● faD1.1.4　前文中の体言を「を」で反復　14文

前文中にある体言を「を」で受けて反復した例14個を示す。そのうち9例は、引きつがれる語が前文中で主語の位置にあり、6例には「が」が、2例には「は」が、1例には「も」がついていた。

(1)〔二しゅうかんたったころ、カナリヤの子どもが三ばうまれました。〕子どもをみて、よし子さんはびっくりしました。(カナリヤ)

(2)〔ふとい木がたくさんはえています。〕さんちゃんはおので木をきりました。(三びきの子ぶた)

(3)〔あくる日、小づつみがとどきました。〕「つつみをとくと、きれいなどうわの本が出て来ました。(たんじょう日のおくりもの)

この例には、「小づつみ」から「つつみ」への変形がある。

(4)〔ちかごろ、たいへんわるいかぜがはやってきました。〕どこの学校でも、かぜをひいて休んでいる人がたくさんあります。(こうないほうそう)

(5)〔汽車なら、えきがないとだめだねえ。〕だれかえきをかいてくれないかなあ。(劇)

(6)〔山のそばまで行くと、すかんぽが出ていました。〕ぼくは、「ちょっとまっていて。」といって、すかんぽをとって来ました。(たけのこ)

以上は、「A が」が「A を」になった例である。

(7)〔おかあさんの作ったごちそうはたいへんおいしかったので、まさおさんは大よろこびでたべました。〕ごちそうをたべてから、みんなでひなまつりのうたをうたいました。(あさ子さんのうちのひなまつり)

(8)〔ところが、あんまり力を入れたものですから、うなぎはびゅうんととんで、いっぺんに山のむこうまでとんで行ってしまいました。〕さわよむどんは、あわててさおをほうりだして、うなぎをおいかけました。(さわよむどん)

この 2 例は、「A は」を「A を」で受ける。

(9)〔ほかのてがみやはがきもはいっていました。〕ゆうびんやさんがてがみやはがきをあつめに来て、ゆうびんきょくにはこびました。(はるおさんのてがみのとどくまで)

主語の「A も」が「A を」で受けられた。

(10)〔はるおさんのてがみは、おじさんの町へ行くてがみやはがきといっしょにふくろに入れられました。〕ゆうびんじどう車がふくろをえきへはこびました。(同前)

「A に」が「A を」で受けとめられた。

(11)〔えびがにをとってきて、せんめんきの中に入れました。〕せんめんきをぽんとたたいたら、さっとうしろにはねました。

(にっき)

この例における先行語の「せんめんき」は、ノ格連体成分だというよりも「の中に」という複合格助詞によって連用成分になっていると見た方が適切であろう。

(12)〔くぎとかなづちをもって来ました。〕くぎをかんのまんなかに立てて、かなづちでくぎのあたまをたたくと、ぷすっとあながあきました。(かんのげた)

先行語の「くぎ」に「と」がついているが、これは「かなづち」と並ぶためで、並ばなければ、「くぎを」となっているはずだから、「Aを」が「Aを」で受けられた例である。

(13)〔コンクリートと土の上では、かんの足音がちがいます。〕コンクリートの上を歩くと、ポカポカといいました。(同前)

「コンクリートと土の上では」というのは舌足らずの言い方で、正確に言えば、「コンクリートの上と土の上とでは」というべきところである。すなわち「AとBとでは……」の「A」を「Aを」と受けたわけである。

(14)〔わたしは、やじろべえを作ったことをはなします。〕ざっしの中に『やじろべえあそびをしましょう』というところがありました。(夏休みにしたこと)

これは、上の13例と違って、変な例である。先行語が「やじろべえ」、受けることばが「やじろべえあそび」では、変形しすぎで、もはや反復とはいえないかもしれないし、後続語が「と」で括られるカギの中にある点でも、おおいに違っているが、読者の頭の中でidentifyされる点は同じなので、いっしょにした。

● faD1.1.5　前文中の体言の反復、雑例　13文

「は」「が」「の」「を」以外で、先行体言の受けつぎに使われた助詞は、資料の中では、「で」「に」各4例、「も」「と」「なら」「よ」各1例であった。他で助詞でないものが1例。

(1)〔パンやです。〕パンやでは、おかしもうっています。(にぎやかなとおり)

(2)〔ゆうびんやさんがてがみやはがきをあつめに来て、ゆうびんきょくにはこびました。〕ゆうびんきょくでは、あつまったて

がみやはがきにスタンプをおしました。（はるおさんのてがみのとどくまで）

（3）〔あした、わたしは、父といっしょにいなかのおじさんのうちへ行きます。〕いなかで、いとこのたっちゃんとあそぶのがたのしみです。（先生へのてがみ）

（4）〔ふたりとも、ほうきをもち、はたきをこしにさしていました。〕ふたりでだんの前にいすをおいてこかけると、まず、おとうさんが、「エヘン、わしはさだいじんである。」といいました。

「で」で受けた4例のうち、前2例には「は」が添って「では」となり、題目化されている。これは、「は」の例とも見られること、前述のとおりである。これと同じ事情が、次の「に」にもある。「に」4例も、うち2例は「には」となっている。

（5）〔林の中に、池がありました。〕池には、ボートがいくつもうかんでいます。（空から下を見ると）

（6）〔月の明るい山道を、一台のバスが走って行きました。〕バスには、五人のおきゃくさんがのっていました。（月夜のバス）

（7）〔でんきやのつぎが本やです。〕ふたりは本やにはいりました。（にぎやかなとおり）

（8）〔水のそこの小さな石が、ちらちらとうごいて見えます。〕わたしはそっと水にはいってみました。（せんたく）

以上が「に」の4例である。あとは、1例ずつ。

（9）〔じろちゃんは、大いそぎでいっちゃんを中に入れて、とびらにかぎをかけました。〕いっちゃんもじろちゃんもふるえていました。（三びきの子ぶた）

（10）〔「それは、すまなかった。ごめんよ。」と、うんてんしゅさんはあやまりました。〕はるおさんたちは、うんてんしゅさんとなかよしになりました。

（11）〔中町へ行くのには、どう行ったらいいでしょうか。〕中町なら、やくばのちかくです。（みちあんない）

（12）〔けん一「だれがおきゃくさんになる。」〕ひろ子……「わたしたち、おきゃくさんよ。」（劇）

これは問答だから、同一話者の文における反復受けつぎとは性質がちがう。

(13)〔とうばんの人は、二時間めの休みに、ほけんしつの前にあつまってください。〕二時間めの休み、ほけんしつの前です。(こうないほうそう)

念押しのために、要項だけを取り出して繰り返したので、これも、上来の例とは性質がちがう。一般の反復受けつぎでは、思考の流れの発展があるが、こういう念押しの反復には、それはない。

以上で、前文中の体言を受けついだ文例97を記述した。

次に、前文中の用言を受けついで反復した例を示す。

● faD1.2　前文中の動詞を反復　10文

用言といっても、そのほとんど全部が動詞であった。

動詞は、述語として文末に置かれることが多い。それが次文の文頭で反復されれば、尻取りの形式となる。9例のうち6例は、そういう形になっていた。

(1)〔まちがわないように、できるだけゆっくり読みました。〕読んでいくうちに、きゅうにきょうしつの中がざわざわして、ひそひそ声が聞こえだしました。(もうくろの話)

(2)〔おかあさんとねえさんは、ひるから、はたけへ出かけて行きました。〕出かけるときに、おかあさんは、「るすばんをたのみますよ。おとうさんがかえったら、なべにさかながにてあると、いってね。」といいました。(るすばん)

(3)〔もう半分も読んでしまいました。〕今まで読んだうちでは、「もうくろの話」と「月夜のバス」がおもしろいと思いました。(おじさんにとどいたてがみ)

(4)〔おとうさんの方を見たら、おとうさんは、あせをふきふき、いっしょうけんめいにほっていました。〕もうほったたけのこが、五本も六本もころがっていました。(たけのこ)

(5)〔足のうらに力を入れて、麦をふむ。〕ぞうりにふまれて、麦がぐんにゃりねてしまう。(麦ふみ)

(6)〔また、ぽんとたたいたら、ぴんとひげをはって、うしろにはねました。〕なぜうしろにはねるのかなあとおもいました。

（にっき）

最後の例では「うしろにはねる」という動詞句がそのままくり返されている。ただし、この句は、「と」で括られる内部要素である点、尻取りには違いないが、他の例と構造が異なる。

(7)〔麦をふむ。〕足のうらに力を入れて麦をふむ。（麦ふみ）

(8)〔ぶんじろう「ぼく、かかない。」〕みよ子「どうしてかかないの。」（劇）

異なる発話者による受けつぎである。

(9)〔とも子「プラットホームもかいてね。」〕けん一はどんどんかきます。（同前）

3例とも、先行語も後続語も文末にあるので、尻取りにならない。(1)〜(6) の例で繰り返される動詞が文頭にあって、尻取りになっているのは、それらの動詞が、後続文において主文の述語になっていないことを意味する。

(10)〔このごろ、ろうかを走る人がふえてきました。〕ろうかを走らないようにすることは、五月の学校じどう会できまりました。（こうないほうそう）

繰り返される動詞が、後続文では文頭にあるが、前文の中では、主語の修飾語になっているから、文末にない。こういう例は、あまり多くない。

● faD1.3　前文中の形容詞を反復　1文

形容詞が前文から後文へ受けつがれた例は、ただ1例しかなかった。

(1)〔まい日、さむい日がつづきます。〕みなさんは、さむいからといって、うちの中でごろごろしているようなことはありませんね。（こうないほうそう）

1例だけでも、あまりさびしいから、資料外から、思いつく例をあげてみると、たとえば『草枕』に、こんなのがある。

■智に働けば角が立つ。情に棹させば流される。意地を通せば窮屈だ。兎角に人の世は住みにくい。（原文改行）住みにくさが高じると、安い所へ引き越したくなる。

「住みにくい」という形容詞が「住みにくさ」という名詞に転じて受

けつがれる。

■恋はうれしい、嬉しい恋が積もれば、恋をせぬ昔がかへつて恋しかろ。

これは、「うれしい」のあとが読点であるから、作者の意識としては、文が切れていない。確かに、切らずにたたみかけで読むところにおもしろみがあるだろうが、形としては切れている。

■かう山の中へ来て自然の景物に接すれば、見るものも聞くものも面白い。面白い丈《だけ》で別段の苦しみも起らぬ。

これは最も完全な適例である。三例とも典型的な尻取りで、漱石の得意とする口調だ。

以上で、相接する2文の間で語が受けつがれ、それが、後続文における承前要素となる例108個を記述しおわった。受けつがれる語は、名詞が圧倒的に多く、それが副助詞「は」で受けとめられて文頭に立つことが多い。動詞と形容詞では、動詞の方が多く受けつがれているが、それは、おそらく、文の述語になる率が動詞の方が多いためだろう。用言が反復される時は、文末と文頭とで尻取り形式になりやすい。

● faD2　直前にない先行文中の語を反復　33文

これまでに述べたものと、受けつぎの原理は同じであるが、こんどは、相接する2文の間の受けつぎでなく、先行語と、反復される後続語との間に1文以上のへだたりがある場合について見よう。

この場合も、反復される語に「は」などがついて、題目化された場合を先に調べる。

● faD2.1　非直前先行文中の語を題目化して反復　22文

(1) 〔あきらさんは、子犬がほしいとおもっていました。ある日、おとうさんが、「森田さんのうちで、子犬がうまれたそうだ。あきらにもらってきてあげよう。」といいました。〕あきらさんは大よろこびでした。(子犬)

以下、例示については、先行語と後続語の文を全部書くと、いたずらに紙幅をとるので、適当に省略して書くことにする。

(2) 〔きょうは子どもの日です。おとうさんとおかあさんに、はねだのひこうじょうへつれていってもらうことになっています。

わたしは、……。でも……。（改）でんしゃや……。うみがみえました。〕ひこうじょうはとてもひろくて、まんなかに、きれいなたてものがありました。（ひこうじょう）

（3）〔ほっかいどうへいくひこうきだそうです。なかなか……。二十分ぐらい……。ひどい……。〕ひこうきは、ゆるゆるとじめんの上をうごいていきます。（同前）

（4）〔ひろしさんがいました。にいさんといっしょにいました。（改）きしゃがとおりすぎました。〕ひろしさんとにいさんは、ふみきりをわたって行きます。（にぎやかなとおり）

（5）〔おまわりさんは、いりぐちに立って、とおりをながめていました。「おまわりさん、……。」〕おまわりさんは、こうばんの中にはいって、かべにはってあるちずをみました。（みちあんない）

（6）〔わたしは、かさをさして、田んぼへでかけました。雨の中で……。田んぼには……。〕わたしはいそいであるきました。（田うえ）

（7）〔きじはたまごを七つもうんでいました。さわよむどんは、……。そして、……。（改）うなぎも、……。〕きじは、やまいものつるにつなぎました。（さわよむどん）

（8）〔ある日、おかあさんぶたがいいました。「おまえたちも、……。」「えっ、……」と、……。〕「森のおくには、……」といって、おかあさんぶたは、おのやのこぎりを子ぶたたちにわたしました。（三びきの子ぶた）

（9）〔朝早くおきて、にわに出てみたら、あさがおがたくさんさいていました。青と白の……。ももいろのも……。〕かぜがふくと、あさがおはすずしそうにゆらゆらゆれました。（にっき）

（10）〔石のところに、むぎわらとんぼがとまっていました。ぼくは……。〕とんぼは、あみの中でばたばたしています。（同前）

（11）〔ねこは、「あらうとも。……」といって、小ねずみをはなして、かおをあらおうとしました。そのすきに……。そして……。〕（改）ねこはくやしくてたまりません。（ねこと小ねずみ）

（12）〔れっ車は、いくつかえきをすぎてから、ガーッとトンネルに

はいりました。まどの外はまっくらです。〕れっ車は、ゴーゴーとトンネルの中を走って行きます。(れっ車にのって)

(13)〔おじさんはこくばんになにか書きました。むずかしいかん字で書いたので、わたしには読めません。〕おじさんは、「こくばんに書いておいたから、おとうさんがかえったら、読むようにいいなさいね。」といって、かえって行きました。(るすばん)

先行 2 文は faC1【5】の (2) (197 ページ) で、主語の省略による承前の例だが、動詞「書く」の反復による承前の例としてもよいものである。

(14)〔はるおさんのてがみポストにはいっていました。ほかの……。ゆうびんやさんが……。ゆうびんきょくでは……。〕(改) はるおさんのてがみは、おじさんの町へ行くてがみやはがきといっしょにふくろに入れられました。(はるおさんのてがみのとどくまで)

(15)〔そのとき、バスはもううさぎのすぐうしろのところにちかづいていました。うんてんしゅさんは……。〕二ひきのうさぎは、わきみもしないで、いっしょうけんめいに走っています。(月夜のバス)

(16)〔じろう、みのる……が出て来て、いきなりみんなの中にとびこみます。……1 発話と 1 文略……〕みんなは、しばらくおしあっています。(劇)

(17)〔学校で、先生が、「あしたは、……」といいました。あきびんと。……工作の時間になりました。〕先生は、「ちょっとみんなの本をかしてください。」といって、本をあつめました。(あさ子さんのうちのひなまつり)

(18)〔コンクリートと土の上では、かんの足音がちがいます。コンクリートの……。まるで馬の……。〕土の上は、カパカパといいました。(かんのげた)

以上 18 例は、いずれも、先行語が名詞で、それを単純に「は」で受けているものである。

(19)〔わたしは、かさをさして、田んぼへでかけました。(改) 雨

の中で……。〕田んぼには、みどりのなえが、ずんずんうえられていきます。(田うえ)

これは「には」で受けた例。

(20)〔もうくろは、生まれてから まだ三カ月のあかちゃんです。はなのさきと、……しりが白いほか、あとはまっ黒です。〕もうくろというのは、てるおのつけた名まえです。(もうくろの話)

先行語の「もうくろ」は牛の実体をさすが、反復された「もうくろ」は、「というの」がつくことによって、牛の呼び名になっている。名と実体とは、意味においてはおおいに異なるが、語形は同じだから、反復するには抵抗がない。

(21)〔「かきのみがなかったので、かわりにねんどをつかいました。そして……。これが……。」〕「かきのみのかわりに、ねんどをつかったのは、よいくふうでしたね。」(夏休みにしたこと)

これは、長い動詞句の反復であるが、「の」をつけて名詞句とし、それを「は」で受けている。

最後に1例、「は」以外の語形による題目化の例を示す。

(22)〔けん一「そうら、汽車だよ。ポー、シュッシュッシュッ。」……(3人の発話とト書きを経て……)けん一「汽車なら、えきがないとだめだねえ。」(劇)

● faD2.2　非直前先行文中の語を題目化しないで反復　11文

(1)〔ヘリコプターは下へ下へとおりて行きました。(改)林の中に……。池には……。(改)池のまわりを……。四りょうつなぎの……。(改)まめじどう車を……。赤いじどう車……。〕(改)ヘリコプターを見つけたのでしょう。(空から下を見ると)

(2)〔はるおさんは、すぐ本をひらいてみました。きれいな……。〕(改)はるおさんは本を読みはじめました。(たんじょう日のおくりもの)

(3)〔うがいのくすりは、組のとうばんの人にわたします。とうばんの人は……。二時間めの……。〕うがいのくすりをやかんに入れておきますから、それをきょうしつにはこんでください。

（こうないほうそう）

(4)〔けん一がぶんじろうの方をゆびさすと、たけしはうなずきます。……中間 3 文……〕けん一がさっとぶんじろうをひっぱりこみます。（劇）

(5)〔すなはまをはしりまわりました。（改）いつのまにか、うみの水がひいていました。〕ぼくはすなをほりました。（しおひがり）

(6)〔みなさん、これから、おはなし会をしましょう。こくばんに……。〕おはなしをする人は、はっきりした声で、おちついてはなしましょう。（夏休みにしたこと）

(5)(6) 2 例は、変形を伴う。複合概念「すなはま」「おはなし会」から要素概念「すな」「おはなし」を取り出して反復している。

以上 6 例は、「を」で反復したもの。

(7)〔雨がふっているので、わたしはうちの中で本をよんでいました。すると……。わたしは……。〕（改）雨の中ではたらいている人が、あちらこちらにたくさん見えました。（田うえ）

(8)〔おとうさんがオートバイにのせてくれました。しっかりつかまって……。〕おとうさんのせなかからかおを出すと、かぜがつよくあたりました。（にっき）

以上 2 例は「の」による反復。

(9)〔(8) に続いて〕オートバイからおりたら、からだがきゅうにあつくなりました。（同前）

これは「から」による反復。

以上 9 例は、名詞を受けて反復したもの。次に、動詞の例が二つある。

(10)〔ぼくはすなをほりました。小さいかいや大きいかいが、いっぱいでてきました。〕（改）おおぜいの人が、くわやくまでをもって、ほっていました。（しおひがり）

(11)〔その上でつりました。えさは、……。〕ぼくはなれていないので、ちっともつれません。（夏休みにしたこと）

「つる」と「つれる」は別語だが、反復の中間に入れておく。

以上で、やや離れた先行文中の語を受けて反復した例、題目化 22、非題目化 11、計 33 例を記述した。直前文中の語を受ける場合に同じく、やはり、受けとめには「は」を用いることが多い。

● faD3　継続題目の受けつぎによる反復　23 文

先行語を受けとめて反復することは、それを話の中の題目として取り上げることに通じる。それ故に、取り立ての副助詞「は」が添うことが多いのである。

題目とは、話題の中心である。一つの話の中で、題目になるような概念は、そうやたらにあるわけではないし、いくつかの題目がある場合にも、文章の流れの中で、それらがあまり目まぐるしく変化することはないものだ。ある題目は、一度登場すると、しばらくは続くのが普通である。一つの文章の中で、短い間隔でしばしば現われる題目を継続題目と呼ぶことにする。

「題目」ということばは、文章全体やら、章・節などにつく標題（題名）をさすように思われやすいし、そうでないまでも、抽象的なまとめのことばを思いつきやすいが、ここでいう題目は、そういう高次なものでなく、もっと卑近な、雑多な内容を含んでいる。しばらく話題の中心になるものは、人でも、物でも、事でも、何でも題目になる。

今回の資料は、物語文が多かった。物語文で題目になりやすいのは、何といっても、まず人物である。人物が登場しなければ話にならず、その人物も、ある程度固定しなければ、ストーリーにならない。無数の人間が現われては消え、現われては消えるのでは、どうしようもない。

物語にも、登場人物の比較的多い物語もあれば、少ない物語もある。登場人物が少なければ、物語のどの部分を取っても、同じような人物が題目になっているだろう。登場人物が多ければ、人物題目の転換が多いわけであるが、それでも、一行ごとに違った人物が出て来るようなことは、ありえない。そして、登場者のすべてが同じような重みで題目になるということも、滅多にない。とかく長い間題目として据わりたがる人物が、どうしても出て来る。それが、ほとんどの場合、その物語の主人公である。もちろん、これは、一般的な傾向を言っているのであって、個々の例では、ある人物が、登場回数は少ないのに、最も主要な題目人物だという場合もあるだろう。

一つの語が前文から受けつがれて反復されることは、それが継続題目になるための第一歩である。反復は、まず相接する2文の間で行なわれる場合が多いが、ひとたび題目が固定して、その題目をめぐる文脈ができ上がると、あとは、題目が底流となり、潜在化して、特に文表面にその題目語が現われなくても、筆者と読者との間に共通理解が生ずるようになる。前項で扱った11例のように、いくつかの文を飛び越して受けつぎが行なわれても、容易に連続として理解が成立するのは、すでに題目が継続性をもってきていることを示していよう。

この項で扱う23例は、前項の11例と、本質的には同じ類に属するもので、前項と本項との間に確たる一線は画せないのであるが、読過の印象において、題目の継続性が著しく感じられたものを、ここにまとめた。

題目性を、人物およびそれに準ずる人格と、事物とに区別する。人物・人格が18例、事物が5例あった。

継続題目はどのようにして作られるかを、第1例でややくわしく論じ、第2例以下では簡潔に記す。

(1)〔(文脈説明)「にぎやかなとおり」という文章は、「ふみきりで、人や車がまっています。ひろしさんがいました。にいさんといっしょにいました。」という書き出しで始まる。「ひろしさんが」「にいさんと」の形が端的に示すように、ひろしが主題目で、にいさんが副題目である。やがて、「ひろしさんとにいさんは、ふみきりをわたって行きます。」という文になり、両名相並んで題目化される。その数文のちに、「ふたりは、大どおりまでは行かないで、はじめのよつかどを左へまがりました。」とあって、両名が「ふたり」の一語で集合的に把握され、その形で、題目が据わる。このような、個別把握と集合把握との相互関係による文意の受けつぎについては、承前要素A「語の意味の働きによる承前要素」の7番目（faA7）に、その項目をかかげて説明したとおりである。(160ページ参照)「ふたり」が題目に据わってから、「ふたりの耳に、さかなやのおじさんのいせいのいいこえがきこえてきました。」だの、「やおやのまえでは、ふたりはなにをみたでしょう。」のような文が、ひょいひょいと現われて、人物題目をつないでいく。（ただし、これら2文は、別の点に着眼して、転換型の文として扱った。「さかなや」はtaGの（14）、「やおや」はtaEの（2）を見よ。325、316の各ページ参照）そして、「ふたり」が題目に据わってから22文目に、次の文が来る。〕
（改）ふたりはえきまえの大どおりをよこぎりました。（にぎやかなとおり）

このように説明すると、何だかくどくて、意味ありげだが、ここで言っているのは、実に単純きわまることである。物語や小説で、一度登場した人物が、忘れないうちにまた登場すれば、他に格別の承前要素がなくても、それだけで理解はつながっていくものだ、ということを言っているにすぎない。以下の例は、すべて、同様の原理で解釈される。もはや、文脈をくどく説明する必要はないであろうから、単に、受けつがれる問題の語形だけを示す。問題の語が最初に現われた時の形から始めて、以後、受けつがれるたびごとの形を、すべて文節で示し、矢印でつなぐことにする。

（2）〔子犬が→コロは（4回）→〕「コロ。またいたずらしたね。」と、あきらさんがいうと、コロはしらんかおですましていました。（子犬）

（3）〔ぼくは、おとうさんやおかあさんと→ぼくは→おとうさんもおかあさんも→ぼくは→〕（改）ぼくとおとうさんは、まてがいをとろうとしましたが、なかなかとれません。（しおひがり）

（4）〔みち子さんは（4回）〕みち子さんは、「もうすこしさきに行くと、こうばんがあります。……」といって、おばあさんといっしょに、えきまえどおりのかどのこうばんによりました。（みちあんない）

（5）〔（4）の後続文脈。「おまわりさんは」が3回登場して後〕（改）みち子さんは、ぎんこうのかどまで、おばあさんをおくって行きました。（同前）

（6）〔わたしは（2回）→（この間、「みんな」の題目化を経て）

わたしは→〕(改) わたしは、「さきにかえるよ。」といって、かえってきました。(田うえ)

(7)〔さわよむどんが→さわよむどんは(5回)→〕さわよむどんは、「きょうは、ばかにうんがいいぞ。」とおもいました。(さわよむどん)

(8)〔(7)の後続文脈。〕さわよむどんは、「さあ、こんやは、村のものをみんなつれてきて、いのししにくでもごちそうしてやろう。」といいながら、心もほくほく、うちへかえって行きました。(同前)

(9)〔おおかみが→おおかみは(6回)→〕おおかみは、おそろしい声でほえながら、やねによじのぼりました。(三びきの子ぶた)

(10)〔(9)の後続文脈。「いっちゃんは」「さんちゃんは」を経て……おおかみは→〕(改) おおかみは、あしをひきずりながら、すごすごと山へかえって行きました。(同前)

(11)〔小ねずみが→小ねずみは→〕小ねずみは、「ねこさん。よいねこは、ものをたべるまえに、かおをあらうそうですね。……」と、ねこにいいました。(ねこと小ねずみ)

(12)〔はるおさんは→ただしさんを→ふたりは→〕(改) ふたりは、うたをうたいながら、ならんで歩いて行きました。(トラック)

(13)〔(12)の後続文脈。はるおさんとただしさんは→ふたりは→はるおさんは→はるおさんたちは→ふたりは→〕(改) ふたりはうんてん台から外を見ました。(トラック)

(14)〔子牛のもうくろに→もうくろは→〕(改) もうくろは、まだ小さくて、力がよわいから、畑のしごとも車をひくこともできません。(もうくろの話)

(15)〔劇のト書き。たけしは登場者の一人。〕たけしはあたまをかきます。(劇)

以上15例は、継続題目を「は」で受けているもので、これらが最も普通の形である。

「Aが」が「Aは」となって題目化された後も、もちろん「Aが」

の形は、何度でも出る。が、そういう「Aが」は、多くの場合、叙事の必要上点出されるのであって、そこに題目意識は、あまりない。たとえば、「さわよむどんのうなぎつり」で、さわよむどんが継続題目化してから、

・「おや、これはなんだ。」と、さわよむどんが見ると、おどろいたことに、大きないのししがしんでいるのでした。

とあると、この「さわよむどん」には、題目としての重みは感じられない。同じく「が」で描かれていても「大きないのしし」の方は、ここで初登場するので、その意味の重さを感じさせる。

しかし、題目化以後の「が」が決して題目意識をささえないというわけではない。劇の中で、けん一、たけしその他がいて、けん一がいつも主導権をとっている場合、

(16) けん一がぶんじろうの方をゆびさすと、たけしはうなずきます。(劇)

において、題目がたけしに移ったとは感じられない。

(17)〔おとうさんが→まさおさんを→ふたりとも→ふたりで→おとうさんが→まさおさんも→〕おとうさんが、あわてて、「うだいじん、うだいじん。」といったので、まさおさんも、「うだいじん、うだいじん。」といいました。(あさ子さんのうちのひなまつり)

これは、「が」と「も」の照応によって、二人ともが継続題目の位置を確保している。

(18)〔みんなが→みんなは(2回)→〕(改)みんな、雨にぬれるのなんかへいきそうです。(田うえ)

「は」も「が」もつかず、副詞的なおもむきがある。それだけ強勢があって、充分継続題目になっている。

以上18例が、人物・人格の継続題目を承前要素とするものである。この種の継続題目は、物語・小説の中では、あまりに普通のことだから、例はもっともっとあるが、他の承前因子によって記述されたものが多く、また、(1)の中でことわったように、転換型に分類されたものなどもあるので、ここには、上記18例だけが残ることになった。

次に、人物でなく、事物が継続題目となって承前要素をなす例を5

個かかげる。

(19)〔二しゅうかんたったころ、カナリヤの子どもが三ばうまれました。……3 文略……〕すの中のカナリヤの子どもは、だんだん大きくなりました。(カナリヤ)

動物は、物語の中では、多く人格化されるが、この生活文では、人格とは扱えない。

(20)〔「たねまき」「しろかき」「田うえ」と、内容上連続した三つの文章を受ける「草とり」の冒頭文〕いねはだんだん大きくなります。(草とり)

章の冒頭にあっても、継続題目を受けついで、完全に承前型である。

(21)〔汽車が（2 回）→汽車は→〕汽車はだんだん小さくなっていきます。(汽車の音)

(22)〔れっ車が→れっ車は（2 回）→〕れっ車は、すぐ町を出て、きいろくなった田んぼの中を走りました。(れっ車にのって)

(23)〔うがいをすることです→うがいをして→うがいをすることに→〕うがいをするばしょは、うけもちの先生におしえていただいて、みんなでよくうがいをするようにしましょう。(こうないほうそう)

これは「うがいをする」という動詞句の反復による継続題目化の例である。このように、題目が「物」でなく「事」になると、「題目」ということばより「主題」ということばの方がぴったりした感じになって来る。

以上で、人物・人格 18 例、事物 5 例、計 23 個、継続題目の受けつぎによる承前の例を示した。

● faD4　同文反復による承前　5 文

これまで、先行文の中の特定の語句が受けつがれて、次の文内に再現することにより、その文に承前性を与えることについて述べてきた。この種の承前要素についての記述を終わる前に、もう一つ、類似のこととして、前の文を文ごと繰り返して受けとめる場合があることをつけ加えておこう。

文章において、長い文が二度繰り返されることは、あまりありそうもないが、短い文は繰り返されることが少なくない。特に、話しことばでは、二つ返事ということばもあるように、「はい。はい。」「あります。あります。」などのように、たたみかけて言うことが、よくある。こういう場合、表記すれば、「はい、はい。」「あります、あります。」と書かれることが多いように、合わせて1文とも感じられる。それほど、短文の同文反復は、つながりがいいわけである。

（1）〔チッチッチュン〕チッチッチュン（朝の音）

これは、句読点なしで二行に並べて書いてある。「チッチッチュン」を文と認めなければならない理由はないが、音調の上からいっても、一つの独立性があることは確かであろうから、文としておく。

（2）〔「よかったね。〕よかったね。」（月夜のバス）

気絶していたうさぎが息をふき返したのを見て、男の子がうさぎにむかって言うことばである。

（3）〔ひろ子「ごめんね。〕ごめんね。」（劇）

（4）〔けん一「よせよ。〕よせよ。」（同前）

（5）〔（4）に続く〕たけし「よせよ。」（同前）

資料内に、あまり有意味な例はなかったが、問題の性質は、これでわかるであろう。

3.3.5　承前要素E（faE）引用部の内外にまたがる承前

普通の文章表記法において、カギは会話のことばを写すのに用いられる。カギのある文章において、カギの中は会話文とか引用部とか呼ばれ、カギの外は地の文といわれる。

カギは、会話のことばだけを写すわけではない。心内の想も写す。論文などでは、文献名や、他人の所説を引くのに用いられる。カギは、地の文と次元の違う所で行なわれる表現活動を写すために用いられる記号であり、そういう性格のことばであれば、内容は、発話でも心内語でも、文献名でも、何でも構わない。カギの中に入るものはこういうものでなければならぬという、内容上の拘束は何もない。カギのもつ条件はただ一つ、カギの中と外とで、構文の論理は絶縁されているということである。カギの中が単語でも連語でも、1文でも2文以上の長い連続でも、カギの外の構文には影響を与えない。カギの外の構文を問題にする時は、カギの中は無視しなければならない。今回の調査資料で構文を調べるについては、そのように無視した。

しかし、これは、あくまでも、構文を考える時だけのことである。読者の頭に投入される情報としては、カギの外であろうと、中であろうと、お構いなしにいっしょにとびこんで来る。だから、カギの中と外との間でも、承前関係は成り立つ。この節では、カギにくくられた文の中の承前因子が、カギの外にある先行文に対して受けの姿勢を取らせる場合と、その逆に、カギの中にある先行文を受ける承前因子が、カギの外にある後続文の中にそなわっている場合とについて、実例を観察しよう。

承前性を生ずるための原理は、一般の場合も、カギの内外にまたがる場合も同じである。これまでに、承前記号のA、B、C、D、承前要素のA、B、C、Dとして示したものが、そのまま、ここにも生きている。

● faE1　カギの中の承前要素がカギの外の先行文脈を受ける　36文

カギの中にあるものは、ほとんど全部、人のことばである。人のことばといえば、劇は、それだけで成り立ち、補足的にト書きが添っているものである。劇の脚本について、ト書きを地の文と見るのは適切でないので、カギの中と地の文との間で承前関係を考えるについては、劇の脚本は対象外とした。例文は、劇を除いて、物語や生活文の文章からとられている。

faE1の内訳を示す記号は、これまでに示した承前の記号および要素と対応するように、次のように表記する。

〈承前記号・承前要素〉	〈faE1の内訳〉
fsA　継起性の接続詞類	faE1sA（ナシ）
fsB　論理心理性の接続詞類	faE1sB（ナシ）
fsC　指示語	faE1sC　カギの中の指示語
fsD　応答の語	faE1sD　カギの中の応答語
faA　語の意味の働き	faE1aA　カギの中の語彙的承前要素
faB　語の付属形式の文法的働き	faE1aB（ナシ）
faC　文の成分の省略	faE1aC　カギの中の成分省略
faD　先行文中の語の反復	faE1aD　カギの中の先行語反復

（ナシ）と記したのは、資料中に実例がなかったことを示す。多くの

資料に当たれば、該当例が見つかるであろうが、今回の資料になかったということは、他の場合に比べて、それが発生しにくいことを一応は示しているだろう。

● faE1sC　カギの中の指示語　8文

「これ」4例、「この」2例、「それ」「あれ」各1例である。

(1)〔うなぎのそばに、なにかたおれています。〕(改)「おや、これはなんだ。」と、さわよむどんが見ると、おどろいたことに、大きないのししがしんでいました。(さわよむどんのうなぎつり)

さわよむどんが言った「これはなんだ。」の「これ」は、本来、文脈中の先行語を指すのではなく、現場にあるいのししを指している(現場指示、123ページ参照)が、読者は、先行する地の文で「なにかたおれています。」とあるのを読んでいるから、この「これ」が、倒れている「何か」のイメージと重なり、承前性を発揮する。

(2)〔うなぎがてっぽう玉のようにとんできて、ぶつかったのでしょう。〕(改)さわよむどんは、「これはもうけものだ。」とよろこびました。(同前)

(3)〔(2)に続いて〕「さて、これをどうしてはこぼうか。」とおもいながら、さわよむどんがあたりを見まわしていると、やまいものつるがありました。(同前)

(2)の「これはもうけものだ。」の「これ」は、うなぎとともに大いのししが倒れているという事態全体を指しており、読者にとっては、先行文脈の内容にほかならない。(3)の「これ」は(1)の「これ」と同性質のものである。

(4)〔学校がおわると、あさ子さんは、いそいでかえって、インクびんのだいりびなをおかあさんに見せました。〕「これはおもしろいわね。それでは、びんばかりで、ひとそろい作るといいわ。」といって、おかあさんはいろいろなかたちのびんをさがしてくれました。(あさ子さんのうちのひなまつり)

上の3例と同じく、現場指示「これ」が、先行する地の文に示されたインクびんのだいりびな、あるいは、インクびんでだいりびなを作ったという事態を指している。以上が「これ」の4例である。

(5)〔草のみだれたところがありました。〕「このへんだな。」とおもって、よく見ると、草のねもとに、大うなぎがぐったりしていました。（さわよむどんのうなぎつり）

これも、現場指示の「この」が、先行する地の文の「草のみだれたところ」を指すことになる。

(6)〔先生は、その中から、びんを十こもって行きました。だんのいちばん上に二つ、その下に三つ、いちばん下に五つ、ならべました。〕「さあ、みなさん。このびんが、何に見えるでしょう。」といって、先生は、わらいながらみんなのかおを見まわしました。（あさ子さんのうちのひなまつり）

同じく、現場指示の「この」が、先行する地の文に示される、三段に並べられた十個のびんを指す。

以上、「この」の2例、まったく同じ状況である。

(7)〔はるおさんは、「うんてんしゅさん、ぼくたち、さっきどろ水をかけられたんだよ。ほら、こんなに。」と、ズボンを見せながら、うんてんしゅさんに話しかけました。〕「それは、すまなかった。ごめんよ。」と、うんてんしゅさんはあやまりました。（トラック）

(2) 例の「これは」や、(7) 例の「それは」は、特定のものを指しているのではなく、事態や状況を漠然と指している。こういうことばはだんだん形式化して、「これは、これは！」とか、「それは、まあ！」のような感動詞句になっていく。本例の場合、「それ」でとらえられている事態は、先行の地の文ではなくて、先行文中のカギの中で描かれている。だから、この「それ」は現場指示ではなく、文脈指示の働きをしている。その点、これまでの例とちがったところがある。

(8)〔「さて、これをどうしてはこぼうか。」とおもいながら、さわよむどんがあたりを見まわしていると、やまいものつるがありました。〕「うん、あれでしばろう。」といって、つるをひっぱると、やまいもがずぼずぼぬけてきました。（さわよむどんのうなぎつり）

「あれ」という指示語は文脈指示にはなりにくく、現場指示になるのが普通である。だから、一般の文章では、「あれ」や「あの」が承前記号になることは、極めて少ない。しかし、(8) の例のように、カギの中の現場指示が先行する地の文の何かを指すことによって、読者にとって承前要素になるという点では、「これ」や「それ」と同じ働きをする。

● faE1sD　カギの中の応答語　2 文

(1)〔おとうさんが、「たかし、このたけのこをほってごらん。」といいました。〕「よし。」といって、ほりました。(たけのこ)

「よし」は、返事と自分に対するかけ声とがいっしょになった感動詞。父の呼びかけを受けとめている。

(2)〔わたしは、「おとうさん。さっき、やくばのおじさんが来て、なにか書いて行ったよ。それから、なべにさかながにてあるよ。」といいました。〕おとうさんは、「そうか、そうか。」といいながら、こくばんに書いてあるのを読んでいました。(るすばん)

これも、先行文中の発話を受けて、それに答えている。

承前記号としての応答語の意味については 135 ページを参照のこと。

● faE1aA　カギの中の語彙的承前要素　5 文

承前要素の A として、語の意味の働きをあげた (139 ページ参照)。そこでは、次の 11 種類を区別した。

(1) 相対的位置関係を表わす語句
(2) 先行事態を前提とする意味の語句
(3) 類義性の語句
(4) 意味階層を構成する語句
(5) 関連する語句
(6) 対義関係の語句
(7) 集合把握と個別把握の語句
(8) 場面的で軸系列をなく語句
(9) 発生連鎖系列に属する語句
(10) 結末しめくくり語句
(11) 問答関係に立つ語句

このうち、(1) (2) と (10) は、その語句自身の独立した意味が必然的に承前性を具えているのであり、その他は、先行語句とその語句との間の呼応関係によって承前性を生ずるのである。

これらの関係は、カギの中と外とでも、同様に成り立つ。資料中の例数が少ないので、11 種類全部の例は見出せなかったが、5 例それぞれが別の性格で、5 種類にわたっていた。

(1)〔ちかくで、モオーッと牛のなく声がしました。〕「おや、もうくろの声によくにているぞ。」と、てるおは思わず外をながめましたが、まどの外には、けやきやくすのきが見えるだけで、ほかにはなにも見えません。(もうくろの話)

「もうくろ」は固有名詞だから、普通名詞とは範疇が異なるが、それが牛の名として読者の頭に定着してからは、「牛」の下位概念として位置づけられるから、「牛」と「もうくろ」とで意味階層を構成することになる。

(2)〔夕ごはんをたべていると、「あしたは日よう日だね。あした、雨があがっていたら、たけのこをほりに行こうか。」と、おとうさんがいいました。〕ぼくが「すかんぽ、出ているかしら。」というと、おかあさんが「そうねえ。よく雨がふるし、もうさかりでしょう。」といいました。(たけのこ)

「たけのこ」と「すかんぽ」は、植物同士で、広い意味では類義関係にもあるが、それより、同じ頃、同じような所に生えるものとして、共存性が強い点が目立つから、関連語句と見た方がよかろう。

(3)〔出かけるときに、おかあさんは、「るすばんをたのみますよ。おとうさんがかえったら、なべにさかながにてあると、いってね。」といいました。〕(改) わたしは、門のところで、「早くかえって来てね。」といいました。(るすばん)

「出かける」と「かえって来る」とは、はっきり、対義関係にあるので、よく照応する。

(4)〔そして、糸まきを見つけると、「おかあさん。これかしてね。五人ばやしの、ほら、ポンポンとたたくものがあるでしょう。あれにするの。」と、とくいそうにいいました。〕「ああ、つづみね。うまいこと考えたわねえ。」といって、おかあさんがわらいました。(あさ子さんのうちのひなまつり)

「ポンポンとたたくもの」というのは、「つづみ」の名を知らない子どもが、それを、音と、音を出すための動作とに分解して言ったのであり、「つづみ」はそれを一語で概括したという関係になる。これは、概念のとらえ方における分化と包括との関係である。集合把握と個別把握というものの中に、こういう一類も入れて考えることができる。

(5)〔ズボンもくつもぐちゃぐちゃになりました。〕おとうさんは、「たかしはちょこまかして、しようがないな。」といいました。(たけのこ)

「ぐちゃぐちゃ」と「しようがない」とを、ことばだけ比べれば、何の関係もないが、たかしのズボンがぐちゃぐちゃになったのを見ての父親の感想が「しようがない」になって現われたと見れば、「ぐちゃぐちゃ」→「困った状態」→「しようがない」という、事がらの上の発想系列を想定するのも、無理ではあるまい。

● faE1aC　カギの中の成分省略　3文

(1)〔おかあさんのゆびさしたほうをみると、ひこうきがだんだんひくくなって、わたしたちのみているちかくにおりてきました。〕「おおさかからきたひこうきだよ。」と、おとうさんがおしえてくれました。(ひこうじょう)

「おおさかからきたひこうきだよ。」は無主語文である。いちばん自然に補われる主語は「あれは」であろうが、その「あれ」は、前文で描かれた「ひこうき」である。

(2)〔おどろいたことに、もうくろがけやきの下へ来て、きょうしつの中をのぞいているのです。先生もにこにこわらっています。〕「てるおくんの子牛だ。」(もうくろの話)

「てるおくんの子牛だ。」の無主語文にも、主語を補えば「あれは」だろう。その「あれ」の内容は、先行文に描かれた「きょしつの中をのぞいている」ものである。

(3)〔しかし、うさぎがびっくりしてはねだすかもしれないと思って、さわるのをやめました。〕「わたしのうちへつれてかえって、かわいがってやりますよ。」と、うんてんしゅさんがいいました。(月夜のバス)

運転手がつれてかえると言っているのは、すでに継続題目化している

「うさぎ」である。「(その) うさぎは」という、ヲ格性の題目語が潜在化している。

● faE1aD　カギの中での先行語反復　17文

先行語の反復を用いて承前要素とすることはカギの内外にまたがる場合でも、やはり、最も優勢である。

(1) 〔(「うさぎ」が題目化した文脈で)「あ、あぶない。」男の子がむちゅうでこういったとき、うんてんしゅさんはバスをとめました。〕「うさぎはひかれたでしょうか。」男の子がしんぱいそうにうんてんしゅさんにいいました。(月夜のバス)

(2) 〔いちばんおわりに、スチュワーデスがふたり、はなしながらおりてきました。〕スチュワーデスはしじゅうひこうきにのっていて、すてきだなあとおもいました。(ひこうじょう)

この例文にはカギは用いられていないが、「スチュワーデス」から「だなあ」までは「と」で括られているので、そこにカギがあるのと同じである。次の例も同様。

(3) 〔わたしが、「あ、すいっちょだ。」といってつかまえたら、あしが一本とれました。〕すいっちょのあしはよわいなあとおもいました。

以上3例は、「は」による題目化を伴って反復している。

(4) 〔れっ車は、ゴーゴーとトンネルの中を走って行きます。〕(改) まさるさんが、「このトンネル、長いね。」といいました。(れっ車にのって)

これは、「は」を伴わないが、投げ出した形が題目化になっている。「この」は現場指示で、それが題目化をたすけている。カギの中の指示語を承前要素としてもよいが、反復取り立ての方が目立つ。

以下は、題目化を伴わない反復例。

(5) 〔学校で、先生が、「あしたは、工作がありますから、あきびんとおり紙をもって来てください。あきびんは、インクのびんでも、くすりのびんでも、なんでもいいですよ。あまり大きくないのを、二つもっていらっしゃい。」といいました。〕あきびんとおり紙で何を作るのだろうと、あさ子さんは思いました。(あさ子さんのうちのひなまつり)

この例文にもカギはないが、思うことの内容が「と」で括られているから、カギがあるのと同じである。

（6）〔竹やぶへ行ってみると、あっちにもこっちにも、たけのこが出ていました。〕（改）おとうさんが、「たかし、このたけのこをほってごらん。」といいました。（たけのこ）

「この」を承前要素と見てもよい。

（5）（6）は、反復された語を含む文節が、述語に対する連用成分になっている。次の4例は、反復された語が呼びかけの独立成分になっているものである。

（7）〔うんてんしゅさんが、車の下をのぞいたり、うしろにまわったりして、車をしらべていました。〕はるおさんは、「うんてんしゅさん、ぼくたち、さっきどろ水をかけられたんだよ。ほら、こんなに。」と、ズボンを見せながら、うんてんしゅさんに話しかけました。（トラック）

（8）〔おかあさんはもうなんまいもあらいました。〕わたしが、「おかあさん、これでいいの。」というと、おかあさんは、「じょうとう、じょうとう。」といいました。（せんたく）

（7）も（8）も、カギの中だけでなく、自文のカギの外にも「うんてんしゅさん」「おかあさん」の語があるが、カギの中の方が出現順序が早い。早い方が、承前要素としての働きが強い。

（9）〔家のまえのあき地で、ひとりで石けりをしてあそんでいると、やくばのおじさんがじてん車にのって来ました。〕わたしは、「おじさん、今、だれもいませんよ。なんの用ですか。」といいました。（るすばん）

（10）〔しばらくして、おとうさんがかえって来ました。〕わたしは、「おとうさん、さっき、やくばのおじさんが来て、なにか書いて行ったよ。それから、なべにさかながにてあるよ。」といいました。（同前）

（11）〔みんなは、うれしくなって、「おひなさまだ。」「おひなさまだ。」といいました。〕「そうです。おひなさまです。……」（あさ子さんのうちのひなまつり）

これは、述語名詞がそのまま述語名詞で反復されている。

以上11例は、いずれも、名詞の反復例であった。次の6例では、用語が反復される。

(12)〔やくばのおじさんは、「あなたのうちに、こくばんがありましたね。」といいました。〕わたしは、「あります。」といって、土間のこくばんのところへおじさんをつれて行きました。(同前)

(13)〔「おまえたちも、もう大きくなったのだから、じぶんのうちをつくってくらしなさい。」〕「えっ、じぶんのうちをつくるんだって。うれしいな。」と、子ぶたたちはそろっていいました。(三びきの子ぶた)

(14)〔中を見ると、ぼくが今まで見たこともない大きな太いたけのこだったので、びっくりしました。〕ねえさんが「たかしちゃんよりたけのこのほうが太いなあ。」といってわらいました。(たけのこ)

(15)〔「いやだよ。」いっちゃんがこたえました。〕「いやだって。なまいきな子ぶため。出てこないと、ひどいめにあわすぞ。」といって、おおかみはわらのうちをおしました。(三びきの子ぶた)

(12)(13)は動詞、(14)は形容詞、(15)は形容動詞の反復例である。次の例は、形容語句の反復例だが、二重にカギで括られている点が、やや変わっている。

(16)〔おばさんによろしく。さようなら。十二月八日　はるお　おじさん〕「はるおくんから、てがみが来たよ。おばさんによろしくと書いてあるよ。」といって、おじさんは、おばさんにはるおさんのてがみを見せました。(おじさんにとどいたてがみ)

「おばさんによろしく」にカギはないが、「と」で括られている。

最後の1例は、反復に際して、やや変形が見られるものである。

(17)〔わたしもいっしょにもってあげました。〕おかあさんは、「まち子ももってくれるの。」といって、にこにこしました。(せんたく)

「もってあげる。」が、立場の変化に伴って、「もってくれる」になって受けつがれた。

● faE1p　カギの中の位置承前　1文

位置による承前については、次節3.4で詳述するが、承前記号も承前要素も指摘しにくいにかかわらず、承前性を認めざるを得ないものである。先行の地の文と、後続のカギの中の文との間で、「位置による承前」の関係が認められるものを、1文だけだが、次に示す。

(1)〔読んでいくうちに、きゅうにきょうしつの中がざわざわして、ひそひそ声が聞こえだしました。〕「ぼんやりしていたので、まちがったのかしら。」と、てるおはしんぱいになりました。(もうくろの話)

前文は、地の文ではあるが、主人公てるおの心理で描かれている。急に教室の中がざわざわして、ひそひそ声が聞こえだしたというのは、何か変わったことが起こったらしいという気持での叙述である。それを、もう一歩、てるお自身の事情に引きつけて言ったのが「まちがったのかしら」だから、先行の地の文と、カギの中の文とは、同一事態を、やや違った角度からとらえた表現同士の関係になっている。

以上36例、カギの中の文に承前性があるものを、指示語、応答語、語彙的承前要素、成分省略、先行語反復、位置承前の6類に分けて示した。

● FaE2　先行文のカギの中の語句を受ける承前要素　12文

同じく、カギの内外にまたがる承前要素であるが、こんどは前項と反対に、関係する先行語句の方がカギの中にあり、後続文の承前要素がカギの外にある場合に注目する。

ここに集まった12例は、いずれも、先行語を受けて反復するものばかりであった。

まず、名詞を「は」で受けるもの5例。

(1)〔おかあさんが、大きなこえで、「あきらさんのくつが、かたほうしかありませんよ。」といいました。〕あきらさんは、ちょうど学校へ行くまえでしたので、びっくりして、ほうぼうさがしました。(子犬)

(2)〔(1)の例文にすぐ続いて……コロは、あきらさんのあとをちょこちょことついていきます。〕(改) くつはものおきのそば

にありました。(同前)

2 文とび越した先行文内のカギの中の「くつ」を受けとめている。

(3)〔「こんばんは。いっちゃん。外へ出て、わたしとあそびませんか。」〕ねていたいっちゃんは、びっくりしてとびおきました。(三びきの子ぶた)

(4)〔「たいへんだ。たいへんだ。おおかみがきたぞ。じろちゃん、たすけてくれ。」じろちゃんは、大いそぎでいっちゃんを中に入れて、とびらにかぎをかけました。(同前)

(5)〔さんちゃんのうちが見えると、「たいへんだ。たいへんだ。おおかみがきたぞ。さんちゃん、たすけてくれ。」とさけびました。〕(改) さんちゃんは、大いそぎでいっちゃんとじろちゃんを中に入れてやりました。(同前)

次は、名詞に「が」がついて反復されたもの 2 例。

(6)〔おじさんが、「まるいあなは、ちがうんだよ。たまごがたのあなが、まてがいのあなだ。しおを入れるととびでてくるのだよ。」とおしえてくれました。ぼくは、おとうさんに、「おとうさん。いっぺんほってみて。」といいました。おとうさんが、おじさんにくわをかしてもらって、ほりました。〕たまごがたの小さいあなが、二つみえてきました。(しおひがり)

(7)〔学校からかえって来ると、おかあさんが、「おかえりなさい。おじさんから、はがきが来ていますよ。」といいました。〕(改) つくえの上に、はがきがおいてありました。(たんじょう日のおくりもの)

次は、名詞が「を」で反復される 2 例。

(8)〔「これなら、ふかふかのあたたかいうちがすぐできるぞ。おのものこぎりもいらないや。」〕いっちゃんは、わらのうちをつくりはじめました。(三びきの子ぶた)

(9)〔「これだけえだがあれば、わざわざ森のおくまで行って、木をきらなくてもいいや。」〕じろちゃんは、えだをくみあわせて、うちをつくりはじめました。(同前)

次の 2 例は、動詞あるいは動詞句が反復されるもの。

(10)〔「このつぎの村でおりるんです。」男の子が元気な声でこたえました。(改) このバスは、海のそばの町から、山をこえて、汽車のえきのあるにぎやかな町まで行くのです。〕(改) 男の子のおりるのは、山をこえたところにある小さなさびしい村でした。

これは、動詞「おりる」が「の」で名詞になり、名詞句「男の子のおりるの」が「は」で題目化された。

(11)〔そして、こんどは、「びんを出してごらんなさい。」といいました。〕みんながびんを出しました。(あさ子さんのうちのひなまつり)

次の1例は、変形を伴う反復の例である。

(12)〔「おじょうさん。中町の田中さんといううちを知っていますか。百五ばんちです。」とききました。〕みち子さんは、中町は知っていますが、百五ばんちがどのあたりなのかわかりません。(みちあんない)

「知っています」だけについていえば、普通の反復だが、「中町の田中さんといううちを知っています」について見ると、その一部だけを取り立てて反復した結果が、「中町は知っています」となった。

以上で、承前要素のAからEまでについて、資料中のすべての例を説明した。

3.4 位置による承前 (fp)

ある文が、ある文章の中で、ある位置にあるということは、その文にとって、かけがえのない条件になる。ある文が始発型の文だといっても、その文が文章の冒頭部で始発の位置になければ始発性を発揮しない。承前型の文も同様で、承前記号があり、承前要素があって、承前性を発揮しているというのは、それらの記号や要素が、文が承前位置にあることを援けて、その位置にあるだけのことをさせているということである。文章中の文に、始発・承前・転換の各性格を付与するのに、位置は最大の決め手となる。

始発型、承前型、転換型のそれぞれにおいて、型を作る因子に記号と要素とを認めたのであるが、もうひとつ、位置というものを因子に加えざるを得ない。位置は、前述のように強力な、文の性格決定因子であるから、記号も要素もなくても、文にある性格を与える力がある。始発記号も始発要素もなくても、文章の冒頭にあるゆえに、始発性を発揮しているということが、いくらでもある（このことについては、第2章の末、2.4節に述べた）。そういう文を始発型の文にかぞえるなら、そこに「位置による始発型」という一類を認めなければならないことになる。しかし、そうはしなかった。というのは、もしそれを認めても、そこには、形態上の類型を立てることがむずかしいからである。転換型についても、「位置による転換型」は立てない。それは、転換型の性格からそうなるので、それについては後で述べる。

承前型については、「位置による承前」の類を立てないわけにいかない。承前記号も承前要素も認めがたいにかかわらず、承前性の存在を認めざるを得ない場合があるし、文全体として見た時、そこにある形態的特徴が認められるということがあるからである。「位置による」とは、先行文との相対関係のことであり、その関係に、何種類かの類型を立てることができるのである。

位置による承前の特徴は、記号と呼ぶべき特定語類をそなえていないことと、先行文中の特定の語句と呼応するような特定語句をそなえていないことである。その特徴をかぞえるに当たって、特定の語句に注目することはあるが、その場合、相手は、先行文中の特定語句ではなくて、先行文が表わしているもの全体である。

比較的、形態のはっきりしたものから取り上げていく。

● fpA　発話文を解説する文

カギで括られた会話文が独立して在り、それに、その会話のことばが発話された状況を説明する文が続くことが、一つの類型になっている。

会話の文を叙する場合、たとえば、月が「今晩は」と言ったということを述べるのに、大別して、

① 月が
「今晩は。」
と言った。

② 「今晩は。」

と、月が言った。

③　月が言った。

「今晩は。」

④　「今晩は。」

月が言った。

という四種類の述べ方が考えられる。①と②は、1文で述べており、③と④は2文で述べている。1文の場合には、文の承前関係が起こらないから、当面の問題にはならない。2文で述べた場合、③と④のちがいは、③では「言った」が後続する発話文を予告しており、④では、「言った」が先行する発話文を解説していることである。この④の場合を、まず、位置による承前の一類型と認め、fpAとした。③を、その亜種として、fpA′とした。

fpAを、発話を解説することばの形によって3種類に分けた。第一類は「言う」ということばが用いられている場合、第二類は、「言う」以外で発話活動を表わすことばが用いられている場合、第三類は、発話に伴う動作を表わすことばが用いられている場合である。

●fpA1　動詞「言う」で先行会話文を解説する　14文

会話の文がカギで括られて独立している場合には、後続文に「言う」という語を含んでいることが多い。

(1)〔「それにしても、もう一ぴきのうさぎはどうしたのだろう。」〕うんてんしゅさんがいいました。（月夜のバス）

これは先行会話文を後続文が最も簡潔に限定している。

(2)〔「それはありがとうございます。」〕おばあさんは、みち子さんにおれいをいいました。（みちあんない）

これは、前の例よりくわしく、発話の条件を限定している。だれからだれに向けられたどういう性格の発話かを解説している。解説の中心が「いう」という動詞である。「いう」に直結する連用修飾語の部分に、それがどんな発話かを説明することばが添いやすい。「お礼を言う」「ひとりごとを言う」「うらみごとを言う」のように「〜を」の形で示される場合は、「〜を言う」で一つの動詞と認めてもいいほどに、「〜を」と「言う」とが固く結ばれる。また、ある種の擬態語副詞は「ぶつぶつ言う」「ぐずぐず言う」「ぽんぽん言う」「はっきり言う」のように、それがつくことによって、言い方や様子を示すだけでなく、発話の性格を示すことになる。「ぶつぶつ言う」は「不平を言う」ことだし「ぽんぽん言う」は相手をやりこめるような攻撃的な発言をすることである。

(3)〔「おかあさん、カナリヤの子どもがとんだわ。」〕よし子さんは大きなこえでいいました。（カナリヤ）

(4)〔「さようなら。」〕ただしさんが大きな声でいいました。（トラック）

この2例は、連用修飾語が声の条件を規定している。ものを言うのには、声が絶対に必要な条件だから、「どんな声で」を規定することも、発話を描くのに基本的な補足部分である。格助詞の「で」が働く。比喩的には「目で言う」のような言い方も出て来る。

(5)〔「これなら、おおかみがきてもだいじょうぶだ。」〕さんちゃんはにこにこしていいました。（三びきの子ぶた）

(6)〔「うさぎはひかれたでしょうか。」〕男の子がしんぱいそうにうんてんしゅさんにいいました。（月夜のバス）

(7)〔「ほら、生きかえったでしょう。」〕うんてんしゅさんは、あんしんしたようににっこりとわらいながら男の子にいいました。（同前）

この3例における「いう」の修飾語は、「どんな言い方か」を心理的な面に重点を置いて規定している。この類の規定は、「いう」を補う要素として「何を」よりは遠い関係に立つと思われるが、イメージ化が要求される物語・小説においては、やはり、非常に重要な要素である。

(8)〔「あ、牛がのっている。」「あ、バスだ。」〕よし子さんとまさるさんは、かもつれっ車を見ながらいいました。（れっ車にのって）

(9)〔「この山道では、ときどきうさぎがとびだすんですよ。早く、道ばたの草むらの中へ、にげこんでくれるといいのですが。」〕うんてん台のそばにいた女のしゃしょうさんが、男の子の方を見ていいました。（月夜のバス）

この2例の修飾語は、もの言うのに伴う必然的な動作を表わしている。

(10)〔「早く生きかえるといいんだがなあ。」〕男の子も、そっとうさぎのそばによりながら、小さな声でいいました。

「そっと……ながら」は随伴動作、「小さな声で」は声の条件。両方を限定している。

(11)〔「だいじょうぶかしら。」〕しゃしょうさんがしんぱいそうにうさぎの方をのぞきこんでいいました。(同前)

「しんぱいそうに」は言い方の心理的規定。「うさぎの方をのぞきこんで」は随伴動作。もう一例、こんな規定のしかたもある。

(12)〔「ありがとうございます。」〕しゃしょうさんがうしろからいいました。(同前)

「うしろから」も、「どんな言い方か」を限定しているにはちがいないが、言い手の側に属する条件を言っているのではなく、聞き手にとっての環境条件として限定している。

さて、以上 12 例は、「いう」を含む後続文が述語を一つしかもたない文で、その述語が「いう」である点が共通している。次に 2 例、後続文の述語が二つ以上あり、述語の一つが「いう」である場合について見る。

(13)〔「みんなしずかに。つづけて読んで。」〕先生がいうと、きょうしつはちょっとしずかになりましたが、まだ、ひくいわらい声が聞こえます。(もうくろの話)

「A が P_1 すると、B は P_2 になったが、C が P_3 する。」という、展開型の文で、述語が三つある。「いう」は最初の述語である。

(14)〔「あれはもうくろだ。」〕みんながわいわいいうので、てるおはまっかになりました。(同前)

「A が P_1 するので、B は P_2 になった。」という展開型文のはじめの述語が「いう」で、これに「わいわい」という修飾語がついている。「わいわいいう」は、上の (2) 例における「いう」の限定に類したもので、どうせろくなことではないことを言っている。(13) (14) の 2 例に共通したことは、発話文に続く文が述語を二つ以上もつ文で、第一の述語が「いう」であることである。たった 2 例ではあるが、これは一つ重要なことを語っていそうだ。この「言う」は先行する発話文を補足するために用いられている動詞だから、前文に最も近い所に位置するのが自然の成り行きだということである。発話文と後続解説文との位置関係がこのままで、「言う」が、二つ以上ある述語のあとの方に現われることは、どうしても不自然になるのだろう。

以上14例を通覧して言えることをもう一度まとめると、次のようになる。

a. 先行発話文を後続文が「言う」という動詞で解説する時、その文が成分要素としてそなえる可能性のあるものは

1）ダレが（話し手）

2）ダレに（聞き手）

3）ナニを（発話の性格）

4）ドンナ声で（物理的条件）

5）ドンナ言い方で（心理的条件）

6）ドンナ関係で（環境的条件）

などである。

b.「言う」という動詞は、述語として、なるべく早く出現する。

● fpA2　言語活動を表わす「言う」以外のことばで先行発話文を解説する14文

「いう」ということばは、語彙調査をすると、必ず10番以内に入る、使用頻度の極めて高いことばである。その大部分は、「言う」と漢字で書くのは適当でないと思われる形式的な用法のものであるとはいえ、「言う」と書きたい具体的な言語活動を表わす場合も、決して少なくはない。

「言う」は発話することをすべて言い表わせる、広い意味をもったことばである。英語でいえばsayがこれに当たり、使用頻度が非常に広い。「教える」「答える」なども言語活動を表わすことができるが、特定の場合の言語活動しか表わさない。表現範囲がせまいから、使われる度合も、「言う」に比べれば、ずっと少ない。

資料の中で、言語活動を表わす、「言う」以外の動詞で、先行する発話文を解説した例は、次の7例だけだった。

(1)〔「そのとなりが田中さんのうちです。」〕おまわりさんはくわしくおしえてくれました。（みちあんない）

(2)〔「ただいまから、八時五分はつ上り東京ゆきのかいさつをいたします。」〕なんども、かくせいきが知らせています。(れっ車にのって)

(3)〔「あと、どのくらいで、東京につくの。」〕まさるさんがたずねると、おとうさんは、「三時間ぐらいだよ。」とこたえました。(同前)

(4)〔「どこでおりるの。」〕おじいさんがききました。(月夜のバス)

(5)〔「いやだよ。」〕いっちゃんがこたえました。(三びきの子ぶた)

(6)〔「このつぎの村でおりるんです。」〕男の子が元気な声でこたえました。(月夜のバス)

(7)〔「よわむしけむし、おされてないた。」〕みのるがはやすと、ゆう一、たろう、じろうもはやします。(劇)

以上、「おしえる」「知らせる」「たずねる」「きく」「こたえる」「はやす」の7語であった。

なお、参考までに、国立国語研究所の新聞語彙調査で拾われた語で、発話を表わしている可能性のある動詞の使用度数を見ると、次のような関係になっている。

	使用度数	動詞使用順位
いう	1682	3
言う	65	59
語る	51	72
たずねる	30	132
話す	10	342
こたえる	7	467
答える	6	519
しゃべる	5	583
教える	5	583
おしえる	1	1953

次に、「言語活動を表わす」ということが、上記の例ほどはぴったりしないが、言語活動と密接に関係した動作を表わしているにはちが

いない用言で、同じような解説をしている例を見よう。

(8)〔「あっ。」〕おおかみは、おどろいてやねからころげおちました。(三びきの子ぶた)

(9)〔「やれやれ、ずいぶんとんだものだ。」〕さわよむどんは、すっかりかんしんしてしまいました。(さわよむどんのうなぎつり)

(10)〔「ハハホホフフ。」〕さわよむどんは大よろこびです。(同前)

(11)〔「はやく本がよみたいんだね。」〕にいさんがわらいました。(にぎやかなとおり)

以上4例から「驚く」「感心する」「笑う」の3動詞と、形容動詞「大よろこび」の4例が拾われた。

以上11例では、いずれも述語の動詞（一つだけ形容動詞）が発話の解説を担当していた。次に3例だけ、述語でなく、動詞でもない語が、その解説を担当している例を示す。

(12)〔「五ひきめのありが五つめの米をもちだしました。」〕つぎからつぎへと、はなしがつづきました。(ながいはなし)

(13)〔「おしくらまんじゅう、おされてなくな。」〕声がいよいよ大きくなります。(劇)

(14)〔「きけんですから、はくせんまでおさがりください。」〕ホームのかくせいきの声をきいて、よし子さんたちははくせんのところまでさがりました。(れっ車にのって)

(12) と (13) では、主語の名詞「はなし」「声」が発話の解説をし、(14) では、第一の述語「きいて」のヲ格連用成分の名詞「ホームのかくせいきの声」で、その解説をしている。

● fpA3　発話に伴う動作を示す語で先行発話文を解説する　11文

(1)〔「ただいま。」〕はるおさんが学校からかえって来ると、おかあさんが「おかえりなさい。おじさんから、はがきが来ていますよ。」といいました。(たんじょう日のおくりもの)

「かえって来る」ということばには、言語活動を意味する要素は何もない。しかし、現実に「ただいま」という発話と帰って来ることとが相伴って行なわれたから、「はるおさんが学校から来る」という文が「ただいま」という発話文を解説することになった。このように、解説する方の語句自身に言語活動を解説する意味がそなわっているのではないが、その場の状況からして、ある文がある語句を中心にして、先行発話文を解説することになった例を11個拾った。

(2)〔「てるおくん、つぎを読んで。」〕よそみをしていたてるおは、先生にあてられてまごまごしました。(もうくろの話)

(3)〔「ほら、だいじょうぶ。気をうしなっただけですよ。どこもひかれていません。」〕(改) うんてんしゅさんは、あかんぼうをだくように、一ぴきのうさぎをかかえていました。(月夜のバス)

(4)〔「よかったね。よかったね。」〕(改) 男の子は、そっと手を出して、うさぎの毛にさわってみようとしました。(同前)

(5)〔「よいしょ。よいしょ。」〕とおくの山を見ながら、麦をふむ。(麦ふみ)

(6)〔「ごめんね。ごめんね。」〕ふたりでやさしくおこしてやりますが、ぶんじろうはなきつづけています。(劇)

(7)〔けん一「じゃ、ぼくがかくよ。もしわからなかったら、おしえてね。」〕けん一は、ぼうをひろって、じめんにえをかきはじめます。(同前)

(8)〔けん一「さあ。」〕けん一はぼうをぶんじろうにわたします。(同前)

(9)〔みのる「ぼく、きかん車。」〕手をあげます。(同前)

(10)〔「そら、また。」〕さわよむどんは力いっぱいさおをあげました。(さわよむどんのうなぎつり)

(11)〔「おや、あそこに、子どもたちがおおぜいあそんでいるぞ。」〕ヘリコプターは下へ下へとおりて行きます。(空から下を見ると)

解説の中心になる語句に下線を引いたが、引いた部分と引かなかった部分との間に確たるさかい目があるわけではない。つまりは、文全体で発話の状況を説明しているのである。

しかし、下線を引いた語句と先行発話との関係を見ると、

○外から帰って来た時には、「ただ今」と言うのが普通。

○先生が生徒にあてる時には、「読んで」のような命令的発話をする

確率が高い。

○「よいしょ、よいしょ」は力を入れる時のかけ声で、地面のものを踏む時のかけ声としてふさわしい。同じく、力いっぱい何かをする時に「そら」というかけ声をかけるのも極めて自然。

のように、解説する文の方で描かれている動作を先に想像してみると、そこに、先行発話文のような発話が出て来ることが、いかにもふさわしいことが知れる。ここに集まった11例は、「発話に伴う動作」というよりも、「動作に伴う発話」と言った方が適切なものばかりなのである。

その意味で、下線を引いた語句が示す動作は、先行発話文のような発話との共存度が高いものだといってよい。しかし、その共存度には、当然、強弱の差がある。(11) 例に下線の引きようがなかったのは、共存度の弱さを示している。ヘリコプターが下へ下へとおりて行けば、地上の景色が近くなって、今まで気づかなかった細部が見えて来るわけだから、「おや、あそこに……ぞ」という発見をするのは当然の成り行きである。そう考えれば、この例でも、先行発話文と後続解説文との共存度は、前10例同様に高いのだが、特定の語に注目して、その動作と前の発話とが共存度が高いといって、一般化することはむずかしいのである。概して、下線の長さが短いものほど、共存関係が一般化しやすく、長いものほど一般化しにくかったものである。

● fpA′　予告叙事に後続する発話文　3文

fpAを最初に説明したところで、

○「今晩は。」

月が言った。

をfpAとするのに対して

○月が言った。

「今晩は。」

をfpA′とすることを述べた。ある発話が行なわれた（または、行なわれる）ことを、「言った」とか「語った」とかいうようなことばでまず叙し、そのあとに、現実の発話文が続く形である。この場合、後続発話文の承前性は、自分だけで果たされるものではない。先行文に予告的な叙事があることを前提とし、その位置に頼って承前性を発揮している。そういう承前因子を fpA′ とする。

(1) 〔ある日、おかあさんぶたがいいました。〕「おまえたちも、もう大きくなったのだから、じぶんのうちをつくってくらしなさい。」(三びきの子ぶた)

(2) 〔おまわりさんは、こうばんの中にはいって、かべにはってあるちずをみました。そして、田中さんのうちをおしえてくれました。〕「このとおりをえきのほうへ行くと、にぎやかなとおりがあります。(みちあんない)

(3) 〔うんてんしゅさんとおじいさんの間に、二年生ぐらいの男の子がひとりでのっていて、さっきからおじいさんとなにか話していました。〕「どこでおりるの。」(月夜のバス)

(1) は「いう」、(2) は「おしえる」、(3) は「話す」が、それぞれ先行し、発話文が後続する。無理に形式的にいえば、後続文のカギじるしが承前因子だということになる。ところで、(3) は、(1) (2) とやや性質がちがう。(3) の「どこでおりるの。」は、fpA2 の (4) を見るとわかるように、そのあとに、「おじいさんがききました。」という文が続き、それが fpA2 の例だったわけである。「どこでおりるの。」という発話文は、その後続文で解説されているのだが、「話していました」という先行語句で予告されてもいる。「話している」と大づかみして、そのあとで、両者の一問一答を出して肉づけしたという構造になっている。

fpA と fpA′ とを、資料中の例数で比べると、A が 39 例あったのに対して、A′ はわずかに 3 例であった。このことは、日本語の物語文における会話の示し方の傾向を、やはり、正直に語っているようだ。会話を示す場合、いちばん多いのは、「と」で括って文の一部にするやり方（先の例①②）だが、発話文を独立させる時には、まずそれを出して、あとから発話状況を説明する方式の方が一般的であるようだ。「と」が省略されて発話文が独立するという経路で考えれば、どうしても、そういう順序になるだろう。

● fpB　音響を解説する文

会話は、人間が口で発することばの音で成り立つから、会話を解説するについては、「大きな声で」とか「ささやいた」とかいうように、物理的に音響を解説する部分もまじって来る。人間の音声から離れて、他の物体が発する音響が文章に登場すれば、会話描写の場合と同じように、それを前後の文で解説することが起こる。会話の場合に準じて、先行音響に解説文が後続するものを fpB とし、概括叙事に音響提示が後続するものを fpB′ とする。B と B′ とを比べると、やはり B の方が例が多いので fpB を 4 種に分ける。

fpB1　「音」という名詞で説明する

fpB2　音響を意味する名詞で説明する

fpB3　音響を意味する動詞で説明する

fpB4　音響を発する行為を説明する

● fpB1　「音」という名詞で先行音響語を説明する　2 文

先行する音響語は、当然、擬音語になる。

(1)〔ガラガラガラ、ガラガラガラ〕えんがわの戸をあける音がきこえます。(朝の音)

(2)〔コトコトカタ、カタカタカタ〕だいどころからなにかをきざむ音がきこえてきます。(同前)

● fpB2　音響を意味する名詞で先行音響語を説明する　4 文

(1)〔リリン　リリン。〕きんぎょやののき下で、ふうりんがなっています。(にぎやかなとおり)

(2)〔ジジジジー〕あいずのベルがなっています。(汽車の音)

(3)〔ボー〕きてきがなりました。(同前)

(4)〔ボオーッ　ボオーッ〕きてきがまたなりました。

「ふうりん」「ベル」「きてき」の 3 語があった。

● fpB3　音響を意味する動詞で先行音響語を説明する　3 文

(1)〔ボン　ボン　ボン　ボン　ボン〕ちゃのまのはしらどけいが六時をうちました。

(2)〔リー　リー　リリリリ〕えんの下で、こおろぎがひっきりなしにないています。(虫のなき声)

(3)〔スイッチョ　スイッチョ　スイッチョ〕にわのすみの草むらで、うまおいがなきだしました。(同前)

「うつ」だけなら音響を意味することにはならないが、「時計が×時を打つ」という動詞句は「鳴く」などの動詞同様音響を表わす。

● fpB4　音響を発する行為を叙して先行音響語を説明する　3文

(1)〔ブブー　ブブー　ブブー〕トラックがおもてどおりをとおって行きます。(朝の音)

(2)〔ボッ　ボッ　ボッ〕汽車がうごきだしました。(汽車の音)

(3)〔ゴトン　ゴトン　ガタン　ガタン〕汽車はゆっくりえきを出て行きます。(同前)

これらの例においては、特定の意味をもった特定の語が音響の解説を受けもつのではなく、文全体の意味で音響を解説している。こういうのは、まさに、位置だけが承前因子となっているので、「位置による承前」というのにふさわしいだろう。

● fpB′　予告叙事に後続する音響語　1文

(1)〔夜になると、にわの方から、いろいろな虫のなき声がきこえてきます。〕リー　リー　リリリリ（虫のなき声）

これは、fpA′の（3）と非常によく似た状況にある。fpB3の（2）に先行する位置にある文の中にいろいろな「虫のなき声」という大づかみの叙事があって、あとに、こおろぎ、うまおいと分化した叙事が続く。「リー　リー　リリリリ」という一文は、後続文によって解説されるが、先行する「虫のなき声」によって予告されるので、それに対しては承前性をもっている。

● fpC　前文からの働きかけに応ずる文

先行文に予告性があるために後続文に承前性が生じて来る場合のことは、すでに、fpA′とfpB′とにおいて言及した。ここでは、予告性の範囲をさらに拡大して、先行文が後続文を呼び込むような関係になる場合について観察してみたい。

先行者と後続者とが発想の次元を同じくしているものと、それを異にしているものとに分けて考える。前者は予告と言っていいものであるが、後者は、問いに対する答えや、指示・命令の受けとめをいうので、予告という概念からは、ややはずれる。

● fpC1　予告性の文に応ずる文　13文

同一話者の発想内において、次の文を見越した発言があり、それに応じた文が後続する場合、後続文の承前性は、先行文からの影響によって保たれる。

最も明瞭なのは、「つぎの」とか「以下の」のようなことばで後続情報が約束される場合である。

(1)〔そこで、せいかつぶでは、どの組でも、つぎの三つのことを話し合ってもらいたいと思っています。〕(改) 一　どうして、ろうかを走るのだろうか。(改) 二　ろうかを走るのは、なぜよくないか。(改) 三　ろうかを走らないようにするには、どうしたらよいか。(こうないほうそう)

「一」「二」「三」の項目番号で率いられる三つの文は、「つぎの三つのこと」という先行文の規定によって、必然的に、承前性を付与されている。

(2)〔ほかにもいろいろないています。〕リン　リン　リン (改) ガチャ　ガチャ　ガチャ　ガチャ (改) チンチロリン　チンチロリン (虫のなき声)

「A、ほかにも、B」という情報のつながりがある時、「ほかにも」ということばは、先行する A 情報を受ける働きと、さらに次の情報を呼び起こす働きとをしている。リンリン以下の三つの文は、「ほかにも」で呼び起こされて、位置上、承前性を与えられている。

(3)〔つかまえてみると、きじでした。(改) ところがなんということでしょう。〕きじはたまごを七つもうんでいました。(さわよむどんのうなぎつり)

「なんということでしょう。」で、驚きの感情の表白が先行し、驚きの内容叙述が後続する。

(4)〔そうだ。〕けんちゃん、えがうまいから、たのむよ。(劇)

「そうだ。」は、はたと思い当たった時の感動の表出で、そのあとに続くものは、思い当たりの内容である。

物語の文では、時間的な場面設定をすることが大事なので、冒頭文や、場面転換のための文で、時間の条件づけを主にして、場面の大わくだけをまず指定することが、よくある。それについては、始発要素 C (saC) で述べたし、転換要素 B (taB) のところでも述べるだろう。そういう、時間場面の大わくを設定した文が提出されると、そのあとには、さてその場面の中で何が起こったかを述べる文が続くことになる。

(5)〔あるあさのことです。〕そうじをしていたおかあさんが、大きな声で、「あきらさんのくつが、かたほうしかありませんよ。」といいました。(子犬)

そうじをしていたお母さんが何をしたかということは、「あるあさのこと」を肉付けることにならざるを得ない。そういう位置におかれている。以下4例、いずれも、同じ状況である。

(6)〔日よう日のことでした。〕よし子さんがおかあさんのてつだいをしていると、外からおとうさんがかえってきました。(カナリヤ)

(7)〔二、三日たちました。〕よし子さんがにわであそんでいると、小とりのなくこえがきこえてきました。(同前)

(8)〔ある月のよいばんでした。〕山から、おおかみがおりてきました。(三びきの子ぶた)

(9)〔あさ子さんとまさおさんが、こんなことを話し合った、そのつぎの日でした。〕学校で、先生が、「あしたは、工作がありますから、あきびんとおり紙をもって来てください。……」といいました。(あさ子さんのうちのひなまつり)

これらの例では、いずれも、前文を独立した文にしないで、「あるあさのこと、」「日よう日のこと、」「二、三日たって/二、三日たったある日、」「ある月のよいばん、」「……そのつぎの日、」という形の連用修飾句にして、次の文と合併することができる。そのことが、後続文の承前性を証明している。

資料中の例は以上9例、(1)(2)は3文ずつ含んでいるので、計13文であるが、この項で述べたような予告性の文を作る王様に「こう」ということばがあることを忘れてはなるまい。

■三四郎が与次郎に金を貸した顛末は、斯《こ》うである。

此間の晩九時頃になつて、与次郎が……(『三四郎』)

「顛末」の内容は、以下何文にもわたって述べられる。こういう場合、顛末を語っている間の文章は、何文あっても、みな「斯う」に率いられているわけだが、直接、「斯う」に対して位置による承前の性格をもっているのは、やはり、「此間の晩」で始まる文一つと見るべきだろう。

『三四郎』で、上の例の、ふと数行前を見ると、こんなくだりがある。三四郎が郷里の母から来た手紙を読むところ。

■①手紙は可なり長いものであつたが、別段の事も書いてない。②ことに三輪田のお光さんについては一口も述べてないので大いに難有かつた。③けれども中に妙な助言がある。④お前は子供の時から度胸がなくつて不可ない。⑤度胸の悪いのは……

③の文に、どれといって予告性の語句はないけれども、明らかに、この文は、手紙の中の「助言」が以下に引用されることを予告している。「中に……がある。」という言い方が予告の力をもっているのであろうか。あるいは、「妙な助言」とあって、①②の文の中には、それに当たるものがないから、それは次に述べられるにちがいない——という順序になるためであろうか。

● fpC2　問いなどに対する答えの文　8文

これは、刺激の文と反応の文との間で話者の交替がある場合のこと、あるいは、実際に交替しなくても、スタイルとして、交替する如く立場を変えて受ける場合のことである。

問いの文があって、それに、異なる話者の発話が続けば、後続文は、問いに対する答えであるのが普通である。その答えの文に、応答用の感動詞などがついていれば、承前記号 (fsD) をそなえた文ということになるが、承前記号も承前要素も認められなくても、問いに対する答えは、いくらでも成り立つ。位置によって、問いに対する答えであることが保障される文をここに集めた。

と言っても、純粋に問いと答えの関係になっている例は案外少なく、結局、次の1例しかなかった。

(1)〔「まさおちゃんは、どれがすき。」〕「ぼくは、ひしもちだ。」(あさ子さんのうちのひなまつり)

(2)〔その間、くまは、たべものをどうしているのでしょう。〕ほらあなの中にたべものをはこんでおくのでしょうか。(こうないほうそう)

これは自問自答である。そして、答えも、本当の答えではない。仮りの答えを出して、また新しい問いにしているのである。しかし、答えのための問いだから、そこから始まる本当の問いとはちがって、文末に疑問推量の形が出て来るまでは、前文に対する受けの姿勢になっている。

問答に準ずる関係にあるものとして、誘いかけ、命令、依頼といった類の発言とそれに対する応答がある。

(3)〔「こんばんは。いっちゃん。外へ出て、わたしとあそびませんか。」(改)ねていたいっちゃんは、びっくりしてとびおきました。〕「いやだよ。」いっちゃんがこたえました。(三びきの子ぶた)

「いやだよ。」は、おおかみの「わたしとあそびませんか。」という誘いに対する答え。もし、「いやだよ」を英語のnoに当たる否定応答用の感動詞と見れば、承前記号の仲間入りをすることになるが、「いやだよ」は、やはりnoではなく、“No, I don't.”のI don'tの方に当たることばである。

(4)〔ひろ子「ねえ、いっしょにおはいりなさいよ。」〕ぶんじろう「はいらない。」(劇)

「おはいりなさいよ」は、敬語の入った命令で、「はいらない」がそれに対する答え。

(5)〔けん一「さあ、やろう。」〕みのる「ぼく、きかん車。」(劇)

「さあ、やろう。」は同調を誘発するための意思表示で、「やらないか。」のように否定語を含んだ言い方よりも強引な誘いかけになる。「ぼく、きかん車。」は、誘いに乗った反応である。

わたしたちのふだんの生活における会話には、問答とか、依頼や命令に対する答えとかいうような、はっきりしたやりとりでないものが、案外多い。

(6)〔「早く生きかえるといいんだがなあ。」男の子も、そっとうさぎのそばによりながら、小さな声でいいました。〕「だいじょうぶですよ。……」うんてんしゅさんがいいました。(月夜のバス)

「早く生きかえるといいんだがなあ。」は、男の子のひとりごとであって、他人に対して言っているのではない。しかし、運転手がそれを受けて「大丈夫ですよ。」と言うのは、少しも不自然でない。言わないより言う方が自然である。わたくしたちの日常生活の会話は、たいてい、こういう種類のもので、他人が聞くことを前提として自分用のことを言い、聞いた方も当然のこととして、それに反応した物言いをすることが、むしろ多いのである

(7)〔みのる「なんだい。小さな声だから聞こえないよ。」〕ぶんじろう「ぼく、かかない。」(劇)

「ぼく、かかない。」は、内容的には、みのるの「聞こえないよ」に答えているのではない。それより前にあるけん一の「きれいなえをかいてね。」という依頼に答えたものだ。その答えが「ぼく、ぼく、……。」と口ごもっていて、はっきりしないので、みのるがじれて「なんだい。……」と責め立てた。それに刺激されて、やっと、どうやら聞こえるように言ったのである。だから、この発話には、二重の答えの意味がある。一つは、内容上の答えで、依頼者のけん一に答えている。もう一つは、発話行為としての答え、つまり、「聞こえない」と言うのに対して「では、聞こえるように言ってやる。」と言って答えているので、これは、督促者みのるへの答えである。後者は、やや声を励まして言う、音調に、その答えがこもっている。

(8)〔トラックは走りだしました。「さようなら。」ただしさんが大きな声でいいました。〕「さようなら。」はるおさんも大きな声でいいました。(トラック)

はるおの「さようなら」も、ただしのそれ同様、トラックの運転手にむかって言っている。そして運転手の反応は、このあとに出て来るから、この「さようなら」は、受信ではなくて、発信である。しかし、はるおの「さようなら」は、ただしの「さようなら」につられて出たような形なので、その意味で、同類の先行者の発話を受けたものにちがいない。承前要素D(先行語句の受けつぎ反復)の中のfaD4「同文反復」)(243ページ)にかぞえてもよい。

●fpD　前文で叙した事態の中の事態を描く文　8文

叙事文でことがらを叙していくについては、抽象の度合に無限の段階がある。抽象度の高い叙事は説明になり、抽象度の低い、つまり具体的な叙事は「描写」といわれることになる。

どんな叙事文でも、同じレベルでの叙事が終始続くものではなくて、抽象度が高くなったり低くなったりしながら、山あり谷ありで続いて

いくものである。その続き方の一つのパタンとして、A という叙事がまず行なわれ、次に、A の中を細かく割った a_1、a_2、a_3……という叙事が続くという型の続き方がある。

■①その日蓮華寺の台所では、先住の命日と言つて、精進物を作るので多忙《いそが》しかつた。②月々の持斎には経を上げ膳を出す習慣《ならわし》であるが、殊にその日は三十三回忌とやらで、好物の栗飯を炊いて、仏にも供へ、下宿人にも振舞ひたいと言ふ。③寺内の若僧の妻までも来て手伝つた。④用意の整つた頃、奥様は台所を他《ひと》に任せて置いて、丑松の部屋へ上つて来た。(『破戒』)

この文章において、①文と②③文との関係は、A と a_1、a_2 との関係になっている。しかし、④文からは、A に続く B の叙事に移っている。同じ藤村の『家』の冒頭は、『破戒』の上記のくだりと似ていて、

■①橋本の家の台所では昼飯《ひる》の支度に忙《せわ》しかつた。②平素《ふだん》ですら男の奉公人だけでも、大番頭から小僧まで入れて、都合六人のものが口を預けて居る。③そこへ東京からの客がある。④家族を合せると、十三人の食ふ物は作らねばならぬ。⑤三度三度この支度をするのは、主婦のお種に取つて、一仕事であつた。⑥とはいへ、斯ういふ生活に慣れて来たお種は、娘や下婢《おんな》を相手にして、まめまめしく働いた。

⑦爐辺は広かつた。⑧その一部分は……

というふうに始まっている。この文章でも、①文は A で、②文以下が a_1、a_2、……となっている。そして、こんどは、前の例のように、簡単に A から B に移らず、延々と a_n が続いている。段落が変わって⑦文になっても、B にはならない。このあと、娘のお仙が登場し、下女のお春が登場して、お種とことばを交わすが、それらも、「昼飯の支度」の忙しさを表わしている。二ページほど、そういう描写が続いてから、

■支度の出来た頃、母はお春と一緒に働いて居る娘の有様を人形のやうに眺めながら、「お仙や、支度が出来ましたからね、お客様に左様《そう》言つていらつしやい。」

と言はれて、お仙はそれを告げに奥の部屋の方へ行つた。

となり、どうやら、B に移る。

藤村を例にしたが、彼はよく、こういうとらえ方をするようだ。そ

の典型的な形を、また『破戒』から引いてみる。

■①漂泊する旅人は幾群か丑松の傍を通りぬけた。②落魄の涙に顔を濡して、餓ゑた犬のやうに歩いて行くものもあつた。③何か職業を尋ね顔に、垢染みた着物を身に纏ひながら、素足の儘で土を踏んで行くものもあつた。④あはれげな歌を歌ひ、鈴振鳴らし、長途の艱難を修行の生命にして、陽に焼けて罪滅し顔な巡礼の親子もあつた。⑤または自堕落な編笠姿、流石に世を忍ぶ風情もしをらしく、放肆《ほしいまま》に恋慕の一曲を弾じて、銭を乞ふやうな卑しい芸人の一組もあつた。⑥丑松は眺め入つた。⑦眺め入りながら、自分の身の上と思ひ比べた。⑧奈様《どんな》に丑松は今の境涯の遣瀬なさを考へて、自在に漂泊する旅人の群を羨んだらう。

①がAで、②から⑤までが a_1、a_2、a_3、a_4。⑥でBに移る。Aと a_1……a_4 の関係は、①文で「旅人は幾群か」といって大づかみしたものを、②以下でひと群れずつに切り離して描いている。だから、この一段は、

A　①　幾群れかの旅人
　a_1　②　餓え犬のように歩く者
　a_2　③　失職者らしい素足の者
　a_3　④　あはれげな巡礼の親子
　a_4　⑤　自堕落な感じの芸人たち
B　⑥　A（a_1……a_4）を眺める丑松
C　⑦　丑松の思い
　C_1　⑧　思いの内容

という構成になっている。Aと a_1……a_4 との関係は、前の2例に比べて、ずっと行儀よく、幾何学的に均整のとれた形になっている。『破戒』は藤村の最初の長編小説だから、全体に、散文というよりも、むしろ詩であって、藤村の叙情詩がもつ諧調美を全編に漂わしている。この一段は、その意味でも、藤村の初期散文の一典型をなしているようだ。

ついでながら、この一段における⑥から⑦へのつながりは、⑦に前文の述語動詞の反復（faD1.2）があって、内容的には⑥に並行した事態を追叙（後述のfpH）している。⑦から⑧へは、⑦で「思ひ比べ」

た内容を⑧で叙述することになっているから、後述の fpG に該当する。

事態の大づかみな把握と個別に切り離した把握との関係ということになると、さきに述べた fpA′、fpB′ および fpC1 は、いずれも、予告的な叙述とそれの受けとめとの関係であったが、それらも、概括把握と個別把握との関係の一種であった。ことに fpC1 の（6）から（9）までの 4 例、物語文において「ある朝のことです。」のように打ち出して、その朝起こった事件の叙述にかかる、あの展開パタンは、藤村の例で観察している今の展開パタンと、非常に近い関係にあるもので、その間に、はっきりした境はないといってもよいくらいのものだ。

■①便所は女中達の寝る二階からは、生憎遠い処にある。②梯子を降りてから、長い、狭い廊下を通つて行く。③その行き留まりにあるのである。④廊下の横手には、お客を通す八畳の間が両側に二つ宛《ずつ》並んでゐてそのはづれの処と便所との間が、右の方は女竹が二三十本立つてゐる下に、小さい石燈籠の据ゑてある小庭になつてゐて、左の方が茶室賽《まが》ひの四畳半があるのである。(鷗外『心中』)

これは、鷗外の短編小説『心中』の一段である。川桝という料理店の女中たちが、夜、小用をしに行くのをこわがることを述べているところ。①と②③④との関係は、先の藤村の例と同じく、A と a_1、a_2、a_3 の関係であるが、この一段に来る前に、すでに女中たちがこわがる様子が描かれ始めているから、この①文は、「生憎遠い処」の一句で、「どんな具合に遠いのか？」という疑問を読者に起こさせる。すなわち、それは、その遠さとあいにくさを描く②以下の文を予告していることになる。

なお、この文のつながりも、おもしろいから、すこしたどってみる。①と②の間には、「二階」→「梯子」、「遠い」→「長い」という語彙の関係があるから、②に承前要素 A（faA5 と faA3）がある。③は、承前記号「その」（fsC2.3）をもち、かつ、②の「行く」を反復して「行き留まり」となるから、faD1.2 の承前要素もある。④は②の「廊下」を反復するから、承前要素 faD2.2 をもつ。④はずいぶん長い文で、三つの述語（P_1＝並んでゐる、P_2＝庭になつてゐる、P_3＝ある）が「P_1 て、P_2 て、P_3 のである。」と連結されている。④は、A の a_3

に当たっているが、それだけではない。廊下の長さを語るだけではなく、廊下の状況をくわしく語ることによって、次の事件の新たな場面設定をしている。

だいぶことばを費したが、この項で言いたいことは、A と a_1 との関係である。映画でいえば、まず大きく場景を映し出し、次第に視界をしぼって、やがて景物の一点にスポットを当て、その場面を拡大するというやり方である。

資料の中の例を見よう。

(1)〔きょうは子どもの日です。〕おとうさんとおかあさんに、はねだのひこうじょうへつれていってもらうことになっていました。(ひこうじょう)

「きょう」が「子どもの日」だというのは一般的把握で、それは、「わたし」にとっては、父母に飛行場へ連れて行ってもらう日なのである。

(2)〔きょうはうちの田うえです。〕(改) 雨がふっているので、わたしはうちの中で本をよんでいました。(田うえ)

田うえの「きょう」を、「まず雨がふっている」ことで肉づけた。

(1)(2) は fpC1 に非常に近い例である。

(3)〔ひなまつりがちかづいてきました。〕町のおもちゃやには、きれいなひなにんぎょうがならびました。(あさ子さんのうちのひなまつり)

雛祭りが近づいたことと、玩具屋に雛人形が並んだことを、「それで」というふうにつなげて解釈することもできるが、それでは味わいがない。雛祭りが近づいたというのは、ある程度抽象的な大づかみで、きれいな人形が店に並んだことが、それを具体的に如実に描き出しているのだと見た方がよい。

(4)〔わたしは、つかれたので、ちょっと休みました。〕てのひらを見ると、すこし赤くなっていました。(せんたく)

「休む」を「腰をおろす」のようにとって、「それから、手のひらを見た」という順序で理解しては、つまらない。「休む」は概括把握で、「休み」の中で手のひらを見る、と解したい。

(5)〔「おまたせいたしました。ただいまから、八時五分はつ上り東京ゆきのかいさつをいたします。」なんども、かくせいきが

知らせています。〕（改）れっ車にのる人が、かいさつぐちをとおって、ホームにはいって行きます。（れっ車にのって）

拡声機の声は響きであるから、目には見えない。見えているのは列車に乗ろうとする人々である。だから、この2文は同一の事態を、二つに分けて述べている。拡声機の声の方が支配的に感じられたので、まずこれを叙し、その響きの中での事態を視覚でとらえたという順序になる。

(6)〔雪がちらちらふっています。〕けん一、ゆう一、たろう、みよ子が、元気よくおしくらまんじゅうをしています。（劇）

(7)〔じろう「うん。おうい、きみ、名まえなんというの。」〕ぶんじろうはだまっています。（同前）

(8)〔みよ子「どうしてなの。」〕ぶんじろうはだまっています。（同前）

(6) は、「その中で」という感じでつながる。(7) (8) は、劇のセリフとト書きの関係だからそうなるのだが、ぶんじろうがだまっているということが、前のセリフに後続する事態としてよりも、前のセリフに従属する事態として提出されている。

● fpE　前文で叙した事態の結果を描く文　14文

相接する2文の前文をL、後文をMとする時、Lの内容がAで、Mの内容がa_1、a_2……のa_1に当たっているのがfpDであった。図示すれば、図1のような関係になる。これに対して、Mの内容Bが、Lの内容Aの中にあるとは感じられず、Aの次に起こったこと、あるいはAの次に認知されたことと感じられる場合がある。この場合、M文にそなわる承前因子をfpEとする。物語文は、原則として、ものごとが起こった順序に述べていくものだから、物語文における文のつながり方は、fpDよりもfpEの方が普通となる。

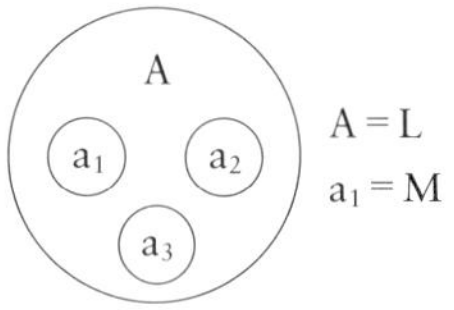

図1

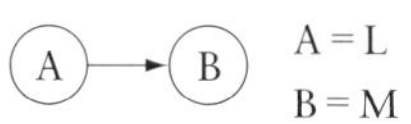

図2

しかし、fpD と fpE の境目もまた、はっきりしたものではない。「中にある」とか「次に起こった」とかいっても、相手は物理的な存在ではなく、しょせん、心の中の問題なのだから、見ようによってどちらとも思われることが少なくない。fpD の（1）から（5）までの例、ことに（3）（4）などは、「次に」と解釈することも可能である。

fpE の例としてかかげる 14 個の文の中にも、fpD に解釈できるものがある。次の（1）（2）は、まず、まぎらわしいものに属する。

（1）〔れっ車はだんだんはやくなりました。〕せんろのそばの家は、まるでうしろへとんで行くようです。（れっ車にのって）

列車のスピードが上がった結果、近景が飛ぶように流れることになったのだから、ことがらの順序に述べているわけだが、もしかしたら、反対の解釈もできるかもしれない。乗客にとっては、列車が速くなったのは、景色の過ぎ方が速くなったことによって知られるのだという点を重視すれば、この L 文と M 文は、同一事実の二側面を述べていて、L の方が抽象的把握、M の方が具体的把握をしているとも見られる。そう見れば、これは fpD の例となる。しかし、わたくしたちが、ものに気づいた順序にすなおに述べていけば、やはりこの例のようになるだろうから、これは順序性の文と見た。

（2）〔れっ車は、すぐ町を出て、きいろくなった田んぼの中を走りました。〕あちらこちらの田んぼで、いねをかっているおひゃくしょうさんのすがたが見えます。（同前）

「町を出たな。」→「田んぼだな。」→「いねをかっているな。」という認知の順序に従って述べている。しかし、これも、黄色くなった田んぼの中を走ったというのが概括的把握で、農夫の姿は個別把握の一つだというふうに見て、fpD の例に回せないこともない。

（3）以下の例は、そうまぎらわしくない。

（3）〔れっ車は、いくつかえきをすぎてから、ガーッとトンネルにはいりました。〕まどの外はまっくらです。（同前）

（1）（2）と同じ文章の続きだが、こちらは、「それ、入ったぞ。」→「あ、まっくらだ。」という認知順序のままに書いているとしか思えない。

（4）〔きゅうに明るくなりました。れっ車は、トンネルを出たので

す。〕とおくの方に、海が見えました。（同前）

これも明瞭で、「トンネルを出た。」そうしたら、「海が見えた」のである。だいたい、fpE の例文には、文頭に「すると」「そうしたら」「それで」などの接続詞（承前記号 A、特に fsA2）を置いてみることができる。

（5）〔二十分ぐらいたってから、プロペラがまわりはじめました。〕ひどいかぜがおこりました。（ひこうじょう）

「すると」がぴったりする。

（6）〔わたしはそっと水にはいってみました。〕足がひやっとしました。（せんたく）

「すると」「そうしたら」が入れられる。

（7）〔まえより大つぶの雨がふってきました。〕とおくのほうではたらいている人たちは、ぼうっとして、見えなくなりました。（田うえ）

「すると」がぴったり。

（8）〔さんちゃんはおので木をきりました。それから、のこぎりでひきました。くぎもしっかりうちました。〕とてもじょうぶなうちができました。（三びきの子ぶた）

これは、先行文を 2 文多く添えてみた。承前因子のコントロールのしかたがよくわかる例だからである。承前記号 fsA3 の「それから」を除き、承前要素 fsB1 の「も」を除いて「を」に戻しても、承前位置によって、文意のつながりは保てる。しかし、それらの記号や要素によって、先行文脈中での文意のつながりはきわめてスムースである。そのかわり、後続文では、記号も要素もなく、位置だけに承前性を託すことになったわけだろう。承前記号を入れれば、「すると」あるいは、「それで」。昔の講談調なら「かくて」というところ。だから「こうして」もいいが、変に大げさな感じになる。「位置による承前」には、それなりの積極的な意味があることがわかる。

（9）〔おかあさんは、きしで、せんたくものにせっけんをつけてもみはじめました。〕小さなあわがたくさんできます。（同前）

「すると」が合う。

（10）〔せっけんをいっぱいつけて、おかあさんのようにもみまし

た。〕小さなあわがたくさんできました。(同前)

「すると」「そうしたら」が入れられる。

(11)〔そのとき、牛の大きな声が、まどのすぐそばで聞こえました。〕きょうしつじゅうに、どっとわらい声がおこりました。(もうくろの話)

「すると」「そうしたら」「それで」など。

(12)〔ぼくはみんなの方へかけて行きました。〕ぼくのかんは、ポッカポッカポッカと、気もちのいい音をたてました。(かんのげた)

「すると」「そうしたら」。本例には、やや、同時性の感もあり、「その時」というつなげ方もできる。

(13)〔ぼくは、「ちょっとまっていて。」といって、すかんぽをとって来ました。〕ズボンもくつもぐちゃぐちゃになりました。(たけのこ)

「そうしたら」「それで」。

(14)〔ひろ子、とも子、みよ子は、そのあいだ、ぶんじろうをなぐさめています。〕ぶんじろうはなかなかなきやみません。(劇)

この例、順序性はこれまでの例と同じだが、泣きやんだのでなく、泣きやまないので、理論性が加わり、「それでも」という続き方になっている。

以上14例の中には、「ひこうじょう」「せんたく」「田うえ」「かんのげた」のような、児童の作文が多い。児童作文でなければ、「れっ車にのって」のように、子どもの発想で書いている生活文である。「すると」で貫かれる性格の文は、だいたい、事件の推移を、時間の流れに従ってすなおに追っていく叙事文であるから、自然、児童作文や生活文には、こういう連続の文が多くなるのだろう。

次項の一類も、本項のものと密接な関係がある。

● fpF　前文で叙した事態から生ずる行為を描く文　16文

前項に同じく、M文がL文で叙した事実のあとに続く事実を叙するのであるが、M文の叙事内容の性格が、fpEの場合と違っている。

fpEの場合、Mの叙事は、「海が見えた」「足がひやっとした」「わらい声がおこった」のように、「ナニがドウナッタ」というタイプのものである。こんど扱うのは、そうではなくて、M文が「ナニをシタ」というタイプの叙事をしているものである。承前記号の接続詞を補ってみれば、「それで」「そこで」が代表的である。「すると」は、ぴったりしない。

(1)〔みち子さんは、中町は知っていますが、百五ばんちがどのあたりなのかわかりません。〕みち子さんはこまってしまいました。(みちあんない)

「それで」「そこで」が補える。すこし古い標準語に、「それですから」「それだものですから」というのがある。文体が文体なら、そういう接続詞も合うところである。

(2)〔すると、おかってで、おばあさんが、「みえ子。おちゃのしたくができたから、みんなをよんできておくれ。」といいました。〕わたしは、かさをさして、田んぼへでかけました。(田うえ)

「それで」「そこで」「ですから」。

(3)〔おおかみはこういって、いりぐちのとびらをドンドンとたたきました。そのたびに、木のえだのうちはぐらぐらとゆれて、こわれそうになりました。〕(改)いっちゃんとじろちゃんは、うらからそっとぬけだして、いっしょうけんめいに森のおくへにげて行きました。(三びきの子ぶた)

「それで」「そこで」。

(4)〔いえの中からは、なんのへんじもありません。〕おこったおおかみは、とびらをこわそうとして、げんこつでおもいきりたたきました。(同前)

「そこで」「それで」。

(5)〔なん日もつづいた雨が、やっとおひるにやみました。〕はるおさんは、きんじょのただしさんをさそって、おもてへ出かけました。(トラック)

「それで」「そこで」。

(6)〔ふたりのズボンに、どろ水がかかりました。〕(改)はるおさんとただしさんは、おもわずかおを見あわせました。(同前)

「それで」。

(7)〔「さあ、そろそろ出かけるとしよう。」と、うんてんしゅさんがいいました。〕はるおさんとただしさんは、うんてん台からおりました。(同前)

「そこで」「それで」。

(8)〔「さようなら。」はるおさんも大きな声でいいました。〕(改)うんてんしゅさんは、トラックのまどから手をふりました。(同前)

これは、「すると」が当たる。「トラック」という文章は、はるお・ただし、二少年の視点で書かれた生活文だから、叙述の焦点が少年の側から運転手の側に移る時には、「それで」「そこで」の調子にはならないで、「すると」の調子になる。このことについては、あとで、さらに考察を加える。

(9)〔よそみをしていたてるおは、先生にあてられてまごまごしました。〕みんながくすくすわらいました。(もうくろの話)

「それで」。

(10)〔また牛がないたので、みんながわあわあさわぎだしました。〕てるおは、もう読めなくなって、まどの方を見ました。(同前)

「それで」。

(11)〔あきびんがおひなさまに見えてきました。〕みんなは、うれしくなって、「おひなさまだ。」「おひなさまだ。」といいました。(あさ子さんのうちのひなまつり)

「そこで」「それで」。

(12)〔「そうです。おひなさまです。……さあ、これにかおをつけて、きものをきせたら、きっとりっぱなおひなさまになりますよ。では、いっしょに作りましょう。」〕(改)みんなむちゅうになって、おり紙や画用紙を切りはじめました。(同前)

(13)〔日よう日の朝は、いつもより早くおきました。〕二かいのまどから外を見たら、雨はすっかりやんで、お日さまが出ていました。(たけのこ)

早起きしたのと、窓から外を見たのとが、同じ人物の行為で、直結しているから、ここは、補えば「そして」となる。

(14)〔(13) に続いて〕ぼくは大いそぎでごはんをたべて、おとうさんとねえさんと三人で出かけました。(同前)

「それで」「そこで」「ですから」。

(15)〔くわがおもいので、うでがいたくなってきました。〕二十センチほどほって、へこたれました。(同前)

「それで」。

(16)〔おとうさんが、「もうおわりにしよう。一本ずつ道まではこんでおくれ。」といったので、ねえさんとふたりではこびました。〕道ばたにしゃがんで、たけのこのねもとのあずきみたいなところをかまでとって、たけのこを大きなかごの中に入れました。(同前)

「そして」「それから」。

16 例、以上のとおりだが、通覧してみると、比較的同じ文章に集中していることが目立つ。「トラック」という生活文と、「たけのこ」という児童作文に、特に集中している。

前の fpE では「れっ車にのって」という生活文に例が多かった。「れっ車にのって」と「トラック」とは、ちょうど同じ単元に二つ並んだ教材なのだが、この集中のかたよりは、単なる偶然だろうか、それとも、何かの必然性による結果だろうか。そこで、fpE と fpF との相違について、もう一度考えてみよう。

fpE には、「すると」「そうしたら」が潜在することが多く、fpF には、「それで」「そこで」が潜在することが多かった。前に、これらの承前記号について記したとき、「すると」については、fsA2 の付説“展開型文と「すると」との関係”(89 ページ)において、「それで」については、fsB1 (108 ページ) の項において、次の趣旨のことを述べた。

「すると」は、接続助詞「と」を含む展開型文

A が P_1 すると、B が P_2 した。

と対応し、「それで」は、接続助詞「ので」を含む展開型文

A が P_1 したので、B が (は) P_2 した。

と対応する。

だから、2 文の間に「すると」が潜在することは、その 2 文が

「と」で結ばれて展開型文になる可能性があることを示し、2文の間に「それで」が潜在することは、2文が「ので」で結ばれて、展開型文になる可能性があることを示している。

「と」や「たら」で展開する文は、展開の方向が不定で、前件から、後件の叙述が予測しにくいところに特色がある。「ので」による展開は、方向が確立していて、前件の内容によって後件の内容が規定される。前件から後件への展開の筋道があらかじめ明らかなのは、内面の論理がたどれることを意味する。だから、物語文において「ので」や「それで」で文章が展開するのは、行為者の側に視点があって、その人の行為を、読者も内面的にたどれる場合である。その場合、読者の読みながらの問題意識は、「彼（彼女）は、次にどうするか？」である。

それに対して、「と」や「すると」を基調にして物語文が展開する場合、読者は、人の行為の筋道を内面的にあとづけるのでなく、外部において、「次に何が起こるか？」に興味をもって読んでいく。問題意識は「次はどうなるか？」である。

同じような生活文でも、「れっ車にのって」は、主人公のよし子やまさるが何かをするのを描いているのではなく、よし子やまさるが列車に乗って、次々に何を見るかを叙している文である。窓外の光景がパノラマのように転じていくのを見て楽しむ文章である。「トラック」の方は、はるおとただしがトラックの運転手と心の交流をする話で、ストーリーというほどのものはないが、ともかく二人が何かをする話ではある。（雨あがりの道を二人が歩いて行くと、トラックがどろ水をはねかして過ぎて行った。二人がさらに行くと、ガソリン・スタンドで、そのトラックが給油していた。どろ水の件を話すと、運転手があやまり、二人と運転手は仲良しになる。二人は運転台に乗せてもらってごきげん。給油を終わって、トラックは出て行く。さわやかな別れ——という話。）

児童作文の「たけのこ」は、一家のたけのこ掘りを少年の「ぼく」が描いていて、これは確かに行動的な文章である。fpEの児童作文で例が比較的多かった「せんたく」は、川で母の洗濯の手助けをする女児の作品で、行動しているには違いないが、動きよりも、観察のこまやかさと情景のさわやかさに特徴のある文章である。

大まかにいえば、叙事文に、「と」や「すると」による展開を基調にするものと、「ので」や「それで」による展開を基調にするものと、少なくとも二つの傾向が区別される。前者は述語に「ナル」系統の動詞を取る傾向があり、後者は「スル」系統の動詞と結ぶ傾向がある。このことから、叙事文に「ト――スルト――ナル」タイプのものと、「ノデ――ソレデ――スル」タイプのものとがあるということがいえそうである。まだ調査が不備だから、「いえる。」と断言はできない。問題提起だけしておく。

● fpG　前文で叙した認知行為の対象を描く文　4文

■　山路を登りながら、かう考へた。

智に働けば角が立つ。情に棹させば流される。意地を通せば窮屈だ。兎角に人の世は住みにくい。

だれもが覚えている『草枕』の冒頭。第一文は、「考へた」と言って、精神の活動を外側から叙し、第二文以下は、活動の内容を陳述する。「言った」とか「語った」とか言って、そのあとに発話内容をそのまま書く fpA′ も、この類型に属するものであった。「考える」「言う」「見る」「聞く」のような精神の活動は、常に、外側の叙述と内側の叙述との二面をもつ。特に、知覚とか認知とかいわれる、感覚器官が何かをとらえる活動は、知覚・認知の内容が外界の実在物であることが多いから、内容というより対象といった方がふさわしいものになる。

(1)〔のりこんでせきにつくと、よし子さんとまさるさんは、すぐ、まどから外を見ました。〕(改) むこうのせんろに、かもつれっ車がはいって来ました。(れっ車にのって)

L 文は「見た」と言い、M 文は、目がとらえた光景を描く。

(2)〔ふたりはうんてん台から外を見ました。〕大どおりを、バスやタクシーが走って行きます。(トラック)

前の例とまったく同じ状況である。

「見る」「聞く」などの語がある場合、この関係は非常にとらえやすいが、次のような場合はどうだろう。

(3)〔ふたりは大どおりに行ってみました。〕ところどころに、水

たまりがのこっています。(トラック)

「行ってみました」の「み」は補助動詞だから、「見る」のとは違う。そこには「行った」という行為があるだけで、「見る」という知覚行為は描かれていない。しかし、このL文とM文の関係は、(1)(2)の場合と変わりがない。二人が大通りへ行った。そこで見たものは、ところどころの水たまり——という関係である。

(4)〔せんたくをするところにつきました。〕水がいっぱいながれています。(せんたく)

これも同じ。洗濯場に着いた。そこで見たものは、豊富な水——というつながりである。

(3)(4)の例のように、知覚には言及していない、一般の行動を叙述しているだけのようでも、そこに知覚行為の叙述が潜在している場合があるということがわかる。

ところで、発話文を描くときに、「言った」といってから発話文を出す場合と、その逆順の場合とがあったように、知覚描写をするについても、「見た」といってから見られた対象を出す場合と、その反対に、見られた対象がまず提出されて、あとで「見た」という場合とがあることは、当然であろう。あいにく、資料の中には、そういう順序の位置承前の例がなかったが、fpDの項で、藤村の『破戒』から引用した「漂泊する旅人」の文章は、①から⑤までが、丑松の見ている光景で、⑥に「丑松は眺め入つた。」とある。ここで認知行為を述べている。これが、その例である。(275ページ)

■ ①夜舟で寝ることは、罪人にも許されてゐるのに、喜助は横にならうともせず、雲の濃淡に従つて、光の増したり減じたりする月を仰いで、黙つてゐる。②其額は晴やかで目には微かなかがやきがある。

③庄兵衛はまともには見てゐぬが、始終喜助の額から目を離さずにゐる。④そして……(『高瀬舟』)

鷗外の『高瀬舟』のこの一段も、その順序になっている。①②で庄兵衛の目に映っている喜助の様子を描き、③で庄兵衛の認知行為を叙している。

● fpH　前文で叙した事態に並行する事態を追叙する文　3文

（1）〔ホームでは、かくせいきがのりかえのことを知らせています。〕べんとうやおちゃやざっしなど、いろいろのものをうっている声が、にぎやかにきこえます。（れっ車にのって）

この時のホームの様子を考えてみると、構内アナウンスが聞こえるかと思えば、弁当売りの声も聞こえる、いろいろな音が雑然と聞こえるという状況であろう。何が先で何があとというものではない。しかし、何もかも一緒には書けないから、優勢なものから先に書いたものであろう。もし、2文を接続詞でつなぐとすれば、「そして」「また」「それとともに」「一方」など、同時並行性を表わす類のものが選ばれよう。

（2）〔道ばたの草がつゆでぬれていました。〕いねはすっかりきいろくなっていました。（せんたく）

これも、「そして」でつながる。「また」や「一方」も、入らぬことはない。

「そして」という接続詞は、「然る後に」といって時間的に継起する事態を表わすこともあるが、「また一方では」といって、同時の事態を、ことばの上だけ一歩遅れて叙するのにも使われる。（1）（2）で挿入した「そして」は、継起性のものではなくて、同時性のものである。

（3）〔土の上は、カパカパといいました。〕なんだかもぐりそうでした。（かんのげた）

これも、補えば「そして」で、やはり同時性を表わす。ただし、（1）（2）の場合と多少感じがちがう。（1）は、同時に聞こえる事態を描き、（2）は、同時に見える事態を描いているのに対して、（3）は、一方では聞こえ、一方では身に感じられる、それが同時であるという事態を描いている。連続する2文が同時性の事態を述べている点では、3例とも同じだが、前文と後文とで、事態をとらえる角度に違いがあるかないかで、分かれる。（1）（2）では、その角度にちがいがないが、（3）では、ちがいがある。そこで、（3）は、同時並行性の感じがすこし薄いように思われるのである。

事態のとらえ方の角度の違いがもっと表面に出て来ると、次の項の問題になる。

● fpl　前文で叙した事態を別の角度からとらえ直して叙する文　13 文

わたくしたちが、ことばで物事を表現するとき、ひとことでずばりと言い尽せることは滅多にない。あることを言っても、それは、しょせん、一面をとらえて言ったに過ぎないので、どうも言い足りない気がして、また別の角度から言い直すということをする。それが、何度言い直しても、本当に言いたいことが言い表わせなかったり、本人は言い方を変えているつもりでも、ひとが聞くと、同じことの繰り返しに過ぎなくて、やたらにくどく感じられたりすることがある。言い直しが効果をあげるかどうかは別として、言い直しということは、きわめてしばしば、われわれが、しないではいられないことである。

M 文が、先行 L 文に対して、言い直しの関係にあるものを、この項に集めた。14 例あったが、三つに分けてみることができる。

第一は、詳しく言い直すもの。一度言ったことを、もっとよくわからせようと思って、くだいて言ったり、解説的態度を加えて言ったり、力をこめて言い直したりするものである。

第二は、主観と客観との間で、変化があるもの。感情、感覚など、主観性の強く出た発話に、多少とも客観化した叙述を追加する場合と、その逆の場合とがある。

第三は、事態のとらえ方を変えて、ひょいと別の角度から言い直すものである。

【1】詳化、深化、解説化　3 文

(1)〔なえのそだつあいだに、ほかの田では、田うえのじゅんびをします。〕田の土をほりおこして、こまかくくだきます。（しろかき）

L 文でいう「田うえのじゅんび」とはどういうことかを、M 文で、「土をほりおこして、こまかくくだく」ことだと言い直した。

(2)〔あちらこちらの田んぼで、いねをかっているおひゃくしょうさんのすがたが見えます。〕こしをのばしてこちらを見ている人もあります。（れっ車にのって）

M 文でいう、「こしをのばしてこちらを見ている人」は、L 文の「おひゃくしょうさん」の中の一人である。取り出して詳説した。

(3)〔みんなの作文をあつめて、本のようにとじることになりました。〕二年生になってから書いた作文の中で、いちばんすきなものを書きなおしてもって来ました。(みんなの作文)

これは、M文の頭に「それで」が補えるから、fpEの後続行為を叙した例と見ることもできるが、文集を作るということは、とりもなおさず、できるだけよい作品を集めるということなのだから、M文は、L文の意味を実際に則して言い直したと見る方がおもしろい。

しかし、「詳化、深化、解説化」の例としたこの3文、概して、fpDともまぎれやすい。まず大まかにとらえて、次に個別にとらえたのがfpDであるから、それはそのまま、ここでもいえることである。ただ違うのは、言い直す気持が、こちら(fpI)では、読みながら、すぐに感じ取れることである。本項に属するものは、M文の文頭に、「言いかえれば」「くだいて言えば」「さらに言えば」のような接続語句を補ってみることができる点が、少しちがうだろう。

【2】 主観叙事と客観叙事　9文

(4)〔しめた。〕ぼくは、これでうちをつくろう。(三びきの子ぶた)

「しめた。」は、感情のほとばしりにまかせた発話であるが、後続文は、事実を論理的にとらえて構造的に述べている。

(5)〔たいへんだ、たいへんだ。〕おおかみがきたぞ。(同前)

前例と同じことがいえる。

(6)〔ふしぎ、ふしぎ。〕あきびんがおひなさまに見えてきました。(あさ子さんのうちのひなまつり)

(7)〔いや、だいじょうぶでしょう。〕ひかなかったようです。(月夜のバス)

「いや、だいじょうぶでしょう。」となると、「しめた。」「たいへんだ、たいへんだ。」「ふしぎ、ふしぎ。」よりは、論理性・構造性を帯びて来るが、まず主観を投げ出している点は同じである。

(8)〔こら、よくもにげたな。〕二ひきとも出てこい。(三びきの子ぶた)

(9)〔そうだ、きみにたのもう。〕きれいなえをかいてね。(劇)

この2例、L文は相手にむかって言ってはいるものの、その内容は、自分の心の中をぶちまけたもので、どちらかと言えば、ひとりごと的である。M 文は、はっきりと相手に対して、命令や依頼の形式で、ものを言っている。前 4 例と多少ケースはちがうが、主観的表白から形の整った叙述に転じている点で同類である。

以上 6 例は、主観から客観への方向。次は、その反対の方向で転ずるもの 3 例。

(10)〔やまいもはなん本もとれました。〕「ハハ　ホホ　フフ。」(さわよむどんのうなぎつり)

(11)〔あるとき、小ねずみがねこにつかまってしまいました。〕さあ、たいへんです。(ねこと小ねずみ)

(12)〔さっきから、バスの前の明るいところを見つめていた男の子が、いきなり、「やっ、うさぎが走って行く。」といいました。〕(改) どこからとびだしたのか、二ひきの山うさぎが、バスの前のあかりのさきの方を走っています。(月夜のバス)

(10) の M 文は笑い声だから、純粋な感情表出。(11) の「さあ、たいへんです。」において「さあ、……です」という枠は語り手のものだが、「たいへん」は、小ねずみにとっての大変であるから、この M 文は、語り手が小ねずみの感情表出を代行した形になっている。(12) の M 文は、L 文と同じ地の文のようではあるが、「どこからとびだしたのか」という疑問判断の部分には、それをその場で見ている男の子なり、運転手なり、車掌なりの「おや、どこからとび出したのかな。」という感じを表わしている。物語の地の文では、こういうことがよく行なわれる。こういう L 文から M 文への推移は、やはり、客観から主観へのとび移りである。

【3】 観点の変化　1 文

(13)〔これなら、ふかふかのあたたかいうちがすぐできるぞ。〕おのものこぎりもいらないや。(三びきの子ぶた)

建築材料としてのわらをとらえて、L 文では、その居住性に注目した利点を言い、M 文では、製作工程に注目した利点を言っている。

「観点の変化」として、1 例しかあげられなかったが、文章に知らず知らずの変化を与えるために、これはかなり大事な項目であるように思う。次の例はどうだろう。

■　やうやうの事で本堂の戸が静かに開いた。曇猛《どんみよう》律師が自分で開けたのである。律師は偏袗《へんさん》一つ身に纏つて、なんの威儀をも繕はず、常燈明の薄明を背にして本堂の階《はし》の上に立つた。丈の高い巌畳な体と、眉のまだ黒い廉張つた顔とが、揺めく火に照らし出された。律師はまだ五十歳を越したばかりである。(鷗外『山椒大夫』)

この最後の文は、すでに後続題目となった「律師」を主語として受けついでいるから、形式上は faD3 で難なく解決がつくが、その承前要素を無視してみると、本項の例になりそうである。前文まで、律師の威厳のある様子を外面描写してきた筆が、一転して年齢のことを言った。これが「五十歳を越したらしい様子をしている」というのだと、同じ調子の外面描写になるが、そうでなく、ここで、断乎作者として、ずばり事実を明かした。この観点変化が、一段の叙述をぐっと引きしめるのに役立っている。

● fpJ　前文叙述の理由づけをする文　4文

承前要素Bの2（faB2）で、述語に解説性があるものとして、「のだ」「からだ」の形式について論じた。文頭に、「なぜなら」「というのは」などの語があれば、承前記号をそなえることになるし、文末に「のだ」「からだ」があれば、承前要素をもつことになる。承前記号もなく、承前要素もなくても、あるのと同じように、前文の叙述に対して解説を加える場合があることは、前項でもわかる。

解説の一種ではあるが、「理由」というものは、議論の世界で大きな力をもつ、一独立国であるから、ここに、M 文が L 文の理由を述べている場合を取り立てて一項目とする。

(1)〔これをほうっておくと、たいへんです。〕かぜにかかってしまいます。(こうないほうそう)

空気中にまきちらされたかぜのばいきんをすいこんで、きんがのどについたままにしておくと、「大変だ」。なぜ大変かというと、かぜにかかってしまうからだ。

(2)〔いっしょに入れてあげましょう。〕さむそうだわ。(劇)

寒そうだから、いっしょに入れてあげようという。

(3)〔なんだい。〕小さい声だから聞こえないよ。(同前)

この例は、理由というのが少し変かもしれない。それは、「なんだい。」が、何かを叙述しているというものでなく、不満な感情を攻撃的にぶつけただけだからである。理由といっても、「そのわけは」というような理由でなく、そう言わずにいられなかった自分の気持を、ふえんして、正当化しているのである。「何だい。連れてってくれるって言ったじゃないか。」のような場合と同じである。

(4)〔この人、とてもえがじょうずよ。〕わたし、となりにすわっているから、ちゃんと見たのよ。(同前)

「わたしがちゃんと見た」ことは、「この人」が「えがじょうず」であることの理由にはならない。では、何の理由か。「わたし」が「この人、とてもえがじょうずよ。」と言えることの理由である。「である」ことの理由と、「と言う」ことの理由とは、まったく別のことである。言語表現には、いつも、この二面性がある。前者は対象言語、後者は記述言語に属する。

中村さんは人間ができている。

という言表があるとする。これに「どうして？」と問うた時、答え方に二つのタイプがある。

① 若い時に苦労したから。

というタイプの答え方と、

② 何があっても、あわてないから。

というタイプの答え方とである。①の方は、「どうして中村さんは、人間ができているのか？」に対する答えで、②の方は、「どうして“中村さんは人間ができている”といえるのか？」に対する答えである。①は言表の内容である事実を問題にしており、②はその言表を支える判断を問題にしている。

上記の(4)例が、②のタイプに属する理由づけであって、①に属するものでないことは明らかだが、(1)(2)(3)の理由づけがどちらに属するかを判断するのは、なかなかむずかしい。

どうも、これらの場合は、上記①②のような分かれ目を生じないように思われる。

● fpK　前文の叙述に批評や感想を加える文　4文

(1)〔一れつにならんで、きまりよくなえをどろの中にさしていきます。〕まるで、きかいのように手がうごきます。(田うえ)

L 文で、「きまりよく」といって叙した事態に対して、M 文が「きかいのよう」だという批評ないし感想を加えている。

(2)〔くまは、おなかいっぱいたべものをたべて、ほらあなにはいります。……そして、春がくると、くまはしぜんに目をさまします。〕なかなかべんりですね。(こうないほうそう)

熊の冬の過ごし方を事実に即して説明したあと「便利ですね」と言って感想を述べた。

(3)〔できあがったので、ひものつけねのところを足のゆびではさんで、ひもをひっぱりながらにわの中を歩きました。〕ぼくは、馬にのったような気がして、とてもゆかいでした。(かんのげた)

まず行動を叙し、次に、その行動をしたことについての感想を述べた。しかし、これには、別の解釈もできる。同一事態について、L 文では客観的に叙し、M 文では主観的に叙したともいえる。そう見れば、前項 fpI の【2】の例となる。

(4)〔たけし「そうだ、ぶんちゃんだ。ぼく、おぼえていたんだ。」〕とも子「うまいこと、いってるわ。」(劇)

この批評は、他人の発言に対して加えられたものである点、上の例と異なる。しかし、それよりもちがうのは、上の 3 例がいずれも、叙事内容に対する感想・批評であるのに対して、本例は、発話行為に対する批評であることである。前項で理由づけの 2 タイプを言ったのとまったく同じことで、(1)(2)(3)は、そこで言った①のタイプに当たり、(4)は②のタイプに当たる。もし、(4)で、発話行為に対する批評でなく、発話内容に対する批評をすれば、「よくおぼえていたわね。」とか「なんだ、今ごろ思い出したの。」とかいうようなことになる。「うまいこと、いってるわ。」というのは、たけしの発言の信憑性を疑っているのである。

感想・批評も、やはり、発言内容に対するものと、発言行為に対するものとがあることに注意しておきたい。児童が読書感想文を書く時、これが問題になる。たとえば「大造じいさんとがん」という物語を読んで、「残雪はとてもりこうな鳥だと思った。」と書けば、叙述内容に対する感想であり、「残雪のえらさがとてもよく書けていると思った。」と書けば、叙述のしかたに対する感想である。「残雪というがんは本当にいたのだろうか。」というのも、内容に対する感想ではなく、作者の叙述行為に対する感想である。同じながら、「残雪は本当にりこうな鳥だ。こんなりこうな鳥が本当にこの世の中にいるのだろうか。」とあれば、これは、内容に対する感想から発して、作品を離れ、独自の思考を追っていることになる。

先生が児童の作文に批評を加える時も、両方の型の批評が生ずる。「母親にすまないことをした。」という主旨の作文があったとして、これに「すぐお母さんにあやまりなさい。」と書けば、内容に対する批評だし、「どういう点ですまないと思っているのかがよくわからないから、もっとその点を整理して書きなさい。」と書けば、書き方に対する批評である。教育的に批評する時は、どちらの態度で批評するのかを、その都度見分けて批評しないと、わけのわからないことになるおそれがある。

● fpL　前文と対の関係でつり合う文　5文

漢詩には対句という常套手段があって、

今年花落《チテ》顔色改《マル》
明年花開《キテ》復《タ》誰《カ》在《ル》

だの

草色青青《トシテ》柳色黄《ナリ》
桃花歴乱《トシテ》李花香《シ》

のように、「今年」といえば「明年」といい、「花落ちて」に対しては「花開きて」で受ける。非常に調子がいい。

東ニ病気ノコドモアレバ
行ツテ看病シテヤリ
西ニツカレタ母アレバ
行ツテソノ稲ノ朿ヲ負ヒ

（宮沢賢治『雨ニモマケズ』）

など、現代でも、この手法は生きている。こういう、対句の調子で、前文と後文とが響き合うことによって、承前性がかもし出されるものを、ここに集める。

(1)〔おとうさんは、なえをおろすと、「よびにきてくれたのかい。

もうじき行くよ。」といいました。〕わたしは、「はい。」といいました。(田うえ)

これは、もちろん、対句ではない。書いた当人に、対句にした気持は、いよいよないだろう。しかし、読んだ時、“おとうさんは「……」といいました。わたしは「……」といいました。”の対応を感じ、「　」の中がどうであろうと、形式的に響き合うものを感じる。

(2)〔いっちゃんはぶるぶるふるえだしました。〕さんちゃんは、「だいじょうぶだよ。」といって、かまどのわらに火をつけました。(三びきの子ぶた)

これは、いよいよ、対句の形をしていない。けれども、表現内容の上から、「いっちゃん」が意気地なくうろたえるのに対して、「さんちゃん」は勇気に満ちた落ち着いた行動をするという対立関係が強く感じ取られる。内容的な対句である。一般に、民話の繰り返し話には、こういう要素が非常に強い。

(3)〔風があたったとき、四人でかたまった。〕風がやんだとき、四人で手をつないだ。(ふぶき)

これは詩だから、調子もよく、まさに対句である。

(4)〔みんなはたのしそうにわらいます。〕ぶんじろうはいっしょうけんめいにかきつづけます。(劇)

(5)〔みんなは元気よく、ポッポッシュッシュッと走りまわります。〕けん一はとくいになってけいれいをします。(同前)

2例とも、「ダレは……します。ダレは……します。」の形を対にしているが、文の形の上の問題よりも、劇の作者が、この時、舞台の上の人の配置を、二者の相対する行動のつり合いと見ているらしいことが察せられる点に注目した。

以上のように、ことばを対句的に並べるか、あるいは、事態のとらえ方をシンメトリックに構成するかして、ある状況を描き出すことが、後文に強い承前性を与える例を示した。ただし、ことばが対句的に使ってあれば、語彙的承前要素(faA3 または faA6)の方で拾われることになろうが。

● fpM　直前でない先行文を受けるために、前文と相並ぶ文　7文

文章中のある文が、直前の文からは、直接何も受けとめないで、そ

れより前にある先行文中の何かを受けつぐことは、いくらでも起こる。これまでに、何度も、そのことに言及したが、本項で言おうとするのは、ただ直前でない先行文から受けるというだけでなく、そのことによって、直前の文と同列に並ぶことになり、時には対句のように感じられたり、前文と位置を入れかえても差しつかえないことになったりする場合についてである。

(1)〔となりはとてもあかるいみせです。でんきやです。いろいろなかたちのけいこうとうがつるしてあります。〕テレビがあります。(にぎやかなとおり)

「テレビ」は、「でんきや」だからあるのであって、「けいこうとう」につられて出て来るのではない。蛍光燈とテレビと、どちらを先に出しても構わない。

(2)〔①きのうは、おじさんとたっちゃんと三人で、川へつりに行きました。②たっちゃんは、ふなを六ぴきつりました。〕③わたしは、十センチぐらいのふなを一ぴきと、うなぎの子をつりました。(にっき)

②の文は、①文の「たっちゃん」を受け、③文は、①文に潜在する「わたし」を受ける。つまり、②も③も、①文を受けている。②文と③文との間には、対句的な関係も生じている。

(3)〔けん一「さあ、やろう。」みのる「ぼく、きかん車。」〕ゆう一「ぼく、せきたん。」(劇)

(4)〔(3)に続いて〕たろう「ぼく、かもつ。」(同前)

これには、付和雷同の要素もあるが、ゆう一の発言も、たろうの発言も、けん一の「さあ、やろう。」を受けたもので、みのるの発言と相並ぶものである。

(5)〔たろう「あっ、かねだよ。」けん一「うん。」〕みのる「早くきょうしつへ行こう。」(同前)

けん一の発言とみのるの発言は、むしろ、同時的な性格のもの。

(6)〔よそみをしていたてるおは、先生にあてられてまごまごしました。みんながくすくすわらいました。〕てるおは立って本を読みました(もうくろの話)

みんながくすくす笑ったことと、てるおが立って本を読んだことは、因果関係もないし、前後も決めがたい。同時的行為であり、どちらを先に叙しても構わないようなものだ。

(7)〔「ほら、だいじょうぶ。気をうしなっただけですよ。〕どこもひかれていません。」(月夜のバス)

「大丈夫」だということの裏づけを、「気を失っただけ」とも言い、「どこもひかれていない」とも言った。どちらを先に言ってもよい。

以上で、位置による承前型の例154文について説明を終わった。それによって、承前型の文についての記述を、すべて終わったわけである。大分類によって、各類の例数をまとめてみると、次のようになる。

承前記号A	継起性接続詞	33
承前記号B	論理心理性接続詞	27
承前記号C	指示語	57
承前記号D	応答の語	15
承前要素A	語の意味の働き	135
承前要素B	付属形式の文法的働き	51
承前要素C	文の成分の省略	98
承前要素D	先行文中の語の反復	169
承前要素E	カギ内外の承前要素	48
位置による承前		154

こうして見ると、語の反復が最も大きな承前因子で、位置と語の意味とが、これに次ぐ。以上三つがビッグスリーで、成分の省略がこれを追っているという状況である。もし、これらの数値がそのまま現実の傾向を語っているとすれば、次のようにいえることになる。

一つの文Lが在る時、後続文Mには、L文中の語が再び使われて承前要素となる可能性が最も強い。承前記号も承前要素もなくて、位置関係から承前性がかもし出される可能性が、これに次ぎ、M文中の語がL文中の語と、意味の上で特定の関係を結ぶことによって承前要素となる可能性が、それに次ぐ。以上の可能性に比べてやや開きがあるが、L文中の語が、実質上ではM文に引きつがれるのに、その語がM文中に現われない可能性が、次にある。以下略。

ただし、今回の調査では、1文に一つの承前因子だけを認め、二つ以上は認めなかったという事情がある。1文にそなわる承前因子を、あるだけみなかぞえ上げれば、承前要素の各類と「位置による承前」は、例数がずっとふえる。ことに、位置による承前は、およそ承前性をもつ文のすべてにわたってかぞえられることになろう。その結果、位置による承前の種類は、もっとふえるだろうと思われる。

第4章

転換型の文

4.1　転換型の特性

「転換型」という型は、「始発型」「承前型」に比べて、よほどはっきりしないものである。文章の流れは、ひとたび発すれば、あとは、絶えることなく続くもので、各文は、承前型であろうと、なかろうと、事実上、流れの中にあって、何かを受けつがざるを得ないことになる。しかし、また、どういう文でも、これまでに提出された情報を受けつぐばかりで、新しく付け加えるものが何もないということは、ありえない。もし、新しい要素がないのだったら、読者は、足ぶみをさせられるばかりで、前に進まず、おもしろくも何ともないことになる。だから、文章の流れの中にある一つ一つの文は、ある程度は、先行文脈で与えられた既知情報を受けつぎ、ある程度は、これまでの流れの外に出る新情報を盛っているにちがいないのである。前章で承前型の文を観察した際は、受けつぐ部分だけに注目したのであるが、逆にいえば、その部分以外は、新しく発する何かについて述べているわけである。たとえば、

①ひこうきは、ゆるゆるとじめんの上をうごいていきます。②そして、かっそうろにでると、いきおいよくはしりはじめました。

という2文連続で、②文には「そして」という承前記号がついており、②文の主語には①の主語「ひこうき」が潜在しているから、②文は充分、前を受けついでいる。しかし、その飛行機が滑走路に出たこと、走る速度が速くなったことは、②文ではじめて与えられる情報で、それらは、①文から引きついではいない。こういう、新しく得られる刺激が楽しみだからこそ、わたしたちは、文章を読むのである。

このように、読者にとって、文章中の各文は、ほとんどすべて、情報の既知性と未知性とから成り立っている。時々、未知性の方がうん

と目立って、「おや、新顔だぞ。」という感じを強く起こさせる場合、そういう文を、転換型の文と呼んでみたい。これは、あくまでも、読者の感じできまることだから、まったく主観的な問題であり、割り切れた答えは出て来ない。同じ文から、ある人は未知性を強く感じても、他の人は既知性の方を強く感じるかも知れない。同じ人が同じ文に接しても、見るたびに印象が変わる可能性がある。わたし自身、今ここである文を転換型の例として出しても、しばらくして見直すと、承前型の方へ移したくなるかも知れないのである。

そのように不安定なものであっても、やはり、文章の流れの中に、時時、それまでの流れからの飛躍や方向変換を強く感じさせる文があることは、どうしても否定することができない。話し手自身が「話変わって」と言う時は、話し手が聞き手に、あからさまに、転換を要求しているのである。

程度問題ではあるが、比較的多くの人が転換性を感じるであろうと思われる文を転換型の文としてみたい。

ここにも、記号と要素の区別がある。「話変わって」のように、転換の態度を明示することばがあれば、それを転換記号とする。記号はないが、特定部分が文に転換性を与えていることが類型的に指摘できれば、その部分を転換要素と呼ぶ。

4.2 転換記号（ts）をもつ文

転換記号は、性格が比較的単純だと見えて、あまり種類が多くない。資料の中からは、まったく数えるほどしか見つからなかったので、細かい区分のしようはなかったが、大きく二つのグループに分けることができる。

転換記号として拾われた語句は、「ところが」2、「では」2、「それでは」1、「つぎは」2、「つぎに」1、「こんどは」2、計6種類10例であった。

「では」「それでは」「ところが」は、いずれも、転換の態度を直接示すもので、時枝文法でいう辞に属する。これに対し、「つぎは」「つぎに」の「つぎ（次）」や「こんどは」の「こんど（今度）」は、概念化された語で、詞に属するから、「つぎは」「つぎに」「こんどは」は、詞的な転換記号である。

転換記号（turning symbol）を略して ts とする。転換記号 ts を、辞的記号と詞的記号とに分け、辞的転換記号を tsA、詞的転換記号を tsB とする。

● tsA　辞的転換記号　5 文

(1)〔〈さわよむどんが、うなぎつりをして、うなぎのほかにいのししと山いもを手に入れて、ほくほくしていると、草むらで鳥の羽音がした。〉つかまえてみると、きじでした。〕（改）ところがなんということでしょう。きじはたまごを七つもうんでいました。（さわよむどんのうなぎつり）

転換性の文にとって、転換の位置にあることは必須の条件のようだ。どうしても、段落のはじめに位置することになる。

(2)〔むかしむかし、ある国の王さまが、米をたくさんくらにしまいこんでおきました。〕ところが、くらのすみのほうに、小さなあながあいていました。（ながいはなし）

ところが、この M 文は、改行されていない。話しことばであり、始まったばかりの第二文なので、改行されなかったのだろう。音調としては、「ところが」に卓立がなければなるまい。

(3)〔〈お話し会で、あさおの話が終る。〉先生「あさおさんは、ほんとうにがっかりしたでしょうね。〕（改）では、こんどは、みち子さんとはるおさんとのろうどくです。（夏休みにしたこと）

「では」は、一つのことに切りをつけて、次のことに移ろうとする時に、よく使われる。(3) 例は、その典型である。会を始める時など「では、これから始めます。」のように言うことがある。「では」がつくのは、座についている人をしばらく待たせたような場合で、待ち時間に終止符を打とうとする気持の表われである。待ちの先行文脈がなくて、まったく、ぱっとそこから始まる場合には、おそらく、「では」はつかない。「では、これで終わります。」と言う時は、終わるだけであって、次の新事態に移るということはない。しかし、これは、おそらく、「終わる」こと自体が一つの独立処置であるところから、「では」と言って、「終えること」に移ろうとするのであろう。

(4) 〔ちかごろ、たいへんわるいかぜがはやってきました。……2文略……かぜにかからないように、みんな、よく気をつけましょう。〕(改) では、かぜにかからないようにするには、どうしたらいいでしょうか。(こうないほうそう)

第一段落で、「かぜがはやっているから注意しよう。」という、一般的問題提起があって、これから、対策論に移る。そのきっかけを「では」で起こす。

「では」は、本来「それでは」の前半が落ちたものである。

(5) 〔先生「みなさん、これから、おはなし会をしましょう。……3文略……〕(改) それでは、はじめにひろしさん。」(夏休みにしたこと)

「では」より「それでは」の方が、改まった言い方である。

「では」「それでは」は、承前性の中の始発性をよく表わしている。「ところが」や「ところで」は、流れの方向をちょっと変える感じで、その点、いかにも「転換」らしい。

● tsB　詞的転換記号　5文

辞的転換記号が、転換性を態度で示すのに対して、詞的転換記号は、転換性を、意味内容で表わす。

(1) 〔〈お話し会。よし子の話が終わる。〉先生「かきのみのかわりに、ねんどをつかったのは、よいくふうでしたね。〕(改) つぎは、あさおさんのおはなしです。(夏休みにしたこと)

(2) 〔〈校内放送で、生活部から、廊下を走らないようとの訴えがあったあと〉せいかつぶからのおねがいをおつたえしました。〕(改) つぎは、田中先生のうがいについてのお話です。(こうないほうそう)

(3) 〔〈校内放送。田中先生の話が終わった。〉〕(改) つぎに、西山先生のくまの冬ごもりのお話があります。(同前)

「つぎは」は、完全に主語の形をしていて、転換記号にかぞえては、申しわけないようなものだ。同じく「つぎ」によってできていても、「つぎに」の方は、副詞または接続詞であるから、よほど転換記号らしくなる。

(4)〔〈お話し会。ひろしの話が終わる。〉先生「そう。それはうれしかったでしょうね。(改) こんどは、よし子さん。」(夏休みにしたこと)

これまでの例の大部分は、このお話し会と、校内放送とから採られている。お話し会での先生のことばの始発記号と転換記号は、次の順序で使われている。

(始発) みなさん、これから、おはなし会をしましょう。

(転 1) それでは、はじめにひろしさん。

(転 2) こんどは、よし子さん。

(転 3) つぎは、あさおさんのおはなしです。

(転 4) では、こんどは、みち子さんとはるおさんとのろうどくです。

校内放送の方は、すこし構造が複雑なので、このようには示しにくい。

(5)〔学校のかえりに空を見たら、ひつじの毛のような雲がありました。風でどんどんながされて行きました。〕(改) こんどは、人のかおのような雲が来ました。(雲)

この「こんどは」は、先の「つぎは」の 2 例とちがって、主語ではない。もっとも、「つぎは」の場合も、主語の形をしているだけであって、主語の働きは、していないと見るべきかも知れない。「あさおさんのおはなしです。」のような文は、主語の要らない文である。無主語文に転換記号がついていると見た方が適切であろう。

4.3 転換要素 (ta) をもつ文

始発要素、承前要素に準じて、転換要素を、転換記号から区別する。その大部分は、転換記号とはまぎれようのないもので、一文全体で転換性を示すのであるが、一部に、転換記号とまぎれやすいものもあるので、記号に近いものから見ていく。

転換要素 (turning agent) を略して ta とする。ta を A から M まで 13 類に分ける。細かく分けすぎたきらいがあるが、なるべく多くのタイプを見つけようとして、こうなった。さらに調査して、後日、もっと整理したい。

● taA　語彙的転換要素　2文

詞的転換記号の「詞」性がもっと強まって、構文上の独立単位をなさない部分の語や句の意味が、読者に、転換的状況設定を作らせる場合がある。

(1)〔〈tsB の例 (5) に続く〉あたまのところがくるくるとまるまって、はなが出て、あごがつき出ていました。〕(改) つぎに来たのはくまのようでした。(雲)

転換記号の中にも「つぎに」があった (tsB の例 (3)) が、どこが違うか。「つぎに」が文中で独立の一成分たる接続語になっていれば、転換記号であるが、本例のように、「つぎに」が「来た」の副詞的修飾語になっていれば、転換記号と見ることはできない。この「つぎ」は、文章の構造上の「つぎ」ではなくて、叙述内容の一つである「雲」の来かたの上での「つぎ」であるから、ここには、叙述態度の上での転換性はない。しかし、「次」という語の意味から、読者は、場面の転換を感じる。

(2)〔れっ車は、いくつものえきにとまってから、大きなえきにつきました。……3文略 (中に一段落あり) …… (改) おとうさんは、まどからかおを出して、みかんとたばこをかいました。〕…… (改) しばらくして、れっ車はえきを出ました。(れっ車にのって)

これなどは、転換要素と見られるかどうか、際どい例である。

● taB　時間場面を新たに設定する語句や文　20文

物語性の文は、叙述対象が世の中の具体的な事件であるから、必ず、時間と場所と人の要素をもっている。なかんずく、舞台としては、時間の条件が大事である。だから、始発型の文にも、時間上の場面を設定する文がいちばん多かった。転換型も同様で、今までの場面とちがった場面を時間的に設定する文が最も多いようだ。

(1)〔あきらさんは、子犬がほしいとおもっていました。〕ある日、おとうさんが、「森田さんのうちで、子犬がうまれたそうだ。あきらにもらってきてあげよう。」といいました。(子犬)

これは、L文が冒頭文であるから、「ある日」の文は、最初から2番目の文である。当然、改行されてもいない。転換性というよりは、始発性の文というべきかも知れない。冒頭文で、人とテーマが示されたので、次いで、時間場面の設定と、テーマの肉づけとを行なったわけである。

(2)〔〈冒頭文〉日よう日のことでした。……〈第2段落の先頭文〉二、三日たちました。……〕〈第3段落の先頭文〉ある日、よし子さんがとりかごをのぞいてみたら、すの中に、小さなたまごがみえました。(カナリヤ)

この例については、(11)において、くわしく述べる。

(3)〔山のふもとの草はらに、ぶたのうちがありました。そこには、おかあさんぶたと三びきの子ぶたがすんでいました。いちばん上はいっちゃん、二ばんはじろちゃん、三ばんめはさんちゃんという名まえでした。〕(改)ある日、おかあさんぶたがいいました。(三びきの子ぶた)

第2段落の先頭文で、事実上、話の発端を述べる。

(4)〔むかしむかし、ある国の王さまが、米をたくさんくらにしまいこんでおきました。……2文略……〕(改)ある日、一ぴきのありが、あなからはいって、一つぶの米をもちだしました。(ながいはなし)

これも第2段落の先頭文で、前例と同じ働きをしている。

(5)〔〈冒頭文〉子牛のもうくろにえさをやるのは、てるおのやくめでした。……〈第2段落先頭文〉もうくろは、生まれてからまだ三か月のあかちゃんです。……〈第3段落先頭文〉もうくろは、まだ小さくて、力がよわいから、畑のしごとも車をひくこともできません。……〕〈第4段落先頭文〉ある日、てるおは、いつものとおり、学校へ行ってべんきょうをしていました。(もうくろの話)

この「ある日」は、問題の事件が起こる日である。「ある日」の例が5個あったが、どうやら、この句は、物語において、大事な場面を据えるための、大事な語句らしい。

(6)〔〈冒頭文〉「ただいま。」はるおさんが学校からかえって来ると、おかあさんが、「おかえりなさい。おじさんから、はがきが来ていますよ。」といいました。(改)つくえの上に、はが

きがおいてありました。……〕（改）あくる日、小づつみがとどきました。（たんじょう日のおくりもの）

第3段落の先頭文である。

（7）〔（6）のあと、3段落目〕夕はんがすんでから、はるおさんはおじさんにおれいのてがみを書きました。（同前）

（8）〔〈（7）の後続文〉ふうとうに入れて、あて名はおとうさんに書いてもらいました。そして十円のきってをもらってはりました。〕（改）あくる日、はるおさんは、学校へ行く道で、そのてがみをポストに入れました。（同前）

（9）〔先生、お元気ですか。わたしも元気です。〕（改）あした、わたしは、父といっしょにいなかのおじいさんのうちへ行きます。（先生へのてがみ）

本例の転換性は、弱い。

（10）〔先生、わたしはまっくろなかおになりました。まい日。……〕（改）きのうは、……4文略……〕（改）あさって、うちへかえります。さようなら。（同前）

手紙のとじめの文である。

（11）〔〈例（2）の続き〉……〈第4段落先頭文〉二しゅうかんたったころ、カナリヤの子どもが三ばうまれました。……〈第5段落先頭文〉よし子さんは、まい日、学校へでかけるまえに、えさをかえたり、とりかごのそうじをしたりしてやります。……〕〈第6段落先頭文〉あるあさ、カナリヤの子どもが一わ、すからぽたんとおちてきました。（カナリヤ）

これは、前に承前要素A（faA8――場面内で軸系列をなす語句）で述べたことと、からまり合った関係にある。faA8の（1）（2）（167ページ）を参照されたい。冒頭の「日よう日」で、時間の軸ができ、以後「二、三日」「二しゅうかん」という語が、その軸を受けつぐ。その中で、同じ軸に沿っていながら、時々、転ずる態度が、「ある日」「あるあさ」に強く感じられるので、これらは転換要素と見なしたのである。

（12）〔むかし、はなしの大すきな王さまがいました。王さまは、まい日はなしをきいていてもあきませんでした。〕（改）あるとき、王さまは、「あきあきするほどながいはなしをきかせてくれたものには、ほうびをやる。」と、おふれを出しました。(ながいはなし)

(13)〔朝早くおきて、にわに出てみたら、あさがおがたくさんさいていました。……3文略……〕(改) おひるごろ、見に行ったら、あさがおが、しおれて、くびをさげていました。(にっき)

日記の第2段落の先頭文。

(14)〔おじさん、どうわの本をおくってくださって、ありがとうございました。もう半分も読んでしまいました。今まで読んだうちでは、「もうくろの話」と「月夜のバス」がおもしろいと思いました。〕正月には、ゆき子といっしょにあそびに行きます。(おじさんにとどいたてがみ)

簡単な手紙文の終わりに近い文。改行されてはいないが、前の話題から切れて「正月には」と起こすところに転換性が感じられる。

(15)〔「もう半分も読んでしまったのね。」「うん、あの本がだいぶきにいったらしいよ。」〕「正月に、はるおさんたちが来たら、たくさんごちそうをしてあげましょう。」(同前)

これはやや変則的な例だ。会話のやりとりの姿で考えれば、本の話題から次に移ったというだけで、格別転換性があるわけでもないが、文章の構成として、先行の手紙の内容と対応し、この一文で、この文章を閉じることになるところから、やや転換の重みを感じるのである。

(16)〔学校からうちへかえるとき、ふぶいてさむかった。(改) 風がかおにあたって、いきができなかった。〕(改) 風があたったとき、四人でかたまった。(改) 風がやんだとき、四人で手をつないだ。(ふぶき)

「風がやんだとき」と組みになって、詩の後半をなす。「風があたったとき」がその起こしになっている。

(17)〔〈冒頭文〉ひなまつりがちかづいてきました。……〕〈第2段落先頭文〉あさ子さんとまさおさんが、こんなことを話し合った、そのつぎの日でした。(あさ子さんのうちのひなまつり)

(18)〔(17) の後続文脈〕〈第 3 段落先頭文〉工作の時間になりました。(同前)

(19)〔(18) のあと、学校で、工作の時間にあきびんで雛人形を作った。〕〈第 6 段落先頭文〉学校がおわると、あさ子さんは、いそいでかえって、インクびんのだいりびなをおかあさんに見せました。(同前)

(17) では、冒頭に近い所で、1 文全体で物語の発端場面を設定する。(18) は、前の段落で、先生がただ、あしたはあきびんとおり紙を持って来るように言ったので、あさ子は、何を作るのだろうと思った。それを受けるから、期待の段落起こし。(19) は、学校から家庭に場面が移るきっかけの転換文。

(20)〔〈冒頭文〉夕ごはんをたべていると、「あしたは日よう日だね。あした、雨があがっていたら、たけのこをほりに行こうか。」と、おとうさんがいいました。……〕〈第 2 段落先頭文〉日よう日の朝は、いつもより早くおきました。(たけのこ)

これから待望のたけのこほりに行く、その日の朝のこと。

以上 20 例、「ある日」が 5 例、「あくる日」2 例、その他 1 例ずつを見た。「ある日」「あるあさ」「あるとき」などはいかにもそれらしい語句である。それらも「あした」「あさって」「おひるごろ」なども、名詞的副詞句である。「正月に」「正月には」は、名詞にテニヲハのついた連用成分。「夕はんがすんでから」や「学校がおわると」は、述語を含む文要素。(17) (18) (20) の例は、1 文を挙げて、場面設定に働いている。

以上、資料中の例は、「日」や「時」を「いつ」と言って明瞭に示すものばかりであったが、そのように示さなくても、「時」の条件は示される。その場合には、イツ以外の、ドコやナニの要素が動員されて、結局、それらの総合結果がイツの表現になるのである。『破戒』から例を引こう。丑松が父の葬式を終えて、叔父夫婦のもとを去ろうとするところの叙述である。

1　二七日《ふたなぬか》が済む、すぐに丑松は姫子沢を発つことにした。

で、そのひとくだりが始まる。道祖神の所で叔父と別れ、帰途につく。

2　その日は灰色の雲が低く集まつて、荒寥とした小県の谷間を一層暗鬱にして見せた。

の文で始まる一段落が、信州に、容赦ない冬が来たことを描き出す。

[3]　田中から直江津行の汽車に乗つて、豊野へ着いたのは丁度正午《ひる》少し過《すぎ》。

ここで、時刻が出る。丑松は千曲川の川船の便を待って、茶屋で休む。

[4]　霙《みぞれ》が落ちて来た。空はいよいよ暗澹として、一面の灰紫色に掩はれてしまつた。

待つうちに、人力車が来た。来る時にも同じ汽車に乗り合わした高柳が、妻らしい女を連れているのだ。高柳のことを考えて、いやな気持になる。

[5]　霙は絶えず降りそゝいで居た。毎年降る大雪の前駆《まえぶれ》が最早《もう》やつて来たかと思はせるやうな空模様であつた。

また、高柳たちと同じ船になつてしまつた。向うも丑松も、どうしても気になる。

[6]　軈《やが》て水を撃つ桿の音がした。舟底は砂の上を滑り始めた。今は二挺櫓で漕ぎ離れたのである。

丑松の心は、中を向く。故郷を思い、現在の自分の周囲を思っている。

[7]　霙は雪に変つて来た。

の 1 文で現実の船の中に戻り、高柳らの様子の描写になる。高柳の妻は、どうやら、丑松と同郷の部落の女である。丑松の心は、どうしても、落ちる所に落ちて行く。

[8]　千曲川の瀬に乗つて下ること五里、尤も、その間には、ところどころの舟場へも漕ぎ寄せ、洪水のある度に流れるといふ粗造な船橋の下をも潜り抜けなどして、そんなことで手間取れた為に、凡そ三時間は舟旅に費《かか》つた。飯山へ着いたのは五時近い頃だつた。

で、十ページ近い帰途の叙事を終わる。この間、段落の数は 17 で、そのうち、8 個の段落の先頭文を取り出してみた。[1]と[2]が「日」を設定し、[3]と[8]が時刻を設定するが、読過の印象では、それらの限定は、あまり心に残らない。強く残るのは。[2][4][5][7]で描かれている雲と霙の状況の変化である。

雲が低く集まっている──→霙が落ちて来る──→絶えず降りそそぐ──→霙が雪に変る

という天象の推移が、何分後か、何時間後か、というようなことよりもずっと印象的に、時間の進行を物語っており、それらの文で設定される新しい時間場面が、丑松の心を描くための有効な舞台になっているのを見る。

●taC　空間場面を新たに設定する文　4文

時間の条件は、それを、日付けや時刻でいえば、純粋に時間だけをいうことになるが、今の『破戒』の例のように、時間以外の条件のことをいっしょにして述べる場合も多い。雲や霙は、それだけを取り出せば、時間の条件ではなくて、空間の条件を描いているに過ぎない。それが読み手の心の中で、時間の条件に変わっていくのである。このように、形の上では、時間を語るのか空間を語るのか、判定のつきにくいことが多い。それほど、時間と空間とは、いっしょになっていて、区別はつけられないものである。というより、故意にどちらかの条件を取り出すのでなかったら、わたしたちの経験は、常に時間と空間と、両方の条件をともにそなえて成立するのであるから、状況や行動の叙述の中から、二つを区別することは本来不自然なのである。

しかし、観察の際は、あえて異を求めて、両方を区別してみる。物語の中では、ストーリー進展のかぎを握るのは、どうも時間の方であるらしく、空間の条件だけを描いて、新たな場面設定とすることは、あまりない。比較的、空間的要素の強い例をとらえてみる。

(1)〔〈冒頭文〉ぼくは、おとうさんやおかあさんといっしょに、しおひがりにいきました。〕(改) うみへいくと、まだしおがひいていません。(しおひがり)

児童作文の第2段落先頭文で、実質上、始発の条件を作っている。

(2)〔〈冒頭文〉夕ごはんをたべていると、「あしたは……」と、おとうさんがいいました。……〈第2段落先頭文〉日よう日の朝は、いつもより早くおきました。……〕〈第3段落先頭文〉山のそばまで行くと、すかんぽが出ていました。(たけのこ)

(1)(2)とも、「……行くと」という条件句で新しい場所に来たことを叙す。「行く」のは移動だから、そこに時間の推移感も含まっている。

(3)〔〈冒頭文〉さわよむどんがうなぎつりをしていました。……

〈つれたうなぎが勢余って山を越してとんでいったのを追いかける。〉〕（改）のはらに出ました。（さわよむどんのうなぎつり）

これなどは、大いに移動感が、したがって、時間の推移感が伴っている。

(4)〔〈冒頭文〉きょうはうちの田うえです。……〈るすばんの「わたし」がお茶の知らせに田んぼへ行く。〉……わたしはいそいであるきました。〕（改）うちの田では、みんながいっしょうけんめいになえをうえていました。（田うえ）

これは、新場面で「わたし」が見た情景を描いているので、場面を設定するスタイルをとっていないが、実質上、場面設定をしている。

『三四郎』のある部分から、連続する三つの段落の各先頭文を抜いてみる。

[1]　夜中からぐつすり寝た。

[2]　暖かい汁の香を嗅いでゐる時に、又故里の母からの書信に接した。

[3]　通りへ出ると殆んど学生許《ばかり》歩いてゐる。

いずれも、行動に伴う叙事であるが、[1][2]が時間との連合が強いのに対して、[3]は空間的である。

● taD　新たな主題的人物を描き出す文　11文

物語性の文章において、何より大事なのは人物である。だから、人物の焦点が移ることは、当然、事態の変化を強く感じさせる。しかし、普通、物語や小説において、主要な登場人物の数は、そう多くはならない。『戦争と平和』のような大河小説は別として、だいたいは、五、六人が主要なところだろう。だから、物語、小説において大事な人物が新たに登場する機会は、そう多くはない。時間場面が絶えず変わっていくのに比べたら、主題人物の変化は、ずっと少ないのが当然である。

しかし、登場人物の数は少なくても、どの人物が話題の中心になるかという点では、絶えず変化がある。一度登場した人物がしばらく叙述面から姿を消して、また登場する場合、それを描き出す文は転換性の文となる。

(1)〔〈taC（4）のあと。「わたし」が呼びに行くと、みんな、雨なんかへいきで田うえをしている。〉〕（改）おとうさんが、なわしろのほうから、なえをかごに入れて、おもそうにせおってきました。（田うえ）

田うえをしている「みんな」は、遠景のようにひろがって見える。そこに、「おとうさん」が初登場する。

（2）〔〈最初から3番目の文〉よし子さんも、おとうさんやまさるさんといっしょに、はしをわたってむこうのホームに行きました。……〈あと3ページ以上窓外の景色をめぐる叙述〉〕（改）おとうさんは、まどからかおを出して、みかんとたばこをかいました。（れっ車にのって）

「おとうさん」2度目の登場。

（3）〔〈「わたし」が「おかあさん」について、川へせんたくに行く。〉〕〈第5段落先頭文〉おかあさんは、きしで、せんたくものにせっけんをつけてもみはじめました。（せんたく）

「おかあさん」は、先刻登場しているが、ここから主たる行動が始まる。

（4）左の方から、ぶんじろうが出て来ます。（劇）

（5）ひろ子、とも子、みよ子は、ならんで、きっぷをかうまねをします。（同前）

（6）けん一が、手をあげて、ふえをふくまねをします。（同前）

3例、劇のト書き。何かの転機をなす所。

（7）〔〈月明りの山道を行くバスの中〉〕（改）おじいさんが、こくりこくりといねむりをはじめました。（月夜のバス）

男の子と話などしていたおじいさんがいねむりを始めたことが一つの場面作りになる。

（8）〈（7）に続く段落の先頭文〉さっきから、バスの前の明るいところを見つめていた男の子が、いきなり、「やっ。うさぎが走って行く。」といいました。（同前）

ここから「男の子」が叙事の中心になる。

（9）〔〈はるおの手紙が投函され、運ばれて、目的地の郵便局に着く。〉〕（改）ゆうびんやさんが、てがみやはがきをかばんに入れて、はいたつに出かけました。（はるおさんのてがみのとど

くまで）

目的地の「ゆうびんやさん」は、ここで初登場。

(10)〔〈とんぼとりをして、むぎわらとんぼを取った。〉〕おにやんまがとんできました。（にっき）

「こんどは、おにやんまがとんで来た。」という感じ。

(11)〔〈taC（3）のあと。草の乱れた所に、大うなぎが伸びている。〉〕（改）うなぎのそばになにかたおれています。（さわよむどんのうなぎつり）

いのししが、まず「なにか」として登場。

以上11例のうち7例は、「ダレが」の形で登場する。「ダレは」が3例。「なにか」が1例であった。前にも述べたように、人物がはじめて登場する時は、多く「が」によって主語となり、「は」で扱われることは少ない。「が」は、その者を外からとらえるに適し、「は」は、中からとらえるに適する。

・旅人が歩いて行く。旅人は立ち止まった。

という2文連続がある時、はじめの「旅人」は「どこの誰だかわからないが、とにかく『旅人』である者」としてとらえられており、二番目の「旅人」は、すでにおなじみになった「彼」である。この時すでに、読者の関心は旅人にあるから、彼は、中側からとらえられはじめている。意味においては、内包から外延に転じ、扱いにおいては、外側扱いから内側扱いに転じた。

人物が最初「が」で外側から扱われるという原理を、もう一歩進めたのが「なにか」のような、不定者の扱いである。小説中の人物も、最初、内容不明の「だれか」で登場することが珍しくない。

■不図眼を上げると、左手の岡の上に女が二人立ってゐる。（『三四郎』）

これは、三四郎が美禰子に最初に出会うところで、まだ、どこの誰なのか、わからない。

しかし、同じく不定者として登場するのでも、その出方は決して一様でない。美禰子は三四郎にとって、不定者ながら印象明瞭に、あざやかに登場する。ところが、広田先生が登場する時は、もっと、ぼやっとしている。三四郎が列車で乗り合わせ、名古屋で同宿した女に、

「あなたは余つ程度胸のない方ですね。」と言われて、すっかり参った直後、

■三四郎はまたそつと自分の席に帰つた。乗合は大分居る。けれども三四郎の挙動に注意するようなものは一人もない。只筋向ふに坐つた男が、自分の席に帰る三四郎を一寸見た。

　三四郎は此男に見られた時、何となく極りが悪かつた。本でも読んで……

この男が広田先生である。ぼやけた登場のしかただが、はじめから三四郎の内面に触れた形で登場する。このあたり、『三四郎』という小説において、三四郎と美禰子、三四郎と広田先生、それぞれの関係を象徴しているようで、おもしろい。ある人物が、最初にどういう形で登場するかは、その作品におけるその人物の位置を語るものとして、そうとう重要なことであるらしい。

●taE　新しいトピックに移る文　14文

ここで「新しいトピック」というのは、きわめて広い意味のものである。読んでいて、注意の焦点が、ひょいと、今までのところからよそへ移ったなと感じた時、その焦点をささえることばが、文の主語であろうと、述語であろうと、何かにかかる修飾語であろうと、格成分の何たるかにはお構いなく、そのことばを新しいトピックの代表と認めた。したがって、きわめて、主観的で恣意的な設定による。例文だけからは、納得されないかも知れない。

（1）〔〈「わたし」が父母と羽田空港へ。〉でんしゃやバスにのって、やっとつきました。〕うみがみえました。（ひこうじょう）

空港に到着して、最初に目について注意を引いたものが「うみ」だった。

（2）〔〈ひろしと兄がにぎやかな通りを歩いて行く。〉〕（改）やおやのまえでは、ふたりはなにをみたでしょう。（にぎやかなとおり）

「では」の取り立てと、「なにをみたでしょう」という疑問形が強調になって、一つの話題提起になっている。

（3）〔〈（2）のあと。やおや→とこや→〉〕（改）パンをやくいにおいがしました。（同前）

「におい」が登場して、新たな注意を引く。

(4)〔〈「わたし」が母と川へ洗濯に。〉おかあさんは、「まち子ももってくれるの。」といって、にこにこしました。〕(改) 道ばたの草がつゆでぬれていました。(せんたく)

行動の記述から、ふと、路傍の草の描写に移る。特に、それが「つゆ」であるところがさわやかで、印象が新たである。

(5)〔〈おじからはるおへのはがきの文〉はるおくん、きみのたんじょう日は十二日でしたね。たんじょう日のおいわいに、どうわの本をおくります。〕(改) 正月には、ゆき子さんといっしょにあそびにいらっしゃい。(たんじょう日のおくりもの)

手紙文らしい話題の転換である。

(6)〔〈(5) の続き。はるおが礼状を書いて投函。〉〕〈章改まる〉はるおさんのてがみがポストにはいっていました。(はるおさんのてがみのとどくまで)

前章末に、てがみをポストに入れたことが書いてあるのだから、この章頭の文は、情報内容に新しいものはもっていない。てがみを扱う文章の態度がここで変わる。それまでは、はるお が 手紙 を 書いたのだが、ここからは、手紙が中心になって、手紙 が ポスト に 入っているのである。

(7)〔〈(6) の続き。ゆうびんやがおじの家まで手紙を運ぶ。〉〕〈章改まる〉おじさんがにわをはいていたら、門の方で、コトンと音がしました。(おじさんにとどいたてがみ)

それまで、話の中だけに出ていた「おじさん」が、ここで姿を現わし、舞台がおじの家に移る。その中で、はるおの手紙が改めて主題となる。人物登場、空間場面設定の要素をこめて、新トピックとなる。

(8)〔〈気を失ったうさぎを拾い上げて、バスは月明の山道を走る。〉〕(改) うさぎのことは、ふろしきづつみをせおったおじいさんも、にもつをかかえたおばあさんも、知りませんでした。(月夜のバス)

うさぎの話がずっと続いて来たあと、一度、「うさぎのことは」といって、カメラを離す。

(9)〔〈校内放送。田中先生のうがいの話。〉ですから、よくうがいをして、のどをきれいにあらいましょう。〕学校でも、きょうからまい日、みんなでうがいをすることにしました。（こうないほうそう）

一般論から、足元の問題に移る。

(10)〔〈(9) の続き。西山先生の話。〉みなさんは、さむいからといって、うちの中でごろごろしているようなことはありませんね。……〕（改）どうぶつの中には、冬がくると、土の下や、ほらあなの中などにこもって、冬の間じゅう、じっとしているのがあります。（同前）

「みなさん」のことをひとくだり話して、さて、本題の動物の話に移る。

(11)〔おされてなくなんて、よわむしだなあ。おされてなくなっていってるのになあ。〕――よわむしけむし、おされてないた。（劇）

ひときわ声を大きくして唱える。

(12)〔ぶんじろうはなかなかなきやみません。〕けん一は、きゅうにたけしのかたに手をかけておしはじめます。（同前）

文章の転換ではなくて、現実場面での転換。

(13)〔みのる「ぼく、きかん車。」ゆう一「ぼく、せきたん。」たろう「ぼく、かもつ。」〕けん一「だれがおきゃくさんになる。」（同前）

新しい問題提起。

(14)〔〈かんづめのあきかんで、かんのげたを作り、庭を歩く。〉ぼくは、馬にのったような気がして、とてもゆかいでした。〕（改）コンクリートと土の上では、かんの足音がちがいます。（かんのげた）

かんのげたで歩くゆかいさの中から、足音のちがいという新発見をする。

● taF　叙述の着眼点が変化する文　7文

同じ題材について述べているのに、それを扱う叙述者の観点が変化するために、印象が新たになることがある。位置による承前の中で、fpI として「前文で叙した事態を別の角度からとらえ直して叙する文」

のことを述べた。(289ページ) そこで扱った例は、たとえば、「そうだ、きみにたのもう。きれいなえをかいてね。」のように、読過の印象としては、格別とらえ直しがあるとは感じられず、むしろ、畳みかけて言う印象が強いものが多かった。

fpIと同じ原理で、「とらえ直し」がだんだはっきりして来ると、文の連続性よりも断絶性の方が表面に出て来て、承前型の文と見るよりも、転換型の文と見た方がよくなる。

(1) 〔れっ車は、いくつもえきにとまってから、大きなえきにつきました。このえきでは、人がたくさんおりたりのったりしました。〕(改) ホームでは、かくせいきがのりかえのことを知らせています。べんとうやおちゃやたばこやざっしなど、いろいろのものをうっている声がにぎやかにきこえてきます。(れっ車にのって)

相接する二つの段落を示した。前をL段落、後をM段落とする。L段落では、主に目でとらえた情景を基にして、比較的、説明的に叙述している。M段落の叙事は、徹底的に耳でとらえた描写で、説明的な感じはまったくない。描かれている場所は、同じ駅である。「ホームでは」というところに、前項で述べた、新しいトピックへの移行の要素もある。

(2) 〔子牛のもうくろにえさをやるのは、てるおのやくめでした。朝早くおきて、まだつゆにぬれている青草をかって来て、もうくろにたべさせてから、学校へ行くのです。〕(改) もうくろは、生まれてからまだ三か月のあかちゃんです。はなのさきと、しりが白いほか、あとはまっ黒です。(もうくろの話)

「もうくろ」は、前段落で「子牛のもうくろに……」といって紹介されているから「もうくろは」で始まる文の承前性は大きい。faD2.1 (非直前先行文中の語を題目化して反復) の好例とも見られる。しかし、この文には、前段落の2文がてるおを中心にした叙述であることから、一転して、もうくろを中心に叙述したという転換性が見られる。それならば、「新たな主題的人物を描き出す」taCに入れるのが至当だともいえる。が、あえてそれにも異を立てたのは、前段落の叙述が「つゆ」や「青草」でイメージに富んでいるのに対して、この文には、「さて、そのもうくろとは、いかなる牛かというと、……」というような、説明への開き直りが感じられるためである。(1) が、説明から描写への転換の例であるのに対して、(2) は、描写的叙事から説明的叙事に転じた例である。

(3) 〔〈月明の山道を走るバス。ひとわたり、バス内の様子が描写される。〉〕〈章改まる〉このバスは、海のそばの町から、山をこえて、汽車のえきのあるにぎやかな町まで行くのです。(月夜のバス)

「のです」は faB2 (述語の解説性による承前要素) に属するが、それよりも、2 ページにわたる前段落の描写から説明文に転じたことの印象が強い。

(4) 〔〈(3) に続く文〉男の子のおりるのは、山をこえたところにある小さなさびしい村でした。〕(改) バスは、ひるのように明るい山道を、はげしくゆれながらのぼって行きます。(同前)

(3) 文がバスの説明。すぐ続いて、「男の子」の説明。それから、また、バスの外面描写へ。

(5) 〔うさぎのことは、ふろしきづつみをせおったおじいさんも、にもつをかかえたおばあさんも知りませんでした。ふたりづれのおひゃくしょうさんたちも、ぐったりとまどによりかかったまま、しずかにねむりつづけていました。〕(改) バスは、山道をくだって、さびしい村の中にはいって行きました。(同前)

こんどは、説明と描写の間の転換ではない。L 段落がバスの中の情景であるのに対して、M 段落は、バスを外からとらえた情景か、あるいは、バスの中から外の景色を見ての状況判断かである。どちらにしても、L 段落とは、着眼点がちがう。

(6) 〔くわがおもいので、うでがいたくなってきました。二十センチほどほって、へこたれました。〕(改) おとうさんの方を見たら、おとうさんは、あせをふきふき、いっしょうけんめいにほっていました。(たけのこ)

先行文は自分のことを言っている。M 文は、目を外に向けて、父の有様を描く。

(7)〔〈(6) に続いて〉もう、ほったたけのこが、五本も六本もころがっていました。〕(改) おとうさんが、「ゆり子もたかしもちょっとおいで。」といったので、走って行くと、おとうさんのそばに、ふかい大きなあながほってありました。(同前)

父の足元に竹の子がころがっている。父に呼ばれて父の所へ行ったら、何と大きな穴。そして太い竹の子。いずれも「ぼく」が見ている光景だから、カメラのピントをAからBに移したというだけのことで、トピックの移行とも見られるが、叙述者の注意の焦点の急激な移行が顕著に感じられるので、叙述の着眼点の変化による転換と見た。(6)(7) 両文は、前件の述語「見たら」「走って行くと」によって、確認条件不定方向の展開型文になっている。そのため、転換が各文の文頭では行なわれず、条件句から帰結句に移る所で行なわれている。その点、(1)〜(5) の例と (6)(7) とで、感じがちがう。

本項で、叙述の着眼点の変化と見たものには

(i) 叙事文の中で、描写的叙述から説明的叙述へ、説明的叙述から描写的叙述へと転ずる。

(ii) 同じく描写の中でも感覚媒体 (視覚、聴覚、嗅覚、触覚等) が変化する。

(iii) 同じシーンを、外側から見るか、内側から見るかで変化する。

(iv) 描写の注意の焦点が、一点から他の一点に鋭く移る。

の4種であった。いずれにしても、これらの転換は、比較的短いサイクルで起こる性格のものである。こういう転換が、目まぐるしい早さで連続する例を『虞美人草』から引いてみる。

■①小野さんは色相世界に住する男である。②小野さんは暗い所に生れた。③ある人は私生児だとさへ云ふ。④筒袖を着て学校へ通ふ時から友達に苛められて居た。⑤行く所で犬に吠えられた。⑥父は死んだ。⑦外で辛い目に遇つた小野さんは帰る家が無くなつた。⑧已むなく人の世話になる。

⑨水底の藻は、暗い所に漂ふて、白帆行く岸辺に日のあたる事を知らぬ。⑩右に揺かうが、左りに靡かうが嬲るは波である。⑪唯其時々に逆らはなければ済む。⑫馴れては波も気にならぬ。⑬波は何

物ぞと考へる暇もない。⑭何故波がつらく己れにあたるかは無論問題には上らぬ。⑮上つた所で改良は出来ぬ。⑯只運命が暗い所に生へて居ろと云ふ。⑰そこで生えてゐる。⑱只運命が朝な夕なに動けと云ふ。⑲だから動いてゐる。——⑳小野さんは水底の藻であつた。

①文と⑳文は、作者の小野さんに対する解釈を比喩で直接的に言い表わした文である。②文から⑲文までは、その比喩の範囲内で、小野さんの今日までの歩みを描いている。全体が叙事文である中で、①と⑳は説明的叙事、②〜⑲は具象的叙事（「描写的」とは言い難い）である。そして、さらにくわしく見ると、①と②の間、⑧と⑨の間に段落の変わり目があること、⑳の頭にダッシュ（——）がついていること、に、それぞれ意味があることがわかる。

①→②　説明的叙事から具象的叙事へ。

②〜⑧　この間、「小野さん」の具象性強し。

⑧→⑨　具象的とらえ方から一般的とらえ方へ。

⑨〜⑲　「小野さん」の主語性がなくなって、叙事が抽象的になる。

⑲→⑳　再び①と同質の説明的叙事へ。

こういう叙事法が数段落先へ行くとさらに凝縮して来て、こんな文章になる。

■①世界は色の世界である。②只此色を味へば世界を味はつたものである。③世界の色は自己の成功につれて鮮やかに眼に映る。④鮮やかなる事錦を欺くに至つて生きて甲斐ある命は貴とい。⑤小野さんの手巾《はんけち》には時々ヘリオトロープの香《におい》がする。

前後の文がなければ、①から④までの文は、まったく哲学的な思索の文であって、とうてい、叙事の文とは思えない。しかし読者は、小野さんのこととして読んでくるから、①〜④の諸文を、光彩のある叙事文として受け取る。それにしても、⑤に来て、突然、具体的な「手巾」と「ヘリオトロープ」が出て来るので、いささか面くらい、何だかユーモアを感じるのである。ここまで来ると、どれは承前型、どれは転換型と、野暮な分類をする勇気もなくなる。解釈はどのようにでもできるということにして、とにかく、このあたりに、ここで言う叙述の着眼点の変化の妙があることを指摘しておこう。

●taG　新局面への移行を叙する文　17文

物語では、具体的なことがらが絶えず変化し、事態が進展していくのが普通である。その変化には、小さな変化もあれば、大きな変化もある。小さな変化は常に起こり、大きな変化は時に起こる。あまりに小さな変化は、ただの動きであって、変化とは感じられない。読者としては、小さな変化は、あたりまえのことと思って、そのまま行文を追っていくと、時々、おやっと思うような変化に出会う。これまでに述べてきた、場面の変化や、新人物の登場、新話題の出現、などは、みな、「おやっ」と思わせる変化の材料であった。それらのものとも違って、人々の行動なり、行動が作り出す状況なりが、ふと、新しい局面に入ったと感じられることがある。それは、次のような場合である。

(1)〔〈バスの運転手がうさぎを拾い上げて来た。〉「だいじょうぶですよ。いまに気がついて、びっくりしますよ。それにしても、もう一ぴきのうさぎはどうしたのだろう。」うんてんしゅさんがいいました。〕〈章改まる〉うんてんしゅさんは、そっとうさぎをじぶんの足もとにおくと、すぐにまた、バスをうごかしはじめました。バスは……（月夜のバス）

「バスをうごかしはじめました」というところで、ぶるんとエンジンがかかって、バスが動き始め、シーンが静から動に入るのが感じられる。

(2)〔〈列車に乗りこんで、窓外の景色を見て話している。〉〕（改）よし子さんたちののったれっ車は、まもなくはっ車しました。（れっ車にのって）

(3)〔「あと、どのくらいで、東京につくの。」まさるさんがたずねると、おとうさんは、「三時間ぐらいだよ。」とこたえました。〕（改）れっ車は、いくつかえきをすぎてから、ガーッとトンネルにはいりました。（同前）

(4)〔「さあ、そろそろ出かけるとしよう。」と、うんてんしゅさんがいいました。はるおさんとただしさんは、うんてん台からおりました。〕（改）トラックは走りだしました。「さようなら。」ただしさんが……（トラック）

乗っている車が発車したり、トンネルに入ったりすることによって、局面が新しくなる。次の例は、上の諸例と、文の形は同じだが、文の位置がちがう。物語の結末の文であるから、後続文がない。

（5）〔男の子はきっぷをわたしておりて行きました。「ありがとうございます。」しゃしょうさんがうしろからいいました。〕（改）バスは、また、いきおいよくうごきだしました。（月夜のバス）

新局面に入ったところで物語が終わるわけである。何かが始まる形で物語が終わることは、映画の場合などを考えると、むしろ普通のことであろう。

以上5例は、何かを「し始める」叙事によって、新局面に入る例である。次の3例は、反対に「着く」という、それ自身では、行動の終結を意味することばが、そこから新事態が始まることを意味して、新局面に入ることを知らせる。先行文脈の解説は省く。

（6）でんしゃやバスにのって、やっとつきました。（ひこうじょう）

（7）れっ車は、いくつもえきにとまってから、大きなえきにつきました。（れっ車にのって）

（8）せんたくをするところにつきました。（せんたく）

次の2例は「すむ」「できあがる」で、「着く」に似て、一つの行為の終了を意味する。

（9）せんたくがすんで、おかあさんがきゅっとしぼりました。（同前）

（10）できあがったので、ひものつけねのところを足のゆびではさんで、ひもをひっぱりながらにわの中を歩きました。（かんのげた）

以下、（11）から（14）までは、用語の面で、格別の特徴はないが、何か、新しい事態の始まりを感じさせる文の例である。

（11）きゅうに明るくなりました。れっ車は、トンネルを出たのです。（れっ車にのって）

（12）わたしは、つかれたので、ちょっと休みました。てのひらを見ると、……（せんたく）

(13)〔「さあ、みなさん。このびんが、何に見えるでしょう。」といって、先生は、わらいながらみんなのかおを見まわしました。〕（改）ふしぎ、ふしぎ。あきびんがおひなさまに見えてきました。（あさ子さんのうちのひなまつり）

(14) ふたりの耳に、さかなやのおじさんのいせいのいいこえがきこえてきました。（にぎやかなとおり）

以上４例は、いずれも、段落の先頭文である。

最後の３例は、文型（運び文型）に共通性があり、いずれも、確認条件不定方向断定型に属する展開型の文である。

(15) 家のまえのあき地で、ひとりで石けりをしてあそんでいると、やくばのおじさんがじてん車にのって来ました。（るすばん）

(16) おもてへ出てみたら、よしおさんやたけじさんたちも、かんのげたにのってあそんでいました。（かんのげた）

(17) 竹やぶへ行ってみると、あっちにもこっちにも、たけのこが出ていました。（たけのこ）

これらは、前項 taF の（6）（7）と非常によく似ている。運び文型では同型の文である。前項２例では、叙述焦点の移動を感じ、本項の３例では新局面への展開を感じたので、このように分類した。区別がつかないと言われても、やむをえない。

また『三四郎』で、いくつかの例を補ってみよう。

■二人（三四郎と美禰子）はすぐ石橋を渡つて左へ折れた。人の家の路次の様な所を十間程行き尽くして、門の手前から板橋を此方側へ渡り返して、しばらく河の縁を上ると、もう人は通らない。広い野である。

三四郎は此静かな秋のなかへ出たら、急に饒舌《しやべ》り出した。

上の３例と同じ展開型文でもあり、「急にしゃべり出した」のところにも、新局面への転換がある。次例も同じような状況。

■……然し注意したら、何処にかゐるだらうと思つて、能く見渡すと、果して前列の一番柵に近い所に二人並んでゐた。

三四郎は目の着け所が漸く解つたので、先づ一段落告げた様な気で安心してゐると、忽ち五六人の男が眼の前に飛んで出た。二百メートルの競走が済んだのである。

■……爺さんに続いて下りたものが四人程あつたが、入れ易つて、乗つたのはたつた一人しかない。固から込み合つた客車でもなかつたのが、急に淋しくなつた。日の暮れた所為かも知れない。駅夫が屋根をどしどし踏んで、上から燈の点《つ》いた洋燈《ランプ》を挿し込んで行く。三四郎は思ひ出した様に前の停車場《ステーシヨン》で買つた弁当を食ひ出した。

「食ひ出した」という、動作の始まりを叙する語が、段落の末尾にある。上例の（5）と同じように、新局面に入ったところで、叙述の区切りをつけるやり方である。（5）は一編の終末であるのに対して、本例は一段落の終末であるに過ぎないが、原理には共通のものがある。

■……何しろ知らない女なんだから、頗る躊躇したにはしたが、断然断る勇気も出なかつたので、まあ好い加減な生返事をして居た。其うち汽車は名古屋へ着いた。

　大きな行李は新橋迄預けてあるから心配はない。三四郎は手頃なヅツクの革鞄と傘丈持つて改札場を出た。

列車の到着を叙する文が段落の末尾にある。次の段落は、着いてからの行動を叙していて、完全に続くから、もし到着の文を次段落の頭へ移せば、これは、まぎれもない転換型の文になるが、前段落末にあることは、やはり、その意味が大きい。この文は、文字通り一局面の終末を語っていて、新局面への進入を語ってはいない。

三四郎がいよいよ東京に着くところは、こうである。広田先生（まだ名は知らない）と話しあって、日本の将来などを論じたあと、

■　此言葉を聞いた時、三四郎は真実に熊本を出た様な心持がした。同時に熊本に居た時の自分は非常に卑怯であつたと悟つた。

　其晩三四郎は東京に着いた。髭の男は分れる時迄名前を明かさなかつた。三四郎は東京へ着きさへすれば、此位の男は到る処に居るものと信じて、別に姓名を尋ね様ともしなかつた。

ここでは、「着いた」が、明らかに新局面への展開を示している。

●taH　合流を見越して一時飛躍する文　1文

第3章のはじめに、『坑夫』と『虞美人草』から例を引いて、文の承前性を説明した。『虞美人草』の例文は「宇宙は謎である。」で始まるものであった。71ページ以下をもう一度見られたい。その4番目の文は、

```
①→②→③
↓
④
```

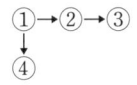

という形で、①文に戻って承前するから、③から見ると、やや飛躍がある。しかし 75 ページの図式でわかるように、

```
①→②→③──┐
↓　　　　　↓
④→⑤→⑥→⑦
```

となって、④文から生ずる流れは、⑦文へ来て、結局、②→③からの流れに合流する。

この文章において、④文は、①文との関係によって、faD2.2（非直前先行文中の語を題目化しないで反復することによる承前型文）に属することになるのだが、仮りに、①文からの承前関係がないとしたら、①から⑦までの文のつながりは、

```
　　①→②→③
　　　　　　↓
④→⑤→⑥→⑦
```

のようになるわけだ。この場合、④文は、⑦文まで行って元の流れに合流することを予定しつつ、③から一度離れる文だということになる。これは、議論の線をさかのぼるために、前文からは飛躍する行為である。こういうことは、議論の文では、多いことと思われる。同じ『虞美人草』から、次のように四段落の文章を引いてみる。

■　①丸顔に愁少し、颯と映る襟地の中から薄鶯の蘭の花が、幽なる香を肌に吐いて、着けたる人の胸の上にこぼれかかる。②糸子は斯んな女である。

③人に示すときは指を用ゐる。④四つを掌に折つて、余る第二指の有丈にあれぞと指す時、指す手は只一筋の紛れなく明らかである。⑤五本の指をあれ見よと悉く伸ばすならば、西東は当るとも、当ると思はるる感じは鈍くなる。⑥糸子は五指を竝べた様な女である。⑦受ける感じが間違つて居るとは云へぬ。⑧然し変だ。⑨物足らぬとは指《さ》点す指の短かきに過ぐる場合を云ふ。⑩足り余るとは指《さ》点す指の長きに失する時であらう。⑪糸子は五指を同時に並べた様な女で

ある。⑫足るとも云へぬ。⑬足り余るとも評さぬ。

⑭人に指《さ》点す指の、細そりと爪先に肉を落すとき、明かなる感じは次第に爪先に集まつて焼点を構成《かたちづく》る。⑮藤尾の指は爪先の紅を抜け出でゝ縫針の尖がれるに終る。⑯見るものゝ眼は一度に痛い。⑰要領を得ぬものは橋を渡らぬ。⑱要領を得過ぎたものは欄干を渡る。⑲欄干を渡るものは水に落ちる恐れがある。

⑳藤尾と糸子は六畳の座敷で五指と針の先との戦争をしてゐる。㉑凡ての会話は戦争である。㉒女の会話は尤も戦争である。

この文章の文のつながりをたどって図にしてみると、次のようになる。

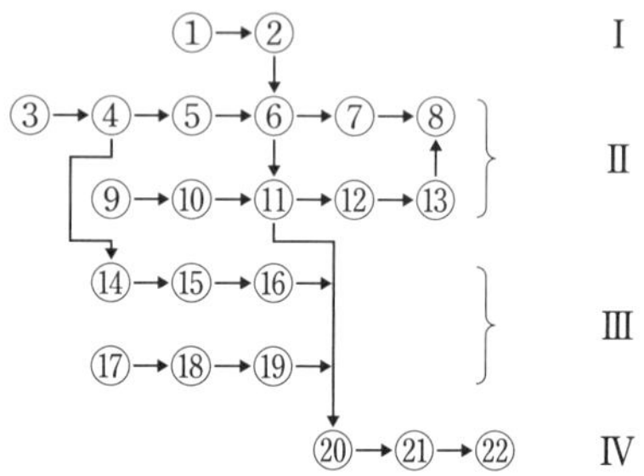

②の「糸子は斯んな女である。」は、⑥の「糸子は五指を並べた様な女である。」に合流するが、合流の前に、指のたとえによる説明を起こすために、③の「人に示すときは指を用ゐる。」という文が来る。この③文は、①②から見れば、連鎖を断たれた転換性の文である。しかし、新しいトピックに移るtaE型の転換文と見るよりも、合流を見越したちょっとした飛躍と見た方がよい。

また、⑨の「物足らぬとは……」の文は、⑧の「変だ。」が、どんなに「変」なのかを説明するためのものであるが、そのことは、⑨⑩の連文が⑫⑬の連文まで行って納得がいくので、⑧から⑨に移った瞬間は、どうつながるのか、よくわからず、一歩わきへとび移った感じがする。

⑯から⑰に移るときにも、同性格の飛躍感がある。⑭→⑮→⑯の三連文は、指さしの鋭さと藤尾とを結びつけて、きわめて緊密な結合になっているが、⑰に来た瞬間、新情報「橋」が出現して、おやっと思う。橋は⑱⑲の「欄干」論で受けつがれたので、⑰→⑱→⑲の三連文

も、緊密に結合している。この結合に至って、「橋を渡らぬ」のと「欄干を渡って水に落ちる」のとの対比が、糸子と藤尾の対比であることを知る。そこで、⑳で「藤尾と糸子は」と出た時、②→⑥→⑪→⑰の糸子の線と、⑮→⑯→⑱→⑲の藤尾の線とが合流することになる。

こう見ると、上記の文章においては、②から③に移る時、⑧から⑨に移る時、⑯から⑰に移る時の3回、先行きの合流を見越した飛躍が行なわれていることがわかる。

このような飛躍は、議論の展開には、どうしても必要なもので、議論文を調査すれば、多くの例が得られるはずである。今回の調査資料は、物語文・生活文がほとんどであった関係で、この項に属する転換文が、わずか1例しか得られなかった。その1例は、次のものである。

(1) 〔①では、かぜにかからないようにするには、どうしたらいいでしょうか。②うがいをすることです。〕③かぜをひいている人がせきをすると、かぜのばいきんが空気の中にまきちらされます。④その空気をすうと、ばいきんがのどの中につきます。⑤これをほうっておくと、たいへんです。⑥かぜにかかってしまいます。⑦ですから、よくうがいをして、のどをきれいにあらいましょう。(こうないほうそう)

①文で、「どうしたらいいか」との疑問を出し、②文で「うがいをすること」と答えたから、①と②の関係は一応これで完結し、③に移った時には、②からの飛躍が感じられる。③→④→⑤→⑥→⑦の連鎖は緊密である。

③……空気の中に……
④その 空気を……
⑤これを……たいへんです
⑥かぜにかかってしまいます
⑦ですから、……

のように、承前記号(「その」「これ」「ですから」)やら承前要素(「空気」の反復)やら、位置による承前(「たいへん」と「てしまう」)やらの原理で、ぴったり続いている。そして、⑦の「うがいをして」に来て、②の「うがいをすることです。」に合流する。すなわち、③は、⑦へ来て②に合流すべく、しばらく②から離れる転換文である。

①→②
↓
③→④→⑤→⑥→⑦

のような関係が成り立っている。

資料中の例はあまりに少なかったが、転換型の中の一つの重要なタイプである。

● tal　文種が変わる文　2文

物語文の中に突然説明文が入ったり、客観的に書いている文の中に、主観的な文が飛び込んだりすることによって、文章の流れに調子の変化を来たすことがある。

(1)〔ほうそうを聞くときには、ほかのことを考えたりしていると、どういう話かわからなくなります。また、声を出したり、つくえやいすをがたがたさせたりすると、ひとのじゃまになります。〕あなたも、よく気をつけて、ほうそうを聞きましょう。(こうないほうそう)

全体に説教的な文章で、その点は一貫しているが、他のことを考えていると、話を聞きそこなうとか、雑音を出せば他人の邪魔になるとかいうことは、一般的な現象を述べているのであって、だれかにむかって、「こうしろ。」と言っているのではない。「あなたも……聞きましょう。」に至って、はっきりと、相手に働きかける文になっている。

(2)〔みんなしずかにこうないほうそうを聞いています。〕(改)こうないほうそうを聞くときには、ほかのことを考えたりしていると、どういう話かわからなくなります。(同前)

「みんなしずかにこうないほうそうを聞いています。」というのは、純粋な叙事文で、説教的要素を少しも含まない。それが「こうないほうそうを聞くときには……」に至って、説教調になる。

『虞美人草』の文章に何度も触れているが、この小説は、哲学的な思索を露骨に述べながら話を進めていくように構成されているので、全編至るところで、描写性の叙事文から思索性の論説文への転換と、その逆コース、論説文から叙事文への転換が見られる。『草枕』は、いっそう、論説性の勝った小説だが、ここには語り手「余」が登場し、作中人物として行動するから、そこでの論説文は、登場人物の精神的行為を叙事した内容になる。したがって、『草枕』における叙事文から論説文への転換は、転換としてではなく、先に示したように、位置による承前として受け取られる。(fpG、前文で叙した認知行為の対象を描く文)。

「私」が文章面に出ていても、ほとんど作中人物ではなく、まして、登場人物とは決して言えない場合がある。たとえば、E. A. Poe の短編“The Masque of the Red Death”(赤死病の仮面)に、“I”が 3 回出て来るが、それらは、読者にほとんど気づかれない。その 3 回とは、全 14 段落の作品中、

1. §4:But first let me tell of the rooms in which it was held.(まず、それ〈仮装舞踏会〉が行なわれた部屋のことを話そう。)
2. §8:And then the music ceased, as I have told; and ……(それから前に言ったように音楽が止んだ。そして……)
3. §9:In an assembly of phantasms such as I have painted, it may well be supposed that no ordinary appearance could have excited such sensation.(すでに描いた、このような現実離れのした集会では普通の恰好ではおよそ、こんな感情をかき立てることはできないと考えられる。)

の三か所である。作者が語り手として顔を出すことがあるだけで、“I”は作中人物とは次元の違う存在である。日本語に訳す時は、ほとんど消えてしまう。だから、この小説は、実質上、「私」は登場しない小説と見た方がよい。全体としては完全な叙事文で、説明文や議論文の要素を含んではいない。ところが、その中に一か所だけ、人生や人間についての思索をじかに語っているところがある。プロスペロ公の無礼講的仮装舞踏会に、あまりに不愉快な仮装をした男がいつの間に現われたのに人々が気づき、それに対する驚きと嫌悪の声が恐怖に変わりつつ、ひそひそと、参会者の間にひろがっていく有様を叙したのが第 8 段落である。そして、第 9 段落の先頭文が上記“I”の第 3 例である。それに、次の文章が続く。(訳文は林の試訳)

■②実際、その夜の仮装の許容範囲には、ほとんど際限がなかった。

③それにしても、例の奴の姿は、度はずれなもので、公の趣味の許す範囲を、はるかに超えていた。④どんな向こう見ずな人間の心にも、さわれば何かの情緒をゆさぶらずにおかない琴線がある。⑤生も死も、その人間にとっては、等しく冗談でしかないような、無感覚な人間にさえも、冗談では済まされない何かがある。⑥全会衆は、今や、その見知らぬ人物のいでたちや装いに、ウイットも程よさも、ひとかけらもないことを感じ取ったようだ。⑦その姿は、せが高く、頭から爪先まで、墓に入るための装いをしていた。

この一段において、④⑤２文が、問題のところである。先頭文から②③文、そして⑥⑦の各文は、いずれも、異様な人物の様子について語っているが、④⑤２文だけは、その人物の叙事から離れて、人生の一般論を語っている。⑥文まで来ると、その一般論が、会場の現場を語るのに生きて来て、どんな人間でも、そいつの姿にはへきえきせずにはいられないのだということがわかるが、③文から④文に移った時は、別種の文にシフトし、チェンジした感じが強い。

次の項も、本項とおおいに関係がある。

● taJ　叙事の密度が急に変わる文　１文

物語・小説において、叙事の密度は、絶えず変化している。長い経過を一語で述べてしまうこともあれば、簡単な動作を細々と描写して、実際の行動に要する時間よりも、読むのに要する時間の方がずっと長くなるようなこともあろう。そういう、叙事のきめの細かさ・粗さの変化が隣接する文の間で急激に行なわれた場合、そこに一種の転換性を生ずる。これは、例は多いはずなのだが、資料からは１例しか拾えなかった。

(1)〔よそのおばさんもせんたくに来ました。おばさんが「おはようございます。」といいました。おかあさんも、「おはようございます。」と、あいさつをしました。〕(改) わたしはやっと一まいあらいました。(せんたく)

先行文では、母と自分の洗濯の様子をくわしくのべ、よそのおばさんとの会話も叙して、叙事のきめが細かい。それが、「おはよう」「おはよう」のあと、改行して「わたし」に話題を移すとともに、さっさと洗い上がりを叙する。ここに来て、急に、叙事の筆を粗くした。他のことにたとえていうと、展覧会などに行って、はじめ、一つ一つ丹念に見ていたのが、ある所から急に大まかになって、すたすたと大またに歩いて展示品の前を通り過ぎるのに似ている。展覧会の場合は、疲れたり、面倒くさくなったりして、無責任にそうなるのであるが、叙事文の叙事テンポの変化は、面倒だからといってしたのでは、まずい文章になる。そうした方が効果的な場合に、そうするのでなければならない。『三四郎』から一場面引いてみる。三四郎が広田先生と、友人佐々木与次郎のことを話し合っている。

■しかし先生にそんな事を打ち明けられないから、反対に、

「でも佐々木君は、大いに先生に敬服して、蔭でも先生の為に中々尽力してゐます」と云ふと、先生は真面目になつて

「どんな尽力をしてゐるんですか」と聞き出した。所が「偉大なる暗闇」其他凡て広田先生に関する与次郎の所為は、先生に話してはならないと、当人から封じられてゐる。やり掛けた途中でそんな事が知れると先生に叱られるに極つてるから黙つて居るべきだといふ。話して可い時には己が話すと明言してゐるんだから仕方がない。三四郎は話を外らして仕舞つた。

最後の一文が、スタスタ歩きの文である。話をそらすためには、何かの話をしたのだから、先行文と同じ密度で叙事するなら、どんな話で話をそらしたか、会話の描写を続けなければならないところだが、そんなことをしても無意味だから、「話を外らして仕舞つた」の一句で済ます。

資料の1例も、『三四郎』の例も、細かい叙事から粗い叙事へ変化する例であった。反対に、粗い叙事から細かい叙事への変化も、当然、同じくらいの数だけ発生するわけだが、その例は案外拾いにくい。おそらく、粗から精への変化はあまりに当然なことなので、変化の感を伴なわないのではあるまいか。

それから、叙事文におけるテンポの速さに関連して、叙せられていることがらの動きの速さ・遅さの問題が出て来る。静かな海を描いた文を読むのと、嵐の海を描いた文を読むのとでは、読み手のスピード感に大きな違いがある。こういうスピード感の変化も、叙事テンポの変化には違いないのだが、それは、ここでいう、叙事のきめの細か

さ・粗さの問題とはちがう。描かれる対象の動きの速さに支配されるスピード感であって、描き方に支配されるスピード感ではない。たとえば、再びPoeの『赤死病の仮面』において、終末に近い第13段落に、次のような所がある。

■①同じ重々しい足どりが、初めから、他のだれとも違っていた。②青の間から紫の間へ、紫の間から緑の間へ、緑の間からオレンジの間へ、そこからもう白へ、そして、奴を捕えるべく何とかしなければならないという決心が形をなす前に、そいつはもう、菫の間へと進んで行く。③その時プロスペロ公は怒りに狂い、瞬時でも気おくれした己れを恥じる心に動転して、嵐のように六つの部屋を突っ走ったが、その時まだ、死ぬばかりの恐怖にとらえられているみんなの中から、公のあとについて走る者は一人もいなかった。

①文②文で、ゆっくりと、しかし確乎としてゆるぎなく進んでいく恐ろしい人物の動きがたどられたあと、③文で、突然、ヒステリックなプロスペロ公の速い動きが叙せられる。拙い訳文では、②から③への急激な変化の感じがうまく出ないが、原文では、その変化が非常に鮮やかである。

……through the blue chamber to the purple——through the purple to the green——through the green to the orange——through this again to the white——and even thence to the violet, ere a decided movement had been made to arrest him. It was then, however, that the Prince Prospero, madding with rage and the shame of his own momentary cowardice, rushed hurriedly through the six chambers, while none followed him on account of a deadly terror that had seized upon all.

下線部の文が、そこまでの文に対して、"序破急"の"急"を体現し得て妙である。この静から動への転換は、テンポの変化による転換ではあるが、描かれる人物の動きや状況の変化によるテンポの変化であって、描き方のテンポの変化ではない。この例のような転換のしかたは、taGの「新局面への移行を叙する文」の例としたい。

● taK　離れた先行文中の要素を受けつぐ文　3文

これは、faD2の、非直前先行要素を反復することによる承前型文と紙一重のものである。

(1)〔①おかあさんにかんづめのあきかんを二つもらいました。②それでかんのげたを作りました。(改) ③くぎとかなづちをもって来ました。④くぎをかんのまんなかに立てて、かなづちでくぎのあたまをたたくと、ぷすっとあながあきました。⑤もう一つのかんにもあなをあけました。〕(改) ⑥おかあさんからひもを二本もらって、くぎのあなにとおして、かんのうちがわでむすびました。(かんのげた)

①の冒頭文で、「おかあさん」からかんを「もらっ」て、すべてが始まる。そのあと4文は自分の作業工程を述べ、⑥文で段落が改まって、再び「おかあさん」に、こんどはひもを「もらっ」て、次の工程に移る。「ひも」に新トピックがあるので、その点に着眼して、taEに分類してもよいが、ある点で元に戻ることによって新しい事態が始まる点に着眼して、ここに入れた。

(2) (3)〔①くまは、ほらあなの中で、冬をすごします。②その間、くまは、たべものをどうしているのでしょう。③ほらあなの中にたべものをはこんでおくのでしょうか。④いや、ありなどとちがって、くまは、たべものをしまっておくようなことはしません。⑤それでは、おなかがすいてこまるだろうと、みなさんは考えるでしょうね。〕(改) ⑥くまは、冬がくるまえに、いっしょうけんめいにたべものをさがして、おなかにつめこみます。⑦くまは、ありが大すきです。⑧はちもたべます。⑨それに、どんぐりのような木のみをたくさんたべます。⑩そして、からだをじゅうぶんふとらせます。⑪もし、山の中にたべものが少ないと、山をおりて来て、畑のかぼちゃやいもをたべることもあるそうです。(改) ⑫くまは、おなかいっぱいたべものをたべて、ほらあなにはいります。(こうないほうそう)

ここで、「くま」は継続題目だから、⑥文も⑫文も、継続題目の反復による承前型文の例と見て、いっこうさしつかえない。しかし、これが校内放送のことばであることを考えると、⑥⑫両文の「くまは」が高い音調で発話されるであろうことを、重んじたいので、ここに入れた。

● taL　しめくくりをする文　9文

承前要素A（語の意味の働き）の中に「結末しめくくり語句」（faA10　171ページ）の項を立て「さようなら」「よろしく」などの語を、承前要素とした。とじることは、前を受けることだという点を重視したわけである。

しかし、しめくくりをすることには、受ける面があることとともに、新たに起こす面もあることに注意しなければならない。だれでも、終わりのあいさつをする時には、態度をあらため、一段と声の調子を高くして、発話するだろう。途中はくずれていても、始めと終わりはきちんとするものだという常識が誰にもある。ということは、「終り」には、新しくなる要素があることを意味する。物理的にいっても、動いているものを止めるには、新たに力を加えなければならない。制動には、始動に通じるものがある。

結末をしめくくるための文には、承前性もあり、始発性もあるとすれば、これを転換型の文にかぞえることができる。

（1）秋のにわは、まるで虫のおんがくかいです。(虫のなき声)

これは、「夜になると、にわの方から、いろいろな虫のなき声がきこえてきます。」という文で始まる詩のような小品の結末にある文である。「リーリー」「コロコロ」「スイッチョ」「ガチャガチャ」など、いろいろな虫のいろいろな声を総括して「虫のおんがくかい」と叙したところに、受けとめの姿勢と、新しい価値づけの態度とが見られる。全体を受け止め、かつ、何かの意味で美化して、フィナーレにふさわしい形を与え、納得して終わるという感じである。

（2）みんなは、ほんとうにおなかがいたくなるほどわらいました。
　　（あさ子さんのうちのひなまつり）

これは、自家製雛人形を中心に、父母、姉弟、四人一家だんらんの楽しみを描いた文章の結末文である。「みんなは」という総括と、「ほんとうに」という強調で、それらしい形をつけて終わる。

（3）みんなは、汽車のまま、左の方へはいって行きます。(劇)

劇の終わりのト書きだから、ドライなもので、この「みんなは」には、必ずしも、終わりだからといって改めて総括する態度はないが、まあ、同類としておく。

(4)　三人ですかんぽのうたをうたいながらかえりました。（たけのこ）

父、姉、自分、三人の登場者を「三人で」で総括し、歌をうたいながら帰るという、終わりにふさわしい情景をとらえて終わる。

(5)　いろいろの雲が来ました。（雲）

ひつじの毛のような雲、人の顔のような雲、熊のような雲のそれぞれについて描いたあと、「いろいろの雲」といって閉じている。この「いろいろ」は、ひつじ以下の三つを総括しただけではなく、文面に出さなかったものをも含め、「その他いろいろ」という気もちであるから、拡大した総括の表現である。

(6)　せいかつぶからのおねがいをおつたえしました。（こうないほうそう）

(7)　きょうは、くまの冬ごもりのお話でしたよ。（同前）

二つとも、校内放送の中で、一つ一つのまとまりが終わる時の、しめくくりの文である。文末の「た」を除いて、「おつたえします」「お話です」としたら、そのまま、始発の文にすることができる。文全体で、話の全部を総括している。

(8)　かぜにかからないように、みんな、よく気をつけましょう。（同前）

これは、一つの話の終わりではない。「田中先生」の「うがいについてのお話」の中での、第一段落の結末文である。「ちかごろ、たいへんわるいかぜがはやってきました。」という文で始まる４文一段落の第４文で、その段落のテーマ文であるから、うがいについての話全体から見れば、冒頭文の役目をしているともいえる。

(9)　れっ車は、東京へと走って行きます。（れっ車にのって）

これは、この文だけ見ると、結末文とは感じられない。しかし、実際の文章の末尾にあるところを読むと、やはり、しめくくりの文らしく聞える。これは、列車が今まで、野山を走ったことを総括して言っているのではない。トンネルを出てから、さらに走り続けることを言っているのであるから、まったく、新局面への移行を叙している。taGに入れてもいいものであるが、新局面に入ったところで終わるというのも、終わり方の常套手段の一つであるから、しめくくりのための転換型文とするのがよい。

● taM　引用文内の語句の働きによる転換　３文

今までに述べた転換記号または転換要素が引用のカギの中にある場合を、ここに取り出した。

（1）「むこうからひこうきがおりてきますよ。」と、おかあさんがいいました。（ひこうじょう）

目の前の飛行機が滑走路に出、飛び立つのを見送ったことを述べた段落のあと、段落が変わって、この文になる。母の言葉の内容が、新局面を開くのに働いている。

（2）「さあ、そろそろ出かけるとしよう。」と、うんてんしゅさんがいいました。（トラック）

前例同様、運転手の言葉が、新局面への移行を描き出している。

（3）おとうさんが「もうおわりにしよう。一本ずつ道まではこんでおくれ。」といったので、ねえさんとふたりではこびました。（たけのこ）

父の言葉、「もうおわりにしよう」という結末用語が、転換性を作り出している。

第5章

後続文のタイプへの予測

以上で、今回の調査資料による起こし文型の調査結果を、すべて記述し終えた。

結果を改めて一覧表に示す。表を二つに分ける。表9は、抽象度を高めて、全体系を1ページ内に収めたもの。表10は細目の表である。

表9　起こし文型大観表

資料文数 1025

始発型 98	記号 ss 58	ssA 呼びかけの語	30
		ssB 自己内感動詞	22
		ssC 場面設定の語	6
	要素 sa 40	saA 習慣的あいさつ文	3
		saB 感動表出の文	1
		saC 場面乃至主題設定の文	36
承前型 786	記号 fs 131	fsA 継起性の接続詞類	33
		fsB 論理心理性の接続詞類	27
		fsC 指示語	56
		fsD 応答の語	15
	要素 fa 501	faA 語の意味の働き	135
		faB 付属形式の文法的働き	59
		faC 文の成分の省略	98
		faD 先行語の反復	169
		faE 引用内外の承前	48
	位置 fp		154
転換型 104	記号 ts		10
	要素 ta		94
自由型 37			

この表は、非常に大まかな意味では、一般的に、文が文章を構成すべく現実に出現する時、どういうタイプの文になって現われる可能性があるか、その可能性の範囲を示すものである。そして、それぞれの

タイプに属した文の数は、出現する文が各タイプになって現われる可能性を相対的に示すことになる。たとえば、その文が始発型になる可能性は 98/1025（1025 分の 98）、承前型になる可能性は 786/1025、転換型になる可能性は 104/1025、どの型にもならない可能性が 37/1025 ある。つまり、8 割近くは承前型になるわけである。

文が承前型になって出現する場合、最も可能性が高いのは、文中のどこかに承前要素をもつことで、その確率は 501/786（63.8％）である。その次は、記号も要素ももたず、位置によって承前性を果たすことで、その確率は 154/786（19.6％）、承前記号をそなえる確率は 131/786（16.6％）ある。

承前要素をもつことになった文が、どんな承前要素をそなえる確率がいちばん高いかというと、第一は、先行語を反復して承前要素とする場合で、その確率は、169/501（33.7％）、次は、文中のどれかの語が、前文（あるいは、前文でなくても、近い先行文）中のどれかの語と、意味において特定の関係を形作る場合で、その確率は 135/501（27％）、三番目は、前文に影響されて文の成分のどれかが省略される場合で、その確率は 98/501（19.6％）、四番目の可能性は、文中の付属形式の文法的働きが承前要素となる場合で、その確率は 59/501（11.8％）、最後の可能性は、文内のカギで括られている部分の中に承前性があるか、前文内のカギの中のある部分との呼応関係が承前性を作るかする場合で、その確率は、48/501（9.6％）である。

このような見方をすることが可能である。調査結果の文数を、このように直ちに確率に換えて考えることは、実際には、無謀なことであるが、まずは、きわめて強引にそのような見方をしてみるために、次に、項目の配列順を文数の多かった順にして、分類細目表をかかげてみる。

文が始発型になるのは、その文を発しようとする表現者が、表現活動の出発点の位置にあるからである。

これから表現活動を始めるきっかけとして、特定の語句を用いるのが始発記号であるが、その記号として、いちばん用いられるのが相手に呼びかける語で、相手の名がわかっている場合には、その名を呼ぶことがいちばん多く、次には、「やあ」などの感動詞で呼びかけるこ

表10―1　始発型文の形式、度数順細目表

大分類	分類	細目	度数
始発記号（ss）58	ssA 呼びかけの語 30	ssA1　名呼び	17
		ssA3　感動詞で呼びかけ	9
		ssA2　一般的呼びかけ	2
		ssA4　あいさつことば	2
	ssB 自己内感動詞 22		
	ssC 場面設定の語　6	ssC1　時間場面設定語句	5
		ssC2　空間場面設定語句	1
始発要素（sa）40	saC 場面等設定の文 36	saC7　主題提示の文	10
		saC2　時間を主とする場面設定の文	7
		saC4　空間場面設定の文	5
		saC5　時間場面と主題を設定する文	5
		saC1　時間場面設定の文	4
		saC3　時間空間場面設定の文	4
		saC6　順序設定の文	1
	saA 習慣あいさつ文　3		
	saB 感動表出の文　　1		

とが多い。「よし」などと、自分に対する感動詞がきっかけになることも多い――というふうに、数からは読める。しかし、ちょっと考えれば、すぐ気づかれるように、相手を呼ぶことばが始発記号になるか、自己内感動詞が始発記号になるかは、無条件にどちらが一般的かと考えるべき問題ではない。表現者が今居る発話場面が、相手との交流をしようとしている場面か、自分ひとりで、または、ほとんど存在が気にならない相手といっしょに、何かしようとしている場面か、どちらであるかによって、始発記号は選び分けられる。その場面が決まれば、選ぶべき始発記号の基本的性格が、おのずから決まる。基本性格がきまったあと、細かな分かれ目は、時には、やはり場面の性格によって決まり、時には、一般的傾向によってきまる。たとえば、基本的に「呼びかけの語」が選ばれることになったとして、そのあと、名で呼ぶか、感動詞で言いかけるかは、どちらかというと一般的に、名を呼ぶ方が多くなるのではあるまいか。しかし、あいさつことばを用いるかどうかは、その場面の性格が決める。形式的なあいさつを交すべき場面なら、あいさつことばの方が選ばれる確率が高いであろう。

10―1表を見て、疑いなく言えることは、会話や手紙文における始

発因子と、物語性文章における始発因子とが、はっきりと分かれることである。呼びかけの語や感動詞がまず出て来るのは、会話性の話しことばにおいてだし、場面設定の語や文で始まるのは、物語性の文章においてである。物語ゆえに、主題というものが大きく浮かび出て来るのが、うなずかれる。しかし、時間的に場面を据える文が、合計すれば断然多くなる。物語性の文章では、どこかにイツという要素の入った文で始まるのが、何といっても、いちばん普通だということだろう。

承前型文の細目を、表10—2で見よう。

表10—2 承前型文の形式、度数順細目表

承前記号（fs）131

- fsC 指示語 56
  - fsC2 ソ系指示語 33
    - fsC2.3 その ……20
    - fsC2.1 それ …… 8
    - fsC2.2 そこ …… 2
    - fsC2.4 そう …… 1
  - fsC1 コ系指示語 22
    - fsC1.3 この …… 8
    - fsC1.1 これ …… 7
    - fsC1.4 こう …… 5
    - fsC1.2 ここ …… 2
  - fsC3 ド系指示語 1
- fsA 継起性接続詞類 33
  - fsA1 そして ……19
  - fsA4 継起性順序副詞 …… 6
  - fsA2 すると …… 5
  - fsA3 それから …… 3
- fsB 論理心理性接続詞類 27
  - fsB3 方向に屈折のある接続詞類 ……12
  - fsB2 逆接的接続詞類 …… 9
  - fsB1 順接的接続詞類 …… 6
- fsD 応答の語 15
  - fsD1 肯定的応答語 …… 9
  - fsD2 否定的応答語 …… 3
  - fsD3 反問のことば …… 3

承前要素（fa）501

- faD 先行語反復 169
  - faD1 前文中 108
    - faD1.1 体言 97
      - faD1.1.1 ハ 42
        - faD1.1.1.1 主語…15
        - faD1.1.1.3 ニ格…11
        - faD1.1.1.2 ヲ格…10
        - faD1.1.1.4 雑…… 6
      - faD1.1.3 ノ……15
      - faD1.1.4 ヲ……14
      - faD1.1.2 ガ……13

- (continued)
    - (continued)
        - faD1.1.5 雑……13
    - faD1.2 動詞……10
    - faD1.3 形容詞… 1
- faD2 非直前先行文中 33
    - faD2.1 題目化……22
    - faD2.2 非題目化…11
- faD3 継続題目 23
- faD4 同文反復 5

faA 語の意味 135
- faA5 関連語句 ……30
- faA7 集合把握と個別把握の語句 ……28
- faA2 先行事態を前提とする意味の語句 ……20
- faA1 相対的位置を表わす語句 ……13
- faA4 意味階層を構成する語句 …… 9
- faA8 場面内で軸系列をなす語句 …… 9
- faA9 発生連鎖系列に属する語句 …… 8
- faA3 類義性の語句 …… 7
- faA6 対義関係の語句 …… 6
- faA10 結末しめくくり語句 …… 4
- faA11 問答関係に立つ語句 …… 1

faC 文の成分の省略 98
- faC1 主語省略 57
    - 孤立型文…17
    - 展開型文…16
        - 前件…… 6
        - 両件別… 5
        - 後件…… 3
        - 両件共… 2
    - 結合型文…14
    - 連結型文… 9
    - 従属句内… 1
- faC3 ヲ格省略………19
- faC2 題目語省略…… 7
- faC8 副詞句省略…… 7
- faC4 ニ格省略……… 5
- faC5 対象語省略…… 1
- faC6 ノ格省略……… 1
- faC7 2 種省略 ……… 1

faB 付属形式の文法的働き 51
- faB1 副助詞モ………38
- faB2 述語の解説性…13

faE 引用内外にわたる 48
- faE1 カギの中
    - faE1aD 先行語反復 ……17
    - faE1sC 指示語 …… 8
    - faE1aA 語彙的承前性 …… 5
    - faE1aC 成分省略 …… 3

- faE1sD 応答語 ……………… 2
- faE1p　位置承前 …………… 1
- （faE1sA 継起性接続詞）
- （faE1sB 論理心理接続詞）
- （faE1aB 付属形式）

faE2 カギの中の先行語句を受ける……12

位置による承前（tp）154

- fpA 発話文を解説する文 39
  - fpA1「言う」…………………………………14
  - fpA2 言語活動の動詞 ……………………14
  - fpA3 発話随伴動作 ………………………11
- fpC 前文からの働きかけに応ずる文 21
  - fpC1 予告性の文に応ずる ………13
  - fpC2 問いに答える ……………… 8
- fpF 前文で叙した事態から生ずる行為を描く文 ……………………………16
- fpE 前文で叙した事態の結果を描く文 ……………………………………14
- fpI 前文で叙した事態を別の角度からとらえ直して叙する文……………13
  - fpI2 主観叙事と客観叙事……………………… 9
  - fpI1 詳化・深化・解説化……………………… 3
  - fpI3 観点の変化……………………………… 1
- fpB 音響を解説する文 12
  - fpB2 音響の名詞 ………………………… 4
  - fpB3 音響の動詞 ………………………… 3
  - fpB4 音響を発する行為 ………………… 3
  - fpB1「音」……………………………… 2
- fpD 前文で叙した事態の中の事態を描く文 ………………………………… 8
- fpM 直前でない先行文を受けて、前文と並ぶ文 ……………………………… 7
- fpL 前文と対の関係でつり合う文 ……………………………………… 5
- fpG 前文で叙した認知行為の対象を描く文 ……………………………… 4
- fpJ 前文叙述の理由づけをする文 ……………………………………… 4
- fpK 前文の批評や感想を加える文 ……………………………………… 4
- fpA′ 予告叙事に後続する発話文 ………………………………………… 3
- fpH 前文で叙した事態に並行する事態を追叙する文 ………………… 3
- fpB′ 予告叙事に後続する音響語 ………………………………………… 1

承前記号の中で、いちばん使われやすいのは、「そ」のつく指示語で、特に「その」がよく使われる。「そ」でも「こ」でも連体詞「その」「この」の方が、代名詞「それ」「これ」よりもよく使われている。（「こ」の場合には、8と7で、同じようなものだが）

接続詞類で、論理心理性のものより継起性のものの方が多くなっているのは、資料が二年生の物語文だからだろう。

承前要素をもつ文が資料文全体の半数を占めている。その中で、先行語を取り込んで反復するのが、いちばん起こりやすい承前形式である。これは、おそらく、どこの国の言語にも共通したことだろう。第2編の英文小説を見るとわかるように、英文では、日本文よりもっと先行語の反復が多い。

先行語は、多くの場合、直前の文中にある。だから、文の中のどれかの語は後続する文の中でもう一度使われる可能性が高いわけである。後文に引きつがれる語は、体言であることが圧倒的に多い。そして引きつがれた体言には、副助詞の「は」が添う可能性が43％（≒42/97）ぐらいある。引きつがれる語が前文中ではどういう格を占めているか。「は」で引きつがれた体言の場合、案外、前文で主語であったとは限らない、ニ格、ヲ格の語を引きついでいる場合も、主語の場合とそう変わらずにある。（15：11：10の割合い）

前文中の語と後文中の語とが、意味の上で特別な関係を結ぶのはあたりまえで、それがあるからこそ文意がつながるのだが、それが、その文脈の中でだけつながるのでなく、両文から問題の語同士を取り出して、文脈と関係なしに引き比べても、一般的に、ある関係がたどられることが多い。faAというのは、そういう一般的関係が見出せる場合をいっている。faAの筆頭は「関連語句」である。これは、生活的に、事物や現象の上でつながりがあるもの同士をいうから、やはり多くなるわけで、こういう関連性を、今後、大量の資料を調査して組織化することが文章分析を科学化するために絶対に必要である。

集合把握と個別把握の関連が、関連語句に迫るくらい頻出する。これは、物語性の文章で人間が二人以上登場すれば、どうしても起こらざるを得ない関係だ。言語学習においては、類義語や反対語の学習が重んぜられ、語彙学習といえば、ほとんど、それと、意味階層の関係とだけに限られている観がある。それらの学習はもちろん大事だが、文章の読み取りや作文の学習において、関連語句、集合と部分集合と個別の問題、先行事態を前提としている語句などの学習などが、もっと大事な問題として、足元にあるのではあるまいか。

ある文の中の語が、後続文に実質上は引きつがれて働くのに、現実には後続文に姿を現わさない可能性も、かなりある。姿を現わして反復の形になる場合よりは少ない（半分以下）が、日本文において一つの有力な類型であることは、見のがせない。その場合、姿をかくして引きつがれた成分は、後文において潜在主語になる確率が60％に近い（57/98）。それに続く可能性は、ヲ格の語として潜在することで、20％近い（19/98）確率が見こまれる。

後続文中のどれかの語に副助詞「も」が添うことによって、承前性が示される可能性もずいぶん高い。前文中の体言を「は」で受けとめて反復する場合の確率と、あまり変わらない。

位置による承前の形式を度数順にしてみたのは、あまり意味がなかったかも知れない。「発話文を解説する文」が最高率になっているが、文章が会話の発話を含まなければ、このことは起こり得ないことだし、逆に、会話のある文章で、一回の発話を独立させて叙した場合には、それに後続する文が、今の発話を解説する文になる確率は非常に高いわけで、とうてい、39/501などというものではない。先行語の反復のような現象は、L文がどんな性格のものでも、M文において発生する可能性があるが、発話文の解説は、L文が発話の文でなければ、起こり得ないことである。位置による承前の項目表と文数は、まったく観察的なものである。やみくもに、ある文章から連続2文を取って、その関係を調べた時、このようになっている確率は、かくかくだと言っているのがこの項の数字である。表現者の立場に立って、L文を自分で定めれば、M文の性格はおのずから定まるのであって、M文の接続タイプに何が選ばれるかは、ここの数字には支配されない。何より、この数字は、調査資料文の性格が変われば、がらりと変わってしまうものである。

転換型文について見よう。

表10—3　転換型文の形式、度数順細目表

転換記号（ts）10	
tsA 辞的転換記号	5
tsB 詞的転換記号	5
転換要素（ta）94	
taB 時間場面を新たに設定する語句や文	20
taG 新局面への移行を叙する文	17
taE 新トピックに移る文	14
taD 新たな主題的人物を描き出す文	11
taL しめくくりをする文	9
taF 叙述の着眼点が変化する文	7

taC 空間場面を新たに設定する文	4
taK 離れた先行文中の要素を受けつぐ	3
taM 引用文内の語句の働きによる転換	3
taA 語彙的転換要素	2
taI 文種が変わる文	2
taH 合流を見越して一時飛躍する文	1
taJ 叙事の密度が急に変わる文	1

転換型が、承前型の中の始発型であるという基本的性格を考えれば、転換要素の最高が新たな時間場面の設定であることは、充分うなずけることである。そして、これらの数字が、あくまでも物語文におけるものであることが、改めて強く感じられる。しかし、その中で、三番目にある「新トピック」は、物語文には限らないことで、説明文でも論説文でも、新しいトピックに移ることによる転換は、常に起こることである。taH の「合流を見越して一時飛躍する文」は、どん尻近くにいるが、説明文・論説文では、この流れがもっと活用されるだろう。

以上、細目表を度数順に並べてみて、後続文のタイプへの予測に、この表が働くことを考えてみたが、話を確率にまでもっていくためには、今後に多くの調査と工夫が要ることを痛感している。まず、各ジャンルの文章についての大量の調査が要る。ことに、説明文・論説文系統の文章についての調査をまだほとんどしていないので、それをしなければいけない。次に、確率は、常に特定の条件の中でしか考えられないことだから、ある文にどれだけの条件がそなわったら、どれだけ次を予測する手がかりができて来るかという相対性にして、文の連続を考えなければならない。その条件と、後続文タイプの選ばれる確率との関係を組織化して、表現構造のモデルを作ってみることができれば、非常におもしろいことだと思っている。

第 2 編　文章理解過程の分析

第1章

文章理解と起こし文型

第1編で記述された起こし文型は、文章において文意はつながっているものだという前提によって想定されたものである。表現の場合はしばらくおき、理解の場合について考えてみると、文の連続に接しつつ、受け手の頭の中には、ものの形や考えなどが絶えず描かれる。形は動いたり変化したりするし、考えはだんだん進んでいくが、「動く」「変化する」「進む」というのは、逆にいえば、続いていることを意味する。動くのは、同じ物が位置を変えることである。変化するのは、n_1 が n_2 となり n_3 となることで、そこに n という連続がたどられなければならぬ。もし、n が p となって、n と p との間に、何の共通基盤もないならば、「n が p に変化した」とは考えられず、「n が消え、p が現われた」と考えられる。n が消えたことと p が現われたこととの間に、どこから考えても、何の連続もないならば、n が消えた時に n を理解する流れは止まり、p が現われた時に、今までの理解とは関係のない、新たな理解が始まると考えなければならない。「動く」も「変化する」も、連続するものの存在を必要条件とする。「進む」は、「動く」と「変化する」とが複合したものである。

表現においても同じことが言えるが、表現は選びであるから、表現者の頭の中には、絶えず一本の連続が存するというわけではない。今、意識の中央にある存在 X を、その中の n 性に着目して、$n_1n_2\cdots n_n$ の発展を考えるか、X の中の p 性に着目して、$p_1p_2\cdots p_n$ の発展を考えるか、しばらく選びの期間があり、やがて、n_1 なり p_1 なりに着想が定まるのである。こういう選びが随時行なわれるから、表現者の頭の中には、長い連続や短い連続や、いろいろな連続が、選びの対象として現われては消えていく。そして、表現済みの文脈が、一本、長い連続として跡を残す。この連続は、受容者の側の連続と、だいたい同じものである。話し手が、話しながら、そこまでの話の筋を忘れ、「今、何を話してましたっけね。」などと聞くことがある。現在選びの対象になっている何本かの連続に気を取られて、既成文脈の長い連続がふと見えなくなった時に、そういうことが起こる。聞き手の方は、選びがないから、あらぬことを考えているのでない限り、理解済み文脈の一本の連続しか頭にないから、話し手よりも、既成文脈を見失う可能性が少ないわけである。

理解とは連続プラスアルファである。始発文は、受け手にアルファだけを与え、承前文は連続とアルファとを共に与えるが、連続性が目立つ。転換文も、連続とアルファとをもたらすが、アルファの方が目立つ。

起こし文型は、連続性の表示とアルファの表示とが、どういう言語形式によってなされるかを、類型的にとらえようとするものである。

第1編では、起こし文型を構成する類型にどんな種類があるかを報告した。資料千余文について、一文につき一つずつの類型特徴を見出し、全類型を体系的に記述した。

こんどは、第1編に述べた起こし文型の体系を分析原理として、一つの文章の流れを追ってみることにする。材料には、英語の小説を用いる。わざわざ英文を材料にするのは、文章があまりよくわかりすぎないためである。日本語の文章は、わたくしたちには、よくわかりすぎて、抵抗が無い。わかりすぎると、どうわかるのかを反省することがむずかしい。理解に抵抗がある方が、理解過程を反省するのにつごうがよい。もちろん、まるでわからなくては、話にならない。わかるにはわかるが抵抗があるというのが、いちばんよい。あまり難解でない英文の小説は、理解過程を観察するのに、わたくしにとって最もつごうのよい材料である。

どういう作品を例にとってもかまわないが、同じなら、なるべく興味のもてる作家のがよいし、まずは短い方が扱いよいので、James Joyce の中編“Dubliners”の中で、いちばん短い作品をとる。題は“Eveline”である。いっさいの予備知識をなしにして、この作品の本文に接し、理解が生ずる過程をたどってみる。

第2章

文章の理解をたどる

Evelineの本文を、1センテンスずつ提出し、それを、わたくしたちがどのようにして“わかる”のか、検査する。文頭に示す数字は、段落の番号と段落内の文の番号である。「1—1」は第1段落の第1文をさす。段落数は全部で15である。

1—1　She sat at the window watching the evening invade the avenue.

話を聞いたり文章を読んだりして「理解」するとは、どういうことか。耳や目から次々と入って来る音や文字の連続を、頭が受け止めて、記憶場にためてある言語と照合し、どの言語かと一致（identify）した時に、「わかった」と思う。これが、言語の理解であると仮定する。その時のidentificationの単位となる「言語」には、大きく言って三つのレベルがあると考えられる。

（1）語のレベル　音や文字の連続に、ところどころで区切りをつけ、区切りごとに、記憶場の言語と照合する。どの言語かに一致すると、「わかった」と思う。その時の、「言語」は、「語」とか「単語」とか言われる形のものである。

（2）文法のレベル　音や文字の連続が、頭の中で「語」の連続に変えられたあと、語の連続パタンが、記憶場の中の、語の結合規則集と照合される。どれかの規則に合うと「わかった」と思う。この、語の結合規則が「文法」である。「文法ルール」とも呼ぶことにする。文法ルールが二つに分かれる。「連語ルール」と「統辞ルール」とである。連語ルールは、何語かの結合したかたまりを、1個の語相当単位にまとめるルールであり、統辞ルールは、語または語相当単位の結合したかたまりを「文」にまとめるルールである。「文」の定義はしないが、原則として、いくつかの語または語相当単位が、一つの述語と関係して、述語中での一組織となったものが文である。

(3) 意味連続のレベル　文法ルールで語が形の上で文らしくまとまっても意味の上でまとまらなければ、最後の「わかった」が出ない。意味連続の吟味は、文法レベルでまず行なわれ、次に、文から文への接続において行なわれる。起こし文型は、文と文との間における意味連続のレベルにおいて、力を発揮するものである。

以上の仮説に従って、上記の文の理解を検する。She の一語が入力された時（以下「入力」〈input〉という、電子計算機用語を時に用いる。頭を「理解する機械」と見るのに、それがつごうがよいから。)、それは、女性一般を意味する語と認知（identify）され、まず頭の中に、女性という漠然たる輪が指定される。しかし、人間の頭脳では、「女性」という範囲を限定するような論理上の認知のほかに、具体的イメージの認知も働くので、She の入力と同時に、各人それぞれが過去の経験で覚えている誰かある女性の具体的な姿も呼び出されるだろう。題名が Eveline だから、she の名前がそれだろうという想像も働くが、題名がもたらす情報は、作品ごとに異質で不安定だから、今は問題にせず、題名の情報は無視する。She sat まで来ると、she を名詞（N）とし、sat を動詞（V）とする認知が働き、N＋V で、すでに文成立の可能性を見る文法ルールが働く。She sat at the window において、連語ルールが the と window を結合して名詞相当単位にし、at と the window とを結合して、動詞にかかる連用句にする。そうすると、統辞ルールがそれを受けて、

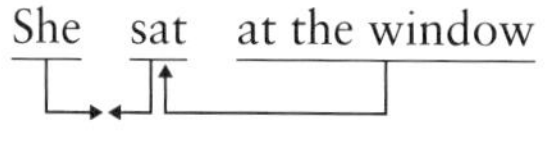

のように、She と sat at the window とを、N＋V として結合し、文と認知する。これは、多少、表現の次元といっしょになった説明で、実際は、受け手は She sat at まできた時に、sat を単に動詞と認知するだけでなく、「坐る」という意味でも認知するから at によって「坐る位置」の情報が後続することが予測される。すなわち、統辞ルールが she sat at のあとに、at に率いられるドコ性の名詞を要求すると、その要求にはまって、window が登場し、identify されるわけである。

ところで、「坐る」とか、「坐る位置」「ドコ性」などと言ったが、これらは、もはや文法レベルではなくて、意味連続のレベルに移っての認知である。

意味が連続するか否かを検する機構にも、いくつかの段階が区別されるが、その一段階に5W1Hで表わせるような類型の把握段階があると思われる。文法レベルと関連しつつ、それは働く。名詞性のものとして、ダレ、ナニ、ドコがあり、連用語性のものとして、イツ、ドコ、ナゼ、ドノクライ、ドノヨウニなどがあり、連体語性のものとして、ドンナがあり、用言性のものとして、ドウスル、ドウダなどがある。こういう文法的意味的類型への置きかえが働いて

She　sat　at the window
ダレ　は　ドウシタ　ドコに

という理解を作る。

意味連続レベルでの検査のもっと具体的な作業は、Sheという「女性の人間」がなしうる行為の範囲と、sat（sit）という行為をなしうる行為主の範囲との付け合わせになり、「人」の行為として「坐る」ことはふさわしく、「坐る」行為の主として「人」はふさわしいと認知され、She satの理解はOKとなる。satとat the windowでは、windowが「坐る場所」としてふさわしいか否かの検査になる。windowは椅子のように坐るための材料ではないが、「部屋に付いているもの」であることから、部屋の中のある場所と認知され、坐るにふさわしい場所として、sat at the windowの理解がOKとなる。だから、「窓に坐った」のではなく「窓のところに坐った」と理解される。その時、わたくしたちの過去の経験から言って、「窓のところ」は、「窓の方を向いて」か「窓を背にして」か、または、「窓を横にして」であるが、「窓の方を向いて」の確率が高いであろう。

Sheが窓辺に坐すことが認知されたあとに、watchingが来る。-ing形に関する文法ルールが、watchをsatに続く述語と認め、She watchedというN＋Vを認知する。satは後続の名詞を要求しないタイプの動詞だったが、watchはそれを要求する動詞（他動詞）だから、後続のthe eveningを目的語とし、watch→←the eveningの相互依存関係が認知される。その時、意味レベルの検査機構が、eveningの意

味に限定を加える。watch（じっと見る）は視覚を働かせる意味だから、evening の意味の中から、見てわかる要素が選ばれる。すなわち、「薄暗さ」である。evening を「夕闇」の意味でとらえることにより、「夕闇をじっと見つめている」が理解される。後続の invade を動詞と認めると、the evening invade が N＋V と認知される。意味レベルで「夕闇」と invade（犯す、他の領分へ向かって押し拡がって行く）とが連続するか、検査される。夕闇が空間を占める可視的存在と見られたのだから、それが領分を拡げることは、経験から是認できる。理解 OK。次に invade と the avenue との連語関係。他動詞と名詞とで invade→←the avenue（V＋N）の動詞句が成立し、

the evening　invade　the avenue
N　→←　V　↑　N

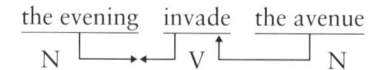

が N＋V と認知される。普通なら、これで一つの文になれるところだが、the evening は watch の目的語であるし、watch のように、知覚や認識を表わす動詞の場合には、その知覚の対象が動きであったり、拡がりのある状態であったりすることを許すという連語ルールがあるので、the evening 以下の文がそのまま名詞相当単位となって watch の目的語となる。日本語でいうと「ナニがドウスルのを見る」で、

watch　the evening　invade　the avenue
V　↑　N　↑　↑

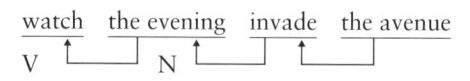

が、V＋N の動詞句となる。

一方、意味レベルで、avenue は「街路」だから、窓から見える可能性の大きいものとして、存在を許され、夕闇が押し拡がって行く対象空間のドコとして、よく調和する。

そこで、この 1 文は、次のように統辞される。(次ページの文図は生成文法における tree 構造のような形をしているが、生成ルールを作って書いているものではないから、ここだけの勝手なものである。)

これは、決して英文和訳の過程を示したものではない。和文は参考のため付したのであって、要は、原文において、「わかった」の identification がどういう段階で行なわれるものかをたどったのである。

ことばの理解は、1 文内においては、各語が、文法ルールとの identification 及び意味連続の検査をパスすることによって、ことばの

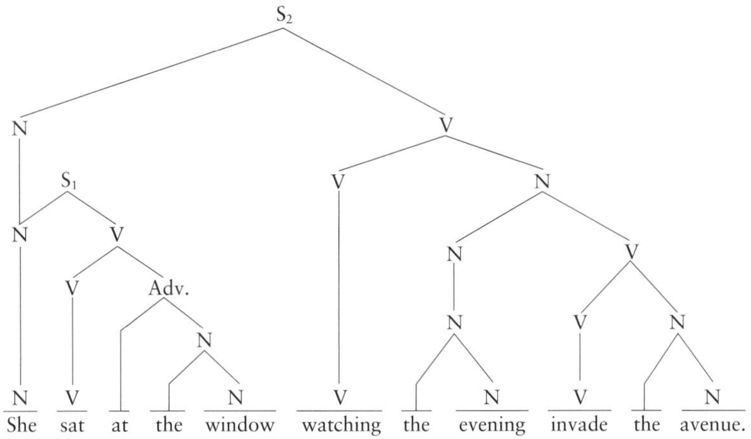
She sat at the window watching the evening invade the avenue.

ダレは、ドウシてドコに、ドウシたナニがドウスルドコをのを。

ダレはドコにドウシて、ナニがドコをドウスルのをドウシた。

〔女の人〕は〔窓の所〕に〔坐っ〕て、{〔夕闇〕が〔街路〕を〔犯す〕}のを〔見てい〕た。

流れがすっかりつながった時に成り立つ。文法ルールとの一致は比較的単純な過程で、一致するかしないかの分かれ目がはっきりしているが、意味連続の検査機構は、大変複雑であり、観察するにはおもしろい過程である。たとえば、window ということばの意味は、この文の中で 2 回勝負する。まず前半の文で、「部屋の中の、壁のどこか」として、「彼女」が坐る位置を指定する要素として働く。次に後半の文では、「それを通して、部屋の中から外の光景が見えるもの」として働いている。文章中の各語は、文脈によって、常時、意味が限定され、絶えず変化する。A という語が 2 回出れば、1 回目の A と 2 回目の A とは意味が違うのはもちろんのこと、今の window の場合のように、1 回しか出ていないのに、文のある部分では a の意味で働き、別の部分では b の意味に変じて働くというようなことがある。

evening は watch の対象として、また invade という行為の主体として認知される関係で、上にはナニとして位置づけたが、もちろん、本来イツという性格の語であるから、この文は、全体として、時の条件を語る文になっている。ダレと、ドコとイツとが登場して、場面設定をしたところに、この文の始発性がある。始発記号はないし、始発要素らしい「イツ、ドコに……」という語配列をしてはいないが、文意全体が、時と所と人を限定して、始発型の文になっている。

1—2　Her head was leaned against the window curtains, and in her nostrils was the odour of dusty cretonne.

文頭の her は前文の主語の she を受けて所有格にしているから反復による承前要素で、faD1.1.3 と見られる。前からすでに代名詞ゆえ、同語を反復した形になったが、もし前文で彼女が登場する時、she でなくて、a girl ででもあったら、それを受ける she や her は、承前記号となり、fsC2 に入れられる。三人称の人代名詞をよく用いるか否かに、日本語と英語の大きなちがいがある。このごろの日本語では、翻訳語の関係で「彼」「彼女」がよく用いられるようになったが、伝統的な日本語文では、人をさす時は、何度目でも、その都度名前を用いるか、「男」「女」のような一般的把握をするか、「主人」「校長」「旅人」「将軍」のように、地位、立場、職業などによる類型的把握をするかして、指すのが普通であった。

前半の文の中に、もうひとつ、反復による承前要素がある。the window curtain と、window が、前半から持ち越されている。これは faD1.1.5 である。

her と head とを意味的につなげる過程は、her→人間→身体を持つ→head は身体の一部→she は head を持つ→her head というような順序であろう。

her head→←was leaned の関係、leaned→←against～の関係は連語ルールで認知される。以下、文法ルールに関しては、くどく言わない。意味がつながる過程は、head（頭）→体の上に立つもの→倒れかかる可能性あり→もたれかかる（was leaned)。against の次は、頭のもたれかかり先が来る。それが window curtains である。window も curtain も名詞で、N＋N＝N となる。そういう結合を作るか否かは、過去の経験による。窓にはカーテンがつきものであるから、「窓にかかったカーテン」が容易にひとかたまりになる。生活経験から来る、二事物の同時共存可能性の判断は、言語の理解において、常に極めて大きな働きをしている。だから、経験の豊かな人は、話を聞いたり文章を読んだりして、早く良く理解することができる。理解力の高い人ほど、話を聞きながら、後続語句を的確に予想でき、文章の文字面を見て、ひと目で先の方までつかまえる。window curtainsをひとつのeye spanでとらえ、声に出して読む時は、すでにwindow-curtainsという1語にしたアクセント配置にして読む。

ところで、読者にはwindowが先に目に触れるが、作者においては、この文内に限れば、おそらくcurtainsの方が先に意識に在るだろう。頭をもたせかけているのはカーテンであるから。そのカーテンは窓にかかっているものだからwindow curtainsと表現した。windowは説明の論理としてcurtainsより前にあるにすぎない。ここに、表現者のすじ道と受容者のすじ道とのずれがある。こんな短い連合ならずれは起こらないが、修飾語が長いと、ずれが起こる。なるべく表現者の意識を事物が通過する順序に、受容者の意識にも、それらの事物が通過するように語を配列するのが、わかりやすい文章であろう。

後半の文はandで起こされる。andは承前記号の王様でfsA1であるが、日本語の「そして」とは、だいぶちがうところがあるようだ。andには、継起的なつながりを言い起こす気持はあまりなさそうで、たいていは、時間的には同時性のものを、もうひと言つけ加える感じが強い。

in her nostrilsにおいて、herは、他に女性が登場しない間は、同一人物を指し、継続題目化してfaD3となる。her→←nostrilsは、her←→headの連合経路と同じく、顔の一部のnostril（鼻孔）がherと結合する。この文で、意味連合は縦横に働く。headとnostrilは、同じく首から上に属するから事実共存性の関連語彙faA5。nostrilとodour（におい）も、鼻は匂いをかぐためのものゆえ、密接不可分でfaA5。cretonneはcurtainの材質だから共存性高く、やはりfaA5の関係をなす。nostrilsとodourとは、同じく後半文内の語ゆえ、文間の承前要素とするのは当たらないが、語同士の関係は、そうなっている。今、1—2文の前半と後半を別の文として立てると、1—1文以下の間に次のような関係が成り立っている。

1—1 文		1—2 前半文		1—2 後半文
She	⟶	Her head	⟶	her nostrils
		faD1.1.3		faD3 faA5
window	⟶	window curtains	⟶	cretonne
		faD1.1.5		faA5

後半文の主語は、the odour だから、この文は、本来は、

and the odour of dusty cretonne was in her nostrils.

という語順になるべきものであるが、in her nostrils の方が先に立っている。この方が she という題目の継続性からして、読者の理解がスムースである。

faA5（関連する語句による承前要素）がすでに活躍を始めた。この項目の非常に大事であることがわかる。現在は、「関連する」で大まかにとらえているだけだが、この関連のしかたを類型化して記述することが是非必要になってきた。わたくしはこれを、本書以後の第一の課題としたい。

dusty（ほこりっぽい）という語が、cretonne の意味に限定を加える。単に cretonne と curtain だけなら、その関係はまったく論理的に材質と製品の関係だけになるが、dusty があるので、クレトン更沙が、年を経たばかりで進歩のない存在として、たらんと垂れ下がっているものとして位置づけられる。それが、部屋全体の沈滞した空気を象徴するようになって、「古さ」のにおいを発散するものとなる。それで odour との共存性が強くなる。「意味」が経験に助けられ、文脈の進展によって変容していく様が見える。

前半文は作者が she を見ている視覚的描写。後半文は、彼女の嗅覚に立ち入るから、叙事の観点が変化する。その変化を and がつないでいる。位置関係と内容だけで判定すれば、後半文の前半文に対する関係は fpI3 とすべきだろう。

1—2 前半文の 1—1 文に対する関係は、並行事態を追叙しているから fpH である。まだ事態の進展はない。前文の述語を受けると尻取り型になるが、前文の主語を受けると、とどまって、主題を解説したり詳述したりすることになる。She を her と受けているところが、その一端を語っている。

1―3　She was tired.

tired（疲れ、うんざり）は、語としては新来者であるが、内容的に新来者でない。彼女の頭が窓のカーテンにもたれてだらっとしているのは、生きのいい姿ではなく、疲れを思わせる姿であるから、その時すでに、読者の心には tired の内容が一部登場している。それが、ここで tired という語で明示されて、理解がいっそうしゃんとする。したがって tired は、前文の her head was leaned against ～の中心語である leaned に対して関連語彙であるから、faA5。

odour of dusty cretonne の意味も、ここへ来て tired の意味と連合する。おそらく英国人の生活経験からすると、前述のように、ほこりっぽいクレトン・カーテンの匂いは、前向きなものと反対な、沈滞した、顧みがちな、「古い」匂いであろうから、それは、生き生きとして躍り出したくなる性格のものではなく、疲れて、動きたくなく、眠り込みたくなる性格のものであろう。この面からも faA5 である。tired の意味が、視覚的にとらえられる「疲れの様子」と、匂いから迫る「疲れの生理・心理」とで、文面に実現している。これを、identify するには、読者が疲れの生理と心理と、疲れた者の外面的特徴とを知っていて、記憶場のどこかに、その情報を蓄えていなければならない。たいていの人は疲れの生理と外面を知っているから、その点は問題ないが、疲れの心理の方は微妙なものだから、she の tired さをどの程度理解できるかは、個別の問題であろう。

この文は、先行 2 文で疲れの内容が具体的に描かれたのを「疲れ」ということばで抽象的に解説したので、fpI（角度を変えたとらえ直し）の例と見られる。また、「疲れていたから」と、理由に解することもできるから、fpJ と見ることもできる。

第 1 編では、1 文に一つだけの起こし文型を見ることにしたが、ここでは、その文にそなわっているだけの起こし文型をことごとく見出していくことにするから、「位置による承前」を、各文につき記述する。

2―1　Few people passed.

段落が変わった。この文は、形だけで見ると、先行文を受ける要素が少ない。一つの手がかりは、people pass と 1―1 の avenue との関連である。街路は人が歩くためのものだから、そこを people が pass するのは当然だ。そこで、people を主語とする pass が avenue に対して関連語彙となる。pass along the avenue という syntagmatic な関係をなす。この点でいえば、faA5。

第 1 段落の 2 文 3 文は、冒頭文前半の She sat at the window の方を受けていて、後半 watching 以下を受けていなかった。第 2 段落の先頭文で、watching の目的語が受けつがれた。1—1 文の後半で叙せられた認知行為の対象が拡充されるわけで、その点を見ると、1—1 文に対して fpG の位置にあると言える。しかし、1—1 文との間に、わずかではあるが距離があり、段落が改まっている点を重視すると、むしろ、taK の「離れた先行文中の要素を受けつぐ転換文」と見た方がよいことになろう。

また、Few people passed. で、道行く人が非常に少ないということと、今が夕方で、夕闇が avenue をひたしつつあることとが意味の連合を生ずる。夕暮れの道を押すな押すなと人が行くのよりは、「この道や行く人なしに秋の暮れ」の方がふさわしい。しかし、意味の連合は、いつもふさわしい形でばかりは起こらない。夕暮れ道を大勢の人間がわいわい行くこともありうる。もし、そう書いてあれば、そういう意味連合を作ることになる。そういうのは、意外な連合で、情報理論でいえば、こういう場合、「情報量が多い」わけである。わたくしたちが文章を理解する時、identification ばかりなら、何も新しく付け加わるものがないことになり、それなら学習の要素は何もないことになる。その辺に、理解というものの不思議さがあり、まして「おもしろい」ということの謎がある。おそらく、ある枠組みにおいては、identify し、そこに盛られる内容には、新規要素があって、記憶場の中に新規なものが入力されていくのに違いない。「夕暮れ道を通る人がない」のなら、生活経験から、そのまま identify され、「夕暮れ道を大勢の人がにぎやかに行く」のなら、「道を人が行く」という枠組みで identify が行なわれ、その「人」は「大勢」であり、「行きかた」は「騒がしい」という条件指定が新規に行なわれ、文脈に登録されることになる。

2—2　The man out of the last house passed on his way home; she heard his footsteps clacking along the concrete pavement and afterwards crunching on the cinder path before the new red houses.

連語ルールが the man out of the last house の名詞句と passed on his way home の動詞句をまとめる時、out of や on one’s way home のような連合確率の高い並びは、入力されると同時に各一語相当単位に扱われる。電算機のプログラミングでいえば、table look up（辞書引き）で、記号 A がそのまま記号 B に置き換えられるのに当たる。それに対して、「the＋名詞」は名詞、「名詞＋動詞」は文……というふうに語のまとまりをつけていくのは、プログラムによる処理である。人間の言語教育でいえば、前者は語彙教育に属し、後者は文法教育に属する。

the man は、前文の people の個別把握化であるから、people に対して faA7 の承前要素をなす。the last house で、家がいくつか並んでいるうちの、いちばんどんじりの家ということになる。先行 avenue について、街路のわきには家が並んでいるべきものという属性が呼び出され、last house と avenue とが意味の連合を生ずるから、ここに faA5 の承前要素がある。ここに、avenue が way や passage と違うところがあるだろう。passed は前文の動詞を受けて反復しているから、faD1.2 の承前要素である。

前文は watch の認知対象であったから、2—2 の前半文は、そのまま視覚的知覚の対象と受けとられる。セミコロンのあとは she heard となるので、聴覚の叙述に入る。聞くことは時間性の行為だから、見ることよりもいっそう、知覚内容に継続性が必要となる。cracking や crunching は、瞬間的なものではなく、ある期間継続するものとしてとらえられる。heard his footsteps clacking は、先の watching the evening invade と同じように、「足音が響くのを聞いた」と受けとられる。clacking と crunching の音の違いを identify するのはもっぱら生活経験による。concrete pavement（堅い鋪《しき》石の路）ではコツコツ、カツカツと響き、石炭殻を敷いた道では、ジャリジャリ、キシキシと響くことは、経験していなければわからない。

後半文は聴覚の世界になる。すると、登場する各語の意味の聴覚面が動員される。footsteps（一歩一歩の足音）、concrete pavement（歩けば堅い打撃音を発するもの)、cinder path（歩けばきしる音を発するもの)。そして、その clacking や crunching の音は道に沿って（along）新しい赤い家の前まで（before）移動する。その、音の移動を彼女は聞いている。読者も、ステレオのレコードを聞いているような感じである。

the man は few people の中の一つだから、前半文は前文に対して fpD（前文事態の中の事態）の関係にあり、the man の歩きを音にして表現したのが後半文だから、後半文はまた、前半文に対して fpD の関係にある。視覚把握を聴覚把握に変えた点を重視すれば、観点変化で fpI3 だとも見られる。その他、承前性が多様に成り立っている。

〈前半文〉　〈後半文〉
the man ──→ his（fsC2：指示代行）
passed ──┬→ footsteps（faA5）
　　　　　├→ clacking（faA5）
　　　　　├→ pavement（faA5）
　　　　　└→ path（faA5）

pass（歩いて行く）の意味が後半文の faA5 でその都度拡充される。footsteps（足は一歩一歩運ばれる)、clacking（歩く動作は足音という音響を伴うのが普通)、pavement（鋪石は道路の従属物で、歩行は道路上で行なわるべきもの)、path（道そのもの)。pass という語は、入力された時は抽象概念として入り、上記のような後続情報によって具体化されていく。

2―3　One time there used to be a field there in which they used to play every evening with other people's children.

文頭の One time は、新たな時間場面を設定する転換要素 taB だから、この文は、かなりはっきりした転換型文である。転換ゆえ、無論承前性ももつ。二つ目の there は、前文で「男が歩いて行く」と描かれた「そのあたり」を指す指示語の承前記号 fsC2 である。

a field は完全に新情報として入力され、それを文法ルールが、there use to be で受け止めて、現在の avenue の過去における姿として、一種のイコール関係に置く。意味で連合しないものを文法が連合させる。しかし、意味の検査機構も働いてはいる。avenue も field も同じくドコであるという点ではidentifyしているに違いない。

every eveningのeveningは、冒頭文中のeveningを受けて反復しているからfaD2に属する。この反復は、意味の上で大きな働きをしている。今が夕方なので、過去の夕方の状態を呼び起こしたわけである。

この文がsheの回想内容を叙していることについて、文面には、確たる証拠がないが、読者には、立ちどころにわかる。そこが人間心理のおもしろくも不思議なところだが、それがなぜわかるのか。おそらく、次のような理由による。

1） used to be、used to playというところに、「あったっけ」「遊んだものだった」という主観性が感じられる。

2） 上記のように、eveningが現在のeveningと融合し、タイムマシンを回す役目をする。人間の心は、時の梯子を持っていて、過去に関しては、容易にさかのぼることができるので、何かの契機があると、すぐさかのぼりが始まる。その契機になるのは、圧倒的に「同位相」である。ことに、理屈でなくて、本能的感覚の上での同位相である。同じ匂い、同じ景色、同じ季節感、同じ立場といったもので、この場合は、同じような夕暮れの光景が過去の思い出を誘い出したのだなと直観される。

3） theyという語が登場するが、それが誰たちを指すのか明らかでない。play with other people's childrenによって、theyもchildrenであろうと想像されるが、このtheyは一度登場した者を指しているのでないから、「あの連中」という現場指示の働きをしていよう。それは、作者のことばではなくて、作中人物のことばである可能性が高い。

以上三つの理由は、いずれも、読み進んでからのことになるが、実際は、One timeの一句に接した時、すでにsheの回想らしく感じられる。そこまでの文脈で、彼女の嗅覚に立ち入り、心理的疲れを叙し、彼女の聞く音の移動まで叙していることが、読者をすでに彼女の内面に引き入れたことになっているのかも知れない。

表現は、どんなに客観的であっても、やはり誰かが表現するのであるから、常に表現者の立場というものがある。その立場が終始一貫動かなければ問題はないが、それが随時動くところに人間心理の特徴がある。人間の頭脳を機械と見た時、表現の立場の決定は、何が管理し、どこからのどういう司令によって立場の変換が行なわれるのかを知るのは、大変むずかしいことだ。これは文章研究の中の、非常に大きな課題である。

2—4　Then a man from Belfast bought the field and built houses in it——not like their little brown houses, but bright brick houses with shining roofs.

then は純粋に時間的継起性を表わす接続副詞ゆえ、fsA で、前文の、「原っぱがあった」その頃以後を指す。

連語ルールが a man と from Belfast をつなげる時、意味検査機構も働いて、Belfast という語の性格を吟味する。ここに固有名詞の問題が登場する。情報の処理において、固有名詞の扱いは、非常に大事である。固有名詞の扱いをきめる手順は、次のようなものであろう。

1)　固有名詞か？　英語の書きことばの場合、これを早く yes にさせるために、語頭に大文字を使う習慣が作られている。大文字のない日本字の場合、せめて漢字や片仮名で書くということがあるが、話しことばでは、どこの言語でも、表記上の工夫は通用しないから、結局、固有名詞のリストを頭の中に作って、table look up で処理しているのだろう。

2)　何の名前か？　人名（ダレ）と地名（ドコ）が固有名詞の王様である。その他、人名に準ずる社名、機関名、などがあり、職名も固有名詞になりかけていく。年号のような時の標示（イツ）があり、動植物名や物品の名前（ナニ）がある。固有名詞とわかってから、仕分けをするという手順が一応考えられるが、実際は、はじめから仕分けることによって固有名詞と認定しているだろう。わたくしたちの頭の中には、分類固有名詞辞典がそなえてあって、入力があり次第照合して、「ドコか？」「ダレか？」……と判定しているのである。分類は、大分類から小分類へと進み、地名なら、国名→県名→都市名→……のように細分していくが、頭の中の辞典は随時編成変えができるので、必要に従って、自国と外国とに分けたり、東洋・西洋の区分をしたり、先進国・未開発国に分けたり、資本主義国と共産主義国とを分けたり、近い所と遠い所、知っている所と知らない所、行きたい所と行きたくない所……など、様々な区分をして、頭の中の位置づけをする。位置づけ方によって上位区分、下位区分の関係もガラガラと変わる。

理解を早くするために、情報を送る方も、人名には「氏」「夫人」「嬢」「さん」「君」などをつけ、都市名には「市」をつけるような、補助記号をつけて、類型をはっきりさせようとする。また、固有名詞の方に、おのずと、各類型を表わすそれらしさの特徴を生じ、男名前と女名前とは、だいたいすぐわかるようにつけるなどの事実が生ずる。

3)　文脈の中でどういう性格をもつか？　上記の区分ができたら、それぞれの名前が、今接している文章の中でどう位置づけられるものかを判定する。「ダレはダレの夫である。」「ドコはダレの居住地である。」「イツはイツから何年前である。」などの関係をとらえないと、肝腎なことがわからない。わたくしたちがロシアの小説などを読むと、はじめのうちは、人のidentificationがなかなかできなくて苦労する。そこで、世界文学全集の類いには、よく、人名一覧のしおりがつけてある。

さて、この文で、Belfastがアイルランドの都市名であることは、英国人なら何の苦もなくわかるだろうが、外国人は、そうはいかない。Joyceがアイルランドの人であるというような補助情報が、そこで問題になって来る。「今sheがいるのはドコか？」「作品名がDublinersだから、Dublineである。」「DublineとBelfastとは、どのくらい離れているか。」「この作品の書かれた頃、両都市はどういう道路や交通で結ばれていて、往来にどのくらい時間がかかったか。」……などの問題に、だんだん深入りしていくと、国語教育の“鑑賞”くさくなっていき、最終的には、それは必要であるが、そこまでわからなくても、Belfastがドコ性の語だとわかっただけで、一つの重要な理解の関門は通過したことになる。そうすると、a man from Belfastが「ダレ from ドコ」→「ドコからのダレ」→「ドコから来たダレ」とつながって、一つの名詞句と認知される。

bought the field において、V+N=V と連合するのに、field なるものが、売買の対象としてすぐピンと来る人と来ない人とがあろう。不動産業者なら、最も理解が早く、世事にうとい学者なら理解が遅い。しかし、理解の遅い人でも、その次の built houses in it（it=the field）に至って十分わかる。build の目的語に house が来る確率はきわめて高いから、この連合は最大級に容易であり、家を建てるのは土地の上にきまっているから build housse in the field がすぐ理解される。家を建てるために土地を買う——これは誰にもピンと来る。やがて土地が売買の対象にならない世の中が来れば、こういう表現も次第に消えていくだろうが。

前文の a field が、この文へ来て the field となったのは、名詞の意味が connotation（内包）から denotation（外延）に転じたもので、一つの概念が登場して定着する時の典型的な形である（218、315 ページ参照）。承前要素としては、目的格による前文語の反復で、faD1.1.4 となる。

it の次のダッシュ（——）は、そのことに関する叙述がまだ続くことを示す。すなわち、原っぱに家を建てたことについての追加情報が来ることを予期する。not A but B は、英文に接している人なら、「そら来た」と思う特徴的な判断形式で、A と B とが同列に比較される形式になっているはずだと思う。little brown houses と bright brick houses とが対比しやすい形になっており、後者には、with shining roofs というおまけもついている。bright や shining が華やかさのイメージをもたらすから、little はみすぼらしさの方に追いやられる。they の家はみすぼらしくて、Belfast から来た人の建てた家は豪勢だという対照ができ上がる。brown 色の家の材質が何で、bright brick（明るい煉瓦）の色がどんなものかは、日本家屋に住みなれた者にはピンと来ないが、そういう生活環境にある者には、入力と同時にわかることなのだろう。

この文の位置上の承前関係は、then が端的に示すとおり、前文からの結果を叙事するものだから、fpE と判定する。

2—5　The children of the avenue used to play together in that field ——the Divines, the Waters, the Duns, little Keogh the cripple, she and her brothers and sisters.

the children は語形の上で 2—3 文の children を受け、faD2 をなすが、内容には多少のずれがある。3 文のは other people's children だが 5 文のそれは 3 文における they をも含んでいる。used to play は 3 文のそれを反復しているから、やはり faD2 である。field にこんどは that がついて、a field→the field→that field と受けつがれて来た。that は指示語の承前記号（fsC）である。第 1 編で、コ系指示語を fsC1、ソ系指示語を fsC2、ド系指示語を fsC3 としたが、ア系を入れて fsC3 とし、ド系を fsC4 にすべきであるかも知れない。ア系指示語はとかく現場指示として働き、したがって承前要素にならないと述べた（122 ページ）が、その説は改めるべきかも知れない。しかし、この文の場合でも、that が直接前文中の the field を指しているのではなく、she が今目の前に見ている avenue の光景の中に、回想的に that field を見ているのかも知れない。そうであれば、この that もやはり現場指示で、承前要素ではないかも知れない。field は前文の語を反復して、faC1.1.5 である。

ダッシュ以後に固有名詞が並んでいれば、それは、ダッシュ以前の名詞 field か children の名前にちがいない。that field は単数ゆえ、Divines 以下名前がたくさんあることと合わない。さすれば、children の名前でなければならぬ。人名に the がついて、名前が Divines、Waters、Duns と、みな複数ゆえ、これらは姓で、Divine（Water or Dun）の家の子どもたちであろう。little Keogh the cripple の理解には、三つのカギがある。第一は、little が child の状況を形容するに適した形容詞だから、little Keogh は「ドンナ＋ダレ」であろう。第二は、Allexander the great のように、「ダレ the ドンナ」の形があり、ダレのドンナ特徴がみんなの認めるところである場合に連語を作る。第三のカギは、cripple が人の特徴を指しうることなら、第二のカギが有効になる。そこで cripple を辞書で調べると、露骨に人の特徴をさしうることばである。そこで、「cripple の Keogh ちゃん」という認知が成り立つ。she は、3 文の one time 以後、昔に返っているから、子どもである。それで she and her brothers and sisters がみな子どもと認知される。つまり、ダッシュ以後は、集合把握の children を個別にばらして把握したものとわかる。

3 文で they used to play with other people's children といって、遊ぶ子どもたちの一群を叙した。5 文の文頭でその子どもたちに the children of the avenue という総括名称を与え、そのすぐあとで、children の個別名称を与えた。この過程はおもしろい。全体を描いて名を与え、その名を総括名称と個別名称とに分けた――ということで、これは、叙事一般に通じる叙述の定型の一つなのではあるまいか。

5 文は 3 文の内容を詳述するから 3 文に対して fpI であり、それ故 4 文とは並ぶので 4 文に対しては fpM である。

2―6　Ernest, however, never played: he was too grown up.

人名らしい Ernest が文頭に来るので、前文の children の名に、もう一つ加わるものと考えられる。これが前文の人名群に対して類義の関係に立つから faA3 に当たる。however は逆接性の承前記号で fsB2。never played の played が前文の play を受けつぐから faD1.2 である。文意でいうと、この文は前文の前半「子どもたちは、よくいっしょに遊んだものだ。」と正反対に「だが、Ernest は遊ばなかった。」と言って、対の関係でバランスがとれているから、fpL の関係にある。コロン（：）以下「彼はもう大人だった。」は、「彼＝Ernest」が遊ばなかったことの理由だから、コロン前の文に対して fpJ の関係にある。日本文なら、「ここで彼はもう大人だったから。」とか、「みんなといっしょに遊ぶには、もう大きくなりすぎていたのだ。」のように解説的な述語（faB2）が使われてもいいところである。英語には、解説的述語というものは無さそうだ（182 ページ参照）が、he was too grown up の too は、to play のような語句が後続しない以上、どうしても先行叙述との相対的叙述としか受け取れないものだから、これは承前要素であるに違いない。相対関係を表わす語として faA1 に扱ってもよいし、もし too が日本語の副助詞のような function word であり、それゆえ、was too grown up が全体で一つの動詞句であるというなら、それこそ、解説的述語だということになろうか。

2―7　Her father used often to hunt them in out of the field with his black thorn stick; but usually little Keogh used to keep nix and call out when he saw her father coming.

her father の her は、3 文の her brothers and sisters の her を受けて反復しているから faD2 に当たる。しかし、もっと重要で微妙な問題がある。her brothers and sisters は「兄弟姉妹」で、「家族」の部分集合である。そこに her father が加わると、集合の輪が拡がって「家族」にいよいよ近くなる。今、彼女の家族の構成員を members of her family と表わせば、her father は、a member of her family で、her brothers and sisters は other members of her family である。集合中の個を、このように集合を単位としてとらえることにすれば、兄弟が登場しても、父が登場しても、her family の部分は共通しているわけで、一種の反復出現と見られることになる。佐藤首相でも田中首相でも、「自民党を代表する日本の総理大臣」という点では同じだというようなものだ。

3 文と 5 文において、述語は used to 〜の形をとっている。この文は、前半が used often to hunt、後半が used to keep で used to の形を踏襲している。こういうのは、特定の語の反復と見るより、特定文法形式の反復と見るべきで、faD5 として、その項目を立てた方がよいかも知れない。

hunt them の them は、5 文の children を代名詞で受けるから、fsC であるが、children という集合のとらえ方の一種である点を強調して見れば、children とともに、個別把握に対する集合把握であるとも見られる。

hunt them in out of the field with his black thorn stick のような語のまとまりは、

hunt ダレ in out of ドコ with ナニ
ダレ＝狩りの対象になる生物
ドコ＝その生物が潜む場所
ナニ＝狩りの用具

という、意味レベルと合体した連語ルールになって、われわれの頭に入っていると思われる。こういう文型的分類語彙表を頭の中に豊富にもっていることが、言語能力の重要な要素となる。

この文は、5 文叙事のあとを延長して受けるので、5 文に対して fpE であり、6 文とは、直接関係をもたない。無理にいえば fpM である。セミコロン後の後半文は、前半文を承前記号 but（fsB2）で受けるが、内容的には、前半文事態の結果を叙しているから、これも fpE となる。little Keogh が 5 文から持ち越されて faD2。前半文の her father が後半文に持ち越されて faD1.1.2。

2—8　Still they seemed to have been rather happy then.

この文は、承前性の明瞭な文だ。still（それでもまだ）は、相対的意味をもつ副詞だから、語彙的承前要素で faA2。rather も同様の性格の副詞である。（先に、faA1 を空間的相対性の語、faA2 を時間的相対性の語としたが、still や rather は、論理的相対性というべきものだから、もう一項立てる必要があろう。）文末の then は「それから」ではなくて「その頃は」で、先行事態を指す承前記号 fsC2 である。

rather happy の happy は、原っぱで兄弟姉妹がよその子どもたちと遊び、父が時々来ては、原っぱから子どもたちを追い出していた——その頃のそういう状態を評しているから、前文の叙事に対して fpK である。

they は、ここでは、all members of her family を指しているらしく感じられる。それは happy という一語で概括的に評していることから、個別に指したり、部分をとらえているのでないことがわかるからである。このことは、次の文でいっそう明らかになる。

2—9　Her father was not so bad then; and besides, her mother was alive.

前文の rather happy という評価がどうして成り立つかの理由を述べているから、前文に対して fpJ の関係にある。

her father がまた登場して faD2。then は前文におけると同じ働きで、fsC2。was not so bad（まだそれほど悪くはなかった）の so には、not といっしょになった時に相対性の意味となり、前文の still と同じように語彙的承前要素となっている。セミコロン以後は、承前記号 and besides（その上）（fsB3）に率いられて、前半文の並行事態を追叙しているから fpH の位置にある。her mother は先行の her father に対して対語だから faA6 である。

2—10　That was a long time ago; she and her brothers and sisters were all grown up; her mother was dead.

thatは一見して明らかに指示語の承前記号fsC2だが、それが何をさすかは明瞭ではない。漠然と3文から9文までに叙した内容全体を指す。無理に形の証拠をさがせば、a long time agoが3文頭のone timeと呼応すると言おうか。「あれは遠い昔だ。」と、両親健在のころに対する感慨で、fpK。なぜ「遠い昔」と言うのか？　その答えがセミコロン以下の2文だから、それらは前半文に対してfpJであり、“her mother was dead.”の文は、she and ……の文に対し並行事態で、fpHだといえる。her mother was dead.は9文のher mother was alive.とシンメトリックにつり合っているので、9文のその部分に対しては、fpLの関係にある。

2—11　Tizzie Dunn was dead, too, and the Waters had gone back to England.

Dunnは5文を受けつぐからfaD2。was deadは前文末の述語をそのまま受けるからfaD1.2。tooは「Tizzie Dunn も」で、日本語にすればfaB1になるが、tooは副詞だから、still同様、faAの論理的相対性の語となろう。andはfsB3。Watersも5文を受けfaD2。人が死んだことと、人がEnglandへ帰ったこととは、そのこと自体はまったく別のことだが、「今ここに居ない」という意味では、共通のことを述べている。並行事態追叙で、後半文は前半文に対してfpH。名詞の意味が集合として把握されることを前に述べたが、動詞や形容詞で描かれる事態も、同様に、集合的把握が可能であることが、この例でわかる。

2—12　Everything changes.

過去の回想に移った3文から直前の11文までのすべてを引っ括って、「何もかも変わる。」と言った。その意味で、fpIの性格をもつ文だが、上来の叙述に決着をつけたという意味では、結末しめくくりによる転換文（taL）とも見られる。3文以下を要約すると、

{③昔原があって、夕方、子供たちが遊んだものだ。

{④原は買われて家が建った。

⑤ Devineたちや兄弟姉妹も遊んだ。
⑥ Ernestは大きいから遊ばなかった。
⑦父が遊びを邪魔しに来るとKeoghが知らせる。

{⑧あのころは、まだ幸せだった。
⑨父もまあまあで、母が在世。

{⑩もう昔のことだ。兄弟たちは大人になり、母は死んだ。
⑪ Dunn は死に、Waters は居ない。

{⑫ Everything changes.

everything には、彼女の家族、幼な友だち、原っぱの遊び場など、人も物も含まれている。change は、状態 A が状態非 A になることで、

○原っぱの遊び場──→立派な家具

○父の良い状態　──→悪い状態

○母健在　　　　──→死亡

○同胞・友だち　──→大人になったり、死んだり、居なくなったり

これらはみな、A が非 A になったことだから、“change” に置き換えられる。そこで③から⑪までの全叙述が Everything changes. で identify される。語句だけを取っても、grow up、be dead、go back to anywhere のそれぞれと change との意味の関連性をたぐることができるだろう。everything の集合把握性は、無論、faA7 の例でもある。

2—13　Now she was going to go away like the others, to leave her home.

now には、その語自身の意味に転換性があるから、転換記号と見られる。「さて」という感じなら「辞的転換記号」tsA に当たり、「今」なら「詞的転換記号」tsB に当たる。しかし、前文には密着している。前文の Everything changes. は、she が自分の周囲を見て、自分を除外した他者に対して持った感慨であった。ところが、この文では、彼女自身も家を離れようとしていることを言っているので、今や、彼女自身を含めて、Everything changes. となった。その意味では、この文は、前文のように言い放ったことに対する理由づけのようになっており、fpJ に入れられる。

she は、この辺では、もうすっかり継続題目になったから、faD3 である。go away は、11 文の go back to ～に対して類義性の語句ゆえ faA3 である。(go だけ見れば faD2。) others は、彼女以外の人々の集合の部分集合を臨時に作るので faA7。leave her home は、同文内直前位置の go away と類義で、その抽象度を下げた表現である。

3—1　Home!

第3段落の先頭文。段落は変わったが、前段落末尾文の末尾の語 home をそのまま受けて反復しており、faD1.1.5 に当たる。

しかし、段落が変わっていることに、やはり大きな意味がある。Home! と感嘆符で強調されているとおり、前文で何の気なしに言及した home をこんどは大きく取り立てて、新トピックとしたものゆえ、転換性を重視し、taE と見たい。

普通、名詞が前文から引きつがれて反復された場合、とかく connotation から denotation に転ずるのだが、この文のように感嘆符とともに再登場した時は、関係が反対になるようだ。前文 leave her home の場合、home は、彼女の家を外的に指しているに過ぎないが、改めて取り上げられた時は、「家というもの」と言って、「家」の内包する意味を改めてかみしめようとしているようだ。

3—2　She looked round the room, reviewing all its familiar objects which she had dusted once a week for so many years, wondering where on earth all the dust came from.

room は、前文の home の構成要素だから関連語彙で faA5。しかし、文脈の中では、the room は、彼女にとって home を代表するものであり、home と等価の存在である。その意味で、この room は、home を反復したことになる。

reviewing は、-ing 形の文法ルールで前半文に連続するが、意味的にも、look round の類義語で語彙的承前要素（faA3）となる。its の it は the room を代行するから、それに対して fsC2。familiar objects の familiar（見なれた）は、語形の上では、look round と何の関係もないが、わたくしたちの「心」は、それを結びつける。親しくて愛着のある物ゆえ、目でなで回す——それが look round になるわけだ。行動が描かれると、読者は、その行動の意味や心を肉づけして読んでいく。これは、やはり生活経験がそうさせるので、辞書を形式的に table look up するだけでは、この identification は得られない。

永年、週に一度はほこりを払って来たという、dust は、まったくの新情報として入力される。それが、三番目の述語 wondering のために大事な働きをする。その wondering は、-ing の形だけ見ると

reviewing に並びそうだが、意味の上から、そうはならないで、dusted に並ぶ。wonder する内容が、「一体この dust どもは、どこから来たのか。」と言って、dust に関することだからである。

all the dust の all は、理論上の全称の働きをしているよりは、心理的な強勢をしているといった方がよい。そういう場合、強勢を助ける on earth のような大げさなことばが近くに在る。「一体全体これだけのごみどもが、地球上のどこからやって来たんだろう！」という気持。こういう連語感覚は、意味に助けられなければ、とうていできないものである。

この文は、前文の Home! という一語文（それゆえ、感情を直接に表白した文）を、それに見合う行動の外面的叙述であるから、前文の主観叙述を客観叙事で言い換えた fpI の承前文である。

3—3　Perhaps she would never see again those familiar objects from which she had never dreamed of being divided.

同じ familiar objects のことに、叙事が執着しているから、事態はまだ進展しない。1 文は Home! と現在を言い、2 文は、「過去何年もほこりを払って来た。」と過去のことを言った。この文では、「これから先は、二度と見ないことになるだろう。」と、未来のことを言っている。現在・過去から未来に言及することが内面への立ち入りであることに注目したい。過去においてこうだったということは事実の直叙であるが、未来のことを言えば、憶測者の心に立ち入ることになる。1 文から 2 文へが、主観から客観への変化であったのが、3 文へ来て、未来を契機に、また主観に戻った。それゆえ、同じく fpI に属する。

形式上の承前性は、those familiar objects の those が指示語で fsC2、familiar objects は前文のそれをそのまま目的語で受けついでいるから、faD1.1.4。again は明らかな承前的語彙に属して faA2。see が look round や review を類義語で受けるゆえ、faA3 である。

3—4　And yet during all those years she had never found out the name of the priest whose yellowing photograph hung on the wall above the broken harmonium beside the coloured print of the promises made to Blessed Margret Mary Alacoque.

and yet は逆接的承前記号 fsB2。those years は 2 文の so many years

を指すから、those が fsC2。

the name of the priest 以下は完全に新情報だが、写真が壁に掛かっているというところから、それらは、彼女が今見回している室内の光景の一つであることがわかる。すなわち、牧師さんの写真は、前文で言う familiar objects の一つである。だから、この文は、前文で叙したことの中の一つを取り出して叙している。前文に対して fpD である。語彙のつながりがあるのは、wall（壁）が 2 文の room の関連語彙（faA5）になっている。

yellow（黄色くなる）と photograph とが結びつくためには、経験によって、洗いのわるい写真が黄色くなる事実を知っていなければならぬ。「写真」が「壁に掛かる」の主語になることを認定するのは容易だが、それは、われわれが「写真」を外延で理解しているためだ。写真が現実の物体として存在する時は、紙の上に場所を占め、とかく、額の中に入れられて、置き物になったり、掛け物になったりするという事を知っていなければならぬ。

promises made to Blessed Margaret Mary Alacoque の理解も、まったく事実の知識によって作られるが、promise made to ダレが make promise to ダレから変形されるという変形ルールのそなえが、それに先行している。

yellowing photograph には、hung on the wall, above the broken harmonium, beside the coloured print と、三つの修飾語がかかって、壁の上の位置を決めているが、これらが連語ルールでスムースに結びつけられるためには、普通、室内で、壁にはどんなものがどんな位置に引っ掛かり、壁の前にはどんなものが置かれるものかという、経験上の知識が必要である。

3—5　He had been a school friend of her father.

前文中にある人物は priest だけだから、he がその priest を受けることの理解は容易。he が fsC2。her father は 2—9 文から faD2。だが、her father もすでに she に並ぶ継続題目だから、faD3 とした方がよい。school friend のように二つの名詞が並んで複合名詞と解されるためには、両名詞間の元来の関係が理解されていなければならない。「学校で作られる友達」「学校で友達ができる」「学校生活の間に友達になる」など。

この文は、前文の「写真」のことを述べているから、「前文事態中の事態」で、fpD だが、解説した点を採って、fpI と見てもよい。

3—6　whenever he showed the photograph to a visitor her father used to pass it with a casual word: 'He is in Melbourne now.'

whenever のあとの he は誰を指すか。前文の he をそのまま受けつげば、写真の主の priest となるが、もし、そうだとすると、priest が自分の写真を訪問者に示す時、継続題目の her father が「彼はメルボルンにいる。」と言うことになる。これは変な人間関係である。だから、he は priest でない。——という、文意の関係から来るチェック機構があることが一つ。文法ルールも、そのチェックが働く。whenever のような接続副詞に率いられる従属句中の人称代名詞は、主文の人物が登場するまでのチョイ借り的予告指示であることが多いから、主文に至るまでは、その人称代名詞の指示目標の解明は保留されるというルールがある。

コロンの前に word という語があり、コロンの次の文は引用符号で囲まれているから、これは、発話を予告する文に続く発話文で、fpA の適例である。

4—1　She had consented to go away, to leave her home.

段落が改まり、go away および leave her home が 2—13 文までさかのぼって先行語を反復しているから、taK の転換文である。

4—2　Was that wise?

that が前文をそっくりそのまま指している。それで、1 文が 2 文の一部にはまりこむ結果になる。that は典型的な承前記号で fsC2 であるが、文同士の関係で見ると、後文がその一部分にそっくり前文を呑みこむ関係で、こういうのは、fp の A から M までの中に無かった。fpD は、後文が前文の中にはまる関係とも言えるので、その逆ということになる。「位置による承前」に fpN を増設して「前文を呑みこんで、その一部分とする文」としよう。

that と it のちがいが、この文でよくわかる。この文で that を it に換えることは無理だろう。it だと、名詞を指さなければならないようになり、前文にそういう名詞はないから。

It was wise that she had consented to go away.

において she 以下の文を括っている that が、ここに生きているのだろう。

4—3　She tried to weigh each side of the question.

前文が疑問文であり、それを the question と受けるから、これも、前文を呑みこむ fpN である。また、別の見方をすれば、前文の疑問文は、yes か no かと、答えの両面を測っていることにほかならぬから、この文は、前文の主観表現を、作者の立場で客観叙事に直したわけで、fpI だと見てもよい。

4—4　In her home anyway she had shelter and food; she had those whom she had known all her life about her.

「家を出るのは賢いか？」という問いに対する第一の答えで、家に居ることの利点を述べているから、no の答えである。前文の問いに答える fpC2 の文。in her home は、1 文の leave her home と反対の意味をもつ句だから、faA6 の承前要素。

セミコロン以後の後半文は、前半文が雨露をしのぐ場所（shelter）とか食物（food）とか物質的な利点を述べたのに対して、気心の知れた人々が居るという精神的な利点を述べた。語の配置法が似ていて、物質的と精神的の対をなしているから、対でつり合う fpL と見られる。

後半文も in her home の支配下にある。もし、セミコロンでなく、ピリオドで切れていたら、in her home は反復されなければならないだろう。それが無いままなら、連用格成分の省略による承前（faC4）となるが、おそらく、英文では、そういうことは起こるまい。ピリオドとセミコロンには、それだけの違いがある。

4—5　Of course she had to work hard, both in her house and at business.

家に居れば、生活は何とかなると、前文で言ったのに対し、「もちろん、楽々とやっていけるわけではないが」と言って、但し書きを添えたもの。一種の「前文の理由づけ」なので、fpJ とする。

of course は、前言への条件づけをするために働いているから、単なる副詞ではなくて、承前記号と見られる。fsB3 とする。

in her house と at business とが両者の間では対立関係にあるが、両者が合して、in her home の肉づけをする段階では、business も home

の中に含まれることになる。普通、business と home とは反対概念になるが、home の輪が拡がった段階では、business をも包含した概念になるというのは、おもしろい。頭の中で、文脈とともに、一語の意味が絶えず変化するものであることに注意したい。

4—6　What would they say of her in the Stores when they found out that she had run away with a fellow?

この文は新情報に満ちているから、新トピックに移る転換文と見られないこともないが、それよりも大きく、先行文の支配を受けている。疑問文であるが、4—2 文の「家を出るのは賢いか？」という問いに対する第二の答えの始まりである。答えらしい形をしていないのに、どうして答えとわかるか。

この文における新情報の中心は、they、Stores、a fellow の三つである。they の内容はまだよくわからないが、これまでに言及した彼女の家族や幼な友だちではなさそうだ。Stores の S がなぜ大文字なのか、よくわからないが、これまでの home、shelter、food、house、business などの語群で作られた、具体的な生活条件に関する概念から推して、彼女が日常接しているストアであることが察せられる。a fellow は、run away with a fellow という連語でとらえられる。この連語を「男と駈け落ちする」という意味のまとまりでとらえる用意が頭にあれば、identification が早い。

この認知が二つの道を開く。一つは、run away が 4—1 文の go away を受けるという認識。run away と go away との類義性を見れば、faA3 の承前要素がここに在る。また、抽象レベルを一つ上げることによって、両者を同義と見れば、数文を距てた反復で、faD2 となる。どちらにしても、これで、先行文脈との強いつながりができた。そのつながりは、「家にいるのは賢いか？」の問いに、4 文と 5 文とが in her home の場合の利点を挙げて第一の答えとしたのに対して、こんどは、go away すなわち leave her home した場合の利害を考えようとする線に移ったことを示している。それで、第二の答えの始まりとわかる。よって、この文は、2 文 3 文の question に対する答えで、fpC2 の位置にあるとわかる。しかし、この文は疑問文であり、まだ答えを出してはおらず、答えるために新たな問いを出したのであるから、答えているというよりも、予告性の文に応じているという意味で、fpC1 の方だと考えた方がよいかも知れない。

run away with a fellow の認知が開くもう一つの道は、a fellow という新人物が登場することへの興味である。読者という生きた人間は、文章から情報を受け取って理解するだけでなく、「これはどういう人間だろう。」とか「これからどうなるのだろう。」とかの疑問をもったり、「二人の恋がみのればよいが。」と期待したり、「困ったことが起こるのではないか。」と恐れたりする、おせっかいな生物である。この辺が、人間の頭脳と人工頭脳との、目下のところでの大きな違いである。とにかく、人間読者は、ここで、彼女の駈け落ち相手である男を迎える。この点を重く評価すれば、この文は、新たな主題的人物を描き出す、taD の転換文であることになるが、a fellow の構文上の位置からして、そう見るのは無理であろう。

4—7　Say she was a fool, perhaps; and her place would be filled up by advertisement.

セミコロンの前も後も、前 6 文の「彼女が居なくなったら、人々は何と言うだろう。」という問いに対する答えで、「『馬鹿だ。』と言って、彼女のポストを求人広告で埋めるだろう。」と言っている。6 文の問いに答えた fpC2 の文である。

後半文の前半文に対する関係は、and の継起性の働き（fsA）が示すように、fpE（結果の叙事）の関係にある。

後半文で、広告でポストを埋めると言っているところから、6 文の Stores が、彼女が買いに行くストアではなくて、彼女が勤めているストアであることがわかる。こういう理解は、store なる語に、①商品を買う所、②商品を売る所、③一つの企業体（したがって、その中に使用者と被使用者との人間関係が成り立っている所）、と、少なくとも三つの内容があるとして、その三番目を動員しないとできない。この動員ができるかできないか、早いか遅いかは、読者の生活経験が消費者的であるか経営者的であるかによって左右されるだろう。

be filled up by advertisement の理解には、広告に求人広告というものがあることを知っていることが前提となる。これには、頭の中の辞書に、広告の内容分類ができていればよい。

4―8　Miss Gavan would be glad.

新情報 Miss Gavan に対し、Stores における人間関係の知識が連合して、求人広告をする経営者の名であろうとの予測が生ずる。そして、「喜ぶだろう」というところから、彼女と Miss Gavan との人間関係は好ましいものでないらしいとわかる。

前文の「求人」事実が持っている一つの側面をここで叙しているから、これは、並行事態追叙で fpH だと見られよう。6 文に対する答えの続きである。述語の would be という形が前文の述語と共通であることから、判断の立場が同じであることがわかる。動詞の反復として faD1.2 としてもよいが、それよりも、先行語の反復による承前要素の中に、文法形式の反復という一項を増設して、faD5 とした方がよいかと思う。

4―9　She had always had an edge on her, especially whenever there were people listening.

she は前文の Miss Gavan を受けて fsC2。ダレ 1 have an edge on ダレ 2という連語が、ダレ 1のダレ 2に対する悪感情を表わすことが、頭の中の慣用句辞書に登録してあれば文句はないが、それがなくても edge の意味が「とげのある」「人を傷つける可能性」と拡がるように体制化されていれば、前文の would be glad と identify できる。この文は、「彼女が去った場合、Miss Gavan が喜ぶだろう。」と言ったことに対して、なぜそう言えるかを説明しているから、fpJ の位置にある。

people listening の存在は、Stores というところの人間関係や、そこが人の集まるところだということがわかっていることによって、理解される。また、「聞く人」の存在が条件になるところから、have an edge が、「とげのある振舞い」の中の特に「とげのある物言い」であることに理解がいく。それで、次の文を理解する姿勢ができる。

4―10　‘Miss Hill, don’t you see these ladies are waiting?’

引用符号が発話を知らせるから、これが、Miss Gavan の彼女に対する物言いであるとわかる。すなわちこの文は fpA′。そして、その発話文の冒頭にある呼びかけの Miss Hill は、当然 she の姓でなければならない。固有名詞辞典に、「継続題目人物 she の姓＝Hill」と登録される。

these ladies は、前文の people listening と identify される。それは Stores に買いに来た客たちである。

4―11 'Look lively, Miss Hill, please.'

会話引用文が二つ並べば、問いに対する答えか、刺激に対する反応である可能性が強いが、この文では、前文と同じ Miss Hill が呼びかけ語になっているから、同一話者の追っかけ発話（または、「こんなふうにも言う」という、同類発話の陳列）でなければならない。

look lively は、look alive、be lively などとともに「ぐずぐずするな」という idiom 理解。

この文は、前文と同性格で並ぶから fpM。

4―12 She would not cry many tears at leaving Stores.

she は、Miss Gavan か Miss Hill か、一瞬迷うが、leaving Stores の主語が Hill だから、それと同じでなければならない。それで主語が継続題目人物に戻り、faD3。leaving stores と重なって、類義または同義性の承前性となり、faA3 か faD2。

この文は、前三文で述べた Miss Gavan の冷遇から来る結果の事態を、想像によって「そんなわけで」でつながる関係として述べているから、fpE となる。

この文で、6 文から始まった第二の答えがひとまずまとまった。「家を出、stores から離れても、たいした支障はないし、悲しくもない。」すなわち、「出てもよい。」という答えである。

5―1 But in her new home, in a distant unknown country, it would not be like that.

これは、断然、転換型の文である。but が、この場合、承前記号としてよりも、転換記号（tsA）として働くのは、in her new home の新情報性による。new home に「知らぬ他国での」という情報が添って、「今まで紹介しなかった、彼女の新しい環境たる new home では」ということになるから、ここに新たな空間場面が設定されて taC の転換文となる。この new home は、第 3 段落で、彼女にとって familiar な、old home の有様が描かれたのに対して、反対な概念を導入する。

文末の that は、前段落で述べられた、現在の環境における彼女の生活の振わなさを指している。そのことは、生きた読者には一読明瞭だが、その identification がどのレベルで行なわれるのかを見極めるのは、なかなかむずかしい。われわれの頭というものは、そこまでの理解でできている意味のまとまりを、ひとつの集合にして、全体を一つの名詞で指せるようにしておく努力を、いつでも、しているものらしい。日本語では、「こと」という形式名詞と、「の」という準体助詞が、言語形式上そのまとまりを作るのに、非常に大きな働きをしているが、それがなくても、意味の上で、あるまとまりができつつあるところに、何かそのまとまりに相当しそうな名詞が出て来ると、その名詞へ、そこまでの意味のまとまりを転位させる働きが起こるもののようだ。この文で、文末の that は、構文上明らかに代名詞であって、括りの接続詞ではないから、本来は、代行目標になる先行名詞を要求するはずだが、先行文脈に適当な名詞が無い。それでも、わたくしたちの頭は、勝手に、「現環境における彼女の生活の振わなさ」というような名詞的まとまりを作って、that に転位させるわけである。しかし、そのような臨時のまとまりを、たびたび、聞き手や読者に要求する文章は、受け手に負担をかける文章で、わかりやすい文章とは言えない。

5―2　Then she would be married――she, Eveline.

then が明瞭に継起性を表わして fsA3 の承前記号。位置でいえば fpF（結果行為）の文。彼女が家を出た場合のことを空想しているから、述語の判断形式がすべて would で形作られる。逆にいえば、would が続く間は、彼女の空想が同じペースで続いていることを表わすことになる。

be married（結婚する）は、4―6 文の run away with a fellow からの当然の発展結果と受け取られるから、それに対して faA9（発生連鎖系列に属する語句）の承前要素をなす。また、前文の her new home とも意味の連合を作る。

she、Eveline と並んでいるので、ここではじめて、彼女の first name が Eveline であることがわかる。固有名詞辞典の人名リストに「she＝Miss Eveline Hill」と増補される。

5―3　People would treat her with respect then.

people は 1 文の country に住む人々で、4—9 文の people などとは関係がない。people のように意味の広い名詞は、they や he のような代名詞とほとんど同形の語が同じ文章の中にあるからといって、同じものを指す可能性は少なく、その都度違う referent を指すと思わなければならない。むしろ、この場合は、country という語との間に「土地」→「人が住む」→「人々」という意味の連続があることに注目しなければならない。文末の then は、前文頭の then と同意で faA3 の承前記号。ただし、前文を受けているのではなく、前文と並んで前々文を受けているから、この文は、前々文に対して fpF であり、前文に対しては、fpM である。「ダレ 1 treat ダレ 2 with ドンナ態度」という連語の「ドンナ態度」のところに、「尊敬」「軽蔑」「親愛」「憎悪」その他、どんなことばが入る可能性があるか、その配列がよくできた辞書を頭にもつ者がよい表現者である。

5—4　She would not be treated as her mother had been.

先行二文で、new home では、彼女は、今とは違って人々からよく扱われるだろうと言っているのを受け、「よく扱われる」とは、「彼女の母のように扱われない」ことだと、ある具体レベルに観点を据えて言いかえたわけだから、fpI と見ることができる。すなわち、母は、よく扱われなかったと知れる。母の物故は先刻情報が入っているが、その生前の状況がこれから述べられるであろうと予測される。

5—5　Even now, though she was over nineteen, she sometimes felt herself in danger of her father's violence.

この文で、彼女の年齢が 19 歳とわかる。今でも父の暴力の危険性を感じることがあるというのも新情報で、彼女 Eveline が、今日までの家庭内の生活を幸福とは感じていないこと、それは、父と母との関係にも原因がありそうであることが、前文からの引き続きで感じられる。

ところで、第 5 段落に入って、1 文から 4 文までは、彼女が彼と共に新天地に行ってからのことを空想しているのに対して、この文で even now と言って、また「今」のことに戻り、且つ、19 年の回想で、話がまた過去のことになる。時間的に場面が改まるから、この文は taB の転換文である。

5—6　She knew it was that that had given her the palpitations.

二つある that の前の方は、承前記号の代名詞で fsC2。それが何を指すかについては、三つの解釈ができる。

（1） her father’s violence

（2） danger of her father’s violence

（3） 前文全体の文意

名詞句のまとまりがよい点で、形式的には（1）の解釈が一番すっきりしているが、「父の暴力が彼女をどきどきさせる」というより「父の暴力の危険性が彼女をどきどきさせる」という方が論理的な解釈である。しかし、danger は、in danger of という慣用的連語の一部だから、それがどれだけ、名詞としての情報を負うことができるか疑わしい。（3）の解釈は、形式的には最も具合がわるいが、5—1 文の that について述べた原理を再びここに適用すればよい。そうすると、that が前文をそっくり呑みこむことになるから、この文の前文に対する関係は fpN となる。

violence と palpitation の、意味上の関連は、論理的にはまったくないが、連想価は案外高いかも知れない。faA5 の一種であろうか。

5—7　When they were growing up he had never gone for her, like he used to go for Harry and Ernest, because she was a girl; but latterly he had begun to threaten her and say what he would do to her only for her dead mother’s sake.

go for ダレ という idiom が「ダレ に向かってかかって行く」で、violence と類義関係で faA3 をなす。Harry と Ernest には暴力を振ったが、彼女の成長後には、彼女には暴力をふるわなかったというから Harry と Ernest は男である。これは、英語人には、はじめから男名前とわかっていることだが。

後半文の threaten も violence や go for の系列に属して faA3。latterly は時間的相対性の副詞ゆえ、前半文に対して faA2。

前半文は、父が子どもとしての彼女には、女なるが故に暴力を振わなくなったことを述べ、後半文は、然るに最近は、亡くなった母の身代りとしての扱い（無論よくない扱い）を受けるようになり、また、父に脅かされ始めたことを言っている。後半文は前半文に対して fpE

であり、両文合して5・6文の内容を詳述しているのでfpIに当たる。

5—8　And now she had nobody to protect her.

この段落には、5文にnowと「19歳」があり、7文にwhen、latterlyがあり、特に時間系列ができているので、この文のnowがその系列に乗り、faA8となる。protect（保護する）は、前文のgo forやthreatenの攻撃性の意味に対して反意的であり、faA6である。

この文は、前文の並行事態を述べるもので、fpHと見られる。

5—9　Ernest was dead and Harry, who was in the church decorating business, was nearly always down somewhere in the country.

前文の「今や彼女を保護する者がない」のは、どうしてかその理由を解説しているから、fpJである。

Ernestも Harryも faD2.1。兄弟の一人は死に、他の一人は仕事でいつも他所へ行っている。両方とも「ここにはない」が前文nobodyを意味づける。

5—10　Besides, the invariable squabble for money on Saturday nights had begun to weary her unspeakably.

besidesは明らかな承前記号（fsB3）で、「その上」といって、上来の叙述に新情報を加える。新情報は、「土曜の夜の金銭上の口争い」である。争いの相手は父しか無い。

このbesidesは、本段落の5文から9文まで、父に関する叙述のすべてに対しているので、おのずから5〜9文をしめくくることになり、やや、しめくくりによる転換（taL）の性格をもつ。且つまた、この文の述語had begun to 〜が、新局面への移行を感じさせる点ではtaGの性格もある。

5—11　She always gave her entire wages——seven shillings and Harry always sent up what he could, but the trouble was to get any money from her father.

三つの文が並んでいて、andとbutとでつながれている。第一文は、父との口論の次第を説くために、さかのぼった叙事をしているので、文の初めの方では、やや飛躍を感じる。これは合流を見越した小飛躍で、taHの転換文といえる。第二文はher wagesに、ついでにHarryの金のことを付け加えてある。こういう但し書き的付け加えは、位置による承前の中に項目がない。増設すべきものかも知れない。第三文の the trouble は、その the が示すように、前文の squabble のほとんど同意語として登場しており、squabble をそのまま引きついでいる。faD1 に近い faA3 である。

したがって、この 11 文は、前半は転換型だが、but 以下に至って前文の詳述をする fpI の文となっている。

5—12　He said she used to squander the money, that she had no head, that he wasn't going to give her his hard-earned money to throw about the streets, and much more, for he was usually fairly bad on Saturday night.

money に the がついて、前文の any money を受けているところに、はっきり承前性がある。たとえどんなに小額の金でも、「その金を得るには大変な苦労をしているんだぞ。それを、頭のないお前が街へ行って投げて来るんだ。」と言ってくだをまくのが、きまって土曜の夜だというわけで、Saturday night が 10 文を受け faD2。

この文は、父との金銭上の口争いをさらに詳述しているので fpI1 である。

5—13　In the end he would give her the money and ask her had she any intention of buying Sunday's dinner.

in the end は時間的相対性語句で faA2。Sunday は Saturday と、曜日同士で faA3。give her the money の句は、前文の he wasn't going to give her his hard-earned money と用語の一致度が高い。そっくりそのままの反復ではないが、部分的反復になっている。faD1.2 の一種としよう。

この文は、前文の事態に後続する行為を描く fpF である。

5—14　Then she had to run out as quickly as she could and do her marketing, holding her black leather purse tightly in her hand as she elbowed her way through the crowds and returning home late under her load of provisions.

then の「それから」(fsA3) が端的に示すとおり、この文は、前文にさらに後続する行為を描いているので、fpF である。

marketing は前文の buying と関連語彙で faA5。

holding に対し、black leather purse（黒革の財布）は目的語、絶対に必要な存在であり、in her hand は、補語で、絶対に必要ではないが、image の補充のために有効に働いている。

5—15　She had hard work to keep the house together and to see that the two young children who had been left to her charge went to school regularly and got their meals regularly.

hard work は、4—5 文に she had to work hard とあるのを受けている。先行語では、work が動詞、hard が副詞、この文では hard が形容詞、work が名詞で、品詞はまったく違うが、意味は連続する。反復の仲間に入れ faD2 としておく。

keep the house とある。本段落の 10 文以下の叙述が、実質上、彼女の house keeping の様を語っているので、keep the house がそれらの叙述内容と identify される。その際二つの解釈が成り立つ。

（1）先の叙事を読んでいるうちに、読者の頭には keep the house とか house keeping とかの語ができており、それと、新来の語句とが一致する。

（2）読者の頭にそういう語句ができてはいないが、意味の抽象作用が働いて、無意識のうちに、house keeping の語に当たるような意味のまとまりができている。そこに、恰好な語句が入力されたので、意味のまとまりが、keep the house の語句を、「これが自分の記号だ」と言って指定し、identification が成り立つ。

どちらかが正しいというよりも、どちらの場合もあるだろうと思われる。

いずれにしても、この文の前半は、上来の叙事を、概括的にとらえなおして述べたもので、fpI1 に属する。第 1 編の説明において fpI1 は「詳化」「深化」の方向だけを言った観があるが、詳しくするばかりが解説ではない。簡潔にすることが解説であることもあり、これがその例である。

後半の情報、二人の子どもを預って世話しているということは完全に新情報だが、それが彼女の house-keeping を内容づけている点は同じである。

5―16　It was hard work―a hard life―but now that she was about to leave it she did not find it a wholly undesirable life.

hard work が前文の語句を反復して faD1.1.5。その語句を自文内でもう一度くり返して強調し、前文叙事の批評をしているから fpK の位置にある。しかし、この強調自身が目的ではなく、it is true ～、but～の言い方と同じで、「苦労は苦労に違いないが、しかし……」と言って反対のことを言うための、修辞的な強調である。その反対のことは、「いざ離れるとなると、この生活も必ずしも悪いばかりではない」といって、ちょっぴり未練を見せた。

この文は、この段落の末尾文である。今、作者は何を語っているかというと、第 4 段落のはじめに「家を出るのは賢いか？」と問うて、彼女が自分で答えを求め始めてから、家に居ることの長所を簡単に言って済まし、次に家を出た場合のことを想像して、だいたい、長所だけを見つけて来た、今まだその途中にある。見つけて来たところは、

①　出ても、誰も悲しまないし、自分も悲しくない。

②　彼と出て行く先には、もっと好い生活が待っている。

③　家の中で、父との関係がよくない。特に金銭上の苦労がいやだ。

の三点だ。そして、今 16 文で、③のことについて、ちょっとしたことわりを添えたのである。

さて、これまでの述べ方は大変くどかったから、これから先は、いちいち「なぜ理解できるのか。意味の連合や連続はどういう過程で行なわれるのか」の説明はしないで、ストーリーと文章の展開を追ってみる。

6―1　She was about to explore another life with Frank.

4―6 文で a fellow でしかなかった人間が、彼女にもう一つの人生を拓かせてくれる重要人物として Frank の名で登場する。その点では新主題人物の登場で taD 型転換文といえるが、Frank の位置は with の目的語であって主体的存在でない。もっと表面に出ているのは she の another life であるから、ここに新局面が開けて、taG 型の転換文とした方がよい。さらに言えば、新しい心理的場面（時間場面でも空間場面でもない）を設定する文という項目を、転換要素の中に増設するのが、いっそうよいかも知れない。

6—2　Frank was very kind, manly, open-hearted.

Frank が尻取りで faD1.1.1.4。kind、manly、open-hearted は、みな、精神の良い状態だから、前文の explore another life という前向き姿勢の語とマッチする。

前文が成り立つ理由を述べて fpJ。

6—3　She was to go away with him by the night-boat to be his wife and to live with him in Buenos Ayres, where he had a home waiting for her.

これも、前の文と並んで、第 1 文の理由づけをしているが、非常に具体的になって、ブエノス・アイレスの新生活が述べられているので、理由よりむしろ詳述で fpI1 と見られる。

6—4　How well she rememberd the first time she had seen him; he was lodging in a house on the main road where she used to visit.

彼女が彼 Frank との出会いを回想する。How well と感嘆文の形で起こした点は、文種変化で、taI の転換性あり。また、出会いの過去へ時間場面が移る点では taB の転換性もある。セミコロン以後の文は、前半文の動詞 remember の知覚対象を叙しているから、前半文に対して fpG である。

6—5　It seems a few weeks ago.

it は、'Frank と最初に会った時を指すが、適当な先行名詞はなく、前文全体の意味を呑みこむので、この文は fpN。

6—6　He was standing at the gate, his peaked cap pushed back on his head and his hair tumbled forward over a face of bronze.

6—4 文後半の叙事に並行する事態を追叙し、fpE。gate（門）は、前々文の house の関連語彙 faA5。三つの文がつながった形をしており、その中で第 1 文は概括把握、第 2・第 3 文は、頭、顔と、部分に分けて細叙しているから、あとの 2 文は第 1 文に対して fpD。

6—7　Then they had come to know each other.

then（それから）の fsA3 で、前文の後続事態を表わし、fpE。they が she と he を集合にして表わしたから、faA7。

6—8　He used to meet her outside the Stores every evening and see her home.

前文の「お互いに知り合うようになった」とは、どういうことかを、彼女の具体的行動を叙することによって説明しているので、fpI1。

6—9　He took her to see *The Bohemian Girl* and she felt elated as she sat in an unaccustomed part of the theatre with him.

これも彼の具体的行動で第 7 文を解説するゆえ、7 文に対して fpI1 であり、文に対しては、相並ぶので、fpM。

The Bohemian Girl が、「ラ・ボエーム」で、オペラの題名であることは、かなり高級な辞書で教えてもらわなければならぬ。

6—10　He was awfully fond of music and sang a little.

オペラがオペラとわかれば、名詞 music や動詞 sang（sing の過去）はきわめて近い関連語彙（faA5）となる。彼がなぜ、彼女をオペラに連れて行ったかの理由（彼が音楽と歌が好きだから）を示す文だから fpJ。

6—11　People knew that they were courting and, when he sang about the lass that loves a sailor, she always felt pleasantly confused.

第 6 文から第 10 文までのような事態の結果、人々が彼らの仲を知るに至ったので、前半文は結果行為を描く fpF。and 以下の後半文は、前半の courting の意味づけを、彼女の状態において語っているので、前半文に対して fpI3。

6—12　He used to call her Poppens out of fun.

Poppens は「ラ・ボエーム」の登場者らしいが、それがすぐ identify できるのは、よほど高級な読者である。11 文後半文を延長して追叙する fpH の文。

6—13　First of all it had been an excitement for her to have fellow and then she had begun to like him.

上来の、彼との交際が彼女にとって何であったかを、まずは珍らしかったこと、そして本当に好きになり始めていたこと、の二つで説明した。簡潔に解説した fpI1 の文。

6—14　He had tales of distant countries.

同じ he の行動を語っている点で、主語は難なく続いているが、述語の「遠い国々についての話」というのはまったく新情報で、それは何だろうと読者に思わせ、後続の情報を期待させるので、承前性よりも予告性が強く、新トピックに移るtaEの転換型文といえる。

6—15　He had started as a deck boy at a pound a mouth on a ship of Allan Line going out to Canada.

形式上の証拠がないが、この文は、前文のtalesの内容を“I”を“he”にして語っている間接話法の文である。予告に続く発話文だからfpA′に当たる。Frankはカナダ航路の船のデッキ・ボーイをしていたという語り出し。

6—16　He told her the names of the ships he had been on and the names of the different services.

こんどはtold（tellの過去）があって、前々文のtalesと類義語で続く。彼が乗った船の名前（複数）や、船上で従事した仕事のことを話したというので、だいたいにおいて、前文内の事態と見られ、fpD。fpHの要素もある。

6—17　He had sailed through the Straits of Magellan and he told her stories of the terrible Patagonians.

引き続いて、彼の航海話。fpDまたはfpH。

6—18　He had fallen on his feet in Buenos Ayres, he said, and had come over to the old country just for a holiday.

航海している間にBuenos Ayresで好運を拾ったと言い、一歩話が進む。事態内の事態というよりは、一つの結果事態だから、fpEと見よう。

6—19　Of course, her father had found out the affair and had forbidden her to have anything to say to him.

明らかに一歩進んで、そういう彼との交際を、彼女の父が許さなかったことを語る。結果行為を描くのでfpF。the affairは「そのこと」で、6—4文以後の全叙述の意味を、この一語に集約した。

6—20　‘I know these sailor chaps,’ he said.

前文のhad forbidden（禁じた）の予告を受けとめた父の発話文ゆえfpA′。父は彼をはじめから軽蔑してかかる。

7—1　One day he had quarrelled with Frank, and after that she had to meet her lover secretly.

段落が改まった。one dayが、新時間場面を設定するので、taBの転換型文。ある日遂に父と Frank は衝突し、それ以後、大っぴらには会えなくなった。後半文は、after that で前半文の後続事態を描き、fpE。この段落はこの一文のみ。

8—1　The evening deepened the avenue.

段落改まる。冒頭文の場面に戻った。極めて大事な転換形式である。先行文脈の出発点に戻る点で taK に属し、戻ることによって時間的にも空間的にも新場面を設定するので、taB でも taC でもある。戻ったとは言いながら、今までの回想をした時間が経過しているから、夕方が深くなった（deepened）、すなわち夕闇が濃くなった。

8—2　The white of two letters in her lap grew indistinct.

時間の経過から「夕闇」が意識正面に来るところに、二つの手紙の「白さ」が描かれるので、黒地に白があざやかである。white が faA6（対義語承前要素）となる。結果の事態で fpE。

8—3　One was to Harry; the other was to her father.

前文の two が one と the other とに分かれるのが集合把握と個別把握の関係になるから faA7 の適例。そして、前文事態の中のことゆえ、両文とも、前文に対して fpD。前半文と後半文とは、シンメトリックな形でつり合っているから fpL。other は one に対して相対性の語ゆえ faA1 または faA2。また、was to Harry は was the letter to Harry の省略結果であるから、ここに、承前ゆえの成文の省略があり、珍しく faC である。第 1 編の体系中で faC1 から faC8 までの間に、述語の省略も、存在動詞の補語（「ナニである」のナニ）の省略も入れてなかった。項目を増設しなければならない。

8—4　Ernest had been her favourite, but she liked Harry too.

前文に Harry への手紙のことがあり、その Harry は今は亡い Ernest とともに彼女の好きな兄弟だといっている。手紙からの連想だから、結果行為で、fpF と見るが、fpD（事態内事態）という見方も成り立つ。後半文の too の承前の働きについては 2—11 文で述べたとおり。後半文に対して、並行事態叙事の fpH と見られる。

8—5　Her father was becoming old lately, she noticed; he would miss her.

一つの手紙が Harry あてなので、Harry のことを考え、もう一つは父あてだから、この文では、父のことに思いを致す。それゆえ、この文は、前文と同じ関係で前々文に続く。すなわち、8—3文に対してfpF（または fpD)、前文とは相並んで、fpM。父もめっきり老いこんで気が弱くなった。「私がいなくなったら、さびしがるだろう。」と、彼女は思う。後半文は前半文の後続行為（fpF）でもあるが、noticedに含まれる彼女の思いの内容でもあるから、fpG でもある。

8—6　Sometimes he could be very nice.

時には、とてもやさしいこともある。それが、前文の he would miss her の判断を成り立たせる理由だから、前文の後半文に対して fpJ である。he misses her と he is nice（to her）とが調和する。

8—7　Not long before, when she had been laid up for a day, he had read her out a ghost story and made toast for her at the fire.

前文で父の nice さを言った。その nice ぶりを具体例で image 化したので、fpI1 である。彼女が一日寝た時など、怪談本を読んでくれたり、トーストを作ってくれたりした。

8—8　Another day, when their mother was alive, they had all gone for a picnic to the Hill of Howth.

前々文の sometimes を前文が受け、彼女が寝こんだある日のことを描いた。その日に対して another day（また別のある日）だから、当然、そこでも、父の nice さを語る事件が起こるはずである。しかし、この文では、母在世のある日、家族でピクニックに行ったというだけで、そこで父が何をしたかは語っていない。それは次の文で語られるはずである。この文だけについていえば、時間空間的に新場面を設定した、予告性の文で、小規模な転換型文と認めたい。（taB + taC）

8—9　She remembered her father putting on her mother's bonnet to make the children laugh.

前文の強い支配下にあり、みんなでピクニックに行った日、父がおどけたことをして子どもたちを笑わせたことがあると言っている。前文に対しては、その設定した舞台の中のことゆえ、fpD の位置にあるが、それより大事なのは、前文とこの文と合して、父の nice さを語る第二例を描き出していることである。両文合体して、第7文と相並び、ともに第6文の nice を肉づけしている。8・9両文の合体したものが6文に対してfpI1で、7文に対してはfpMとなる。

これで第8段落が終わる。第5段落の末で、「“家を出るのは賢いか？”に対する答えはまだ出きってはいない」という注釈を加えたが、その状態は、ここでもまだ続いている。Frankのことが希望・好奇心とともに語られて、いよいよ「家を出た方がよい」という結論が出るのかと思うと、また、家族生活への回想、特に弱って来た父への同情のようなものが出て来て、「出ろ。」という結論には、なかなかならない。次の段落でどうなるか。

9—1　Her time was running out but she continued to sit by the window, leaning her head against the window curtain, inhaling the odour of dusty cretonne.

Her time was running outだけが新情報で、あとは、ほとんど、冒頭文と同じである。彼女は窓辺に坐し、カーテンに頭をもたれ、クレトンのほこりっぽい匂いをかいでいる。第8段落の先頭文も冒頭に戻ったが、この文はいっそう徹底して、そこに戻っている。文句なしのtaK型転換文である。しかし、戻ったは戻ったが、何もかも同じ状態で戻ったのではない。「時がどんどん過ぎて行く」という違いがある。その間、彼女はavenueを眺め、過去の思い出にふけり、今の生活、これからの生活、などに思いを馳せた。その間に、読者も彼女について、多くの情報を得た。

無条件の「時」でなく、“her time”が過ぎて行くというところに、この「時」が、客観的に測られる何十分かの時間であるよりも、彼女にとっての心理的時間であるらしいことが察せられる。ぐずぐずしていると、人生の決定的な何かを手に入れる時を失う。その時が1分か1時間か1日かの問題ではない。

but she continuedも新情報で、これが時がどんどん過ぎて行くことと、彼女が冒頭文の状態のままであることとのギャップを鋭く示している。continueは、時間的相対性の語でfaA2に当たる。

9—2　Down far in the avenue she could hear a street organ playing.

前文で冒頭文の位置づけに戻ったから、彼女は当然avenueを見ている。そのavenueの遠くで流しのオルガンの音が聞こえるわけだから、事実上avenueは先行語の反復（faD1.1.5）になっている。前文の事態中にすでにあるはずの street organ を取り出して追叙しているから fpH と見られる。

9—3　She knew the air.

air（曲）は、前文の organ の関連語彙で、faA5。前文事態中の事態で、fpD。

9—4　Strange that it should come that very night to remind her of the promise to her mother, her promise to keep the home together as long as she could.

この家を守ることを母に約束した。その約束を、よりによって今宵思い出すとは、奇妙（strange）なこと！——と言って批評している。この批評は何に向けられているか？　何かを「思い出した」という叙述は前文に無いから、前文で述べたことの批評（fpK）と言うのには証拠不足であるが、読者には、street organ の響きがそれを思い出させたのだと直覚される。匂いとか音とかは、思い出を呼び出しやすいものであることがわかっているから。

9—5　She rememberd the last night of her mother's illness; she was again in the close, dark room at the other side of the hall and outside she heard a melancholy air of Italy.

前文の remind は、ここではっきりと、類義語 remember で受けとめられた。faA3。病気の母の最後の日に、暗い病室の中で、あのオルガンの音を聞いたのだ。前文事態中の事態で、fpD。後半文は具体的に詳しくなっているから、前半文に対して fpI1 と見られる。again（faA2）によって“she”は、母ではなくて、Eveline であるが、母の暗い病室に「いる」のは、心理的にいるのだとわかる。

9—6　The organ-player had been ordered to go away and given sixpence.

organ-player（オルガン弾き）は前文の melancholy air（憂うつな調べ）と関連語句 faA5。前文で、彼女の心は、母の最後の日の病室に戻っているから、今のシーンは、その日の病室である。したがって、この文は前文への後続事態を描き、fpE。オルガン弾きは、6 ペンスで、追い払われた。

9—7　She remembered her father strutting to back into the sick-room saying: 'Damned Italians!　coming over there!'

父の後続行為を叙して fpF の文。オルガン弾きを罵るひとりごとと共に父が母の病室に戻って来た。後半文は前半文の saying を受けて fpA′。

10—1　As she mused the pitiful vision of her mother's life laid its spell on the very quick of her being——that life of commonplace sacrifices closing in final craziness.

彼女が思いにふけっていると、母の一生が呪文となって、自分を金縛りにするような気がして来る。母の一生は、結局狂気に終わった、犠牲の一生だった。as she mused というところに、多少、翻ってとらえる転換性もあるが、内容が先行文脈に密着している。段落は改まったが、承前性が強い。上来の思い出の中で母のことを考えているうちにそういう感じがして来たのだから、後続事態で fpE の文。しかし、muse（思いにふける）は前文までの回想を指しているから、as she mused の部分は、前文で描いた認知対象に対する認知の行為を叙している。それは、fpG（前文で認知行為を叙し、後文で認知対象を描く）の逆順である。第 1 編の体系に、逆順の項目を設けなかったので、fpG′として、それを設けておきたい。

10—2　Strembled as she heard again her mother's voice saying constantly with foolish insistence: 'Derevaun Seraun!　Derevaun Seraun!'

気がふれてからの母の愚かしい叫び声が聞こえて来て、ぞっとする。この叫び（意味がわからない）が前文でいう spell（呪文）の内容であるから、これは前文事態内の事態で、fpD。

11—1　She stood up in a sudden impulse of terror.

突然恐怖に襲われて立ち上がる。段落が改まり、明らかに新局面に入ったから taG 型転換文である。

11—2　Escape!

「逃げろ。」ここではじめて、第 4 段落以来の「家を出るのは賢いか？」の問いに対する明確な答えが「家を出るべし。」と出た。この一語文は、前文で描かれた彼女の状態を、心の中側に立ち入って言い直したものだから、fpI2 に当たる。terror と escape との語彙的関係、faA5。

11—3　She must escape!

前文の動詞を反復（faD1.2）して、承前度は高いが、“Escape!”と“She must escape!”と、文の性質はおおいに違う。前者は主体的な態度表白で、後者は、叙述者が she をとらえて、客観的に叙した形になっている。とらえなおしだから fpI2。

11―4　Frank would save her.

「逃げろ。そうすれば、あとは、Frank が助けてくれるだろう。」と後続行為を言っているので、fpF である。escape と save と、語彙の関連性がある。faA5。

11 段落に入ってから、一文ごとに、客観叙述と主体的表白とが入れ替っている。こういう叙事法の変化は taF の転換文を作る要素になるが、一文ごとに入れ替るように間隔が短い時は、転換性をなすまでには至らない。

11―5　He would give her life, perhaps love, too.

前文 save の意味を、生命を与え、愛をも与えることと解説しているので、fpI1 であり、それゆえ save という表現が成り立つという意味では、fpJ の理由づけでもある。

11―6　But she wanted to live.

この but は、どういうつなげ方なのか、よくわからない。新潮文庫の安藤一郎氏の訳は、ここを「だって、彼女は生きたいのだ。」としている。おそらく、この文は、「逃げろ。Frank と行けば、新らしく生きられるぞ。」という、上述の彼女の判断の由って来るゆえんを、「何にせよ、彼女は生きたいのだから。」といって説明しているのだろう。であれば、この文は、この段落の 1 文から 5 文までの全文に対して fpJ の理由づけをしているといえる。前文の life とこの文の live と、類義語（faA3）。

11―7　Why should she be unhappy; She had a right to happiness.

why で問いかけたところに、居直って、一段声を立てて、たんかを切りかかったような感じがある。「逃げろ」を正当化するために、原点にさかのぼって論じ始めたわけで、合流を見越した飛躍（taH）がここにあると見たい。後半文は前半文を、角度を変えて言い直したので fpI3。

11―8　Frank would take her in his arms, fold her in his arms.

上の第4文第5文と非常に似ているが、save herやgive her lifeがtake her in his armsとなり、fold her in his armsとなった。4・5文の抽象的表現が、現実の具体的動作になって、イメージ化される。語句同士がfaA4の意味階層関係を構成している。小転換ではあるが、数文前へさかのぼって問題を新たにする転換性（taK）がある。

11—9　He would save her.

また前の言い方に戻ったようだが、具体的に内容づけられてからの戻りだから、こんどはsaveの意味がよくわかる。saveが前文の語に対して、また抽象化で引き締め、fpI1。第7文で、合流を見越して飛躍した、そしては、faA4。第6文との合流が、すぐに2文後のここで行なわれる。

12—1　She stood among the swaying crowd in the station at the Noth Wall.

段落が変わり、新しい空間場面Noth Wallステーションが設定された。大きく転換するtaC型の文。Noth Wallがどういうところなのか、われわれにはわからないが、母国語読者のイメージ化はおおいに助けられる。

12—2　He held her hand and she knew that he was speaking to her, saying something about the passage over and over again.

Noth Wallのステーションに彼女が在ったのは、彼に手を取られた状態においてであることを、この文が追叙しているので、fpH。彼は、これから行く道程のことを、何やらしきりに言っている。she knew that he was speaking to herという言い方は、彼女がその内容をよく聞いていない（むしろ、上の空である）ことを感じさせる。

12—3　The station was full of soldiers with brown baggages.

the stationが前々文の語を反復して、faD1.1.1.1。前々文のstationのcrowdの様子を追叙して、fpH。fpD（事態中の事態）とも見られるが、焦点がsheからcrowdに移ったので、soldiersが出て来た。

12—4　Through the wide doors of the sheds she caught a glimpse of the black mass of the boat, lying in beside the quay wall, with illumined portholes.

一方には軍人の群れが見え、一方には、これから乗る（らしい）船の黒い船体が見えるわけで、並行事態の追叙ゆえ、fpH。

12—5　She answerd nothing.

彼女は何も答えない。第2文の、彼が彼女に何やらしきりに話しかけている（speaking to her）ことについての answer だから、2文への後続行為叙事で、fpF。したがって、前文とは直接関係せず、fpM。answer に、speak に対する語彙の関連性 faA5 がある。

12—6　She felt her cheek pale and cold and, out of a maze of distress, she prayed to God to direct her, to show her what was her duty.

彼女の後続行為を叙して、fpF。いよいよのどたん場へ来て彼女は迷い、神に、「どうしたらよいか教えてくれ」と言う。

12—7　The boat blew a long mournful whistle into the mist.

船が気笛を鳴らせば、出帆の知らせで、明らかに新局面への移行を語る。taG の転換文。船の汽笛と mist（霧）とは、現実の取り合わせとして相性《あいしょう》がよい。だから foghorn（霧笛）ということばもある。関連語句。

12—8　If she went, tomorrow she would be on the sea with Frank, steaming towards Buenos Ayres.

前文までは、いよいよぎりぎりのところまで来た彼女の行動や、ステーションの様子を外面描写していたが、この文は、これから先の彼女の運命を空想し、明日の様を描いて見せる。これは、彼女の心の中を代弁しているにはちがいないが、それを、直接話法で“I”にせず、依然“she”で述べていくところに、一種独特の効果があり、ここで作者が顔を出して、読者とともに彼女の運命を卜するような調子になる。文種の感じが変わるので、taI 型の転換文と見る。

12—9　Their passage had been booked.

二人の旅程は予約ずみである——と言って、前文と同じ調子で想像を進める。前文に追叙して fpH。

12—10　Could she still draw back after all he had done for her?

はたして今から後戻りができるだろうか。彼が何もかも準備してくれてある今——まったく同じ調子で、追叙が加わる。fpH。

12—11　Her distress awoke a nausea in her body and she kept moving her lips in silent fervent prayer.

ここでまた、7文までの叙事の調子に戻り、心の悩みが、彼女の体にどんな苦しみを起こさせたかを叙し、祈りにすがるしか知らぬ彼女の様子を描く。8文から10文までのつながりは、もちろん、彼女の心の中を代弁していることを、読者は知っているから、文頭のher distressが、先行する三文連続をそっくり呑みこみ、fpNの関係を作る。結果の行為を叙してもいるから、fpFでもある。

13—1　A bell clanged upon her heart.

段落が変わり、新しいbellの音で、新局面が鋭く開ける。疑いもなく、taGの転換文である。物語の大詰めが近くなって、にわかに、局面の転換が速くなってきた。このbellは、現実の鐘の音に違いないが、her heartに響くところが、心理的新場面を作る。

13—2　She felt him seize her hand: 'Come!'

彼がぐっと手をつかんで、'Come!'と言う。それをshe felt。彼女の後続行為ゆえ、fpF。'Come!'は、前半文に対して、追叙のfpH。

14—1　All the seas of the world tumbled about her heart.

段落が変わるとともに、また新局面に移った。taG転換文。seaという語は12—8文に在り、その後、boat、steaming、など、海関係のことが語られているから、seaは、ずっと題目性を続けているが、ここへ来てall the seas of the world（世界中の海という海）と、一挙に話が大きくなり、その巨大な海が彼女の心に押し寄せて来だのだから、これは、新たな大課題である。

14—2　He was drawing her into them: he would drown her.

世界中の海が押し寄せて来るだけで大変なのに、その海の中へ、「彼」が引っぱりこもうとする。themの承前記号fsC2がよく働く。かぶさる事態を追叙してfpH。後半文は前半文の解釈を、いっそう、うがち深めてfpI1。

14—3　She gripped with both hands at the railing.

先行する二文が彼女の心の中の恐怖を語った。その恐怖の結果がこの文の行為となるから、fpFで、彼女は行くまいとして鉄の手すりにしがみつく。

14—4　'Come!'

その結果、彼があせって'Come!'と言うのだから、これも、結果行為の fpF。

14—5　No!　No!　No!

“Come!”に対して“No!”と答えるから fpC2 の文である。この No は、彼女の声に出しての発話ではないが、文章上のつながりは、同じことである。

14—6　It was impossible.

“No”を詳説して“It was impossible.”（それは、できない）と言うから、fpI1。

14—7　Her hands clutched the iron in frenzy.

「できない」から、鉄棒にしがみつくことになる。結果行為で、fpF。

14—8　Amid the seas she sent a cry of anguish.

鉄棒にしがみつきながらの彼女の心の行動を、改めて追叙している。fpH。彼女の心は恐ろしい世界の海の中にあり、その中から、苦しみの声をあげる。その声は、声にはならない心の声である。

15—1　‘Eveline!　Evvy!’

最後の段落。彼女の名を呼んでいるから、この発話は、Frank のもの。Frank は Eveline の様を見て、どうしようもなく、名を呼ぶのみ。後続行為で fpF。段落が改まったといっても、会話文のためで、転換文ではない。

15—2　He rushed beyond the barrier and called to her to follow.

前文で彼女の名を呼んだことに伴う動作が rushed beyond the barrier（柵のむこうへ突進）であると見てもよいし、called という発話用の語で、発話を解説したと見てもよい。前者なら fpA3、後者なら fpA2。

15—3　He was shouted at to go on, but he still called to her.

Frank が立ち止まったから、乗船客が「進め」と言ってうながす。彼は呼び続ける。後続行為で fpF。

15—4　She set her white face to him, passive, like a helpless animal.

安藤訳——彼女は白い顔を、無力な獣のように、ただ静かに、彼の方へ向けた。

Frank の方が彼女の名を呼び続けている時、一方、彼女はこうだったわけで、並行事態追叙の fpH。

15—5　Her eyes gave him no sign of love or farewell or recognition.

このような破局的瞬間において、彼女の目の中には「愛」の色も「別れ」の色もない。彼を認識すらしていない目の色だ——ということは、読者には大変な驚きで、この瞬間に至って、Eveline なる女性のイメージと解釈とが、はじめて読者に定着する。この一文は、彼に白い顔を向けている時の彼女の様をいっそう立ち入って叙しているので、事態中の事態、fpD であるが、並行事態の追叙 fpH であるともいえる。

以上“Eveline”なる短編小説の理解過程をたどってみた。大変くどく聞こえたに違いない記述を通して考えてみたかったことは、連語ルール、統辞ルールを基礎にしながら、わたくしたちの頭の中にできていく、あるつながりについてであった。それは、つまり、意味のつながりである。「意味」は、いつも、一般と特殊、抽象と具体の間を行き来しながら、その輪をひろげたり縮めたり、横すべりしたりして、文脈とともに絶えず変形していくものである。そして、意味は、文から文へと伝わって流れて行き、どの文も、自分までの流れのすべてをどこかに負って、後続文を起こす。

わたくしの言う「起こし文型」は、文章中のあらゆる文が、直前までの意味の流れを受けて構文活動を始める時の姿勢をいうのである。各文は、前文に代表されている文脈の流れについて、どういう内容を、どこで、どういう形で受け止めるものか、それには、およそどんな受け止め方の型があるのかを調べて、第 1 編の体系を立ててみた。そして、第 2 編で、英文の小説について、第 1 編の体系が、意味の連続と発展の姿を記述するのに、どれだけ役に立つか、検査してみたのである。

検査の結果、小学校 2 年の国語教科書の文章から構成した起こし文型の体系が、ほとんどそのままで適用できることがわかった。項目を増設したいと感じたところは、ほんの二三個所であった。ただし、「位置による承前」（fp）の項は、形式のないものを思弁によって分類しているのだから、分類の基準が、しばしばあやしくなるのを覚えた。fp の中でも fpA、fpA′、fpB、fpB′、fpC までは、形式を入れているので迷いがなかったが、fpD以下があいまいである。特に、fpDの「前文で叙した事態の中の事態を描く文」とfpH「前文で叙した事態に並行する事態を追叙する文」との区別が大変あいまいであった。「中」とか「並行」とかいうのは、あくまでも、一面からの比喩的なとらえ方に過ぎない。違った目で見れば、まるで「中」とも「並行」とも思えないということがある。上の記述は、いささか強引に、どれかにつっこんでしまった感があるのを否めない。fpIの「前文で叙した事態を別の角度からとらえ直して叙する文」と、fpJ「前文叙述の理由づけをする文」との区別も、立てがたいところがあった。本来、承前記号も承前要素もないものについてだけ、「位置による承前」を考えたのであったのに、“Eveline”の分析では、全文にそれを押し当てたのだから、もちろん、無理があるわけである。

しかし、記号も要素も、意味の上の関係から必然的に選び取られるもので、あくまでも、文意の承前関係が先である。記号や要素があるから文意の関係を生ずるのではなく、文意の関係があるから、それを表わすのに都合のよい記号や要素が用いられるのである。だから、文章があるところには、必ず、文間の「位置による承前」の問題があるわけで、上記のように全文についてそれを押し当ててみる必要があった。

「位置による承前」は、もう一度、記号・要素とは別の次元において、考え直さなければいけないと思っている。

ところで、こうして、James Joyceの小説“Dubliners”の中の一編“Eveline”の文章をたどってみて、作者Joyceの特徴らしいものに触れたように、わたくしは感じている。

この短編の文章から感じられたものは、固執性と回帰性である。Evelineが窓辺でぼんやり夕暮れの街路を眺めている最初の場面に、あとから二度帰って行き、その間に進展というものがほとんどない。一極にFrankとの恋愛があり、それによって、旧い家からの脱出がテーマになるが、彼女の思いは、ともすれば過去の生活への執着に戻って行き、結局、Frankとのことは何でもないかのような結末に終わる。

この文章の中で転換が行なわれる時、たいていは先行文脈のどこかへ戻ることによる転換であり、新しい人物、新しい場面、新しい局面を迎える転換があまりない。多くの“おもしろい”小説のように、次から次へと場面が転じ、応接にいとまがないように事件が起こっては解決されていくのとは、まったく異質の小説がここにある。この小説から、合理性とか進歩性とかは、感じられないのである。（イデオロギーの問題ではない。）

回想の多いこの小説で、回想をもたらす契機になるものは、匂いと音である。ほこりっぽいクレトン・カーテンの匂い、夕暮れのアベニューを歩く男の足音、街を流すストリート・オルガンの音色などが非常に印象的で、これらが Eveline の人間性の固執性と回帰性を象徴している。

これは、たまたま、この一編の小説だけの特徴に過ぎないかも知れないが、Joyce その人と音楽との深い関係を考え、「ユリシーズ」や「若い芸術家の肖像」が固執性・回帰性と縁が深そうなことを考えると、“Eveline”の読解過程で感じたことが、ここだけに終わるものとも思えないのである。

関連文献について

本文の記述に際しては、自分の考えを述べるのに急なあまり、考えの元になった先学の研究や、参照すべき文献等については、何も言及することなく、筆を進めた。ここにまとめて、本文の所論に関連する諸文献について記しておく。ただし、その範囲は、直接影響を受けたものにとどめる。考えは、それからそれとつながったものだから、さかのぼってたどれば、きりがないことになるし、また、わたくしが影響を受けていなくても、問題に関連のある文献をさがせば、数多く見つかることだろう。その調査をすることは、本当は必要にちがいないが、そうすれば文献案内のための文献案内になる。今、わたくしは、そういう文献案内を作るいとまをもたないから、上記のように範囲を狭く限定し、今現にわたくしの頭に浮かんでいるものを記すにとどめる。

I　連語の研究をめぐって

本書における最も大きな関心事の一つは、文と文の間における用語の関連性ということである。このことに関する研究は、最近、特にコンピュータによる言語の処理が問題になり始めてから、連語論、および、語の共出現性の研究という形で、研究が深められつつある。

〔1〕石綿敏雄「言語の意味と言語情報処理」『電子計算機による国語研究』（国立国語研究所報告 31）所収、1968、秀英出版

〔2〕石綿敏雄「助詞『に』を含む動詞句の構造」『電子計算機による国語研究Ⅳ』（国立国語研究所報告 46）所収、1972、秀英出版

〔3〕国立国語研究所『分類語彙表』（国立国語研究所資料集 6）1964、秀英出版

石綿氏は、現在国立国語研究所で行なわれている、コンピュータによる新聞語彙調査の担当者の一人である。言語処理の自動化に向かった研究の中で、実際のデータにより、語の連合法則を求めつつある。〔1〕は〔3〕の『分類語彙表』における語の分類原理を利用しながら、その原理に、『分類語彙表』が排除した連想的つながりの原理を接続することにより、多次元的な語の関係が求められるとして、その組織化の方法を探求している。その『分類語彙表』は、現文部省視学官、林大氏が国研在職時代に担当し、研究所における雑誌の語彙調査結果に阪本一郎氏の『教育基本語彙』の語彙を加えた32,600語を、意味の体系によって分類排列したものである。全語を「体」「用」「相」に分け、「体」の中を「抽象的関係」「人間活動の主体」「人間活動―精神および行為」「人間活動の生産物―結果および用具」「自然―自然物および自然現象」に区分し、以下、次第に精細に分けて、分類番号がふってある。石綿氏の〔2〕は、新聞語彙調査の資料や文学作品の中から「話題 に なる」「病院 に 行く」のような「〔名詞〕に〔動詞〕」の形の句を集めて、名詞・動詞のそれぞれを『分類語彙表』によって類化することにより、「に」について、名詞を含む動詞句の構造パターンを求めている。同じ方法で、同じ資料の中から「〔名詞〕を〔動詞〕」の形の句を集めて分析した結果の報告が、公刊されたものではないが、次の〔4〕である。

〔4〕福渡淑子「連語について（その1、名詞＋「を」＋動詞の型）」「情報処理学会 Computational Linguistics 研究委員会資料」、1971

林大氏の語彙分類に関する考察に接するには、『分類語彙表』のほか、次の論文〔5〕を見る必要がある。

〔5〕林大「語彙」『講座現代国語学Ⅱ』所収、1957、筑摩書房

連語論には、教育科学研究会の人々の堅実な研究実績があり、石綿氏も、それに多くを負っている。

〔6〕奥田靖雄「日本語文法連語論」、雑誌『教育国語』（麦書房）連載中、1972年3月の第28号で、「を格の名詞と動詞との結びつき」の第9回。

〔7〕南不二男「日常会話の構造」、雑誌『言語』Vol. 1. No. 2、

1972

この論文は、南氏（東京外国語大助教授）が国立国語研究所在職時代に参加した、松江市における言語生活調査の中の、一家族の一日の発話の録音資料を分析したものである。この中に、近い文脈の中で、いかに、生活的に関連した語彙が用いられているかについての興味深い記述がある。この言語生活調査の南氏による報告には、『待遇表現の実態』（国立国語研究所報告 41、1971、秀英出版）がある。

〔8〕Fillmore, Charles J.: Types of Lexical Information; Studies in Syntax and Semantics, Edited by F. Kiefer, 1969, D. Reidel Publishing Company.

Fillmore は Chomsky の生成・変形文法の考え方を受け入れて独自に発展させている学者であるが、特に、文の構造を動詞の格支配の形で分析する。動詞の相手を、Agent（行為者）、Counter-Agent（行為に抵抗する力）、Object（行為の対象）、Result（行為の結果生ずるもの）、Instrument（起因力）、Source（目的の場所）、Experiencer（結果の及び先）のように分け、ある動詞がどういう相手を取るかは、深層構造において決まっており、表層構造においていろいろな変形が起こるのだという考え方を述べている。Fillmore の文法は Case Grammar と呼ばれており、さらに発展が期待される。

Fillmore の考え方は、Chomsky において、言語の構造が構文ルールと辞書とによって支えられるとする考え方の上に立ち、動詞を辞書に記述する時の必要な情報を求めるという形で進められたものである。

辞書と連語との関係を、Chomsky 説とは関係なく、常識に戻って眺めてみると、語と語との関係に注目して編集した辞書として、次のようなものが有益である。

〔9〕Palmer, Harold E.: A Grammar of English Words, 1938, Longmans, Green & Co Ltd.

使用価値の高い 1,000 語を選び、各語の文法的な用法を、用例によって組織的に説明している。当然、他の語との関連のしかたが傾向的にたどられるところがおもしろい。

〔10〕勝俣銓吉郎編『新英和活用大辞典』、1958、研究社

勝俣氏は、かつて、神田乃武・南日恒太郎共編『英和双解熟語大辞

典』（明治42年、有朋堂）の編集に従事し、名詞と他動詞との関係を主にして英語の用法を記述した。この方針をさらに貫いて、昭和16年に『英和活用大辞典』（研究社）を公にした。それが昭和33年に増補されて、本辞典になった。英名 New Dictionary of English Collocation が示すように、連語の辞典である。英和辞典にはこういうものができているのに、国語辞典に、こういう連語辞典がないのが、どうも不思議である。

〔11〕Roget's Thesaurus

ロゼーのシソーラスには、もう百年の歴史があり、大中小様々な規模のものが、何度も増補改訂されて、常に新しい版になって出ている。元来は、意味の体系によって英語の語彙を分類排列したものであるが、現在は、分類形式のものと、普通の辞書のようにアルファベット順に見出し語を並べた類義語集形式のものと、二つの系統に分かれている。

Ⅱ　文章論の研究をめぐって

〔12〕時枝誠記『日本文法文語篇』「岩波全書」、1954

〔13〕時枝誠記『文章研究序説』、1940、山田書店

時枝氏は、岩波全書の『日本文法口語篇』（1950）で、文法研究の中に文章論の領域があることを述べ、続く『文語篇』で、その一端を示した。文章の展開とそれに伴う文章構造の問題に研究の主眼点があり、特に「文章における冒頭文の意義とその展開」「文章の展開と接続詞」「感動詞の文章における意義」の各項に興味深い記述がある。〔13〕では、文章構造論を一段と進め、古今和歌集における編者の編集態度の現われ方、平家物語の構成と成立事情との関係についての考察など、具体的作品の分析を通しての研究が示されている。

〔14〕永野賢『学校文法文章論』1959、朝倉書店

〔15〕永野賢『文章論詳説』、1972、朝倉書店

〔16〕市川孝「文章の構造」、『現代国語学Ⅱ』所収、1957、筑摩書房

〔17〕市川孝「文と文章論」、『ことばの研究』（国立国語研究所論集Ⅰ）所収、1959　秀英出版

永野氏と市川氏は、時枝氏の文章論研究を受けついだ文法学者として、双璧というべき存在である。市川氏の〔16〕がまず、文の連接論に体系を示した。〔17〕では、連接論と構造論との関係を考察した。永野氏の〔14〕は、おそらく、文章論が独立して一冊の著述となったものの最初であろう。連接論とともに、特に段落の関係に関する考察がくわしい。市川・永野両氏の研究によって、文連接の形式には、①接続詞類による、②指示語による、③副助詞「も」や述語部分の「のだ」「からだ」などによる、④前文の語の反復による、⑤特別の形式を用いず、単に文を重ねる——などがあることは、すでに定説となった。本書第1編の承前型の各形式は、わたくしが発見したというものは、ほとんどない。みな両氏の諸論文にすでに説かれているものである。わたくしのは、一定の資料内で数をかぞえ、傾向を見出そうとしたところにやや特色があるにすぎない。

〔18〕長田久男「連文における叙述内容の反復」、『論究日本文学』第26号所収

〔19〕長田久男「連文の学習」(京都市教育研究所報告139)

長田氏については、本文で言及したとおりで、わたしはおおいに啓発されるところがあった。長田氏の言う「意味のもちこみ」は、意味論の文章論への展開として、大変興味のある問題である。

〔20〕岡本哲也「日本語テキストの構造分析」、『計量国語学』62号、1972

コンピュータで文章の構造を自動的に分析する手法を求めるための実験研究の報告である。ソビエトその他における文章分析の諸論文に学び、市川氏の研究や、わたくしの『計量国語学』の論文などを参考にした上で、文と文の関係を示すインディケータを求めている。

〔21〕Fries, Charles C.: The Structure of English; 1952, Longmans, Green and Company

Fries は、Bloomfield の構造言語学を受けて、実際の話しことばの文を分析し、文法を規範文法から離して、現実の言語現象を説明できる原理とした点で大変功績のある人である。この書で提出した Immediate Constituent Analysis（IC 分析）の方法も、学界を益するところが多かった。そして、この書の中に、わたくしにとってさらに

重要な情報がある。文を文章の流れの中でとらえ、Situation sentence と Sequence sentence とに分けたことだ。前者は、場面設定の文で、後者はそれを受けつぐ文である。いわば、始発型文と承前型文のようなものだが、それらを絶対的分類としてでなく、互いに関係し合う相対的分類としてとらえているところが、より実際的である。そして、まさに「承前記号」と訳すべき Sequence signal の概念を提出し、①指示語、②定冠詞や that、③ any、some、every などの概念を用いる自由な結合、④時の相対的条件を表わす副詞、⑤接続詞類、をそれとした。(Fries は従来の文法にとらわれることを好まないから、品詞名を用いるのに、いちいち、so-called をつけているが)

〔22〕Palek, Bohumil: Cross-reference,(Acta Universitatis Carolinae Phirologica Monographia 21), 1968

Palek は、チェコスロバキアの言語学者。A Study from Hyper-syntax と副題があるように、文間文法の研究書である。文章の中で、一度提出された概念がどのようなシステムで受けつがれていくかを記号論理学的に追究している。

文法に関しては、関係するところがあまりに多く、恩恵を受けた書物をあげたら、きりがないのでいっさい略すが、指示語に関する佐久間鼎氏の研究と、わたくし自身に関連のある文型研究について触れておく。

〔23〕佐久間鼎『現代日本語の表現と語法』、1936、厚生閣

佐久間氏は心理学者であるから、言語現象を、いつも、表現者の、場の中での表現行為として見る。そこから、コソアドの体系的とらえ方が生まれてきた。佐久間氏には、他に、文法面での重要な著作に『現代日本語法の研究』(1940、厚生閣)、『日本語の言語理論』(1959、厚生閣) がある。

〔24〕飯田西中学校国語教育研究会『基本文型による国語教育の改造』、1968、明治図書

林の前著『基本文型の研究』が一つの動機になって、長野県飯田市および下伊那郡・上伊那郡の、主として中学校の先生の中に、日本語文型教育研究会という会ができた。代表者は菅井建吉氏 (下伊那郡伊賀良中学) で、グループの第一の著作がこれである。わたくしは本書

で、文や連語における語の類型分けにダレ ナニ……などの書き方をしばしば用いているが、この『改造』の書物で、この方式による文型化が、教育現場で有効であることが示されている。菅井氏たちの研究と実践とは、わたくしの『基本文型』の範囲内にとどまるものではなく、はるかにそれより発展している。最近（1972年8月）、菅井氏の『基本文型による書くことの指導』（明治図書）が出て、研究と実践が作文教育にひろがった。このグループの中の湯沢正範氏（上伊那郡箕輪中学）の文章研究に、わたくしは瞠目している。この夏（72年8月）の研究会で湯沢氏が発表した「文型による文章論の方向」の研究は、永野氏、市川氏や鶴田常吉氏の説からも学びながら、独自の文型観を文章論に展開したもので、機械的に1文と1文の関係を見るのでなく、文と文との有機的まとまりと後続文との関係をとらえて類型化していくところに、すこぶる新味と実際性があった。これはまだ活字になっていないもので、文献として紹介できないのが残念だが、湯沢氏の文章研究が、このグループの第三の成果として公表される日は遠くないと思っている。これがまとまれば、わたくしの本書よりも、理論的に筋の通ったものになるだろうと、わたくしは期待している。

Ⅲ　読み方・書き方の研究をめぐって

〔25〕Flesch, Rudolf & A. H. Lass: A New Guide to Better Writing; Popular Library 1963

Flesch は readability（読みやすさ）の研究者として実績のある人で、学問的な勘の大変いい実際家である。この書は、原著 The Way to Write（1947、Harper & Brothers）をポケット版に編集したもので、きわめて実際的な作文教程であるが、中に How to Tie Your Ideas Together（考えの結びつけ方）という一章があり、どんなことばによって想をつなげるかを論じているところが簡単だがおもしろい。

〔26〕Payne, Lucile Vaughan: The Lively Art of Writing; A Mentor Book 1969

これも実際的作文法の書であるが、この中の、Connections

Between Para-graphs（段落のつなげ方）の章で、接続詞や接続副詞を用いる標準的つなげ方のほかに、前段落中の語の反復を取り上げてParagraph hook（段落を引っかける爪）と称し、浅い引っかけ方、中くらいや、深い引っかけ方など、いろいろな反復法により、どんな語を反復することによって読者の理解がいっそうスムーズになるかを論じているところがおもしろいと思った。

〔27〕Leedy, Paul D.: Improve Your Reading 1956, McGraw-Hill Book Company Inc.

文章の能率的な読み方を教えている実際的な書物だが、なかなか考察がおもしろい。特に How Flows the Thought? という一章で、文章の中での考えの流れ方・進み方を論じているところが参考になる。想の流れを一方だけで見ないで、主流の中に時々まじる逆流（countercurrents）の有効な働きを観察している。

Ⅳ　言語理論の研究をめぐって

〔28〕Chomsky, Noam: Syntactic Structures 1957, Mouton & Co.

世界を風靡した生成文法の宣言の書である。文法はルールであるが、そのルールの意味が Chomsky においてまったく変わった。われわれは自分の母国語であれば、はじめて聞く発話を、聞いてすぐ理解することができる。それは、われわれの頭に、それぞれの語が文になった形での記憶が入っているのでなく、語の配列形式のパタンと、パタンの要所要所に入るべき単語とが記憶されていることを証する。そのパタンを文法ルールだと考える。わたくしが本書第 2 編で、文章の理解に「レベル」ということばを使っているのは、Chomsky によって一般化された考え方に、わたくしも同調したのである。勇康雄氏の訳『文法の構造』（1963、研究社）がある。

〔29〕Chomsky, Noam: Aspects of the Theory of Syntax; 1965, MIT Press.

生成文法から変形文法へと進んだ理論の体系と方法を論じたもの。安井稔氏の訳『文法理論の諸相』（1970、研究社）がある。

〔30〕Pike, Kenneth L.: Language in Relation to United Theory of the

Structure of Human Behavior; 1967, Mouton & Co.

題名を訳せば「人間行動の構造の統一理論との関係における言語」。七百ページの大著の中に、Sapir の弟子 Pike が、構想雄大な言語理論を展開した。音声・文法・意味・行動を一貫した理論で説明しようとする意欲的な著作で、わたくしは、まだまだパラパラめくって見ているだけだが、Pike の目標とするところにわたくしは非常に勇気づけられている。

〔31〕Russell, Bertrand: An Inquiry into Meaning and Truth; 1940, George Allen and Unwin Ltd.

言語表現とは何かを根本から考える。言語で表わすことと言語で表わされるものとは別の次元で考えなければならないことを、わたくしは、この書から教わった。文間の意味の受けつぎにおいても、表わされるもの同士の関係、表わすことと表わされるものとの関係、表わすこと同士の関係がある。この問題を今後よく整理しなければならないと思っている。

〔32〕時枝誠記『国語学原論』、1941、岩波書店

時枝氏は、文法家というよりも、言語理論家であり、思想家である。言語過程説と、そこから出る詞辞二分論は、常にわたくしの考えの拠り所となっている。詞は表わされるもののためにあり、辞はもっぱら表わすことのためにある。時枝氏は、国学者、特に鈴木朖の考えを尊重し、西洋言語学になびくことを拒否した人であるが、その詞辞論はまことに国際的で、人間の言語の現象に本質的に迫る性格をもつものだと、わたくしには思われる。

V 文学研究をめぐって

文学研究になれば、またまた、世界は海のようにひろがってしまうが、文章の見方を教えてくれるものは、そう数多くはない。次の 4 書をかかげる。

〔33〕夏目漱石『文学論』、1907

今さらいうまでもない文学研究の古典であるが、この書は、今も少しも鮮度が落ちない。文学を科学の目で見たものとして、こんなにあ

ざやかなものは珍しい。前半の文学の素材論とともに、後半の、作者と素材と読者との位置関係を論じたところは、文章論の第一級の研究である。

〔34〕夏目漱石『文学評論』、1909

これは、『文学論』よりずっとくだけて、おもしろい本だ。特に、Swift の文章と Defoe の文章とを比較しているのがおもしろい。

〔35〕東田千秋『作品と文体』、1971、大阪教育図書

東田氏は英文学者で、文体論協会の代表者である。Defoe、Dickens、Mark Twain、Conrad など、英米の近代文学作品によって文体を論ずる。東田氏は、文体の研究に無意味に数字をいじり回すことを嫌い、外的なものを数えてもかわらない、作品の内部構造を解明しようとする。結果として解明し得ているのかどうか、わたくしには、しかとはわからないが、わたくしは東田氏の論究態度にいつも親しみを覚え、文章研究の基本が「心」であることを痛感しながら、この書も読んだ。

〔36〕西郷竹彦「文学の理論」、雑誌『国語教育』（明治図書）連載中

1972 年 8 月号で連載 65 回目、えんえんとしてどこまで続くのかわからないが、そのいちばんの課題は、作者のものを見る目と、その作品・文章への表われ方との関係を追究することにあるようだ。文学論が文章から離れないところがありがたい。

あとがき

「文の姿勢の研究」という書名は、書店に原稿を渡してから、3か月ほど後に思いついたものである。はじめは、「起こし文型の研究」という名を考えていたが、「起こし文型」という名称はまったくわたくしひとりに属するものであり、あまりに内容がわからなすぎると思われたのであきらめ、次に「文の連接から見た文章の研究」という名を考えた。これは、いたってわかりやすい名前であり、ほとんどこれに決めようと思ったが、厳密に考えると、正しく内容を語っていないと思われてきた。文の連接を研究していることは事実だが、正面きって文章の研究であるとは言いがたい。文章の研究なら、一つの文章のまとまり全体を問題の中心に据えたものでなければならない。文章全体の成立や構造は本書の研究課題ではない。文章研究の領域内にあることは確かだが、「文章の研究」と名乗っては、うそになると思って、やめた。

ある時期には、「続基本文型の研究」という名も浮かんだことがあるが、この題名は、本書成立の動機を語るだけで、記述の内容を語ることにはなりそうもないので、すぐに放棄した。しかし、前著『文章表現法講説』(昭和44年、学燈社)のあとがきで、続いて『基本文型の研究』の続編を出すつもりだと述べたのは、本書のことである。

「文の姿勢の研究」は、いい名を思いついたと思っている。文が一つの姿勢をもつのは、それが文章の中にあるがゆえである。だから、文の姿勢を観察することは、文を文章の中のものとして見ていることにほかならない。それゆえ、この書名は、本書が一種の文章研究書であることを言外に語ることになる。その程度になら、本書は文章研究を課題とすると言ってもいいのである。

記述の筆を進めながら、ここで問題にしていることが言語研究のいろいろな面にひろがり、つながっていくことを感じた。始発型を論じていると、おのずと話しことばにおける談話の流れの始めと終わりとを問題にすることになる。この問題は、南不二男氏が国立国語研究所の報告書『待遇表現の実態』において真正面から取り上げたところである。南氏は、録音データを分析するに当たり、談話文章のまとまりの単位として、「段落」よりも大きく、「文章」より小さい一つの単位を設定し、これに「談話」という名称を与えた。この名称は常識語の「談話」とまぎれやすいので、必ずしも適切ではないかも知れないが、こういう、文章の単位論は、これからの文章研究の重要な課題でなければならない。わたくしは前に、ある書きものの中で、この種の単位を「結像段落」(imaging block) という名で考えたことがあったが、概念を設けてみただけで、まだ何の内容づけもしていない。

本文の中でも述べたように、本書の中でわたくしが最も重要な研究課題だと感じているのは、承前要素のA (faA) に挙げた語彙的承前要素である。語彙は、わたくしたちの頭の中に貯蔵された、語形と意味との対応体系であり、同意語、類義語とか反対語とかいうのは、比較的定着度が高いと考えられている貯蔵形式の名である。物が貯蔵されている状態は、その物が使われない時の状態である。使われるべく待機している時の姿である。貯蔵されている語が実際に使われる時は、文の形になり、文章の形になる。語が文になり文章になるのを語の縦のつながりとすれば、貯蔵されている語彙は語の横の並びである。

faA5に挙げた関連語句は縦のつながりに属し、faA3の類義語句、faA4の意味階層構成語句および、faA6の対義関係語句は、横の並びに属する。faAは、この辺の問題をもっと言語学的に追究して整理しなおす必要がある。参考文献のところで述べたように、石綿敏雄氏は名詞と動詞の連結で作られるシンタグマの研究を精力的に続けている。石綿氏はコンピュータによる言語の自動処理のためにこの研究を行なっているが、この研究は、文の中の語の関係を自動的に解析することに道を開くばかりでなく、文と文とのつながりの関係を機械にたどらせるためにも大きな拠り所を提供するものである。

南氏と石綿氏とは、その研究の内容がわたくしの研究に光を投げるだけでなく、両氏とも直接、絶えずわたくしを励まして下さった。本書ができあがって、あとがきを書く段になった今、改めて両氏に感謝の意を表したい。

第一編の末尾で、起こし文型の体系が後続文のタイプを予測することに働くはずであることを述べた。そこで述べたことに誤りはないと思うが、その叙述内容は至って貧弱なものである。この貧弱さを思うたびに、わたくしは、計量国語学会の主宰者である水谷静夫氏に対して恥ずる気持を抑えることができない。わたくしが『計量国語学』という、雑誌に本書の母胎である論文を投稿したのは、この調査結果が、文章の中で文が一つ一つ追加されて文脈を作りつつ進んでいく表現活動の機械的な面を数理的に明らかにするための基礎固めになると信じたからである。文の生成を文章レベルで考えて、文章表現のモデルを作ってみたかったのであるが、モデル作りには数学の高い教養が必要であり、とうていわたくしの能くするところでないことを悟ったので、そこまで突っ込む努力をしなかった。ここで止まっては「計量国語学」の名には価しないが、とにかく考え方だけを固めておきたいと思ったので、その方面には浅いままで記述を終えた。今後水谷氏の顔を思い出して、もうすこしは数学的な考え方へ進みたいと思っている。

本書の記述の中で、わたくしはしばしば旧約聖書の文章に言及した。『文章表現法講説』においてもそれを強く感じたが、新改訳聖書の訳業に参加しつつ具体的な文章表現をいろいろに考えたことは、わたくしにとって非常に大きなことだった。特に、その仕事の間、神学者舟喜順一氏と絶えず意見を交換する機会があったことが、わたくしに大きな影響を与えた。わたくしが聖書の文章に言及して何かを言う時、基本的に舟喜氏の教えに負うところが大きい。記して謝意を表したい。

昭和48年2月10日
著　者

解説

テキスト言語学から見た『文の姿勢の研究』

庵功雄

1. 本書の概要

本書は、文章論の本です。

林先生自身の説明によれば、文章には「流れ」と「構え」があります。

「流れ」というのは、つながろうとする力であり、われわれの思考場面に1つの情報が送り込まれると、それ以降は、その情報が呼び起こす近接情報へ移ろうとする力が主に働いて、あることばから次のことばが選ばれるようになる（p.5）ことを言います。

一方、「構え」というのは、離れようとする力であり、新情報が入ってくることによって、それまでの思考の流れから、一応離れるが、やがてつながるべく意図されて離れる（p.6）ということを言います。

文章は、この「流れ」と「構え」の関係性の中から作られていくわけですが、本書の特徴は、文章を推し進めていく基本の力を「流れ」であると見て（p.9）、文章を構成する各文を文章の流れへの参与する「姿勢」にそって分類し、そこに共通の「型」を見出すというところにあります。そのためのデータとして使われたのは、昭和36年から39年にかけて使用された、小学校2年生向けの国語教科書2冊（柳田国男・岩淵悦太郎編『あたらしいこくご』東京書籍）の全文です。

そうして抽出された「型」には、始発型、承前型、転換型、自由型の4種類があります。

始発型は、「流れ」を作る原動力を担いそれを表すものであり、承前型は、いったん起こされた流れを受け継ぐ姿勢を持つものです。転換型は、流れに少しストップをかけて新たな「構え」を示すものです。そして、自由型は、これらの分類に入りきらないものを集めたものです。

この「解題」では、4つの型のうち、最も種類が豊富で、かつ、理論的にも重要なものである「承前型」を中心に述べていきたいと思います[*1]。

2. 記号と要素

本書において最も重要なポイントの1つとなるのが「記号」と「要素」の区別です。

まず、「記号（symbol）」というのは、承前なら承前という機能を専門に果たすものを言います。例えば、指示語はこの意味で「(承前)記号」ということになります。

一方、「要素（agent）」というのは、ある語（成分）が特定の位置に置かれたときに、承前といった機能を果たす場合のことを言います。例えば、次の文連鎖における「おおかみ」は2文目の文頭に置かれることによって、承前性を発揮しているのであって、それ自体に承前性を持つ要因はないため、「承前要素」となります。

（1）むかしむかしあるところに一匹のおおかみがいました。おおかみはたいそうおなかをすかせていました。

本書以前はもちろん、現在においても、文章・談話の研究においては、「記号」の研究のみがもっぱら行われており、「要素」を視野に入れた研究はほとんどなされていません。しかし、承前型だけについて考えても、実際には、「記号」によるものよりも「要素」によるものの方が多いのです[*2]。こうした点からも、本書の先見性を知ることができます。

3. つながりの2種類　結束性と一貫性

さて、ここで、本書の解題から少し離れて、テキストを構成するとはどういうことかについて少し考えてみたいと思います。

まず、次の例を見てみましょう。

（2）（a）先日、ある本を読んだ。（b）それは村上春樹の新しい長編小説だ。

この文連続（「テキスト」*3）において、b 文の「それ」は「先日読んだ本」を指しますが、これは b 文がこのテキストの中に置かれているから可能になるだけのことであり、もし、この文が（3）のように、単独で使われた場合は（現場指示でない限り）「それ」が指す内容は決まりません*4。

（3） それは村上春樹の新しい長編小説だ。

これを逆に言うと、（2）b 文は「それ」という部分が自らの解釈を他の部分に依存しており、そのことが力となって、（多くの場合先行する）他の部分と結びついて 1 つの「まとまり（tie）」を作ります。そして、それらのまとまりが集まって全体として 1 つのテキストを作ることになります（（2）では、1 つのまとまりが 1 つのテキストを作っています）。

Halliday & Hasan（1976）（以下、「H&H」と呼びます）は、このように、依存関係にもとづいてテキストが作られる場合、そのテキストには「結束性（cohesion）」が存在するとし、結束性のあり方を英語のテキストの分析をもとに、体系的に考察しています。

H&H はテキスト分析の方法論を具体的に示したものとして、高い理論的価値を持つものですが、分析上の限界があることも早くから指摘されています。例えば、Widdowson（1978）が挙げている次の例を考えてみましょう（（　）内は原文。訳は筆者による）。

〈A が入浴中の B にかかってきた電話について、B に声をかける〉

（4） A：電話だ。（That's the telephone.）
　　 B：今、風呂に入ってるんだ。（I'm in the bath.）
　　 A：わかった。（O.K.）

このやりとりがテキストをなすものとして理解されるのは、談話の参加者が【　】で補ったような意味を読み込んで解釈しているからです。

（5） A：電話だ。【出てくれない？】
　　 B：今、風呂に入ってるんだ。【だから、出られない。】
　　 A：わかった。【私が出る。】

Widdowson（1978）は（4）のような文連続には、形式に基づく「結束性（cohesion）」は存在しないが、推論に基づく「一貫性

(coherence)」は存在するとし、H&Hの研究の不備を補って、研究を前進させました[*5]。

以上のことを踏まえて、本書を考えてみると、本書における「記号」と「要素」の区別と、この「結束性」と「一貫性」の関係の間に重要な関連性があることがわかります。つまり、「記号」はそれ自身の特性において文章につながりをもたらすわけですが、これは基本的に「結束性」に属するものだと考えられます。また、「要素」の中にも、成分の「省略」のように「結束性」に属すると考えられるものもあります[*6]。しかし、次のような例はそうした解釈では捉えきれません。

(6)〔スクーターやオートバイもとおりました。〕やさいをつんだオート三りん車がガソリンスタンドにはいって来ました。

この場合の「オート三りん車」は「スクーター」「オートバイ」という語によって形成される意味上のネットワークに属するものとして理解され、その結果としてテキストを作ることになるわけですが、こうしたテキスト形成におけるダイナミズムを取り込んでいるところにも、本書の優れた価値があると言えます。

4. 承前型の分析

この節では、本書における承前型の分析を具体的に見ていきたいと思います。

4.1 「記号」「要素」「位置」

先にも述べたように、本書の重要な特徴に、「記号」と「要素」を分け、それぞれがテキスト形成に働く様子を記述している点が挙げられます。承前型においては、この2つに加え、「位置」も取り上げられていますが、それぞれに分けてみていくことにしましょう。

4.2 承前記号

まず、承前記号ですが、これは次の4種類に分けられています。

(7) 承前記号A:主に時間的継起を表す接続詞(「そして」など)

承前記号 B：論理的、心理的つながりを表す接続詞（「そこで」など）

承前記号 C：「こ」と「そ」の指示語

承前記号 D：応答のことば（「はい」「いいえ」など）

ここでは、承前記号 A の分析について見てみます。

まず、「そして」を分析するに当たって、次の処理を行います（p.80）。

a.　「そして」のあとに、前文の主語を挿入する。

b.　a の処置をしたうえで「そして」を取り除く。

c.　「そして」を取り除き、前文と後文を合体して一文にする（具体的な方法は略）。

この処理の結果、次の（8）は（8）' と対応することになります。

（8）あきらさんは大よろこびでした。そして、「名まえをなんとつけようかな。」とおもいました。

（8）' あきらさんは大よろこびで、「名まえをなんとつけようかな。」とおもいました。

この方法は、接続詞による表現と接続助詞による表現の近接性をうまく捉えているのと同時に、接続詞よりも意味的に限定されている接続助詞をパラフレーズに用いることで、接続詞の意味をより明示的に捉えることにも役立っています。例えば、（9）（10）は承前記号 B に属する「それで」の例ですが、この場合は、「それで」のパラフレーズを「て」と「ので」に分けることによって、「それで」の持つ 2 つの意味をうまく捉えています（pp.108–109）。

（9）おおかみは、おどろいてやねからころげおちました。それで、こしとあたまをひどくうってしまいました。

（9）' おおかみは、おどろいてやねからころげ｛？おちたので／おちて｝、こしとあたまをひどくうってしまいました。

（10）もうくろは、まだ小さくて、力がよわいから、畑のしごとも車をひくこともできません。それで、おとうさんが畑へ出かけるときには、もうくろは、母牛について行って、そばで草をたべながらあそんでいるのです。

（10）' もうくろは、まだ小さくて、力がよわいから、畑のしごとも

車をひくことも {できないので／？できなくて}、おとうさんが畑へ出かけるときには〜。

ここで、(8)-(10) の現象について、本書と同時に復刊される『基本文型の研究』の枠組みにしたがって解釈を加えると次のようになります（p.84ff.）。

まず、文はその構造から次のように分類できます（pp.84–85)。

(11) 1. 孤立型文
1.1　一語文
1.2　一語文的な文
2. 結合型文
2.1　二点結合型文
2.2　多点結合型文
3. 連結型文（1 文中に述語が 2 つあり、前の述語が中止形またはテ形である）
4. 展開型文（条件句と帰結句が仮定・確定、順接・逆接の関係で結ばれる）

このうち、3 の連結型文では、前件と後件の主語が同一であるものが 162 文（96.4％）、異なるものが 6 文（3.6％）であるのに対し、4 の展開型文では、それが同一であるものが 34 文（24.5％）、異なるものが 105 文（75.5％）でした。

このことは、後の南不二男氏のモデル（南 1974、1993）に対応させて考えると、連結型文（中止形／テ形）は基本的に A 類であり、展開型文は B 類または C 類であり、B 類の場合は従属節の主語と主節の主語は異なるのが普通であるということと解釈できます。C 類であると考えられる逆接の場合は主語が同一か異なるかで差が見られないのですが（p.111ff.)、これも C 類の従属節は独立度が高いということから説明できそうです。

このように、本書における具体的なテキストの分析を通して、『基本文型の研究』で提案されたモデルの妥当性が実証されることになるわけですが、このことは、南モデルの先駆けとしての林モデルが優れたものであることを示していると言えるでしょう。

4.3　承前要素

次は、承前要素について見ていきます。先にも述べたように、テキストを作る要因として、承前「記号」だけでなく、承前「要素」をも取り込んだところに、談話・テキスト研究における本書の先駆性が最も端的に表れています。

本書では承前要素として次の 4 種類を認めています。なお、これらは 1 つのテキストにおいて共存しうるものですが、本書では各例において最も関与的であると見なされた要因のみを取り上げて集計しています。

(12) 承前要素 A：語の意味の働きによるもの
承前要素 B：語の付属形式の文法的な働きによるもの
承前要素 C：文の成分の省略によるもの
承前要素 D：先行文中の語の反復によるもの

ここでは、これらを順に見ていきます。

4.3.1　語の意味の働きによるもの

これは、語が持っている語彙的意味からつながりが出てくる場合です。例えば、次例の「そば」という語は、必ず「〜のそば」ということであり、意味上、「相対性」を持っています。そして、そのことが承前性をもたらしているのです（p.140ff.）。

(13) 三びきの子ぶたは、うちを出て、森のいりぐちまできました。
そばのはたけに、わらがいっぱいつんでありました。

こうした「相対性」を持つ語が承前性（結束性）をもたらすということについては、仁田（1977）にも指摘があり、それを発展させたものに庵（1995b、2007 ch.8）があります。

また、次例の「ふみきり」と「きしゃ」のように、意味的に関連を持つ語もつながりに貢献するということが指摘されています。

(14) ふみきりで、人や車がまっています。ひろしさんがいました。
にいさんといっしょにいました。きしゃがとおりすぎました。

こうした「関連する語句」がつながりを持つというのは、H&H が「語彙的結束性（lexical cohesion）」と呼んでいる現象のうち、「コロケーション（collocation）」に当たるものであり、こうした点にも本書の先駆性が発揮されています。

4.3.2　語の付属形式の文法的な働きによるもの

ここに属するのは、助詞や助動詞が承前性を持つものであり、具体的には、助詞では「も」、助動詞では「のだ」が主に取り上げられています。これらについては特に説明は要しないと思いますので、例だけを挙げておきます。

(15) テレビがあります。ラジオもたくさんならんでいます。

(16) はるおさんとただしさんは、おもわずかおを見あわせました。そして、ふたりともわらいだしました。かおにまでどろがついていたのです。

なお、「のだ」に関しては、石黒圭さんの「文末の接続詞」という捉え方が正鵠を射たものであると考えられます（石黒 2008)。また、日本語教育の立場からの最新の研究としては庵・三枝（2013)、庵（2013）などがあります。

4.3.3　文の成分の省略によるもの

ここで取り上げるのは、次例のように、文の成分が省略され、その結果、文章につながりが生じている場合です。

(17) ほっかいどうへいくひこうきだそうです。(a) なかなかとびたちません。

この例の a 文には主語がない（省略されている）わけですが、ここでは、要素が「ない」ことによってつながりがもたらされているのです。こうした「省略」と「つながり（結束性)」の関係を理論的に述べたのが庵（2007：ch.5）ですが、そこでも強調しているように、日本語においては、このように、要素が表層に現れないのが無標（デフォルト）であるという点に留意する必要があります。

4.3.4　先行文中の語の反復によるもの

ここで取り上げるのは、先行文中の語の反復によるもので、前項の「省略」と合わせると、承前型全体の 3 分の 1 以上を占め（296 文。37.7％)、承前記号全体（131 文）よりもはるかに多いことになります*7。

(18) よしこさんがおかあさんのてつだいをしていると、外からおとうさんがかえってきました。おとうさんはとりかごをさげていました。

この例のように、反復される語は「は」をともなうことが最も多いです。これは、「は」が、「定（definite）」であり、かつ、「旧情報（old/given information）」である要素につくことが多いということによります*8。

4.4　承前位置

ここに属するのは、次例のa文のように文中の位置によって承前性に貢献する場合です。

(19)「それにしても、もう一ぴきのうさぎはどうしたのだろう。」

(a) うんてんしゅさんがいいました。

5. テキスト言語学から見た『文の姿勢の研究』

以上、本書の特徴を見てきましたが、本節では、テキスト言語学から見た本書の位置づけについて考えていきたいと思います。

ソシュールによって現代言語学の幕が開かれた後も、言語学における分析対象の最大の単位は「文」でした。このことの背景には、「文」を超える単位においては反証可能な分析はできないという考え方がありました（cf. 池上 1983）。こうした考え方に対抗して、文を超える単位における分析を目的とする言語学がヨーロッパを中心に現れました。これがテキスト言語学（text linguistics）です。テキスト言語学の中も一枚岩ではなく、さまざまな考え方がありますが、代表的な論考、de Beaugrande & Dressler（1981）、van Dijk（1981）、Givón（ed.1983）、Chafe（1994）などがあります*9。

さて、このテキスト言語学の立場から見た際に、本書と最も近い関係にあるのは Halliday & Hasan（1976）（H&H）です。H&H は、Halliday（1985、1994[2]）、Halliday &Matthiesen（2004）などで採られている三層構造観、すなわち、節（文）*10 は、命題内容に関わる機能（ideational metafuncion）、対人関係に関わる機能（interpersonal matafunction）、談話構成に関わる機能（textual metafunction）から構成されるという構造観のうち、談話構成に関わる機能を扱ったもので、その中でもテキストのまとまり（結束性 cohesion）のあり方を中心に考察したものです*11。

H&H は英語のテキストの分析に明示的な方法論を導入したものとして評価されていますが（cf. 安井・中村 1984）、3 節で見たように、その射程は十分に広いとは言いきれないところがあります。それに比べ、本書は、そうした海外の研究と全くと言っていいほど独立に、H&H に優るとも劣らない分析上の枠組みを提供しており、しかも、それを小学校 2 年生の教科書の全文を調査するという国立国語研究所のよき伝統にもとづく方法論によって達成しているという点で、その成果はまさに驚嘆すべきものであると言えます。そして、本書の内容は出版後 40 年以上を経た現在においても全く色あせていません。実際、現在の談話・テキストの分析においても、本書の水準を超えているものはむしろまれです。

6.『文の姿勢の研究』を継承する

ここまでは、本書の内容を、研究史上の位置づけを含めて見てきました。本節では、本書の内容を現在に生かす試みとして、筆者自身の研究の一部を紹介したいと思います。

筆者は指示詞の文脈指示用法を主に結束性という観点から考察してきました。筆者の博士論文（庵 1997b、2007）の最も中心的なテーマは、指定指示と代行指示における「この」と「その」の使い分けの原理を考察することですが、こうした研究を志すきっかけは、本書及び林先生の諸論考に負うところが大きいのです。本節では、筆者の研究の中から、本書の考察を発展させている部分について述べます。

6.1 限定（指定）指示と代行指示

まず、取り上げるのは「限定指示」と「代行指示」の区別です。
「限定指示」というのは、ある語で意味するものが無数にある中から、特定のものを指定し限定すること（林 1972：113）であり、「代行指示」というのは、指示語の一部が他の要素の代行をしている場合（cf. 林 1972：113）です。「この」と「その」に限定して言えば、「限定指示」（筆者の用語では「指定指示」）の場合は、「この／その＋名詞（句）」全体で先行詞（antecedent）と照応するのに対し、「代行指示」の場合は、「この／その＋名詞（句）」の「この／その」が「これの／それの」の意味で使われています。例えば、(20）の「この／その寿司」は指定指示であり、(21）の「この／その味」は代行指示です。

(20) 先週久しぶりに寿司を食べたんだが、この／その寿司はおいしかった。

(21) 先週久しぶりに寿司を食べたんだが、この／その味はなかなかよかった。

詳しい議論は省きますが、指定指示における「この」と「その」は、次のようなテキスト送信者（書き手、話し手）による先行詞の捉え方の違いに対応して使い分けられています（cf. 庵 1995b、2007、2012）。

(22) a. 「この」は、テキスト送信者が、先行詞をテキストのトピックとの関連性[*12] という観点から捉えていることを表す。

b. 「その」は、テキスト送信者が、先行詞を定情報名詞句[*13] へのテキスト的意味の付与という観点から捉えていることを表す。

このうち、「テキスト的意味の付与」というのは、本書を受けた長田久男氏の一連の研究（長田 1984 ほか）において「持ち込み」と呼ばれている現象を精密化したものです。「持ち込み」というのは次のような現象です。(23）の後文では「見ていて」のヲ格目的語が省略されていますが、そこで補われるべきものは、単なる「むぎわらとんぼ」ではなく、「石のところにとまっているむぎわらとんぼ」でなければなりません。この場合、先行文脈から「石のところにとまっている」という部分が「持ち込まれる」のです。

(23) 石のところに、むぎわらとんぼがとまっていました。ぼくはじいっと見ていて、さっとあみをかぶせました。

以上は「限定指示（指定指示）」における「この」と「その」の使い分けでしたが、「代行指示」の場合はこれとは大きく性質が異なります。

このことのヒントになるのが林（1983）のデータです。林（1983）は夏目漱石の『夢十夜』を調査対象としたものですが、その中で次のように述べられています。

(24)「そ」が代行するものの後に相対関係を示すことばが来るという非常にはっきりした傾向が見られるのは、おもしろい。

（林 1983：17）

実際、「代行指示」の場合、「その」の後に来ているのは全て何らかの意味で相対性を持つ語であり、かつ、この場合に「この」が使われた例はありませんでした*14。

こうした現象を扱うために、庵（1995a、2007）では「1 項名詞／0 項名詞」という概念を導入しました。「1 項名詞」というのは、「弟、表紙、著書、そば、翌日、弁護人」のように、統語的に「〜の」をともなう必要があるものであり、「0 項名詞」は、「男性、教師、小説、明日、弁護士」のように、「〜の」がなくても完全な名詞句として使えるものです*15。

そうすると、「代行指示」では「1 項名詞」が使われ、「その」の有無によって意味は変わらない（話しことばでは「その」がない方が普通）のに対し、「この」が使えるには、先行詞がテンスを超えて離れていることが必要であることがわかります。

(25) 実験は｛その／φ／*この｝結果が全てではない*16。

(26) 先日実験をしたんだが、｛その／φ／この｝結果を見たら、君も驚くよ。

6.2 接続詞をめぐって

本書の内容を現在に生かす試みの別の例は接続詞に関するものです（cf. 庵 2007：ch.9）。

先に、4.2 で、接続詞と接続助詞とを関連づける本書の分析を紹介しました。この分析法を用いて、「ので」節を含む文と、「それで」を含む文連続の関係を考えてみましょう。

まず、(27) は (28) a→c の手順を経て最終的に (28) c に書き換えられます。

(27) 田中さんは熱がありました。それで、学校を休みました。

(28) a.　田中さんは熱がありました。それで、田中さんは学校を休みました。

b.　田中さんは熱がありました。田中さんは学校を休みました。

c.　田中さんは熱があったので、学校を休みました。

今、この手順を逆にたどると、次のようになります。

(29) 田中さんは熱があったので、学校を休みました。

(30) a.　田中さんは熱がありました。φで、学校を休みました。

b.　田中さんは熱がありました。それで、学校を休みました。

c.　*田中さんは熱がありました。これで、学校を休みました。

つまり、(29) を 2 文に分ける際に「で」という形を認めるのです。ここで、「で」の前に「それ」が挿入されれば (30) b になりますが、この場合は「それ」が挿入されなくても文法的なので、(29) は (30) a、b のいずれにも対応することになります[*17]。なお、ここで、(30) a に挿入される「それ」は意味的に空な要素なので、それがあってもなくても意味は変わりません。こうした意味的に空な要素はソ系統にしか存在しないため、(30) c は不可となります。三上章は、指示詞の形式を含む接続詞（三上の用語では「承前詞」）にはソ系統のものしかないと指摘しています（三上 1955：ch.6）が、その理由はここで見た通りです。

7. おわりに

ここでは、本書の特徴をさまざまな角度から見てきました。先にも述べたように、本書は、日本国内において、海外の特定の理論に依拠することなく、日本語のデータだけにもとづいてなされたものであるにもかかわらず、同時代の海外のテキスト言語学の理論書にも引けを取らない豊富な内容を持っています。このことはまさに驚嘆に値すべきことですが、同時に、そうした先駆的な内容がこれまでほとんど研究者間で知られてこなかったことが残念でなりません。これから「文を超える文法」や「テキスト言語学」を志す方が本書の内容をより発展させ、世界の談話・テキスト研究に貢献してくれることを心より祈念しています。

付記

最後に、筆者自身と本書とのつながりについて、少し記しておきたいと思います。

筆者は修士論文以降博士論文に至るまで、文脈指示の「この」と「その」の使い分けの原理を記述することを目標として研究を進めてきました。筆者がそもそもこうした研究に取り組むきっかけになったのは、修士1年の時に読んだ、林先生の「指示連体詞「この」「その」の働きと前後関係」(林 1972)という論文との出会いでした。当時、指示詞の文脈指示用法の研究はもっぱらソ系統とア系統の違いについてのものであり、それに関しては金水敏氏と田窪行則氏による談話管理理論の立場からの説明が有力で、筆者は研究の方向性を見つけられずにいました。そうした中で出会った林論文をきっかけに、そこで提示されたデータの解釈を考えながら、修士論文、博士論文へと進んでいくことができました。

本書との出会いは、博士課程に進学してからのことで、当時の指導教官であった仁田義雄先生から、「『文の姿勢の研究』が古本で出ているから買いなさい。」と勧められて、購入しました。当時3万円はそれほど安い買い物ではありませんでしたが、内容を読み進めるうちに、それが全く安い買い物であったことがわかりました。

昨年、一橋大学で開かれた林先生の講演会の際に、林先生ご自身が選ばれる主著10本の中に林(1972)を入れられていたことに私は改めて意を強くする思いがしました。

今回、こうして思い出深い『文の姿勢の研究』の復刊にご協力できることになったことを心から光栄に思っています。ひつじ書房の松本功房主はじめ、関係各位に心から感謝申し上げます。ありがとうございました。

＊1　本書の調査対象である、教科書2冊分の全文数1025文のうち、承前型の文は786文（76.7%）を占めます（p.15）。

＊2　本書では承前型に限って、「記号」「要素」以外に「位置」も認めていますが、これらの実数はそれぞれ、131文（16.7%）、501文（63.7%）、154文（19.6%）となっています（p.15）。

＊3　複数の文が集まって1つの意味的なまとまりを作るとき、そのまとまりを「テキスト（text）」と言います。なお、「テキスト」は「テクスト」と表記されることもあります。

＊4　（2）のような指示語の使い方を「現場指示」に対して「文脈指示」と言います。現場指示と文脈指示の関係や文脈指示の指示語をどのように取り扱うべきかについて詳しくは、庵（1994、2012）を参照してください。

＊5　なお、cohesionとcoherenceの関係については、ここで取り上げたもの以外にもさまざまな考え方があります。これについて詳しくはStoddard（1991）などを見てください。

＊6　日本語において、いわゆる「省略」を「結束性」に属するものであると考えるべきであることについて詳しくは庵（2007：ch.5）を参照してください。

＊7　黒田成幸氏は早くから、日本語において「代名詞」に当たるのは「彼／彼女」のようないわゆる人称代名詞ではなく、音形を持たない語（ゼロ代名詞）であることを指摘しています（Kuroda 1965）。この見方に立てば、英語と日本語の違いは、英語では音形を持つ代名詞が使われる環境において、日本語では音形を持たない代名詞が使われるという違いにすぎないことがわかります。そうすると、日本語の現象は「省略」ではなく、「ゼロ代名詞」が先行詞と照応するということであり、英語で音形を持つ代名詞が先行詞と照応するのと全く同じように捉えられるようになります。このように考えれば、日本語において「省略」と「繰り返し」が音形を持つ「承前記号」よりも多く用いられるという本書の観察についても、自然な解釈が与えられることになります。なぜなら、「省略」は英語で言う音形を持つ代名詞による照応に対応するものであり、「繰り返し」はそれに最も近い形の照応であるので、「承前記号」によるものよりも本来的に無標であるからです。

＊8「は」がつく要素は（名詞句の場合は）「定」でなければなりませんが、「旧情報」である必要は必ずしもありません。例えば、次の例の「太郎は」は先行文脈で「太郎」のことが言及されていない、談話の冒頭でも使うことができます。

・太郎は私の親友だ。

「は」がつくことと「主題」との関係に関する最新の論考に堀川（2012：ch.1）があります。

＊9　時期的にやや古くはなっていますが、日本国内外の談話・テキストに関する研究をテキスト言語学の観点から概観したものに庵（1997a）があります（庵（2007：ch.11）も参照）。

＊10　ハリディの文法論では通常の分析における「文（sentence)」に当たるものを「節（clause)」として扱います。

＊11　ハリディの文法論に依拠した優れた文法書に村田（1982）があります。

＊12　テキストの「トピック」とは、そのテキストを1名詞句で要約した場合の「題」に当たるもので、トピックとの関連性が高い名詞句とは、トピックとの連想で聞き手の認識上に活性化される要素のことです。例えば、次のテキストのトピックは「殺人事件」であり、トピックとの関連性が高い名詞句は「殺人者、被害者、殺人現場、事件の日時」などです。

・名古屋・中村署は、殺人と同未遂の疑いで広島市内の無職女性（28）を逮捕した。調べによると、この女性は20日午前11時45分ごろ名古屋市内の神社境内で、二男（1)、長女（8）の首を絞め、二男を殺害した疑い。

（日刊スポーツ 1992.11.22）

＊13「定情報名詞句」とは、テキスト内で2回目以降に出てきた名詞句のことで、次例の下線部の「男の子」「太郎」「この飲物」などがそれに当たります（cf. 庵 2003、2007)。

・公園で男の子が遊んでいた。男の子はかわいいズボンをはいていた。
・太郎は今年大学を卒業した。太郎は私の甥である。
・私はコーヒーが好きだ。この飲物を飲むと、気持ちが落ち着く。

＊14　これに対し、「指定指示」の場合は、テキストタイプによって「この」と「その」の分布に大きな差が見られるようです。庵（2002）で行った小調査の結果によると、新聞と小説とで、「指定指示」の「この」と「その」の間に次のような分布の差が見られました。

	新聞	小説	合計	
この	239	421	660	$\chi^2(1) = 67.4$、$p < .001$
その	151	706	857	
合計	390	1127	1517	

一方、「代行指示」の場合は、テキストタイプの違いに関係なく、「その」が「この」より有意に多く使われていました。

＊15「0項名詞／1項名詞」の区別は、概略、西山（2003）の「飽和名詞／非飽和名詞」の区別に対応します。

＊16「ϕ」はそこに要素がないことを表します。

＊17「それから」の場合も同様に分析できます。「それで」との違いは、「から」は単独で接続詞として使えないため、下の派生の2行目が非文法的になり、「それ」の挿入が義務的になるという点です（「これ」が不可なのも同様です)。

・田中さんは銀行に行ってから、駅に行きました。
・＊田中さんは銀行に行きました。ϕから、駅に行きました。
・田中さんは銀行に行きました。それから、駅に行きました。
・＊田中さんは銀行に行きました。これから、駅に行きました。

参考文献

庵功雄（1994）「結束性の観点から見た文脈指示」『日本学報』13、大阪大学
庵功雄（1995a）「語彙的意味に基づく結束性について」『現代日本語研究』2、大阪大学
庵功雄（1995b）「コノとソノ」宮島達夫・仁田義雄編『日本語類義表現の文法（複文・連文編）』くろしお出版
庵功雄（1997a）「国語学・日本語学におけるテキスト研究」『言語とコミュニケーションに関する研究概観』平成 8 年度文部省科学研究費補助金基盤研究（B）（1）（企画調査）研究成果報告書
庵功雄（1997b）「日本語のテキストの結束性の研究」（未公刊博士論文）大阪大学
庵功雄（2002）「「この」と「その」の文脈指示用法再考」『一橋大学留学生センター紀要』5、一橋大学
庵功雄（2003）「見えない冠詞」『月刊言語』21-10、大修館書店
庵功雄（2007）『日本語研究叢書 21 日本語におけるテキストの結束性の研究』くろしお出版
庵功雄（2012）「指示表現と結束性」澤田治美編『ひつじ意味論講座 6 意味とコンテクスト』ひつじ書房
庵功雄（2013）「「のだ」の教え方に関する一試案」『言語文化』50、一橋大学
庵功雄・三枝令子（2013）『まとまりを作る表現―指示詞、接続詞、のだ・わけだ・からだ』スリーエーネットワーク
池上嘉彦（1983）「テクストとテクストの構造」『日本語教育指導参考書 11　談話の研究と教育Ⅰ』国立国語研究所
石黒圭（2008）『文章は接続詞で決まる』光文社新書
長田久男（1984）『国語連文論』和泉書院
西山祐司（2003）『日本語名詞句の意味論と語用論』ひつじ書房
仁田義雄（1977）「「文の文法」から「文を越える文法」へ」『佐藤喜代治教授退官記念国語学論集』桜楓社
林四郎（1972）「指示代名詞『この』『その』の働きとその前後関係」『電子計算機による国語研究Ⅳ』国立国語研究所
林四郎（1983）「代名詞が指すもの、その指し方」『朝倉日本語講座五 運用Ⅰ』朝倉書店
堀川智也（2012）『日本語の「主題」』ひつじ書房
三上章（1955）『現代語法新説』刀江書院（くろしお出版から復刊（1972））
南不二男（1974）『現代日本語の構造』大修館書店
南不二男（1993）『現代日本語文法の輪郭』大修館書店
村田勇三郎（1982）『機能英文法』大修館書店
安井稔・中村順良（1984）『現代の英文法 10 代用表現』研究社出版
Chafe, W.（1994）*Discourse, consciousness, and time*. The University of Chicago

Press.
de Beaugrande, R.-A. & Dressler, W. U. (1981) *Introduction to text linguistics*. Longman.
Givón, T. (ed. 1983) *Topic continuity in discourse*. (Typological Studies in Language 3) John Benjamins.
Halliday, M.A.K. (1985, 1994²) *An introduction to functional grammar*. Edward Arnold.
Halliday, M.A.K. & Matthiessen, C.M.I.M. (2004) *An introduction to functional grammar*. (Third Edition) Hodder Education.
Halliday, M.A.K. & R. Hasan (1976) *Cohesion in English*. Longman.
Kuroda, S.-Y. (1965) *Generative Grammatical Studies in the Japanese Language*. M.I.T.
van Dijk, T. A. (1981) *Studies in the pragmatics of discourse*. Mouton.
Stoddard, S. (ed. 1991) *Text and Texture: Patterns of Cohesion*. (Advanced in Discourse Processes) Praeger Pub.
Widdowson, H. G. (1978) *Teaching language as communication*. Oxford University Press.

読者へのすすめ—解説にかえて—

石黒圭

1. 自分のアタマで考える

あなたが日本語学を専攻する研究者の卵で、研究に行きづまっているのなら、林四郎を読むといい。そこには、研究の新鮮なネタがぎっしり詰まっているから。

もし私のところに大学院生が研究相談に来たら、そのようにアドバイスするでしょう。また、それがそのまま、本書復刊の意義でもあります。

社会派ブロガーとして知られるちきりんさんの本『自分のアタマで考えよう』が売れています。こうした本が現代社会で受け入れられる背景には、情報過多の時代のなかで、情報の海に溺れ、何をしてよいかわからない人が多いことがあるのでしょう。

研究の世界も同じです。現代日本語書き言葉均衡コーパス(BCCWJ)や筑波ウェブコーパス(TWC)のような巨大コーパスが整備され、検索をすればたちどころに結果が出てきます。しかし、問題は何を検索すればよいかです。それがわからなければ、研究になりません。

日本語の研究も成熟期にさしかかり、対象を絞って研究を始めると、どんなテーマでもかならず膨大な先行研究と戦わなければなりません。大学院生は、そのわずかな間隙を縫って、ささやかなオリジナリティを出すことが研究だと教わります。しかし、先行研究の分厚い壁に阻まれ、そこにオリジナリティを見いだすことは、きわめて難しい状況です。

そんなときこそ、「自分のアマタで考える」ことが重要になります。先行研究はいずれ目を通す必要はあるのですが、それらをあえていったん脇に置き、日本語を原理的に考えるのです。そうして初めて見えてくることがあります。

自分なりの考え方を持たずに、巨大なコーパスや膨大な先行研究に挑むのは無謀です。コーパスの海、先行研究の海は、はてしなく広いのです。自家製の海図を持たずに航海に出ても、目的地にたどり着くことはけっしてできません。

しかし、「自分のアタマで考える」にはどうすればよいのでしょうか。自分の頭で考えた経験が少ない人にとって、自分の頭で考えろと言われても、どうしたらよいか途方に暮れてしまいます。

そんなときは、周囲の人の頭を借りるのが得策です。模倣は創作の始まりと言います。最初はマネをするところから始めてよいのです。マネをするところから徐々にオリジナリティは生まれていきます。そして、その手本となるのが、林先生の研究です。

2. アイデアの玉手箱

林先生は「自分のアタマで考える」センスが抜群で、まるでアイデアの玉手箱のようです。たとえば、ぱっと思いつくだけでも以下のようなものがあります。

①臨時一語：新聞の見出しなどに見られる、その場の文脈の必要性から生みだされる一時的な合成語の構造。

②代行指示と指定指示：「これください」のように「これ」全体で対象を指す場合と、「この本ください」のようにどの本かを「この」で選択する場合の区別。

③メタ言語機能：ヤコブソンの提唱を手がかりに、事態の理由ではなく推測の根拠を表す「なぜなら」の使用など、日常の言語表現にもメタ言語機能の発動を認める考え方。

④文章論的文論：文の文法を前提にその拡張で文章を捉える従来の見方とは反対に、文章の存在を前提に文の文法的性格を捉える見方。

⑤文塊：講話活動の過程で、今できた1文が、前の文までの記憶背景のなかに収まって、そこまでの情報のかたまりを、1文相当

にしてしまう働きをするもの。

語から文、文章に至るまで、さまざまなレベルでの発見があります。その視野の広さと発想の柔軟さは現代でも通じるものであり、他の研究者の追随を許しません。

ですから、もし研究に迷っている人がいたら、林先生の一連の著作を読み、マネをするところから始めてほしいのです。オリジナリティというのは無理矢理作りだすものではありません。自分らしさは研究をしていくうちにかならずにじみでてきます。研究に行き詰まっている人は、林四郎を現代の文脈で読みなおすところから始めることを、まずはお勧めします

3. 林言語学の核心

アイデアの宝庫である林言語学のエッセンスは、『基本文型の研究』と『文の姿勢の研究』の2冊で学ぶことができます。

研究者によって考え方は異なるでしょうが、私が考える上記2冊の学史上のもっとも重要な成果は二つです。一つは、文の述語部分の「描叙段階」「判断段階」「表出段階」「伝達段階」の4段階の区別であり、もう一つは、接続詞、指示詞、反復、省略など、文を超えた文法へとつながる承前記号や承前要素の網羅的かつ原理的な記述です。

前者は、いわゆる南モデルと呼ばれる文の階層構造観へと発展していくもので、文法カテゴリーとの関連で、のちの記述文法の隆盛と密接に結びついてゆきます。この点については、同時復刊される『基本文型の研究』の解説のなかで、南モデルの創始者である南不二男先生や欧米の文法研究に詳しい青山文啓さんが解説してくださるでしょう。

後者は、日本国内の研究では接続詞研究や文脈指示研究、連文論や連接論へと発展し、海外の研究では結束性（cohesion）や一貫性（coherence）という概念で捉えられる現象の先駆けとなります。この点については、庵功雄さんが本書のなかで適切に指摘されているとおりです。

文章理解における予測研究者として、私が指摘できる林言語学の特

徴は、以下の二つにまとめることができそうです。

一つの特徴は、林言語学は、時枝誠記の言語過程観がベースになっており、その姿勢が一貫しているということです。

文章論という学問領域は時枝誠記の提唱によって始まり、その背景に言語過程観があったことはよく知られています。じじつ、文章研究者は大なり小なり時枝誠記の影響を受けていますが、林先生はそのなかでも直接の師である時枝誠記の理念をもっとも忠実に受け継いだ継承者です。言語を活動として捉える見方で一貫し、ぶれることがありません。そのため、研究の発想が心理言語学的であり、脳科学に接近する現代言語学との親和性も高く、研究成果が現代でも色あせることがありません。

もう一つの特徴は、型／パターンの重視であり、それが産出・理解という言語活動と密接に結びついているとする見方です。

スキーマという用語こそ使われていませんが、頭のなかにスキーマがあり、そのスキーマを活用し、線条的な構造を持つ文章を短時間のうちに効率よく産出・理解しているという考え方がその根底にあると思われます。本書の内容が基本文型の「起こし文型」に由来することもその一つの表れですし、「第5章 後続文のタイプへの予測」のような発想が出てくるのも型／パターン重視の結果であると考えられます。

型／パターンというのは、日々の言語生活のなかで産出・理解を繰り返すことで身につくものであり、そうした型／パターンの抽出には言語コーパスが不可欠です。コンピュータの性能がきわめて低かった当時、手作業でコーパス研究を行っていたわけで、その苦労を考えると頭が下がります。しかも、現代のようにコーパスが整備された現在でも、その基礎的研究としての質の高さはゆるぎません。

型／パターンの重視は、教育という文脈で考えた場合、言語習得への貢献という副産物も得られます。じじつ、『基本文型の研究』は、国語教育／日本語教育にさまざまな形で応用されていますし、国語教科書を資料にした本書もまた基本的な型／パターンの宝庫です。その意味で、応用言語学の研究成果としてもこの2冊は一級品です。

このように、心理言語学や脳科学、コーパス言語学や応用言語学といった現代の潮流の先端をゆく研究が、40年前にすでに一人の研究者によって進められていたことに驚きを禁じえません。
今回の復刊を機に、林言語学のエッセンスが現代の研究者に受け継がれることを心から願うものです。

4. 個人的な出会い

私自身が林先生と初めて出会ったのは、1991年、一橋大学の学部3年生のときです。しかし、そのときは、先生の著作との出会いであり、実際の先生にお目にかかったわけではありませんでした。
一橋大学では、3年になるとゼミを選ばなければならないのですが、興味が絞れなかった私は、何となく日本語を対象に研究しようと、松岡弘先生の研究室の門をたたきました。そして、何の予備知識もなかった私は、日本語の文章について研究したいとゼミ面接で語った気がします。
その年、松岡ゼミに入ったゼミ生は私だけで、松岡先生はそんな私のために文章論の本を読もうと申しでてくださいました。市川孝『国語教育のための文章論概説』、永野賢『文章論総説』、時枝誠記『文章研究序説』、長田久男『国語連文論』などの文章論の基本文献を毎週読みすすめるなかに、本書、林四郎『文の姿勢の研究』がありました。
松岡先生は、林先生の日本語のとらえ方に傾倒されていたようで、当時、林先生の研究会に出席なさっていました。そうしたこともあり、本書の紹介のときにもっとも力が入っていた印象があります。
そうした影響もあり、私自身も林先生の一連の著作に親しむようになり、その豊かな発想力に惹かれていきました。しかし、残念なことに、林先生のもとで指導を受けるのが難しい状況であり、1993年に『言語活動と文章論』を出版なさることになる森田良行先生に憧れ、早稲田大学大学院文学研究科に進学しました。
ところが、当時の文学研究科のシステムでは指導教員を選ぶことができず、中村明先生のところに回されてしまいます。森田先生に憧れて入学した私はショックだったのですが、現在ではその偶然にとても感謝しています。じつは、中村先生は、文体論やレトリックの大家であったのみならず、文章論にも精通しておられました。しかも、国立国語研究所時代、林先生が上司であったためにその考え方をよくご存じであり、中村先生をとおして林先生の文章論を吸収することができたのです。

現実の林先生に初めてお目にかかったのは、2002年ごろだったと思います。当時は、佐久間まゆみ先生が早稲田に着任なさって間もないころで、中村先生とのご縁で佐久間先生に声をかけていただいた私は、佐久間先生の研究会に出席し、そこで林先生と初めてお話ししました。

林先生は、偉ぶったところがまったくない、気さくな先生であり、それから個人的なおつきあいが始まりました。先生が80歳を過ぎてからの弟子入りでした。

私が博士論文を提出した2007年、高田馬場にお住いの先生も公聴会に出席し、コメントを述べてくださいました。野村雅昭先生が主査、中村明先生、森田良行先生、佐久間まゆみ先生が副査で、私はそうした錚々たる面々のまえで小さくなっていました。しかし、関東大震災のまえに生まれ、戦時中に特攻隊の航空訓練も受けていらっしゃった林先生は、ミサイルの弾道を例に、私の予測モデルを支持する発言をしてくださいました。まさに効果的な「援護射撃」を得て、無事、博士号の授与が決まった次第です。

そうした不思議なご縁を感じつつ、研究室が隣どうしの庵さんと協力して、尊敬する林先生の『文の姿勢の研究』を復刊できる喜びをかみしめています。そのような機会を与えてくださったひつじ書房の松本功社長に心から感謝申しあげます。

事項索引

あ

い

か

き

く

け

こ

や

よ

る

れ

わ

を

A–Z

語形索引

A–Z

人名・書名索引

林四郎（はやし　しろう）

略歴

1922年東京生まれ。1947年東京大学国文学科卒業。早稲田中学校・高等学校教諭を経て、1953年国立国語研究所所員。1973年筑波大学教授、1985年定年退官。1985年北京日本学研究センター主任教授、1988年退任。1988年明海大学教授、1996年退職。筑波大学名誉教授。国立国語研究所名誉所員。

主な著書

『ことばと生活の事典』（福村書店 1957）、『基本文型の研究』（明治図書出版 1960／ひつじ書房 2013）、『漱石の読みかた』（至誠堂 1965）、『文の姿勢の研究』（明治図書出版 1973／ひつじ書房 2013）、『言語行動の諸相』（明治書院 1978）、『文章論の基礎問題』（三省堂 1998）、『パラダイム論で見る句末辞文法論への道』（みやび出版 2010）

【解説】

石黒圭（いしぐろ　けい）一橋大学教授
庵功雄（いおり　いさお）一橋大学教授

文の姿勢の研究

発行	2013年11月29日　初版1刷
定価	6600円＋税
著者	© 林四郎
発行者	松本功
ブックデザイン	白井敬尚形成事務所
印刷・製本所	株式会社シナノ
発行所	株式会社 ひつじ書房
	〒112-0011　東京都文京区千石2-1-2 大和ビル2階
	Tel: 03-5319-4916　Fax: 03-5319-4917
	郵便振替 00120-8-142852
	toiawase@hituzi.co.jp　http://www.hituzi.co.jp/

ISBN978-4-89476-697-6